法 官 智 库 丛 书 | A SERIES OF JUDICIAL WISDOM

上海法院
类案办案要件指南

第 7 册

PRACTICE DIRECTIONS :
THE ESSENTIALS OF SIMILAR JUDICIAL CASES
BY THE PEOPLE'S COURTS OF SHANGHAI

主 编 王光贤
副主编 张 果 高佳运

人民法院出版社

图书在版编目（CIP）数据

上海法院类案办案要件指南．第7册／王光贤主编；
张果，高佳运副主编．-- 北京：人民法院出版社，
2024.2

（法官智库丛书）

ISBN 978-7-5109-3690-6

Ⅰ．①上… Ⅱ．①王… ②张… ③高… Ⅲ．①法院－
审判－工作－上海－指南 Ⅳ．① D926.22-62

中国版本图书馆 CIP 数据核字（2022）第 255290 号

上海法院类案办案要件指南（第7册）

王光贤　主编

张　果　高佳运　副主编

策划编辑：林志农

责任编辑：白　鸽

出版发行：人民法院出版社

地　　址：北京市东城区东交民巷 27 号（100745）

电　　话：（010）67550662（责任编辑）67550558（发行部查询）

65223677（读者服务部）

客服 QQ：2092078039

网　　址：http://www.courtbook.com.cn

E-mail：courtpress@sohu.com

印　　刷：三河市国英印务有限公司

经　　销：新华书店

开　　本：787 毫米 ×1092 毫米　1/16

字　　数：521 千字

印　　张：38.75

版　　次：2024 年 2 月第 1 版　2024 年 5 月第 2 次印刷

书　　号：ISBN 978-7-5109-3690-6

定　　价：168.00 元

编辑委员会

序 言

统一法律适用标准，规范类案裁判尺度，事关司法公正和司法公信力，事关当事人合法权益保障，是社会各界高度关注的问题。2020 年 5 月 29 日，习近平总书记主持中央政治局第二十次集体学习时，对法律适用统一工作提出明确要求。2021 年年初，中央政法委将“完善统一法律适用机制”列入政法领域十大重点改革举措任务。深入推进统一法律适用工作，是深入贯彻习近平法治思想，加快建设公正高效权威的社会主义司法制度，以审判体系和审判能力现代化服务中国式现代化的必然要求。

近年来，在上海市委的坚强领导下，在最高人民法院的有力指导下，上海法院采取一系列举措积极推进法律适用统一工作。编撰类案办案要件指南就是其中一项重要内容。类案办案要件指南是通过系统梳理、提炼类案裁判理念、裁判方法和裁判规则，为一线法官提供参考的办案指引。它不仅有助于总结审判经验、促进类案适法统一，而且对规范法官裁量权、提升审判业务能力也很有意义。为此，上海高院制定了《类案办案要件指南编撰规划》，努力形成基本覆盖常见案由的类案办案要件指南。目前，在人民法院出版社的大力支持下，我们已出版了《上海法院类案办案要件指南》系列丛书六册。

2023年以来，在总结以往工作经验的基础上，上海高院制定了《关于进一步加强统一法律适用工作标准化建设的规划意见（2023—2027年）》，着力构建“规则标准、流程标准、管理标准”三位一体的法律适用统一工作标准体系，筑牢“同类案件同类处理”的工作基础，持续打造一批具有全国影响力和上海辨识度的法律适用统一的标志性成果。在全市三级法院的共同努力下，我们又完成了十余项类案办案要件指南的编撰，呈现在大家面前的就是最新成果。

当前，上海法院正在深入推进数字法院建设，这是司法领域实现全面数字赋能、全程预警监测、保障适法统一、提升司法质效的重塑性变革。我们积极探索将类案办案要件指南确立的裁判方法和规则通过数字化技术嵌入到办案系统中，推动数字改革赋能，使类案办案要件指南发挥更直接、更广泛、更有效的作用。

在本套丛书出版之际，要感谢各指南课题组成员的精心编撰、高院业务部门的认真把关、编委会委员的严格审议，还要感谢研究论证过程中提供帮助的专家学者以及人民法院出版社的大力支持。希望通过丛书的编撰出版，为推进法律适用统一提供上海经验，为平安中国、法治中国建设作出应有的贡献。

是为序。

中华人民共和国二级大法官

上海市高级人民法院党组书记、院长

2024年1月

目　录

CONTENTS

名誉权纠纷类案办案要件指南　1

▶ 精要导读……3

第一部分　名誉权纠纷类案总体情况概述……9

一、审理情况……9

二、审理特点……10

三、审理理念……11

第二部分　立案的审查……13

一、原告主体资格的审查……13

二、被告主体资格的审查……19

三、管辖的审查……22

四、起诉证据的审查……24

第三部分　诉辩主张的审查……25

一、原告诉请的审查……25

二、被告抗辩的审查……28

第四部分　要件事实审查和裁判规则……31

一、侵害名誉权的一般构成要件……31

二、侵害名誉权一般抗辩事由的审查……………38
三、侵害名誉权特殊抗辩事由的审查……………42
四、侵害名誉权民事责任承担的裁判规则………55

第五部分　名誉权纠纷的几类特殊情形………………61
一、侵害法人、非法人组织名誉权纠纷…………61
二、文学艺术作品侵害名誉权纠纷………………65
三、信用评价不当侵害名誉权纠纷………………69
四、网络环境下的特殊名誉权纠纷………………73
五、死者名誉纠纷…………………………………82
六、已逝英烈名誉纠纷……………………………83

醉驾类案办案要件指南　87

▶ **精要导读**………………………………………………89

第一部分　醉驾类案总体情况概述………………95
一、审理情况………………………………………95
二、审理特点………………………………………96
三、审理理念………………………………………96

第二部分　案件受理审查……………………………98
一、案件管辖的审查………………………………98
二、移送案卷材料与证据完整性和明确性的
　　审查……………………………………………101
三、适用认罪认罚程序的审查……………………105
四、被告人强制措施的审查………………………106

第三部分　客观方面事实的审查……111
一、被告人醉酒事实的审查……111
二、被告人驾驶道路的审查……116
三、被告人驾驶机动车的审查……119
四、被告人驾驶行为的审查……121

第四部分　主观方面事实的审查……126
一、被告人主观认识方面的审查……126
二、被告人主观意志方面的审查……127

第五部分　主体事实的审查……128
一、被告人身份信息的审查……128
二、其他主体事实的审查……129

第六部分　从重处罚情节的审查和裁判规则……131
一、在特殊路段醉酒驾驶的审查……131
二、醉酒驾驶特殊车辆的审查……132
三、被告人驾驶资质的审查……133
四、驾驶车辆状况的审查……134
五、被告人严重交通违法行为的审查……135
六、被告人醉酒驾驶发生交通事故的审查……138
七、逃避、抗拒或阻碍公安机关依法检查的审查……140
八、诉讼期间拒不到案或者逃跑的审查……141
九、曾因酒后驾驶机动车受到行政或刑事处罚的审查……144
十、严重醉酒状态下驾驶机动车在道路上行驶的审查……145

第七部分　从轻处罚情节的审查和裁判规则……146
一、挪车型醉酒驾驶的审查……146
二、短驳型醉酒驾驶的审查……147
三、主动放弃型醉酒驾驶的审查……148
四、代驾服务瑕疵型醉酒驾驶的审查……149
五、紧急事由型醉酒驾驶的审查……150
六、间隔型醉酒驾驶的审查……152
七、醉酒驾驶摩托车、轻便摩托车的审查……153
八、被告人具有自首、坦白情节的审查……153
九、被告人具有立功情节的审查……159

第八部分　共同犯罪的审查和裁判规则……160

第九部分　罪数形态及与相关犯罪界限的审查和裁判规则……162
一、醉驾案件罪数形态的审查……162
二、醉驾犯罪与相关犯罪界限的审查……168

第十部分　刑罚裁量和执行的一般方法……171
一、情节轻微免予刑事处罚的审查和裁判规则……171
二、宣告缓刑的审查和裁判规则……172
三、基准刑的确定及增加刑罚量的方法……175
四、认罪认罚案件量刑建议的审查和裁判规则……176
五、刑罚执行的一般方法……178

股权代持类案办案要件指南 181

▶ 精要导读……183

第一部分 股权代持类案总体情况概述……189
一、审理情况……189
二、审理特点……189
三、审理理念……190

第二部分 立案审查……192
一、当事人的审查……192
二、案由的审查……198
三、管辖的审查……205

第三部分 原告诉请的审查……211
一、确认股权代持合同有效诉请的审查……211
二、支付股权利润诉请的审查……212
三、解除股权代持合同诉请的审查……213
四、确认股权代持合同无效诉请的审查……214
五、返还股权转让款诉请的审查……216
六、损失赔偿诉请的审查……217
七、确认股东资格诉请的审查……218
八、变更股权登记至股权受让人诉请的审查……221
九、确认名义股东转让代持股权行为无效诉请的审查……222
十、履行对赌协议项下义务诉请的审查……223

十一、排除法院强制执行诉请的审查……………224
十二、公司债权人追究名义股东瑕疵出资
责任诉请的审查…………………………226

第四部分　被告及有利害关系第三人抗辩的审查………227
一、对代持合同成立、效力的抗辩审查…………227
二、对解除股权代持合同的抗辩审查……………231
三、对支付股权利润的抗辩审查…………………233
四、对返还股权转让款的抗辩审查………………234
五、对承担违约责任的抗辩审查…………………235
六、未经其他股东过半数同意的抗辩审查………236
七、股权用于担保债权的抗辩审查………………237
八、股权代持关系不可对抗第三人的
抗辩审查……………………………………238
九、无需履行或已经履行完毕股东出资义务的
抗辩审查……………………………………239

第五部分　要件事实审查和认定规则……………………240
一、股权代持法律关系审查要点和认定规则……240
二、股权代持合同效力审查要点和认定规则……246
三、有效股权代持合同履行和违约责任的
审查要点和认定规则…………………………257
四、股权代持合同解除的审查要点
和认定规则……………………………………261
五、股东资格确认法律关系的审查要点
和认定规则……………………………………272
六、股权转让形式下股权代持关系的
审查要点和认定规则…………………………277

七、多层代持关系下股东资格确认纠纷的
审查要点和认定规则……280
八、实际出资人转让股权时股东资格确认纠纷的
审查要点和认定规则……281
九、涉让与担保的股东资格确认纠纷
审查要点和认定规则……282
十、涉继承的股东资格确认纠纷
审查要点和认定规则……285
十一、名义股东处分代持股权法律关系的
审查要点和认定规则……286
十二、实际出资人就名义股东债权人强制执行
代持股权提出执行异议的
审查要点和认定规则……293
十三、债权人追究名义股东瑕疵出资责任的
审查要点和认定规则……298
十四、债权人追究名义/隐名股东清算责任的
审查要点和认定规则……300
十五、其他：涉股权代持对赌义务履行的
审查要点和认定规则……302

人身保险合同类案办案要件指南 305

▶ 精要导读……307

第一部分 人身保险合同案件总体情况概述……314
一、审理情况……314
二、审理特点……315

三、审理理念……315

第二部分 立案审查……316
一、当事人资格的审查……316
二、主管和管辖的审查……317
三、案由适用的审查……319

第三部分 人身保险合同纠纷的一般审查规则……321
一、主体适格性审查……321
二、合同效力的审查……333
三、合同解除的审查……343
四、格式条款的审查及认定……356
五、法定拒赔情形……368

第四部分 人身保险合同纠纷的特殊审查规则……371
一、人寿保险合同纠纷……371
二、意外伤害保险合同纠纷……380
三、健康保险合同纠纷……402

第五部分 其他……416
一、互联网保险的审查及认定……416
二、团体人身保险的审查及认定……426

执行程序中不动产处置案件办案要件指南 435

▶ 精要导读……437

第一部分　执行程序中不动产处置的总体概述……443
一、不动产处置的基本情况……443
二、不动产处置的特点……444
三、不动产处置的难点……445
四、不动产处置的原则……446

第二部分　不动产处置的一般流程……447
一、不动产处置权的取得与启动条件的判断……447
二、不动产状况查明……459
三、不动产占有与负担的审查与处理……462
四、确定不动产处置参考价……470
五、不动产司法拍卖……481
六、不动产自行变卖……504
七、不动产司法变卖……506
八、不动产拍卖、变卖不成的处理……512
九、所有权转移及交付……514
十、拍卖的暂缓、中止……519

第三部分　特殊不动产处置中的注意事项……525
一、“唯一居住房屋”的处置……525
二、共有不动产的处置……535
三、预查封不动产的处置……549
四、政策性住房的处置……555
五、国有建设用地使用权（土地）的处置……561
六、集体建设用地使用权的处置……570
七、农村宅基地上房屋的处置……573
八、房地分离不动产的处置……575
九、无证不动产的处置……579

十、优秀历史建筑的处置 ……………………………584

第四部分　不动产查封、处置过程中的异议审查与处理 ……………………………585

一、涉不动产查封、处置的执行行为异议 ………585

二、对处置的不动产主张实体权利要求排除执行的异议（案外人异议）…………………595

三、刑事涉财产执行中对不动产处置提出异议的特殊审查程序 ……………………………602

名誉权纠纷类案办案要件指南

课题组成员

主持人：陈福才　上海市第一中级人民法院审委会委员、二级高级法官

参与人：任明艳　上海市第一中级人民法院民事审判庭副庭长

执笔人：刘　江　上海市第一中级人民法院民事审判庭审判员

盛　利　上海市普陀区人民法院民事审判庭审判员

孙凯茜　上海市第一中级人民法院民事审判庭法官助理

指导人员

金绍奇　上海市松江区人民法院副院长（上海市高级人民法院民事审判庭原副庭长）

程小勇　上海市高级人民法院民事审判庭副庭长

▶ 精要导读

一、裁判理念

名誉作为一种重要的人格利益，体现为社会公众对民事主体的社会评价。名誉权是民事主体从事经济、社会等活动，开展社会交往的重要前提。因此，依法保护民事主体的名誉权，制裁侮辱、诽谤等毁损名誉的行为，追究损害英雄烈士名誉行为人的法律责任，是定分止争、惩恶扬善、彰显司法公平正义的基本手段和目的，也是树立和弘扬社会主义核心价值观的重要途径和方式。为实现类案审理政治效果、法律效果、社会效果的有机统一，在类案的审理中应坚持以下三个理念：

（一）坚持言论自由和名誉权的平衡保护理念

法律既要保护公民的言论自由，也要考虑名誉对每个民事主体的影响，保护公民的人格尊严不受侵犯。在言论自由与名誉权发生冲突时，应注重平衡保护的审判理念，在个案中既要保护民事主体的名誉权，也要防止司法对学术争辩、文学艺术创作、社会舆论监督、消费者正当评论、公民依法检举和控告等行为的过度干涉，在多种利益之间进行准确平衡。

（二）坚持构成要件与动态系统论的统筹兼顾理念

判断行为人的言论是否侵害他人名誉权，应从是否符合侵害名誉权的构成要件入手，当行为人的行为符合构成要件的要求时，一般可以认定构成侵害名誉权，需要承担相应的民事责任。同时，《中华人民共和国民法典》（以下简称《民法典》）第九百九十八条对动态系统论予以了吸收和采纳，明确认定行为人承担侵害除生命权、身体权和健康权外的人格权的民事责任，应当考虑行为人和受害人的职业、影响范围、过错程度，以及行为的目的、方式、后果等因素。因此，准确适用侵害名誉权的构成要件理论，可以对原告主张的侵害名誉权是否构成作出定性分析。同时，兼顾运用动态系统理论，有助于引导法官准确认定侵害名誉权的责任以及责任形式、责任范围，为法官灵活准确作出定量分析提供有力的理论工具。

（三）坚持财产性责任与非财产性责任并重救济理念

根据《民法典》及相关的法律规定，保护名誉权所适用的非财产性责任主要是停止侵害、消除影响、恢复名誉、赔礼道歉等多种救济方式。同时，在名誉权的保护上还可以适用财产性责任，包括赔偿损失和赔偿精神损害抚慰金。当停止侵害、消除影响、恢复名誉的措施所带来的抚慰效果仍不足以弥补全部的精神痛苦时，应单独支持或者合并支持原告主张的赔礼道歉、赔偿精神损害抚慰金的诉讼请求，充分体现名誉恢复与损害赔偿并重救济，非财产性责任和财产性责任协同适用的审判理念。

二、重点问题

（一）名誉权纠纷案件中，如何判断侵害名誉权行为指向特定人

特定人包括自然人、法人及非法人组织。一般情况下，侵害名誉权行为及其指向对象具有下列特征之一的，法院可认定该行为指向特定人：一是指名道姓；二是对语言特征、相貌特征、行为特征、生活及工作环境等的描述，足以使理性的普通一般人能确定特定的对象；三是行为指向或影射的对象具有唯一性及排他性。

（二）名誉权纠纷案件中，如何判断受害人的社会评价是否降低

社会评价是针对受害人的品德、声望、才能、信用等方面的评价。社会评价的降低不是受害人自我感觉评价的降低，而是指他人评价的降低，因此对于个人内心的主观名誉感的损害，不能认定为对名誉权的侵害。应以是否使第三人知悉作为确定受害人社会评价是否降低的

重要标准。一般来说是不特定第三人对于受害人评价的降低，或在特定范围内理性的普通一般人对受害人评价的降低。

（三）转载媒体以其行为系正当新闻报道、舆论监督进行抗辩时，如何判断该转载内容具有正当性

可从以下四个方面入手判断。第一方面是该新闻报道、舆论监督以公共利益为基础。第二方面是该新闻报道、舆论监督的内容基本真实。第三方面是转载媒体已尽合理审查义务。合理审查义务体现在三点：一是被转载内容是否存在显而易见的不真实情况或侮辱、诽谤及其他凭借基本媒体职业规范或一般常识就能识别的明显不当之处；二是对所转载信息是否作出实质性修改、是否添加或者修改文章标题，导致其与内容严重不符以及误导公众的可能性；三是转载媒体是否针对事实问题采取删除、修改、屏蔽等必要处理措施。第四方面是该新闻报道、舆论监督中未使用侮辱性言辞等贬损他人名誉。

（四）行为人以其行为系学术争辩进行抗辩时，如何判断该言论是否侵害他人名誉权

应将行为人的言辞划分为意见表达和事实陈述以进一步判断。涉及思想、观点的真伪是非问题，代表批评者的学术见解或立场，应视为批评者的意见表达，审查的重点在于确定行为人的言辞是否在法律界限之内，法院不对意见表达的对错、真伪进行评判；对于学术争辩中的事实陈述部分，行为人主观上需存在表达学术观点和学术价值的目的，审查的重点在于判断学术争辩是否超越了受害人的学术名誉而扩大至人格尊严的否定，涉及学术品德、学术声望、学术才能及学术信用等，行为人需尽到相应的核实义务。

（五）如何判断消费者的评论是否构成对经营者名誉权的侵害

消费者享有对商品和服务进行监督的权利，对生产者、经营者、销售者的产品质量或者服务质量进行合理正当的评论，一般不宜认定为侵害名誉权；但借机诽谤、诋毁，损害生产者、经营者、销售者名誉的，应当认定为侵害名誉权。消费者评论主要分为事实陈述和意见表达。消费者的事实陈述是否正当，法院可依据“真实相当性”标准审查。消费者的意见表达难免带有一定的主观性，只要消费者的主观意图并非基于诋毁商家的恶意，且意见是基于经营者提供的商品和服务本身，法院则应侧重保护消费者的言论自由。

（六）《民法典》第一千一百九十五条与第一千一百九十七条规定的网络服务提供者的责任问题，在适用上是何关系

《民法典》第一千一百九十五条规定的“通知规则”与第一千一百九十七条规定的“知道规则”在适用上既非递进关系，也非包含关系，而是并列关系。如果受害人能够举证证明网络服务提供者对侵害名誉权行为“知道”，可以不向其发出名誉权受到侵害的通知，直接要求网络服务提供者承担第一千一百九十七条规定的侵害名誉权责任；如果受害人无法举证证明网络服务提供者具有过错，可以根据第一千一百九十五条通知网络技术服务提供者采取删除、屏蔽、断开链接等必要措施。

（七）行为人对网站、网店等特殊财产进行不实或恶意评价，但未直接对其所有者、运营者进行侮辱、诽谤时，是否构成对所有者、运营者名誉权的侵害

若行为人对网站、网店等特殊财产进行不实或恶意评价，并未直接针对其所有者、运营者，在案件审理时应依据所有者、运营者是否可从网站、网店或虚拟账号等中获取盈利，或是所有者、运营者是否利用网站、网店或虚拟账号等从事商业经营活动而区分处理。若所有者、运营者为法人、非法人组织，其利用网站、网店或虚拟账号等从事商业经营活动，在不实或恶意的评价对所有者、运营者的商誉造成影响的情况下，一般行为人构成对所有者和运营者名誉权的侵害；若所有者、运营者未从网站、网店或虚拟账号等中获取经营性利益，此种情况下判断是否构成侵害名誉权的关键在于确定被否定性评价的特殊财产与所有者、运营者间能否形成稳定的对应关系，即根据行业内或社会中的一般经验法则是否可以通过特殊财产识别锁定某一特定的民事主体。

（八）信用评价不当导致被评价人社会评价降低构成名誉权侵害的，如何确定被评价人的精神损害赔偿和财产利益损失

信用评价不当导致被评价人社会评价降低，影响其金融借贷、租车租房、婚恋社交等，造成其精神上痛苦的，其有权主张精神损害赔偿。在认定精神损害抚慰金的范围和金额时，应当综合考虑因信用评价不当造成的损害大小、不当信用评价存在时间的长短、不当信用信息传播的范围及相关主体的过错程度等因素。除精神损失外，被评价人还有权主张财产利益损失。被评价人要求的财产损害赔偿的范围和数额以其因侵害名誉权行为遭受的损失或行为人因侵害行为获得的利益为限度。

（九）微信群成员在微信群中侵害他人名誉权，微信群主是否应承担相应责任

微信群具有公共空间属性。微信群主作为微信群管理者，对于群成员的违法违规等不当行为，虽然不享有网络服务提供者的删除、屏蔽、断开链接等权限，但其相较一般群成员有发布群公告、将群成员移出群聊和解散微信群的权限，故微信群主应当在自己的权限范围内预防、阻止群成员发布侵害他人名誉权的信息和言论。具体在案件审理中，应考虑微信群中侵害名誉权言论出现的频率、持续时间、受害人是否提出以及微信群主是否及时阻止群内侵害名誉权行为等因素，判断微信群主是否及时履行了群主管理责任、是否存在过错、是否因处理不当加重了受害人名誉受损的程度，在此基础上认定微信群主是否承担侵害名誉权的责任。

（十）侵害名誉权人应承担的消除影响、恢复名誉、赔礼道歉等民事责任如何确定

应当与行为的具体方式和造成的影响范围相当。行为人消除影响、恢复名誉、赔礼道歉的方式可以根据侵害名誉权行为的具体方式而加以决定，法院可综合考量受害人的诉讼请求、行为人实施侵害行为的载体、行为人侵害名誉权的具体行为及言论、行为人主观恶意程度等；一般来说，采取消除影响、恢复名誉、赔礼道歉的范围应与行为人所造成的损害范围相一致。法院主要针对公开的内容、形式、公示的时间、期限以及刊登载体的级别等进行判决。

第一部分　名誉权纠纷类案总体情况概述

一、审理情况

（一）一、二审收案数总体呈上升趋势

2016年1月至2021年12月，上海法院受理一审名誉权纠纷案件共2691件，收案数除2019年有所回落外，总体呈现上升趋势。其中，2016年全市法院受理331件，2017年受理386件，2018年受理488件，2019年受理398件，2020年受理466件，2021年受理622件。

2016年1月至2021年12月，上海法院受理二审名誉权案件共645件，收案数除2017年有回落外，总体呈现上升趋势。其中，2016年全市法院受理94件，2017年受理82件，2018年受理108件，2019年受理111件，2020年受理110件，2021年受理140件。

（二）涉自然人的名誉权纠纷占比逾七成

从原告主体看，自然人起诉的占比高达74.02%。2016年1月至2021年12月，全市名誉权一审案件中，涉自然人的名誉权纠纷案件数共计1992件。其中，2016年受理259件，2017年受理270件，2018年受理351件，2019年受理291件，2020年受理358件，2021年受理463件。

（三）当事人诉请赔偿金额高但胜诉率低

从原告主张的赔偿金额看，2016年1月至2021年12月，全市法院审结一审名誉权纠纷案件中诉请赔偿金额最高的为人民币2600万元（以下币种同），当事人主张的赔偿金额平均数为192299元；从原告的胜诉情况看，原告胜诉（含部分胜诉）509件，原告的胜诉率为18.91%，原告胜诉（含部分胜诉）的平均支持金额为19870元，胜诉赔偿金额仅约占诉请赔偿金额的一成。

（四）二审改发率、申诉率均较低

从结案方式看，2016 年 1 月至 2021 年 12 月，全市法院审结一审、二审名誉权案件共计 3223 件，其中调解结案 261 件，撤诉结案 593 件，调撤率为 26.50%；当事人提出上诉案件合计 625 件，二审审理后改判 18 件，发回重审 6 件，改发率为 3.84%；申诉结案共计 166 件，申诉率为 5.15%。

二、审理特点

（一）案件成因多样化

名誉权案件的纠纷成因较为复杂多样，既有因自媒体言论、新闻媒体报道、出版社出版而引发，也有因管理履职、婚姻家庭、邻里、经济、消费等纠纷所转化。其中，近年来因媒体报道、自媒体言论、业委会管理、单位履职管理引发的纠纷数量上居于高位且呈上升趋势。因新闻媒体报道、出版书刊引发的名誉权纠纷案件，主要涉及报道内容是否失实、是否存在侮辱诽谤等贬损性言辞，是否存在学术争辩或者学术批评等；因管理履职引发名誉权纠纷的，主要是因单位对内管理和对外履职而引发，涉及公司群发辞退员工的通报，学校处分学生，银行将用户逾期还款情况上报征信系统，软件公司对电话号码予以否定性、批评性标注等。各种类型的基础矛盾和纠纷，都可能因当事人言辞过激、处理不当导致矛盾升级，引发名誉权诉讼。

（二）侵害行为网络化

近年来随着互联网技术、自媒体传播手段的发展迅猛，使得涉及网络言论的名誉权纠纷案件数量增长迅速。尤其是社会交往网络化的发展，网站、论坛、网吧、博客、微博、微信、搜索引擎等都可能成为网络侵害名誉权的载体。据统计，上海法院近六年审结的名誉权纠纷案件中，超过七成为网络侵权案件。由于网络侵权具有传播的快速性和连锁性特征，使得侵权信息存在被人转发、被人评论并转发、复制或摘录后再行发布等多种情形，侵权影响范围较为广泛，损害后果往往难以评估，也使得案件的审理难度增大。此外，“公众人物”受到社会舆论的广泛关注，其更易于成为网络侵害名誉权的主要对象。

（三）行为主体隐蔽化

在侵害名誉权主体的认定方面，由于网络服务并非全部采取实名制，而查询IP终端的手机用户又涉及个人隐私和通信自由等法律问题，导致侵害名誉权证据的采集和侵害名誉权人身份的确定存在较大难度。需要通过调取网络账号的注册身份信息和预留手机号、微信聊天记录、公安机关接报警时查明的当事人信息和联系电话等证据，形成识别行为人身份的完整证据链。在被告矢口否认被诉侵害名誉权信息由其发布或者被告缺席审理的案件中，侵害名誉权行为的实施主体往往难以查明。

（四）利益诉求多元化

一些案件的当事人除主张名誉权受到侵害外，还认为自己的姓名权、隐私权受到侵害，案件争议的法律关系呈现出综合化、交叉化的特点。有的案件中，双方当事人所主张的价值利益存在多元化，不同的价值利益之间存在一定程度的紧张和冲突关系。如原告方追求正面的社会形象、积极的舆论宣传和自身商业利益，不容他人对其进行任何置疑和负面评论。被告方则主张其行为属于正当的舆论监督、合理引用、正当行使权利、第三人的过错、学术争辩和合理评论范畴等。双方利益诉求的正当性评价成为此类案件审理评判的难点。

三、审理理念

（一）言论自由和名誉权的平衡保护

言论自由和名誉权均是宪法赋予的基本权利，缺一不可。法律既要保护公民的言论自由，同时也要考虑名誉对每个民事主体的影响，保护公民的人格尊严不受侵犯。在言论自由与名誉权发生冲突时，应注重平衡保护的审判理念，在个案中既要保护民事主体的名誉权，也要防止司法对学术争辩、文学艺术创作、社会舆论监督、消费者正当评论、公民依法检举和控告等行为的过度干涉，在多种利益之间作出准确平衡。首先，言论自由须以不侵害国家利益、社会公共利益和他人合法权益为前提。公民在行使言论自由时，都负有不得超过自由界限的法定义务，这是言论自由的底线和红线。实践中，以细节考据、观点争鸣等名义对英雄烈士的事迹和精神进行污蔑和贬损，损害社会公共利益，应当依法承担法律责任。其次，需要在具体案件中综合考量行为人的身份、言论指向的对象、具体的议题和内容、上下文语境、当事人的主观状态、言论所引发的后果等因素加以判断，划清事实陈述与意见表达的区别。最后，正确运用社会主义核心价值观对法律多元价值进行权衡取舍，准确处理实体上不同利益的冲突、个体利益与群体利益的冲突，兼顾长远效果与短期效果、整体效果与局部效果，实现政治效果、法律效果与社会效果的统一。

（二）构成要件与动态系统论的统筹兼顾

侵害名誉权一般需要符合四个构成要件：行为人实施了侵害名誉权的行为、受害人的社会评价降低、行为人具有过错、侵害行为与受害人的社会评价降低之间存在因果关系。司法上判断行为人的言论是否侵犯他人的名誉，应从是否符合侵害名誉权的构成要件入手，当行为人的行为符合构成要件的要求时，一般可以认定构成侵害名誉权，需要承担相应的民事责任。同时，《民法典》第九百九十八条对动态系统论予以了吸收和采纳，明确认定行为人承担侵害除生命权、身体权和健康权外的人格权的民事责任，应当考虑行为人和受害人的职业、影响范围、过错程度，以及行为的目的、方式、后果等因素。因此，构成要件理论与动态系统理论各有所长、互为补充，准确适用侵犯名誉权的构成要件理论，可以对原告主张的侵害名誉权是否构成作出定性分析。同时，兼顾运用动态系统理论，有助于引导法官准确认定侵害名誉权的责任以及责任形式、责任范围，为法官灵活准确作出定量分析提供有力的理论武器。

（三）财产性责任与非财产性责任并重救济

根据《民法典》及相关的法律规定，保护名誉权所适用的非财产性责任主要是停止侵害、消除影响、恢复名誉、赔礼道歉等多种名誉恢复的救济方式。停止侵害即停止侵害名誉权行为实施的责任；消除影响是一种在侵害人格权时所应承担的消除不良后果的责任；恢复名誉则是采取措施将受害人的名誉恢复如初的责任；赔礼道歉是抚慰受害人因精神损害遭受的痛苦。同时，在名誉权的保护上还可以适用财产性责任，包括赔偿损失和赔偿精神损害抚慰金。赔偿损失的范围包括原告合理的维权成本等经济损失。法律对名誉权的保护范围不仅包括客观的社会评价，还包括自然人基于社会评价而享有的精神利益。停止侵害、消除影响、恢复名誉是恢复受害人应有的社会客观评价，而对于精神利益的损害，主要由赔礼道歉与赔付精神损害抚慰金两方面来承担补偿。当停止侵害、消除影响、恢复名誉的措施所带来的抚慰效果仍不足以弥补全部的精神痛苦时，应单独支持或者合并支持原告主张的赔礼道歉、赔偿精神损害抚慰金的诉讼请求。因此，在保护名誉权时，应注重名誉恢复与损害赔偿并重救济，非财产性责任和财产性责任协同适用的原则。

第二部分　立案的审查

一、原告主体资格的审查

（一）一般原告主体资格的审查

【审查要点】

1. 自然人的审查

原告是被侵害名誉权人，即认为自身名誉权被侵害的诉讼主体。具体而言，原告是有初步证据证明为侵害名誉权行为直接指向、对应的诉讼主体。原告应提交自己的身份证明文件。

2. 法人或非法人组织的审查

当侵害名誉权行为直接指向、对应的诉讼主体是法人或非法人组织时，该法人或非法人组织为原告。原告为法人或者非法人组织的，须提交加盖公章的企业法人营业执照、法定代表人身份证明书或者组织机构代码证、主要负责人身份证明书、统一社会信用代码证、社会团体法人登记证等。

【注意事项】

（1）法人或非法人组织的股东、劳动者等自然人为维护法人或非法人组织的名誉而以自己名义提起诉讼，如果并非自然人名誉直接受损，则法人、非法人组织应作为适格原告。

（2）特许人（如品牌运营商等）与被特许人（如加盟商）之间发生名誉权纠纷的，应以特许经营合同签订的主体为当事人。他人侵害特许经营品牌名誉，特许经营合同有约定的，以约定的主体作为原告主张权利；没有约定的，一般由特许人作为原告，但被诉侵害名誉权行为直接针对被特许人的，被特许人可列为原告。

（3）涉及对法人或非法人组织的商号进行侮辱、诽谤的，该商号的权利人可以列为原告。

【规范指引】

《中华人民共和国民事诉讼法》

第五十一条 公民、法人和其他组织可以作为民事诉讼的当事人。

法人由其法定代表人进行诉讼。其他组织由其主要负责人进行诉讼。

《最高人民法院关于适用〈中华人民共和国民事诉讼法〉的解释》

第五十条 法人的法定代表人以依法登记的为准，但法律另有规定的除外。依法不需要办理登记的法人，以其正职负责人为法定代表人；没有正职负责人的，以其主持工作的副职负责人为法定代表人。

法定代表人已经变更，但未完成登记，变更后的法定代表人要求代表法人参加诉讼的，人民法院可以准许。

其他组织，以其主要负责人为代表人。

第五十二条 民事诉讼法第五十一条规定的其他组织是指合法成立、有一定的组织机构和财产，但又不具备法人资格的组织，包括：

（一）依法登记领取营业执照的个人独资企业；

（二）依法登记领取营业执照的合伙企业；

（三）依法登记领取我国营业执照的中外合作经营企业、外资企业；

（四）依法成立的社会团体的分支机构、代表机构；

（五）依法设立并领取营业执照的法人的分支机构；

（六）依法设立并领取营业执照的商业银行、政策性银行和非银行金融机构的分支机构；

（七）经依法登记领取营业执照的乡镇企业、街道企业；

（八）其他符合本条规定条件的组织。

（二）侵害死者名誉案件原告主体资格的审查

【审查要点】

死者的配偶、子女、父母（第一顺位）可以作为原告依法请求行为人承担民事责任；死者没有配偶、子女且父母已经死亡的，其他近亲属（第二顺位）可以作为原告向行为人提出名誉权诉讼。其他近亲属是指兄弟姐妹、祖父母、外祖父母、孙子女、外孙子女。对“近亲属”的范围，一般应严格限制在上述范围内。

【规范指引】

《中华人民共和国民法典》

第九百九十四条 死者的姓名、肖像、名誉、荣誉、隐私、遗体等受到侵害的，其配偶、子女、父母有权依法请求行为人承担民事责任；死者没有配偶、子女且父母已经死亡的，其他近亲属有权依法请求行为人承担民事责任。

第一千零四十五条 亲属包括配偶、血亲和姻亲。

配偶、父母、子女、兄弟姐妹、祖父母、外祖父母、孙子女、外孙子女为近亲属。

配偶、父母、子女和其他共同生活的近亲属为家庭成员。

（三）侵害英烈名誉案件原告主体资格的审查

【审查要点】

根据《中华人民共和国英雄烈士保护法》第二条的规定，“英雄烈士”是指近代以来，为了争取民族独立和人民解放，实现国家富强和人民幸福，促进世界和平和人类进步而毕生奋斗、英勇献身的英雄烈士。对烈士的认定标准，见于《烈士褒扬条例》第二章、《军人抚恤优待条例》第八条等规定，由国家有关主管部门予以认定。

对侵害英雄烈士名誉的行为，英雄烈士的近亲属可以依法向法院提起诉讼。英雄烈士没有近亲属或者近亲属不提起诉讼的，检察机关可依法向法院提起诉讼。

【规范指引】

《中华人民共和国民法典》

第一百八十五条 侵害英雄烈士等的姓名、肖像、名誉、荣誉，损害社会公共利益的，应当承担民事责任。

《中华人民共和国英雄烈士保护法》

第二条 国家和人民永远尊崇、铭记英雄烈士为国家、人民和民族作出的牺牲和贡献。

近代以来，为了争取民族独立和人民解放，实现国家富强和人民幸福，促进世界和平和人类进步而毕生奋斗、英勇献身的英雄烈士，功勋彪炳史册，精神永垂不朽。

第二十五条 对侵害英雄烈士的姓名、肖像、名誉、荣誉的行为，英雄烈士的近亲属可以依法向人民法院提起诉讼。

英雄烈士没有近亲属或者近亲属不提起诉讼的，检察机关依法对侵害英雄烈士的姓名、肖像、名誉、荣誉，损害社会公共利益的行为向人民法院提起诉讼。

负责英雄烈士保护工作的部门和其他有关部门在履行职责过程中

发现第一款规定的行为，需要检察机关提起诉讼的，应当向检察机关报告。

英雄烈士近亲属依照第一款规定提起诉讼的，法律援助机构应当依法提供法律援助服务。

《烈士褒扬条例》

第八条 公民牺牲符合下列情形之一的，评定为烈士：

（一）在依法查处违法犯罪行为、执行国家安全工作任务、执行反恐怖任务和处置突发事件中牺牲的；

（二）抢险救灾或者其他为了抢救、保护国家财产、集体财产、公民生命财产牺牲的；

（三）在执行外交任务或者国家派遣的对外援助、维持国际和平任务中牺牲的；

（四）在执行武器装备科研试验任务中牺牲的；

（五）其他牺牲情节特别突出，堪为楷模的。

现役军人牺牲，预备役人员、民兵、民工以及其他人员因参战、参加军事演习和军事训练、执行军事勤务牺牲应当评定烈士的，依照《军人抚恤优待条例》的有关规定评定。

第九条 申报烈士的，由死者生前所在工作单位、死者遗属或者事件发生地的组织、公民向死者生前工作单位所在地、死者遗属户口所在地或者事件发生地的县级人民政府退役军人事务部门提供有关死者牺牲情节的材料，由收到材料的县级人民政府退役军人事务部门调查核实后提出评定烈士的报告，报本级人民政府审核。

属于本条例第八条第一款第一项、第二项规定情形的，由县级人民政府提出评定烈士的报告并逐级上报至省、自治区、直辖市人民政府审查评定。评定为烈士的，由省、自治区、直辖市人民政府送国务院退役军人事务部门备案。

属于本条例第八条第一款第三项、第四项规定情形的，由国务院有关部门提出评定烈士的报告，送国务院退役军人事务部门审查评定。

属于本条例第八条第一款第五项规定情形的，由县级人民政府提出评定烈士的报告并逐级上报至省、自治区、直辖市人民政府，由省、自治区、直辖市人民政府审查后送国务院退役军人事务部门审查评定。

第十条 军队评定的烈士，由中央军事委员会政治工作部送国务院退役军人事务部门备案。

第十一条 按照本条例规定评定为烈士的，由国务院退役军人事务部门负责将烈士名单呈报党和国家功勋荣誉表彰工作委员会。

第十二条 烈士证书以党和国家功勋荣誉表彰工作委员会办公室名义制发。

第十三条 县级以上人民政府每年在烈士纪念日举行颁授仪式，向烈士遗属颁授烈士证书。

《军人抚恤优待条例》

第八条 现役军人死亡，符合下列情形之一的，批准为烈士：

（一）对敌作战死亡，或者对敌作战负伤在医疗终结前因伤死亡的；

（二）因执行任务遭敌人或者犯罪分子杀害，或者被俘、被捕后不屈遭敌人杀害或者被折磨致死的；

（三）为抢救和保护国家财产、人民生命财产或者执行反恐怖任务和处置突发事件死亡的；

（四）因执行军事演习、战备航行飞行、空降和导弹发射训练、试航试飞任务以及参加武器装备科研试验死亡的；

（五）在执行外交任务或者国家派遣的对外援助、维持国际和平任务中牺牲的；

（六）其他死难情节特别突出，堪为楷模的。

现役军人在执行对敌作战、边海防执勤或者抢险救灾任务中失踪，经法定程序宣告死亡的，按照烈士对待。

批准烈士，属于因战死亡的，由军队团级以上单位政治机关批准；属于非因战死亡的，由军队军级以上单位政治机关批准；属于本条第一款第六项规定情形的，由中国人民解放军总政治部批准。

二、被告主体资格的审查

（一）一般被告主体资格的审查

【审查要点】

1. 被告是侵害名誉权行为人，即被认为是实施被诉侵害名誉权行为的自然人、法人或非法人组织。被告必须明确。

2. 被告为无民事行为能力人、限制民事行为能力人的，应与其监护人为共同被告。

【规范指引】

《中华人民共和国民事诉讼法》

第五十一条 公民、法人和其他组织可以作为民事诉讼的当事人。

法人由其法定代表人进行诉讼。其他组织由其主要负责人进行诉讼。

《最高人民法院关于适用〈中华人民共和国民事诉讼法〉的解释》

第五十条 法人的法定代表人以依法登记的为准，但法律另有规定的除外。依法不需要办理登记的法人，以其正职负责人为法定代表人；没有正职负责人的，以其主持工作的副职负责人为法定代表人。

法定代表人已经变更，但未完成登记，变更后的法定代表人要求代表法人参加诉讼的，人民法院可以准许。

其他组织，以其主要负责人为代表人。

第五十二条 民事诉讼法第五十一条规定的其他组织是指合法成立、有一定的组织机构和财产，但又不具备法人资格的组织，包括：

（一）依法登记领取营业执照的个人独资企业；

（二）依法登记领取营业执照的合伙企业；

（三）依法登记领取我国营业执照的中外合作经营企业、外资企业；

（四）依法成立的社会团体的分支机构、代表机构；

（五）依法设立并领取营业执照的法人的分支机构；

（六）依法设立并领取营业执照的商业银行、政策性银行和非银行金融机构的分支机构；

（七）经依法登记领取营业执照的乡镇企业、街道企业；

（八）其他符合本条规定条件的组织。

第六十七条 无民事行为能力人、限制民事行为能力人造成他人损害的，无民事行为能力人、限制民事行为能力人和其监护人为共同被告。

（二）特殊类型被告主体资格的审查

【审查要点】

1.网络用户、网络服务提供者利用网络侵害他人名誉权的，应当承担相应民事责任。网络服务提供者主要包括提供下列服务的自然人、法人或者非法人组织：一是网络接入、域名注册解析等信息网络接入、计算、存储、传输服务；二是信息发布、搜索引擎、即时通讯、网络支付、网络预约、网络购物、网络游戏、网络直播、网站建设、安全防护、广告推广、应用商店等信息网络应用服务；三是利用信息网络提供的电子政务、通信、能源、交通、水利、金融、教育、医疗等公共服务。

被告身份的确定，应审查原告是否有初步证据证明被告是通过登录工业和信息化部 ICP/IP 地址 / 域名信息备案管理系统查询所确定的主管或运营主体，或者被告是通过侵害名誉权行为人发布涉案网络言论的加 V 微博、微信公众号公开认证信息查询所确定的主体。原告单独或者同时起诉网络服务提供者，需要审查被告是否是工业和信息化部 ICP/IP 地址 / 域名信息备案管理系统查询到的主管或运营主体以及是否提供网络服务提供者删除侵害名誉权的内容并披露发布主体的账号注册信息以及点击、浏览、转发数量等初步证据。

2.因新闻报道或其他作品发生的名誉权纠纷，原告只起诉作者的，列作者为被告；只起诉新闻出版单位的，列新闻出版单位为被告；对作者和新闻出版单位都提起诉讼的，将作者和新闻出版单位均列为被告，但作者与新闻出版单位为隶属关系，作品系作者履行职务所形成的，可以向原告释明只列新闻出版单位为被告。

3.因信用评价不当引发的名誉权纠纷，被告一般为信用评价机构、信用评价信息提供者、信息使用者。信用评价信息提供者常见的是商业银行等。

【规范指引】

《中华人民共和国民法典》

第一千零二十五条 行为人为公共利益实施新闻报道、舆论监督等行为，影响他人名誉的，不承担民事责任，但是有下列情形之一的除外：

（一）捏造、歪曲事实；

（二）对他人提供的严重失实内容未尽到合理核实义务；

（三）使用侮辱性言辞等贬损他人名誉。

第一千零二十七条 行为人发表的文学、艺术作品以真人真事或者特定人为描述对象，含有侮辱、诽谤内容，侵害他人名誉权的，受害人有权依法请求该行为人承担民事责任。

行为人发表的文学、艺术作品不以特定人为描述对象，仅其中的情节与该特定人的情况相似的，不承担民事责任。

第一千零二十九条 民事主体可以依法查询自己的信用评价；发现信用评价不当的，有权提出异议并请求采取更正、删除等必要措施。信用评价人应当及时核查，经核查属实的，应当及时采取必要措施。

第一千一百九十四条 网络用户、网络服务提供者利用网络侵害他人民事权益的，应当承担侵权责任。法律另有规定的，依照其规定。

《最高人民法院关于审理利用信息网络侵害人身权益民事纠纷案件适用法律若干问题的规定》

第二条 原告依据民法典第一千一百九十五条、第一千一百九十七条的规定起诉网络用户或者网络服务提供者的，人民法院应予受理。

原告仅起诉网络用户，网络用户请求追加涉嫌侵权的网络服务提供者为共同被告或者第三人的，人民法院应予准许。

原告仅起诉网络服务提供者，网络服务提供者请求追加可以确定的网络用户为共同被告或者第三人的，人民法院应予准许。

《征信业管理条例》

第二十六条 信息主体认为征信机构或者信息提供者、信息使用者侵害其合法权益的，可以向所在地的国务院征信业监督管理部门派出机构投诉。

受理投诉的机构应当及时进行核查和处理，自受理之日起30日内书面答复投诉人。

信息主体认为征信机构或者信息提供者、信息使用者侵害其合法权益的，可以直接向人民法院起诉。

三、管辖的审查

（一）法定管辖的审查

【审查要点】

因侵害名誉权行为提起的诉讼，由侵害名誉权行为地或者被告住所地人民法院管辖。

1. 被告住所地

对公民提起的民事诉讼，由被告住所地人民法院管辖；被告住所地与经常居住地不一致的，由经常居住地人民法院管辖。对法人或者非法人组织提起的民事诉讼，由被告住所地人民法院管辖。同一诉讼的几个被告住所地、经常居住地在两个以上人民法院辖区的，各该人民法院都有管辖权。

公民的住所地是指公民的户籍所在地，法人或者非法人组织的住所地是指法人或者非法人组织的主要办事机构所在地。法人或者非法人组织的主要办事机构所在地不能确定的，法人或者非法人组织的注册地或者登记地为住所地。公民的经常居住地是指公民离开住所地至起诉时已连续居住一年以上的地方，但公民住院就医的地方除外。

2. 侵害名誉权行为地

侵害名誉权行为地包括侵害名誉权行为的实施地和侵害名誉权结果的发生地。信息网络侵害名誉权行为实施地包括实施被诉侵害名誉权行为的网络服务器、计算机终端等设备所在地，侵害名誉权结果发生地包括被侵害名誉权人住所地或者原告发现侵害名誉权内容的计算机终端等设备所在地。

【规范指引】

《中华人民共和国民事诉讼法》

第二十二条 对公民提起的民事诉讼，由被告住所地人民法院管辖；被告住所地与经常居住地不一致的，由经常居住地人民法院管辖。

对法人或者其他组织提起的民事诉讼，由被告住所地人民法院管辖。

同一诉讼的几个被告住所地、经常居住地在两个以上人民法院辖区的，各该人民法院都有管辖权。

第二十九条 因侵权行为提起的诉讼，由侵权行为地或者被告住所地人民法院管辖。

《最高人民法院关于适用〈中华人民共和国民事诉讼法〉的解释》

第三条 公民的住所地是指公民的户籍所在地，法人或者其他组织的住所地是指法人或者其他组织的主要办事机构所在地。

法人或者其他组织的主要办事机构所在地不能确定的，法人或者其他组织的注册地或者登记地为住所地。

第四条 公民的经常居住地是指公民离开住所地至起诉时已连续居住一年以上的地方，但公民住院就医的地方除外。

第二十四条 民事诉讼法第二十九条规定的侵权行为地，包括侵权行为实施地、侵权结果发生地。

第二十五条 信息网络侵权行为实施地包括实施被诉侵权行为的计算机等信息设备所在地，侵权结果发生地包括被侵权人住所地。

《最高人民法院关于审理利用信息网络侵害人身权益民事纠纷案件适用法律若干问题的规定》

第二条 原告依据民法典第一千一百九十五条、第一千一百九十七条的规定起诉网络用户或者网络服务提供者的，人民法院应予受理。

原告仅起诉网络用户，网络用户请求追加涉嫌侵权的网络服务提供者为共同被告或者第三人的，人民法院应予准许。

原告仅起诉网络服务提供者，网络服务提供者请求追加可以确定的网络用户为共同被告或者第三人的，人民法院应予准许。

（二）特别管辖的审查

【审查要点】

在互联网上侵害他人名誉权而产生的纠纷，北京、广州、杭州互联网法院集中管辖所在市的辖区内应当由基层人民法院受理第一审案件。因此，如当事人提出案件应属于互联网法院集中管辖的异议，经审查成立的，或者法院认为需依职权移送管辖至北京、广州、杭州法院的，应将案件移送至相应有管辖权的互联网法院。

【规范指引】

《中华人民共和国民事诉讼法》

第三十七条　人民法院发现受理的案件不属于本院管辖的，应当移送有管辖权的人民法院，受移送的人民法院应当受理。受移送的人民法院认为受移送的案件依照规定不属于本院管辖的，应当报请上级人民法院指定管辖，不得再自行移送。

《最高人民法院关于互联网法院审理案件若干问题的规定》

第二条第七项　北京、广州、杭州互联网法院集中管辖所在市的辖区内应当由基层人民法院受理的下列第一审案件：

（七）在互联网上侵害他人人身权、财产权等民事权益而产生的纠纷；

四、起诉证据的审查

【审查要点】

1. 涉及当事人主体资格的相关证据

如原、被告的身份证明。侵害死者、英烈名誉的，死者、英烈亲属应提交亲属关系证明，如居民户口簿、英烈荣誉证书等。

2. 涉及侵害名誉权事实存在的相关证据

原告主张被告以口头、书面或者暴力等方式，对他人进行人身攻击、侮辱、贬损他人人格的证据，或者以隐瞒真相、捏造事实并加以传播的方式诋毁他人名誉的证据，如证人证言、书面材料、语音视频、大字报、张贴布告等；新闻媒体对公民、法人或者其他组织报道失实损害其名誉的证据，如报道内容的原始载体等；通过文学艺术作品对他人进行侮辱、诽谤的证据，如虚构事实、含沙射影、对他人进行侮辱、诽谤的文学艺术作品等；通过网络侵害他人名誉权的证据，如具有侮辱、诽谤性质的言辞、图片等内容的网页或者微信群聊的截屏、公证材料等。

3. 侵权行为造成名誉权损害后果的相关证据

如侵害名誉权行为被第三人知悉，网络的跟帖量、转载量及他人的负面评价，原告受到单位处分，原告的精神受到打击而患病就医，法人及非法人组织的经济效益出现滑坡等证据。

第三部分　诉辩主张的审查

一、原告诉请的审查

（一）适格被告的审查

【审查要点】

1. 被告需为明确的自然人、法人及非法人组织。

2. 如被告不适格，法官可以告知当事人存在瑕疵情况及要求其变更的具体要求。经释明后，当事人拒绝纠正的，法院可以视具体情况进行相应的处理。

【注意事项】

被告利用信息网络侵害他人名誉权时：

1. 如原告仅起诉网络用户，网络用户请求追加涉嫌侵害名誉权的网络服务提供者为共同被告或者第三人的，法院应向原告释明，原告同意追加的，人民法院应予准许。

2. 如原告仅起诉网络服务提供者，网络服务提供者请求追加可以确定的网络用户为共同被告或者第三人的，法院应向原告释明，原告同意追加的，法院应予准许。

3. 如原告仅起诉网络服务提供者，网络服务提供者以涉嫌侵害名誉权的信息系网络用户发布为由抗辩的，法院可以根据原告的请求及案件的具体情况，责令网络服务提供者提供能够确定涉嫌侵害名誉权的网络用户的姓名（名称）、联系方式、网络地址等信息。

4. 如原告根据网络服务提供者提供的信息请求追加网络用户为被告的，法院应予准许。

【规范指引】

《中华人民共和国民事诉讼法》

第一百二十二条　起诉必须符合下列条件：

（一）原告是与本案有直接利害关系的公民、法人和其他组织；

（二）有明确的被告；

（三）有具体的诉讼请求和事实、理由；

（四）属于人民法院受理民事诉讼的范围和受诉人民法院管辖。

《最高人民法院关于审理利用信息网络侵害人身权益民事纠纷案件适用法律若干问题的规定》

第二条　原告依据民法典第一千一百九十五条、第一千一百九十七条的规定起诉网络用户或者网络服务提供者的，人民法院应予受理。

原告仅起诉网络用户，网络用户请求追加涉嫌侵权的网络服务提供者为共同被告或者第三人的，人民法院应予准许。

原告仅起诉网络服务提供者，网络服务提供者请求追加可以确定的网络用户为共同被告或者第三人的，人民法院应予准许。

第三条　原告起诉网络服务提供者，网络服务提供者以涉嫌侵权的信息系网络用户发布为由抗辩的，人民法院可以根据原告的请求及案件的具体情况，责令网络服务提供者向人民法院提供能够确定涉嫌侵权的网络用户的姓名（名称）、联系方式、网络地址等信息。

网络服务提供者无正当理由拒不提供的，人民法院可以依据民事诉讼法第一百一十四条[①]的规定对网络服务提供者采取处罚等措施。

原告根据网络服务提供者提供的信息请求追加网络用户为被告的，人民法院应予准许。

（二）具体诉讼请求的审查

【审查要点】

1. 停止侵害

原告应明确具体的侵害行为、停止侵害的方式和责任人，如明确需要删除或断开的具体网址、链接等。如涉及两名以上被告的，则应进一步明确各被告分别停止侵害的具体内容。

2. 消除影响、恢复名誉

原告应明确消除影响和恢复名誉的具体方式、范围和期间，如在国家级的报刊上刊登消除影响、恢复名誉的声明等。

3. 赔礼道歉

原告应明确赔礼道歉的具体方式和持续时间，如口头道歉还是书面道歉、道歉时是否需要于特定人士面前或特定场合下完成、书面赔礼道歉是否需要张贴于特定场合或者在特定媒体上发布道歉声明等。

4. 损害赔偿

（1）原告应明确具体的财产损害赔偿或者精神损害赔偿的项目、金额、赔偿金额的计算方式以及计算方式所依据的事实和理由。

（2）对于两名以上被告的，原告需明确被告之间的责任方式是连带责任或按份责任，原告主张按份责任亦需明确各被告的责任份额。

【注意事项】

1. 因当事人一方的违约行为，损害对方名誉权并造成严重精神损害，受损害方选择请求其承担违约责任的，不影响受损害方请求精神损害赔偿。

---

① 现为 2023 年修正的《民事诉讼法》第一百一十七条。

2. 原告提出的诉讼请求不明确、不充分、不正确时，法院可以要求原告就诉讼请求的具体内容进行说明。原告诉讼请求不正确，即诉讼请求与相关法律规定的要求不一致时，法院可告知不正确的原因及可能产生的后果。例如原告要求被告承认错误，法院应向其释明承认错误并非法定责任承担方式，不能得到支持。

【规范指引】

《中华人民共和国民法典》

第九百九十五条　人格权受到侵害的，受害人有权依照本法和其他法律的规定请求行为人承担民事责任。受害人的停止侵害、排除妨碍、消除危险、消除影响、恢复名誉、赔礼道歉请求权，不适用诉讼时效的规定。

第九百九十六条　因当事人一方的违约行为，损害对方人格权并造成严重精神损害，受损害方选择请求其承担违约责任的，不影响受损害方请求精神损害赔偿。

二、被告抗辩的审查

（一）对主体抗辩的审查

【审查要点】

1. 明确抗辩事由。如诉争的行为、言论并非指向原告，被告并非行为人、被告系履行职务行为等。

2. 明确抗辩所依据的证据。如原告与被告的身份及关系，被告 IP 地址，被告与所称单位之间的劳动、劳务关系等。

3. 网络环境下的名誉权纠纷，原告起诉网络服务提供者，网络服务提供者以涉嫌侵权的信息系网络用户发布为由抗辩的，可以根据原告的请求及案件的具体情况，责令网络服务提供者向法院提供能够确定涉嫌侵权的网络用户的姓名（名称）、联系方式、网络地址等信息。

（二）对不构成侵权抗辩的审查

【审查要点】

1. 明确具体抗辩事由。如受害人同意、第三人过错、事实陈述、正当新闻报道、舆论监督、公正评论、学术争辩、正当行使职权和权利以及原告属于公众人物应权利限缩等。

2. 明确抗辩所依据的证据。如受害人同意或第三人过错的证据、新闻来源、行为人职权等。

（三）对责任承担抗辩的审查

【审查要点】

1. 明确抗辩事由。如原告不存在损失、原告主张金额过高、被告不应承担合理费用、被告不应承担赔礼道歉或消除影响的民事责任、原告主张消除影响的方式不当等。

2. 明确抗辩所依据的证据。如原告主张费用并非本案支出、原告主张费用不具有必要性和合理性等。

（四）关于诉讼时效抗辩的审查

【审查要点】

要求被告明确，行为发生时间、原告知道或应当知道的时间等内容。

【注意事项】

1. 被告对原告主张的事实既未表示承认也未否认，应向其释明《最高人民法院关于民事诉讼证据的若干规定》第四条的规定，告知其如仍不明确表示肯定或者否定的，将被视为对该项事实的承认。

2. 网络服务提供者无正当理由拒不提供的，法院可以依据《中华人民共和国民事诉讼法》（以下简称《民事诉讼法》）第一百一十七条的规定对网络服务提供者采取处罚等措施。

【规范指引】

《中华人民共和国民法典》

第一百八十八条　向人民法院请求保护民事权利的诉讼时效期间为三年。法律另有规定的，依照其规定。

诉讼时效期间自权利人知道或者应当知道权利受到损害以及义务人之日起计算。法律另有规定的，依照其规定。但是，自权利受到损害之日起超过二十年的，人民法院不予保护，有特殊情况的，人民法院可以根据权利人的申请决定延长。

第九百九十五条 人格权受到侵害的，受害人有权依照本法和其他法律的规定请求行为人承担民事责任。受害人的停止侵害、排除妨碍、消除危险、消除影响、恢复名誉、赔礼道歉请求权，不适用诉讼时效的规定。

第一千零二十五条 行为人为公共利益实施新闻报道、舆论监督等行为，影响他人名誉的，不承担民事责任，但是有下列情形之一的除外：

（一）捏造、歪曲事实；

（二）对他人提供的严重失实内容未尽到合理核实义务；

（三）使用侮辱性言辞等贬损他人名誉。

《中华人民共和国民事诉讼法》

第一百一十七条 有义务协助调查、执行的单位有下列行为之一的，人民法院除责令其履行协助义务外，并可以予以罚款：

（一）有关单位拒绝或者妨碍人民法院调查取证的；

（二）有关单位接到人民法院协助执行通知书后，拒不协助查询、扣押、冻结、划拨、变价财产的；

（三）有关单位接到人民法院协助执行通知书后，拒不协助扣留被执行人的收入、办理有关财产权证照转移手续、转交有关票证、证照或者其他财产的；

（四）其他拒绝协助执行的。

人民法院对有前款规定的行为之一的单位，可以对其主要负责人或者直接责任人员予以罚款；对仍不履行协助义务的，可以予以拘留；并可以向监察机关或者有关机关提出予以纪律处分的司法建议。

《最高人民法院关于民事诉讼证据的若干规定》

第四条 一方当事人对于另一方当事人主张的于己不利的事实既不承认也不否认，经审判人员说明并询问后，其仍然不明确表示肯定或者否定的，视为对该事实的承认。

《最高人民法院关于审理利用信息网络侵害人身权益民事纠纷案件适用法律若干问题的规定》

第四条 人民法院适用民法典第一千一百九十五条第二款的规定，认定网络服务提供者采取的删除、屏蔽、断开链接等必要措施是否及时，应当根据网络服务的类型和性质、有效通知的形式和准确程度、网络信息侵害权益的类型和程度等因素综合判断。

第四部分 要件事实审查和裁判规则

一、侵害名誉权的一般构成要件

（一）侵害名誉权行为的认定

【审查要点】

1. 侵害名誉权行为的类型

（1）侮辱。常见有暴力侮辱、语言侮辱、文字侮辱和行为侮辱。

（2）诽谤。常见有口头诽谤和文字诽谤。以绘制图画、漫画等方式捏造并散布虚假事实的，也构成诽谤。

（3）其他侵害名誉权的行为。常见有行为人对他人提供的严重失实内容未尽合理核实义务而予以公开，比如新闻媒体未尽合理核实义务即发表不实新闻报道；行为人创作的过程中对于素材使用不当，比如创作文学、艺术作品中不当使用素材造成他人名誉的损害；不当的信用评价等。

2. 侵害名誉权行为需指向特定人

特定人包括自然人、法人及非法人组织。如果侵害名誉权行为所指向的并非特定人，且合理第三人无法联想到特定人，则不构成对特定人名誉权的侵害。一般情况下，侵害名誉权行为及其指向对象具有下列特征之一的，法院可认定该行为指向特定人：

（1）指名道姓；

（2）对语言特征、相貌特征、行为特征、生活及工作环境等的描述，足以使合理第三人确定特定的对象；

（3）行为指向或影射的对象具有唯一性及排他性。

3. 侵害名誉权行为需为第三人所知悉

侵害名誉权的行为必须在公共空间以公开的方式实施，并不要求侵害名誉权行为发生之时第三人一定身处侵害名誉权行为现场。

【注意事项】

1. 侮辱是指对他人作出轻蔑的价值判断。诽谤是指通过向第三者传播虚假事实而致使他人社会评价降低，非法损害他人名誉的行为。侮辱与诽谤的区别在于诽谤存在无中生有、捏造事实的基础行为。

2. 诽谤行为成立的认定应以合理第三人原则为判断标准，并结合行为人表达内容的背景、时代等因素进行整体性考量。整体性要求考虑行为人和受害人的职业、影响范围、过错程度，以及行为的目的、方式、后果等因素。

3. 第三人如不能通过侵害名誉权行为明确知晓受害人的，则不能认定侵害行为为第三人所知悉。

4. 合理第三人原则是指按照一个有理性的、普通的、一般人的理解进行判断。

【规范指引】

《中华人民共和国民法典》

第九百九十八条 认定行为人承担侵害除生命权、身体权和健康权外的人格权的民事责任，应当考虑行为人和受害人的职业、影响范围、过错程度，以及行为的目的、方式、后果等因素。

第一千零二十四条 民事主体享有名誉权。任何组织或者个人不得以侮辱、诽谤等方式侵害他人的名誉权。

名誉是对民事主体的品德、声望、才能、信用等的社会评价。

【典型案例】

1. 北京兰世达光电科技有限公司、黄某兰诉赵某名誉权纠纷案，最高人民法院指导案例 143 号［裁判法院：北京市第三中级人民法院；案号：（2018）京 03 民终 725 号］

裁判要旨：认定微信群中的言论是否构成侵害名誉权，除应当符合构成要件外，还应当考虑信息网络传播的特点。由不特定关系人组成的微信群具有公共空间属性，在此类微信群中发布侮辱、诽谤、污蔑或者贬损他人的言论构成侵害名誉权的，应当依法承担法律责任。

2. 上海徐汇区新起点进修学校诉杨某名誉权纠纷案，上海法院精选案例库［裁判法院：上海市第一中级人民法院；案号：（2012）沪一中民一（民）终字第 1086 号］

裁判要旨：如果撰写的批评性文章所反映的问题基本真实，没有侮辱他人人格的内容，不存在虚构或杜撰的情形，且符合社会大众的一般理解，一般不应认定为侵害他人名誉权；反之，如果基本内容失实，使他人名誉受损，一般应认定为侵害他人名誉权。

（二）被侵害名誉权人社会评价降低的认定

【审查要点】

1. 社会评价的内涵

社会评价是针对被侵害名誉权人品德、声望、才能、信用等方面的评价。

2. 社会评价系由他人作出

社会评价的降低不是受害人自我感觉评价的降低，而是指他人评价的降低，因此对于个人内心的主观名誉感的损害，不能认定为对名誉权的侵害。

3. 社会评价降低的衡量标准

应以是否使第三人知悉作为确定受害人社会评价是否降低的重要标准。一般来说是不特定第三人对于受害人评价的降低，或受害人在特定范围内合理第三人评价的降低。

【注意事项】

1. 应注意区分隐私权与名誉权。隐私是指自然人的私人生活安宁和不愿为他人知晓的私密空间、私密活动、私密信息，自然人对其隐私具有享有权、维护权和利用权。

2. 应注意区分荣誉权与名誉权。荣誉虽然也是民事主体获得的他人评价，但是指特定民事主体因在学习、工作以及其他领域中贡献突出、成绩卓越而被特定组织授予的积极的正式的评价。在某些特殊情况下，荣誉是可以被撤销或剥夺的。

3. 行为人利用受害人的姓名、肖像致使其社会评价降低，比如冒用他人姓名从事违法活动，未经他人同意使用他人照片用以宣传假冒伪劣产品，此时应注意区分名誉权与姓名权、肖像权之间的权利竞合问题。

【规范指引】

《中华人民共和国民法典》

第一千零二十四条　民事主体享有名誉权。任何组织或者个人不得以侮辱、诽谤等方式侵害他人的名誉权。

名誉是对民事主体的品德、声望、才能、信用等的社会评价。

第一千零三十一条　民事主体享有荣誉权。任何组织或者个人不得非法剥夺他人的荣誉称号，不得诋毁、贬损他人的荣誉。

获得的荣誉称号应当记载而没有记载的，民事主体可以请求记载；获得的荣誉称号记载错误的，民事主体可以请求更正。

第一千零三十二条　自然人享有隐私权。任何组织或者个人不得以刺探、侵扰、泄露、公开等方式侵害他人的隐私权。

隐私是自然人的私人生活安宁和不愿为他人知晓的私密空间、私密活动、私密信息。

第一千零三十三条　除法律另有规定或者权利人明确同意外，任何组织或者个人不得实施下列行为：

（一）以电话、短信、即时通讯工具、电子邮件、传单等方式侵扰他人的私人生活安宁；

（二）进入、拍摄、窥视他人的住宅、宾馆房间等私密空间；

（三）拍摄、窥视、窃听、公开他人的私密活动；

（四）拍摄、窥视他人身体的私密部位；

（五）处理他人的私密信息；

（六）以其他方式侵害他人的隐私权。

（三）侵害名誉权人过错的认定

【审查要点】

1. 认定侵害名誉权应适用过错责任原则。过错分为故意和过失。通常情况下，受害人无需对行为人的过错进行实质性举证，法院可以合理第三人原则为标准，并辅以损害后果等要件综合判断。

2. 二人以上共同实施侵害名誉权的行为，造成他人名誉受损的，应当承担连带责任。

3. 教唆、帮助他人实施侵害名誉权行为的，与行为人承担连带责任。

【注意事项】

1. 如行为人为公众人物，考虑到其影响力强、波及面广，对于他人名誉权的保护应承担更高的注意义务。所以法院在认定公众人物的过错时，可参考公众人物身份性质、获取消息的来源、核实消息的能力和成本、发表言论的渠道和影响范围等因素进行综合认定。

2. 如行为人为媒体，其过错除体现在撰写相关报道的故意之外，大多还体现为对失实报道的消息来源未审慎审查的过失。该过失的表现形式主要有：一是审稿的过失，是指媒体针对本媒体记者的供稿或社会来稿未尽审慎审查义务；二是采编材料失实的过失，是指对撰写报道的材料未尽核实、调查的审慎审查义务；三是转载审核的过失，即“重复侵害名誉权”，是指媒体未尽审慎审查义务即对于侵害名誉权文章进行转载。判断媒体是否对消息来源已尽审查义务，主要可根据媒体是否审查消息来源的权威可信度、转载途径的可信度、采访过程是否真实可信以及消息内容是否符合常理等方面、因素综合考量。

【规范指引】

《中华人民共和国民法典》

第一千一百六十八条　二人以上共同实施侵权行为，造成他人损害的，应当承担连带责任。

第一千一百六十九条　教唆、帮助他人实施侵权行为的，应当与行为人承担连带责任。

教唆、帮助无民事行为能力人、限制民事行为能力人实施侵权行为的，应当承担侵权责任；该无民事行为能力人、限制民事行为能力人的监护人未尽到监护职责的，应当承担相应的责任。

【典型案例】

北京金山安全软件有限公司与周某祎名誉权纠纷案，最高人民法院公布8起利用信息网络侵害人身权益典型案例之三［裁判法院：北京市第一中级人民法院；案号：（2011）一中民终字第09328号］

裁判要旨：大V博主所具有的公众人物身份和巨大影响力决定其应当承担与其身份性质、影响范围相适应的较高注意义务。此外，考虑到目前社会借追求公共利益之名而谋取商业利益的现象普遍存在，法院在判断公众人物言行是否超越言论自由的限度从而构成对他人名誉权的侵害时，也要考虑该公众人物的言行是出于私利，还是真正出于公共利益。

（四）因果关系的认定

【审查要点】

1. 因社会评价作出的主体系第三人，受害人仅需举证证明针对其侮辱、诽谤或其他侵害名誉权的行为已为第三人所知晓，法院可根据一般经验法则从信息接受者的视角判断是否会影响第三人对受害人的社会评价。

2. 在判断侵害行为所造成的财产损失时，应注意受害人是否将不必要的费用列入财产损失。财产损失按照受害人因此受到的损失或者行为人因此获得的利益赔偿；受害人因名誉权受侵害造成的财产损失以及行为人因此获得的利益难以确定，二者就赔偿数额协商不一致，向法院提起诉讼的，由法院根据实际情况确定赔偿数额。

【注意事项】

1. 实践中，受害人主张因侵害行为导致其产生精神方面的疾病，涉及多因一果的问题，受害人需要举证证明该损害结果是由侵害行为这一主要原因造成。

2. 受害人为制止侵害行为所支付的合理开支，可以认定为财产损失。合理开支包括受害人或者委托代理人对侵害行为进行调查、取证的合理费用。法院根据诉讼请求和具体案情，可以将符合国家有关部门规定的律师费用计算在赔偿范围内。

3. 在行为人利用信息网络侵害名誉权纠纷案件中，受害人因名誉权受侵害造成的财产损失以及行为人因此获得的利益难以确定的，法院可以根据具体案情在50万元以下的范围内确定赔偿数额。

【规范指引】

《中华人民共和国民法典》

第一千一百七十九条 侵害他人造成人身损害的，应当赔偿医疗费、护理费、交通费、营养费、住院伙食补助费等为治疗和康复支出的合理费用，以及因误工减少的收入。造成残疾的，还应当赔偿辅助器具费和残疾赔偿金；造成死亡的，还应当赔偿丧葬费和死亡赔偿金。

第一千一百八十二条 侵害他人人身权益造成财产损失的，按照被侵权人因此受到的损失或者侵权人因此获得的利益赔偿；被侵权人因此受到的损失以及侵权人因此获得的利益难以确定，被侵权人和侵权人就赔偿数额协商不一致，向人民法院提起诉讼的，由人民法院根据实际情况确定赔偿数额。

第一千一百八十三条 侵害自然人人身权益造成严重精神损害的，被侵权人有权请求精神损害赔偿。

因故意或者重大过失侵害自然人具有人身意义的特定物造成严重精神损害的，被侵权人有权请求精神损害赔偿。

《最高人民法院关于审理利用信息网络侵害人身权益民事纠纷案件适用法律若干问题的规定》

第十二条 被侵权人为制止侵权行为所支付的合理开支，可以认定为民法典第一千一百八十二条规定的财产损失。合理开支包括被侵权人或者委托代理人对侵权行为进行调查、取证的合理费用。人民法院根据当事人的请求和具体案情，可以将符合国家有关部门规定的律师费用计算在赔偿范围内。

被侵权人因人身权益受侵害造成的财产损失以及侵权人因此获得的利益难以确定的，人民法院可以根据具体案情在50万元以下的范围内确定赔偿数额。

【典型案例】

徐某与上海宝钢冶金建设公司名誉权纠纷案，《最高人民法院公报》2006年第12期［裁判法院：上海市第二中级人民法院；案号：（2006）沪二中民一（民）终字第1995号］

裁判要旨：上海宝钢冶金建设公司在徐某的退工通知书中作出的关于徐某"因违纪而解除劳动合同"的不实记载是对徐某劳动、工作情况的负面评价。根据推定因果关系，该不实记载存在于求职市场必然会为相关用人单位所知悉，且事实上定会降低相关用人单位对徐某的社会评价，并对其求职、就业产生一定的负面影响。

二、侵害名誉权一般抗辩事由的审查

（一）被侵害名誉权人同意

【审查要点】

在文学创作及新闻报道中，被描写人或被采访人同意作者或媒体对其进行描写和采访，当涉及侵害名誉权纠纷时，行为人常以描写或采访中涉及的侵害名誉权内容已经受害人允许为由抗辩。因民事主体不得放弃其享有的名誉权，故法院需严格审慎适用该项抗辩事由。

适用该抗辩事由需满足以下条件：一是受害人需具有相应的民事行为能力；二是受害人必须事先有明示同意的意思表示；三是行为人没有主观恶意；四是行为人实施的行为不得超过受害人同意的范围和限度；五是不得违反公序良俗。

【规范指引】

《中华人民共和国民法典》

第七条 民事主体从事民事活动，应当遵循诚信原则，秉持诚实，恪守承诺。

第八条 民事主体从事民事活动，不得违反法律，不得违背公序良俗。

（二）第三人行为

【审查要点】

损害名誉权的结果系因第三人而产生，由第三人承担相应侵害名誉权的责任。

【注意事项】

1. 二人以上共同实施侵害名誉权的行为或者教唆、帮助他人实施侵害名誉权的行为，数人均承担连带责任。此时行为人以未实行加害行为抗辩的，法院不予支持。

2. 当行为人为限制民事行为能力人和无民事行为能力人时，会涉及监护人的责任承担问题。监护人需承担的责任主要体现在两个方面：一方面，限制民事行为能力人、无民事行为能力人造成他人损害的，由监护人承担替代侵权责任；另一方面，无民事行为能力人、限制民事行为能力人的监护人，在未尽到监护职责时，应当承担相应的责任，此时监护人就其未尽监护责任的过错与其他行为人各自承担按份责任。在确定相应的责任大小时应适当考虑监护人在监护过程中所付出劳动的社会价值、其监护关系的来源、主观过错的大小以及限制民事行为能力人、无民事行为能力人的行为能力等综合认定。

【规范指引】

《中华人民共和国民法典》

第一千一百六十八条 二人以上共同实施侵权行为，造成他人损害的，应当承担连带责任。

第一千一百六十九条 教唆、帮助他人实施侵权行为的，应当与行为人承担连带责任。

教唆、帮助无民事行为能力人、限制民事行为能力人实施侵权行为的，应当承担侵权责任；该无民事行为能力人、限制民事行为能力人的监护人未尽到监护职责的，应当承担相应的责任。

第一千一百七十五条 损害是因第三人造成的，第三人应当承担侵权责任。

第一千一百八十八条 无民事行为能力人、限制民事行为能力人造成他人损害的，由监护人承担侵权责任。监护人尽到监护职责的，可以减轻其侵权责任。

有财产的无民事行为能力人、限制民事行为能力人造成他人损害的，从本人财产中支付赔偿费用；不足部分，由监护人赔偿。

第一千一百八十九条 无民事行为能力人、限制民事行为能力人造成他人损害，监护人将监护职责委托给他人的，监护人应当承担侵权责任；受托人有过错的，承担相应的责任。

（三）诉讼时效抗辩

【审查要点】

名誉权受到侵害时，权利人可行使人格权请求权与损害赔偿请求权，但两种请求权适用不同的诉讼时效规则。

1. 人格权请求权不受诉讼时效的限制。权利人可随时主张人格权请求权，要求行为人停止侵害、消除影响、恢复名誉、赔礼道歉等。

2. 损害赔偿请求权受诉讼时效的限制：

（1）诉讼时效期间为自权利人知道或者应当知道名誉权受到损害以及行为人之日起算 3 年内。

（2）自名誉权受到损害之日起超过20年，法院不予保护，有特殊情况的，法院可以根据权利人的申请决定延长。

（3）在诉讼时效期间的最后6个月内，因下列障碍，不能行使请求权的，诉讼时效中止：一是不可抗力；二是无民事行为能力人或者限制民事行为能力人没有法定代理人，或者法定代理人死亡、丧失民事行为能力、丧失代理权；三是权利人被义务人或者其他人控制；四是其他导致权利人不能行使请求权的障碍。

（4）有下列情形之一的，诉讼时效中断，从中断、有关程序终结时起，诉讼时效期间重新计算：一是权利人向义务人提出履行请求；二是义务人同意履行义务；三是权利人提起诉讼或者申请仲裁；四是与提起诉讼或者申请仲裁具有同等效力的其他情形。

【规范指引】

《中华人民共和国民法典》

第一百八十八条 向人民法院请求保护民事权利的诉讼时效期间为三年。法律另有规定的，依照其规定。

诉讼时效期间自权利人知道或者应当知道权利受到损害以及义务人之日起计算。法律另有规定的，依照其规定。但是，自权利受到损害之日起超过二十年的，人民法院不予保护，有特殊情况的，人民法院可以根据权利人的申请决定延长。

第一百九十四条 在诉讼时效期间的最后六个月内，因下列障碍，不能行使请求权的，诉讼时效中止：

（一）不可抗力；

（二）无民事行为能力人或者限制民事行为能力人没有法定代理人，或者法定代理人死亡、丧失民事行为能力、丧失代理权；

（三）继承开始后未确定继承人或者遗产管理人；

（四）权利人被义务人或者其他人控制；

（五）其他导致权利人不能行使请求权的障碍。

自中止时效的原因消除之日起满六个月，诉讼时效期间届满。

第一百九十五条 有下列情形之一的，诉讼时效中断，从中断、有关程序终结时起，诉讼时效期间重新计算：

（一）权利人向义务人提出履行请求；

（二）义务人同意履行义务；

（三）权利人提起诉讼或者申请仲裁；

（四）与提起诉讼或者申请仲裁具有同等效力的其他情形。

第一百九十六条 下列请求权不适用诉讼时效的规定：

（一）请求停止侵害、排除妨碍、消除危险；

（二）不动产物权和登记的动产物权的权利人请求返还财产；

（三）请求支付抚养费、赡养费或者扶养费；

（四）依法不适用诉讼时效的其他请求权。

第九百九十五条 人格权受到侵害的，受害人有权依照本法和其他法律的规定请求行为人承担民事责任。受害人的停止侵害、排除妨碍、消除危险、消除影响、恢复名誉、赔礼道歉请求权，不适用诉讼时效的规定。

三、侵害名誉权特殊抗辩事由的审查

（一）事实陈述

【审查要点】

1. 针对行为人发布的言论，应区分属于事实陈述还是意见表达。事实陈述是指对客观发生情况的记载与描述，意见表达是对事物发表见解或立场，是主观的确信，包括赞同和非议。

2. 行为人所作事实陈述基本属实，一般不构成对他人名誉权的侵害。

（1）言论是否属实仅限于对事实的描述。

（2）言论基本属实并非指内容全部真实、毫无错误，只要陈述的内容中能够影响名誉的关键事实部分真实即可。

（3）对于事实与意见混杂的言论，应依据合理核实和公正评论双重标准进行考察判断。

3. 行为人的事实陈述中，有使用侮辱性言辞等贬损他人名誉的，应承担侵害名誉权的责任。

【注意事项】

对于行为人的意见表达是否构成名誉侵权，应根据侵害名誉权的一般构成要件进行审查确定。

【典型案例】

施某某（未成年人）、张某某、桂某某诉徐某某肖像权、名誉权、隐私权纠纷案，《最高人民法院公报》2016 年第 4 期［裁判法院：江苏省南京市江宁区人民法院］

裁判要旨：为保护未成年人利益并揭露可能存在的犯罪行为，发帖人在其微博中发表未成年人受伤害信息，所发微博的内容与客观事实基本一致的，符合社会公共利益原则和儿童利益最大化原则，该网络举报行为不构成侵害名誉权。

（二）正当新闻报道、舆论监督

1. 主体类型

【审查要点】

一是媒体本身，如报社、出版社等传统媒体以及博主、播客、公众号等新兴自媒体；二是媒体从业人员，如记者、编辑、特约撰稿人、网络写手等；三是新闻信息提供者；四是转载媒体；五是其他利用媒体实施侵害名誉权行为的主体。

2. 新闻报道、舆论监督正当性的构成要件

【审查要点】

（1）以公共利益为基础。

（2）内容基本真实。

新闻报道、舆论监督等内容符合下列情形的，法院可认定为基本真实：一是内容全面、客观，其中无易误导他人的主观倾向性；二是内容大部分与客观事实相符，小部分内容与客观事实出入不大；三是

作出新闻报道、舆论监督当时可判断为真实即可。

（3）已尽合理审查义务。

应当考虑下列因素：一是内容来源的可信度；二是对明显可能引发争议的内容是否进行了必要的调查；三是内容的时限性；四是内容与公序良俗的关联性；五是被侵害人名誉受贬损的可能性；六是核实能力和核实成本。

（4）未使用侮辱性言辞等贬损他人名誉。

新闻语言修辞的适当标准应符合语言客观真实的基本要求，以合理第三人能够接受的程度为界限，超出社会公认的道德标准可能构成侵害名誉权。

【注意事项】

（1）不能仅因新闻报道、舆论监督使用了匿名来源消息就认定其不具有正当性。如果行为人能证明消息提供者并非虚构且消息来源过程真实可信、符合常理，法院就不能仅以行为人未披露消息提供者真实身份或者消息提供者未出庭作证为由，对其作出不利推定。此时法院仍应按照新闻报道、舆论监督正当性的四个构成要件进行审查。

（2）在作为新闻报道、舆论监督依据的文书材料、职权行为等已被公开纠正，而行为人拒绝更正报道，致使他人名誉受到损害的，一般应当认定为侵害他人名誉权。

【规范指引】

《中华人民共和国民法典》

第一千零二十五条 行为人为公共利益实施新闻报道、舆论监督等行为，影响他人名誉的，不承担民事责任，但是有下列情形之一的除外：

（一）捏造、歪曲事实；

（二）对他人提供的严重失实内容未尽到合理核实义务；

（三）使用侮辱性言辞等贬损他人名誉。

第一千零二十六条 认定行为人是否尽到前条第二项规定的合理核实义务，应当考虑下列因素：

（一）内容来源的可信度；

（二）对明显可能引发争议的内容是否进行了必要的调查；

（三）内容的时限性；

（四）内容与公序良俗的关联性；

（五）受害人名誉受贬损的可能性；

（六）核实能力和核实成本。

【典型案例】

董某海诉《青年时报》社名誉权纠纷案，《中国审判案例要览（2009年民商事审判案例卷）》［裁判法院：北京市第一中级人民法院；案号：（2008）一中民终字第11210号］

裁判要旨：本案涉及公民名誉权保护与新闻言论自由保护的冲突问题。董某海为一般人物，对其名誉权应侧重保护，本案新闻报道已偏离了客观、中立、平衡的原则，故《青年时报》社应承担相应的责任。但二审法院同时又考虑到，董某海因参与家族间的打架并需承担相应民事责任，与完全被编造的"无辜者"尚有区别，故改判《青年时报》社仅承担赔礼道歉的法律责任，以平衡两种权利的冲突。

3. 不同主体类型的新闻报道、舆论监督正当性的判断

【审查要点】

（1）媒体及其从业人员

媒体及其从业人员具有审慎的注意义务，在传播消息前，应根据具体情况就其内容真实性和消息来源进行审查。故意歪曲事实进行不实报道，或者因过失未尽合理审查义务导致报道不实的，致使他人名誉受到损害的，应当认定媒体及其从业人员侵害名誉权。实践中，认定媒体及其从业人员所作新闻报道、舆论监督具有正当性可考量的因素有：一是多源核实，尽可能通过包括向被报道当事人等全方面的信息核实来达到最大程度的真实；二是不歪曲改变事实，不改动和摆拍新闻图片或视频；三是语言、文字、图片等书面核对准确。

对于媒体与其从业人员间的责任承担问题，主要审查从业人员的

行为是否属于职务行为，若为职务行为，则应当由用人单位承担侵害名誉权责任；否则应由从业人员承担侵害名誉权责任，此时刊发的媒体未尽必要审查义务的，需承担连带责任。

（2）新闻信息提供者

不同类型的新闻信息提供者负有不同的审查义务：对于主动提供新闻材料，致使他人名誉受损的，应当认定为侵害他人名誉权；对于因被动采访而提供新闻材料，且未经提供者同意公开，新闻单位擅自发表，致使他人名誉受损的，一般不应认定新闻材料提供者侵害名誉权；对于新闻材料提供者虽系被动提供新闻材料，但发表时得到提供者同意或者默许，致使他人名誉受到损害的，一般应当认定构成共同侵权。

（3）转载媒体

对于转载媒体所需承担的责任应综合考虑与影响范围相适应的注意义务。因转载侵害他人名誉权的，相较被转载主体可以适当减轻转载者的责任。由转载者身份、转载时机等原因造成转载的影响范围比原发影响范围更大，损害后果更严重的，可根据损害后果的扩大程度确定转载媒体的责任。

对于转载媒体的审查义务应主要把握以下三方面：一是被转载内容是否存在显而易见的不真实情况或侮辱、诽谤及其他凭借基本媒体职业规范或一般常识就能识别的明显不当之处；二是对所转载信息是否作出实质性修改、是否添加或者修改文章标题，导致其与内容严重不符以及误导公众的可能性；三是转载媒体是否针对事实问题采取删除、修改、屏蔽等必要处理措施。

【注意事项】

（1）受害人可选择将原发媒体或者转载媒体作为被告。如受害人仅选择起诉转载媒体时，为查明原发媒体所述事实是否严重失实，法院可依职权或依受害人申请追加原发媒体作为第三人参加诉讼。

（2）转载媒体以技术上的自动转载为由要求免除侵害名誉权责任

的，一般不予支持。

（3）在认定转载行为的法律责任时，应当区分专业媒体和非专业媒体，专业媒体的注意义务应当高于一般自媒体。

【典型案例】

（1）西安康达医疗保健用品公司诉西北工商报社、陕西省医疗器械公司名誉权纠纷案，《最高人民法院公报》1990 年第 2 期［裁判法院：陕西省西安市中级人民法院］

裁判要旨：西北工商报社未对记者撰写的批评稿件进行核实，即在报纸上点名批评西安康达医疗保健用品公司，给西安康达医疗保健用品公司的名誉造成损害，侵犯了西安康达医疗保健用品公司的名誉权。陕西省医疗器械公司对他人反映的情况未经核实就随意提供给西北工商报社，甚至在西安康达医疗保健用品公司明确提出异议的情况下仍向报社致函追认所反映的情况基本属实，亦属侵害名誉权。

（2）徐某敖诉北京新浪互联信息服务有限公司侵犯名誉权纠纷案，最高人民法院公布 8 起利用信息网络侵害人身权益典型案例之八［裁判法院：北京市海淀区人民法院］

裁判要旨：新闻媒介和出版机构转载侵害他人名誉权的信息未更正或删除，应承担相应责任。新浪公司作为一家专业媒体，其在转载文章之时具有更高的注意义务，故法院判决其承担高于一般自媒体所负的责任。

（3）张某诉《京华时报》社名誉权纠纷案，《中国审判案例要览（2008 年民商事审判案例卷）》［裁判法院：北京市第二中级人民法院；案号：（2007）二中民终字第 16297 号］

裁判要旨：判断新闻报道是否导致他人名誉受损，应当以普通社会公众阅读后对当事人产生的评价作为标准。新闻报道侵害名誉权一般有三种形式，即不正当地披露隐私、不正当地侮辱评论、报道内容严重失实。判断报道是否严重失实，应当根据报道是否符合新闻真实原则以及报道者主观上是否具有恶意来判断。新闻报道难免会与客观真相有所差距，但只要是符合新闻真实原则，一般也不应认定为侵害名誉权。

（三）被侵害名誉权人为公众人物的权利限缩

【审查要点】

1. 受害人同时满足以下要件，法院一般可判定其为公众人物：

（1）具有受公众关注的主观愿望；

（2）具有客观上被公众关注或知悉的事实或状态。

2. 行为人援引公众人物权利限缩抗辩的一般适用条件：

（1）实施加害行为不具有实际主观恶意；

（2）实施的加害行为基本属实且关涉公共利益；

（3）并非为单纯人身攻击；

（4）仅对名誉权造成轻微损害。

3. 几类典型公众人物权利限缩抗辩的适用条件：

（1）娱乐明星

因工作性质和行业特点，娱乐明星对于在公共场合或属于满足公众合理兴趣要求的言行举止及社会活动，且不属于娱乐明星的私人信息及生活行为的报道、评论和信息，一般负有容忍义务。

（2）各行业权威专家

一般来说，对于权威专家所处行业的法律法规、行业准则等规范性文件所许可的并为大众普遍关心的与其所处行业有关的讯息，各行业权威专家负有容忍义务。

（3）新闻热度名人

新闻热度名人是指受当下热点事件的影响而成为公众关注的对象，对其权利的限缩一般可参考新闻热度的持续时间及影响范围等因素来衡量。

【典型案例】

1. 黄某诉崔某博、北京市浩光律师事务所、北京市包诚律师事务所名誉权纠纷案，《中国审判案例要览（2011 年民商事审判案例卷）》

[裁判法院：北京市第一中级人民法院；案号：（2010）一中民终字第 11644 号]

裁判要旨：相关案件的当事人因案件在当时社会上具有较大影响及较高关注度，可认定为社会所关注的公众人物。公众人物对于新闻媒体的采访、报道以及被采访对象的相关言论，只要没有超越法律规定的界限，没有实际损害到相关当事人的权利，不应过分苛责。

2. 潘某明诉任某莺等名誉权纠纷案，《中国审判案例要览（2015 年民商事审判案例卷）》[裁判法院：北京市第三中级人民法院；案号：（2014）三中民终字第 13673 号]

裁判要旨：公众人物的人格权利亦应受到法律保护，新闻媒体不应仅为满足社会公众的猎奇心理，对涉及公众人物的负面消息不加甄别和不尽调查核实义务即予以传播。对于超出必要限度的行为，公众人物不负有容忍义务。

（四）学术争辩

【审查要点】

1. 学术争辩中的意见表达

涉及思想、观点的真伪是非问题，代表批评者的学术见解或立场，应视为批评者的意见表达，司法审查的重点在于确定行为人的言辞是否在法律界限之内，法院不对意见表达的对错、真伪进行评判。

通常情况下，符合以下特征的学术争辩，即使言辞激烈法院也不宜认定构成对名誉权的侵害：一是意见发表者主观系基于学术研究的善意；二是意见发表者的言论没有贬低和攻击他人人格，仅针对学术方面发表意见；三是意见发表者的部分尖刻言辞，结合具体语言环境、学术背景等难以看出有侵害名誉权的恶意。

2. 学术争辩中的事实陈述

行为人主观上需存在表达学术观点和学术价值的目的，司法审查的重点在于判断学术争辩是否超越了受害人的学术名誉而扩大至人格尊严的否定。涉及学术品德、学术声望、学术才能及学术信用等的陈述或评价，行为人需尽到相应的核实义务。

【注意事项】

1. 若从专业角度就特定对象公开发表不实言论侵害他人名誉权的，应当承担相应的责任。

2. 批评者通过对相关文章比对得出有抄袭、重复发表等学术不端行为的结论，属于学术观点的表达。

3. 考察学术批评所对应的社会评价，不应超出学术领域的范畴，主要体现在被批评者学术地位、学术影响力以及学术群体的认同感等方面。

【典型案例】

1. 宣某诉吴某源、《艺术评论》杂志社名誉权纠纷案，《中国审判案例要览》[裁判法院：云南省高级人民法院；案号：(2005)云高民一终字第88号]

裁判要旨：学术评论和批评应当遵循客观、公正的原则，以保证其正当性，即学术评论只应针对学术问题提出不同意见和观点，而不能借学术评论对他人的人格进行攻击和贬损，否则可能构成对名誉权的侵害。发表学术评论的杂志疏于审查，负有在栏目编排上的主观过失，亦应承担相应的民事责任。

2. 沈某珠诉杨某圣名誉权纠纷案，《人民司法·案例》2014年第20期[裁判法院：天津市第一中级人民法院；案号：(2013)一中民终字第370号]

裁判要旨：学术批评、学术打假引发的名誉权纠纷案件中，批评者作出有抄袭、重复发表等学术不端行为的结论，属于学术观点的表达，法律对此不作评判。对于学术批评中的尖刻言辞是否能认定为侮辱或诽谤，应综合考虑批评者的主观意图、具体的语言环境、学术批评的背景等因素，学者面对学术批评负有一定程度的容忍义务。

(五)正当行使职权和权利

行为人行使的职权需为法律赋予，在法律规定的限度内正当行使。

列举以下几类具有代表意义的职权主体：

1. 全国人民代表大会代表正当行使职权

【审查要点】

全国人民代表大会代表在全国人民代表大会各种会议上的发言和表决，不受法律追究。

2. 国家机关正当行使职权

【审查要点】

判断国家机关是否正当行使职权，法院可着重审查获取消息的来源、核实消息的能力和成本、发表言论的渠道和影响范围。国家机关合法、合理行使职权，尽到保护公民名誉的审慎注意义务，一般不构成侵害名誉权。

【典型案例】

李某某（未成年人）等诉叶集公安分局、安徽电视台等名誉权、肖像权纠纷案，《最高人民法院公报》2007 年第 2 期［裁判法院：安徽省合肥市中级人民法院］

裁判要旨：公安机关在向新闻媒体提供侦破案件的相关资料，应尽谨慎注意义务以保护他人合法权益。未尽此义务导致他人名誉权受到侵害的，应承担相应的民事责任。公安机关侦查行为的合法性、配合新闻媒体进行法制宣传的正当性以及新闻媒体自身在新闻报道中的过失，均不构成免除公安机关上述民事责任的法定事由。

3. 司法活动中诉讼参与人正当行使权利

【审查要点】

（1）当事人

当事人在法庭上为胜诉而作的与案件事实相关联的陈述及个人感受的表达，一般不构成对他人名誉权的侵害。

（2）律师

律师在法庭上发表的代理、辩护意见不受法律追究。但律师在法庭上发表的言论涉及恶意诽谤、侮辱他人等情形除外。

【规范指引】

《中华人民共和国律师法》

第三十七条　律师在执业活动中的人身权利不受侵犯。

律师在法庭上发表的代理、辩护意见不受法律追究。但是，发表危害国家安全、恶意诽谤他人、严重扰乱法庭秩序的言论除外。

律师在参与诉讼活动中涉嫌犯罪的，侦查机关应当及时通知其所在的律师事务所或者所属的律师协会；被依法拘留、逮捕的，侦查机关应当依照刑事诉讼法的规定通知该律师的家属。

【典型案例】

贺某诉诺华（中国）生物医学研究有限公司名誉权纠纷案，《人民法院案例选》2017 年第 4 辑［裁判法院：上海市浦东新区人民法院；案号：（2015）浦民一（民）初字第 46128 号］

裁判要旨：当事人提起诉讼具有事实理由并提供了相应证据，即使撤回该案起诉，当事人也不构成对他人名誉权的侵害。即使后续有相关的司法宣传，亦是对诉讼行为的正常报道，当事人提交的诉状、证据材料等并非后续司法宣传的“新闻源”，提起诉讼的当事人无需为此承担法律责任。

4. 公正正当评论

【审查要点】

（1）消费者享有对商品和服务进行监督的权利，对生产者、经营者、销售者的产品质量或者服务质量进行合理正当的评论，一般不宜认定为侵害名誉权；但借机诽谤、诋毁，损害生产者、经营者、销售者名誉的，应当认定为侵害名誉权。消费者评论主要分为事实陈述和意见表达。消费者的事实陈述是否正当，法院可依据“真实相当性”标准审查。消费者的意见表达难免带有一定的主观性，只要消费者的主观意图并非基于诋毁商家的恶意，且意见是基于经营者提供的商品和服务本身，法院则应侧重保护消费者的言论自由。

（2）产品测评文章是否侵害名誉权，法院应当根据行为人主观上是否出于维护消费者公共利益及客观上其意见表述所依据的事实是否真实来认定产品测评文章是否为公益性质。对于公益性的产品测评文章，如果意见表述存在不完善、瑕疵之处，产品生产者、经营者、销售者有适度的容忍义务。但是如果产品测评文章并非完全为了公共利益，还掺杂了诸如不正当竞争、比较广告、误导消费者消费心理等目的，对生产者、经营者、销售者名誉造成损害的，一般应认定构成名誉权侵害。

【规范指引】

《中华人民共和国消费者权益保护法》

第十五条 消费者享有对商品和服务以及保护消费者权益工作进行监督的权利。

消费者有权检举、控告侵害消费者权益的行为和国家机关及其工作人员在保护消费者权益工作中的违法失职行为，有权对保护消费者权益工作提出批评、建议。

【典型案例】

（1）南京常锦房地产开发有限公司诉周某金名誉权纠纷案，《人民司法·案例》[裁判法院：江苏省南京市中级人民法院；案号:（2006）宁民一终字1736号]

裁判要旨：法律赋予了消费者评论、批评的权利，亦对此作了必要的限制性规定。判断消费者的批评行为是否构成对经营者名誉权的侵害，法院应当结合案情，分析消费者的行为是否超过了必要的限度，是否具有诽谤、诋毁等行为导致经营者社会评价降低。

（2）成都鼎力家政服务有限公司诉何某名誉权纠纷案，《人民法院案例选》2018年第7辑[裁判法院：四川省成都市中级人民法院；案号:（2017）川01民终9779号]

裁判要旨：在网络评价平台上，评价者（包括消费者和非消费者）多次发表涉及经营主体核心名誉、主要内容严重偏离客观事实的言论，足以显著加重对经营主体核心名誉的负面评价，此时一般可认定属于借机诽谤，构成侵害经营主体的名誉权。

（3）上海新世纪机器人有限公司诉北京泡泡信息技术有限公司名誉权纠纷案，《人民司法·案例》2016年第14期［裁判法院：上海市浦东新区人民法院；案号：（2014）浦民一（民）初字第39872号］

裁判要旨：产品网络测评文章是否侵害法人名誉权，也应遵循事实陈述与意见表达分别判断的原则。测评文章建立在缺乏正当性的测试基础之上导致测试结果失实，会对消费者产生误导作用，同时文章发布后经过知名网站转载，传播范围广泛，足以造成对受害人社会评价降低的后果，构成对受害人名誉权的侵害。

5. 公民检举控告

【审查要点】

（1）公民对他人的违法犯罪行为依法享有检举、控告的权利，但不得借检举、控告之名损害他人名誉。

（2）判断公民检举揭发是否侵害他人名誉权，具体可参考适用以下标准进行判断：一是内容是否基本属实或行为人结合其能够获取的信息判断属实；二是是否向特定受理机关作出；三是是否对他人合法权利尽谨慎注意义务；四是行为方式是否在合理限度内。

【典型案例】

（1）广西壮族自治区公路桥梁工程总公司诉福建省隆盛建设工程有限公司名誉权纠纷案，《中国审判案例要览（2013年民商事审判案例卷）》［裁判法院：广西壮族自治区南宁市兴宁区人民法院；案号：（2012）兴民一初字第186号］

裁判要旨：对于他人侵害自身权益的行为提起信访进行控诉是法律赋予公民、法人的救济途径之一。信访人向相关的政府职能部门信访，相关职能部门在调查信访事项时均采取内部记录的方式，并未公开向社会公众发布，所以合法告诉行为不构成侵害名誉权。

（2）张某诉北京市华筝古韵文化艺术中心等名誉权纠纷案，《人民法院案例选》2015年第2辑［裁判法院：北京市第二中级人民法院；

案号:(2014)二中民终字第00355号]

裁判要旨：公民行使检举控告的权利应在合法合理的限度内，不得以此为由侵害他人合法权利。判断是否在合理限度内，法院应当适用客观公平的一般标准，结合当事人的行为特点和表现形式等方面综合认定，既不苛求检举、控告人过分谨慎小心，也不漠视被检举、控告人的合法人格尊严和法律权益。

四、侵害名誉权民事责任承担的裁判规则

受害人可要求行为人承担停止侵害、消除影响、恢复名誉、赔礼道歉的非财产性民事责任，亦可要求行为人进行损害赔偿。

(一)停止侵害

【审查要点】

1. 停止侵害适用于正在进行的侵害名誉权行为，不适用于已经终止和尚未实施的侵害行为。

2. 除行为人外，受害人可要求内容失实的媒体或信用评价人停止侵害。

(1)民事主体有证据证明报刊、网络等媒体报道的内容失实，侵害其名誉权的，有权请求该媒体及时采取更正或者删除等必要措施。

(2)民事主体可以依法查询自己的信用评价；发现信用评价不当的，有权提出异议并请求采取更正、删除等必要措施。信用评价人应当及时核查，经核查属实的，应当及时采取必要措施。

【规范指引】

《中华人民共和国民法典》

第九百九十五条 人格权受到侵害的，受害人有权依照本法和其他法律的规定请求行为人承担民事责任。受害人的停止侵害、排除妨碍、消除危险、消除影响、恢复名誉、赔礼道歉请求权，不适用诉讼时效的规定。

第一千零二十八条 民事主体有证据证明报刊、网络等媒体报道的内容失实，侵害其名誉权的，有权请求该媒体及时采取更正或者删除

等必要措施。

第一千零二十九条 民事主体可以依法查询自己的信用评价；发现信用评价不当的，有权提出异议并请求采取更正、删除等必要措施。信用评价人应当及时核查，经核查属实的，应当及时采取必要措施。

【典型案例】

1. 殷某诉北京百度网讯科技有限公司名誉权纠纷案，《中国审判案例要览（2012年民商事审判案例卷）》[裁判法院：上海市第二中级人民法院；案号：（2010）沪二中民一（民）终字第1593号]

裁判要旨：搜索引擎服务提供者通过用户的关注度和点击率来获取广告收益，其在传播信息时承担的注意义务应与其商业收益相匹配，并需符合社会公共利益。北京百度网讯科技有限公司作为网络服务提供者，在应当知道网络用户利用其服务传播侵犯殷某名誉权的照片的情况下，应对侵害名誉权的图文信息采取删除或断开链接等措施，现其未采取必要措施，应承担停止侵害的民事责任。

2. 刘某诉交通银行股份有限公司天津市分行名誉权纠纷案，《中国审判案例要览（2011年民商事审判案例卷）》[裁判法院：天津市河西区人民法院；案号：（2009）西民一初字第3298号]

裁判要旨：刘某贷款逾期未归还，交通银行股份有限公司天津市分行在银行个人征信系统如实记录并无过错。但是交通银行股份有限公司天津市分行在案涉贷款发放中，未认真核实贷款人的真实身份，履行贷款审查义务时失察造成合同无效，应负相应责任，对刘某不良还贷的信用记录应予更正和消除。

（二）消除影响、恢复名誉、赔礼道歉

【审查要点】

1. 消除影响、恢复名誉与赔礼道歉的关系。

（1）消除影响的责任承担方式可以适用于所有的精神性人格权纠纷中，恢复名誉是专门针对侵害名誉权的责任形式。在名誉权纠纷中，法院应根据受害人的诉讼请求及案件实际情况，决定单独适用抑或是合并适用。

（2）审判实践中，消除影响、恢复名誉与赔礼道歉存在交叉、复合适用的情形，受害人通常会请求行为人公开赔礼道歉，以达到消除影响、恢复名誉之目的。

（3）消除影响、恢复名誉与赔礼道歉存在区别。一是内容不同，消除影响、恢复名誉主要是对侵害名誉权事实的澄清，而赔礼道歉除上述内容外还增添致歉的内容；二是公开程度不同，消除影响、恢复名誉往往以公开的方式进行，赔礼道歉可公开亦可私下进行。

2. 法院判定行为人是否需承担消除影响、恢复名誉、赔礼道歉的责任时，应当考虑行为人和受害人的职业、影响范围、过错程度，以及行为的目的、方式、后果等因素。

3. 行为人所承担的消除影响、恢复名誉、赔礼道歉等民事责任应当与行为的具体方式和造成的影响范围相当，法院应针对公开的内容、形式、公示的时间、期限以及刊登载体的级别等进行判决。

（1）行为的具体方式。行为人消除影响、恢复名誉、赔礼道歉的方式可以根据侵害行为的具体情况加以决定。法院可综合考量受害人的诉讼请求、行为人实施侵害行为的载体、行为人侵害名誉权的具体行为及言论、行为人主观恶意程度等。

（2）造成的影响范围。一般来说，采取消除影响、恢复名誉、赔礼道歉的范围应与行为人所造成的损害范围相一致。例如，行为人在微信朋友圈内辱骂他人，就需要在该微信朋友圈内赔礼道歉以消除影响、恢复名誉。

4. 行为人不履行消除影响、恢复名誉、赔礼道歉的民事责任的，法院可以采取在报刊、网络等媒体上发布公告或者公布生效裁判文书等方式执行，产生的费用由行为人负担。法院可选择的媒体包括但不限于原始媒体、地区性、国家性报纸、特定网站等。

【注意事项】

行为人消除影响、恢复名誉、赔礼道歉的内容须经法院审查确认。

【规范指引】

《中华人民共和国民法典》

第九百九十五条 人格权受到侵害的，受害人有权依照本法和其他法律的规定请求行为人承担民事责任。受害人的停止侵害、排除妨碍、消除危险、消除影响、恢复名誉、赔礼道歉请求权，不适用诉讼时效的规定。

第九百九十八条 认定行为人承担侵害除生命权、身体权和健康权外的人格权的民事责任，应当考虑行为人和受害人的职业、影响范围、过错程度，以及行为的目的、方式、后果等因素。

第一千条 行为人因侵害人格权承担消除影响、恢复名誉、赔礼道歉等民事责任的，应当与行为的具体方式和造成的影响范围相当。

行为人拒不承担前款规定的民事责任的，人民法院可以采取在报刊、网络等媒体上发布公告或者公布生效裁判文书等方式执行，产生的费用由行为人负担。

【典型案例】

黄某诉新华网、黄某清名誉权纠纷案，《人民法院案例选》2019 年第 5 辑［裁判法院：北京市第二中级人民法院；案号：（2018）京 02 民终 1643 号］

裁判要旨：法院确定转载网站构成侵害名誉权。法院根据文章所处位置，要求转载网站于显著位置刊登致歉声明，具体内容须经法院审核。如转载网站拒不履行上述义务，法院将选择一家全国公开发行的报刊公布判决的主要内容，费用由被告负担。

（三）损害赔偿

【审查要点】

1. 财产损害赔偿

（1）自然人、法人和非法人组织因名誉权受到侵害要求赔偿的，行为人应赔偿因侵害行为造成的经济损失。受害人要求的财产损害赔偿的范围和数额以其因侵害名誉权行为遭受的损失或行为人因侵害行为获得的利益为限度。上述财产损失以及获得的利益难以确定的，由法院根据实际情况确定赔偿数额。

（2）在名誉权纠纷中，受害人遭受的损失包括原有财产的减少和应得利益的丧失，主要包括：一是直接损失，如受害人因侵害行为产生的疾病诊疗费用；二是为制止侵害行为所支付的合理开支，包括受害人或者委托代理人对侵害行为进行调查、取证的合理费用；三是因侵害行为造成的交易违约金、定金损失；四是因失去交易机会而遭受的间接财产损失，造成的间接财产损失应根据可预见性原则认定赔偿责任的范围。

2. 精神损害赔偿

法院可根据以下情况酌定精神损害赔偿的数额：一是过错类型，区分行为人的主观过错为故意或过失，对于故意侵害名誉权可处以较重的精神损害赔偿；二是侵害的手段、场合、行为方式等具体情节，侵害的手段是否恶劣，场合的公众性是否更大等细节都能反映出行为人的主观恶意程度的大小；三是行为人所造成的后果，后果严重，精神损害赔偿数额可酌情增加；四是行为人的获利情况，如果以盈利为目的侵害他人名誉权，就应视其获利情况而调整精神损害赔偿的数额；五是考虑行为人与受害人的身份关系和利害关系；六是受理诉讼法院所在地的平均生活水平。

法人或者非法人组织以名誉权遭受侵害为由，向人民法院起诉请求精神损害赔偿的，人民法院不予支持。

【注意事项】

1. 在名誉权纠纷案件中，受害人主张其损失包括应得利益的丧失的情况较为常见，法院应严格审查该项诉请。企业及某些特殊身份的自然人的名誉权受到侵害时，法院一般可根据实际情况酌定应得利益的丧失。当企业主张其应得利益的丧失时，法院可综合考虑其是否存在因侵害行为导致已有订单的退货退款及合同解除等因素；某些特殊身份的自然人主张其应得利益的丧失时，如艺人，法院可综合考虑其是否存在已经确定或正在洽谈而极有可能成功的商业演出机会或合作项目等因素。

2. 在行为人利用信息网络侵害名誉权纠纷案件中，受害人因名誉权受侵害造成的财产损失以及行为人因此获得的利益难以确定的，法院可以根据具体案情在 50 万元以下的范围内确定赔偿数额。

【规范指引】

《最高人民法院关于确定民事侵权精神损害赔偿责任若干问题的解释》

第四条　法人或者其他组织以人格权利遭受侵害为由，向人民法院起诉请求赔偿精神损害的，人民法院不予受理。

《最高人民法院关于审理利用信息网络侵害人身权益民事纠纷案件适用法律若干问题的规定》

第十二条　被侵权人为制止侵权行为所支付的合理开支，可以认定为民法典第一千一百八十二条规定的财产损失。合理开支包括被侵权人或者委托代理人对侵权行为进行调查、取证的合理费用。人民法院根据当事人的请求和具体案情，可以将符合国家有关部门规定的律师费用计算在赔偿范围内。

被侵权人因人身权益受侵害造成的财产损失以及侵权人因此获得的利益难以确定的，人民法院可以根据具体案情在 50 万元以下的范围内确定赔偿数额。

【典型案例】

1. 天士力制药集团股份有限公司诉李某达名誉权纠纷案，《人民法院案例选》2015 年第 2 辑［裁判法院：天津市高级人民法院；案号：（2014）津高民一终字第 28 号］

裁判要旨：判断公司因名誉权受到侵害而需予以赔偿的范围和数额，可以结合因公司社会评价降低而导致的客户退货、解除合同等程度来适当确定。本案中法院根据行为人的过错程度、侵害名誉权情节、后果以及公司的市场影响力，判令李某达赔偿天士力制药集团股份有限公司 30 万元。

2. 张某诉北京市华筝古韵文化艺术中心等名誉权纠纷案,《人民法院案例选》2015年第2辑［裁判法院：北京市第二中级人民法院；案号：（2014）二中民终字第00355号］

裁判要旨：张某作为知名人物，因侵害名誉权行为导致社会声誉下降，艺人公众形象受损，由此导致其商业演出机会减少，产生一定的经济损失。法院结合张某原有财产减少和应得利益丧失的情况，判决北京市华筝古韵文化艺术中心等赔偿张某经济损失2万元。

第五部分　名誉权纠纷的几类特殊情形

一、侵害法人、非法人组织名誉权纠纷

（一）被侵害名誉权主体认定的特殊规则

【审查要点】

1. 构成对法人、非法人组织名誉权侵害的言论或者行为，应当针对的是特定对象，明确指向某一法人、非法人组织。如果行为人的相关言论和行为针对的是某一行业或某一社会现象，并非某一明确具体的法人、非法人组织，则不能构成对其名誉权的侵害。

2. 若侵害名誉权的言论、行为指向的是法定代表人、负责人或员工，法院不宜简单将法人与其法定代表人、员工等视为完全独立或完全一体，而应在二者人格独立原则的基础之上，结合针对法定代表人、员工等的言论，行为对法人社会评价产生的实质影响加以判断。若该言论、行为会降低社会公众对法人整体形象、品牌价值的积极评价，并进而影响法人正常生产经营等商业利益时，构成对法人名誉权的侵害。

3. 若行为人对网站、网店等特殊财产进行不实或恶意评价，并未直接针对其所有者、运营者，在案件审理时应依据所有者、运营者是否

可从网站、网店或虚拟账号等中获取盈利，或是所有者、运营者是否利用网站、网店或虚拟账号等从事商业经营活动而区分处理。若所有者、运营者为法人、非法人组织，其利用网站、网店或虚拟账号等从事商业经营活动，在不实或恶意的评价对所有者、运营者的商誉造成影响的情况下，一般行为人构成对所有者和运营者名誉权的侵害；若所有者、运营者未从网站、网店或虚拟账号等中获取经营性利益，此种情况下判断是否构成侵害名誉权的关键在于确定被否定性评价的特殊财产与所有者、运营者间能否形成稳定的对应关系，即根据行业内或社会中的一般经验法则是否可以通过特殊财产识别锁定某一特定的民事主体。

【规范指引】

《中华人民共和国民法典》

第一百一十条 自然人享有生命权、身体权、健康权、姓名权、肖像权、名誉权、荣誉权、隐私权、婚姻自主权等权利。

法人、非法人组织享有名称权、名誉权和荣誉权。

第九百九十条 人格权是民事主体享有的生命权、身体权、健康权、姓名权、名称权、肖像权、名誉权、荣誉权、隐私权等权利。

除前款规定的人格权外，自然人享有基于人身自由、人格尊严产生的其他人格权益。

第九百九十一条 民事主体的人格权受法律保护，任何组织或者个人不得侵害。

【典型案例】

北京淘天天科技有限公司与北京猎云万罗科技有限公司等名誉权纠纷案［裁判法院：北京市第一中级人民法院；案号：（2019）京01民终8553号］

裁判要旨：由于法定代表人与企业法人具有一定关联，如果贬损法定代表人名誉的言论与其履职行为具有关联，如针对其职务行为，或能够直接指向与企业法人商誉相关的品牌形象、产品和服务等，则该言论可能同时侵犯企业法人的商誉。表现形式既包括歪曲、捏造事实对该法定代表人代表企业法人所从事的商业行为进行诋毁，也包括通过贬损法定代表人的名誉以毁损其所代表的企业从事经营活动所必需的信誉、特定品质等。

（二）侵害名誉权构成要件的特殊规则

【审查要点】

1. 对于法人、非法人组织而言，其名誉是社会对其信誉、外在形象、经营特色、产品质量、服务态度等各方面的总体社会评价，与其经营活动紧密相关。

2. 侵害法人、非法人组织名誉权的行为主要表现为虚假宣传、商业诋毁等，例如捏造、散布虚假事实以损害法人、非法人组织商业信誉、商品名声，或在报纸、电视等大众媒介上进行虚假不实或失当的评论以损害其商业信誉。

3. 侵害法人、非法人组织名誉权会造成其信誉减低、经营受阻、利润减少等不良后果，将直接影响其经营收入和生存发展。

4. 法人、非法人组织因名誉权遭受侵害产生的损失，既包括商誉损失，也包括财产性利益的损失。商誉的损失，应以行为是否为不特定第三人所知悉作为认定损害事实的标准；财产性利益的损失，包括因侵害法人名誉权的行为造成的直接、现实的财产损失等，具体应根据案件情况及当事人提供的证据进行分析。

【规范指引】

《中华人民共和国民法典》

第一百一十条 自然人享有生命权、身体权、健康权、姓名权、肖像权、名誉权、荣誉权、隐私权、婚姻自主权等权利。

法人、非法人组织享有名称权、名誉权和荣誉权。

第九百九十条 人格权是民事主体享有的生命权、身体权、健康权、姓名权、名称权、肖像权、名誉权、荣誉权、隐私权等权利。

除前款规定的人格权外，自然人享有基于人身自由、人格尊严产生的其他人格权益。

第九百九十一条 民事主体的人格权受法律保护，任何组织或者个人不得侵害。

【典型案例】

1. 上海盛大网络发展有限公司诉葛某斌名誉权纠纷案，《人民法院案例选》2015 年第 1 辑［裁判法院：上海市第一中级人民法院；案号：（2014）沪一中民一（民）终字第 1346 号］

裁判要旨：以书面、口头等形式诋毁、诽谤法人名誉，给法人造成损害的，应当认定为侵害法人名誉权的行为。具体是否构成对法人名誉权的侵害，应当根据法人确有名誉被损害的事实，行为人行为违法、违法行为与损害后果之间有因果关系、行为人主观上有过错来认定。

2. 北京大学诉邹某甫名誉权纠纷案，《中国审判案例要览（2015 年民事审判案例卷）》［裁判法院：北京市第一中级人民法院；案号：（2014）一中民终字第 9328 号］

裁判要旨：法人的名誉包括对其产品、服务、人员、管理、信誉等多方面的综合社会评价。学校是以“师生”为主体形成的教授和学习知识、传递和塑造价值的场所，因此，学校与师生之间形成了不可分割的利益共同体，对教师或学生尤其是对不特定教师或学生的评价必然会影响到学校本身的声誉。鉴于行为人发布的内容涉及对北京大学管理能力、教师整体素养作风的评价，从一般人角度来看，微博内容显然足以让人联想指向北京大学，所以构成对北京大学名誉权的侵害。

（三）侵害名誉权责任承担的特殊规则

【审查要点】

1. 侵害法人名誉权的民事责任包括停止侵害、恢复名誉、消除影响、赔礼道歉和赔偿损失五种。

2. 赔偿损失的金额，应按照受害人因名誉权被侵害受到的损失或者行为人因此获得的利益计算。受害人受到的损失以及行为人获得的利益难以确定，且双方就赔偿数额协商不一致的，应根据实际情况确定赔偿数额。

【注意事项】

法人、非法人组织的名誉权内容与自然人相比，不具有自然人的情感因素，因此不存在精神损害赔偿的问题。

【规范指引】

《中华人民共和国民法典》

第一千一百八十二条　侵害他人人身权益造成财产损失的，按照被侵权人因此受到的损失或者侵权人因此获得的利益赔偿；被侵权人因此受到的损失以及侵权人因此获得的利益难以确定，被侵权人和侵权人就赔偿数额协商不一致，向人民法院提起诉讼的，由人民法院根据实际情况确定赔偿数额。

【典型案例】

上海锦江汽车服务有限公司诉上海市西洋摄影有限公司等名誉权纠纷案，《中国审判案例要览》[裁判法院：上海市第二中级人民法院；案号：(2002)沪二中民一(民)终字第1921号]

裁判要旨：法人享有名誉权，禁止用侮辱、诽谤等方式损害法人的名誉。本案原告下属国宾车队是在公众心目中有较高的声誉，而被告未经必要的审查程序，刊登广告致使原告的名誉受损，应承担相应的责任。但法人或者其他组织以人格权利遭受侵害为由，向人民法院起诉请求赔偿精神损害的，人民法院不予支持。

二、文学艺术作品侵害名誉权纠纷

（一）文学艺术作品指向性、排他性的认定

【审查要点】

1. 以真人真事为描写、演绎对象的文学艺术作品为纪实文学艺术作品，较多地依赖于原型人物和既有事实而创作，在纪实文学艺术作品中使用侮辱性、诽谤性的方式进行创作，一般可以认定其描写和演绎对象具有指向性和排他性，构成对名誉权的侵害。出版单位对纪实

作品应当审查有关内容是否真实，是否侵害他人的合法权利，未尽审查义务的，应对侵害名誉权结果的发生负相应的责任。

2. 非以真人真事为描写、演绎对象的虚构文学艺术作品，应当具体分析：

（1）文学艺术作品中使用现实人物的真实姓名，或者对真实姓名作了一些艺术上的处理，但仍以该人物的真实经历来描写、演绎，一般认定该类文学艺术作品中描写的人物具有指向性。

（2）文学艺术作品中不使用真实姓名，地点也属虚构，此时认定文学艺术作品中描写的人物具有指向性，必须具备三个条件：一是文学艺术作品中的人物与现实人物的基本特征相同，基本特征即为将一人与他人区别开来的主要标志，包括职业、经历、外貌、语言、行为等；二是文学艺术作品中的人物与现实人物所处的特定环境必须相同，即生活、工作环境以及人物之间的关系应当大致相同或相似；三是熟悉现实人物的人公认文学艺术作品中的人物是指该现实人物。

（3）在历史文学艺术作品中影射现实人物，判断是否具有指向性时，必须紧密结合作者的写作目的来认定。若作者没有侵害名誉权的故意，出于正当合理的目的，一般不宜认定其侵害名誉权。

（4）作者将数人的经历、事件创作成一个人物，但在使用某一个人的特定事件素材时足以与其他人区别开并对其进行侮辱、诽谤的，一般也可认定文学艺术作品中的人物具有指向性。

3. 虚构艺术作品中认定描写、演绎对象具有指向性及排他性，可以采用“纵横比较法”。纵向比较，即将文学艺术作品中的人物与现实人物的个人生活、工作经历进行分析比照；横向比较，即将文学艺术作品中的人物与现实人物的历史背景、外形特征、人际关系、生活环境等进行比较。

【注意事项】

文学艺术作品并非以特定人为描写、演绎对象，仅部分情节与特定人的情况相似，不应认定该文学艺术作品描写、演绎的对象具有指向性和排他性。

【规范指引】

《中华人民共和国民法典》

第一千零二十七条　行为人发表的文学、艺术作品以真人真事或者特定人为描述对象，含有侮辱、诽谤内容，侵害他人名誉权的，受害人有权依法请求该行为人承担民事责任。

行为人发表的文学、艺术作品不以特定人为描述对象，仅其中的情节与该特定人的情况相似的，不承担民事责任。

【典型案例】

1. 王某英诉刘某及《女子文学》等四家杂志名誉权纠纷案，《最高人民法院公报》1989 年第 2 期［裁判法院：河北省高级人民法院］

裁判要旨：纪实文学中对主人公使用侮辱性语言的，构成了对他人人格的侮辱，侵害了他人的名誉权，应当承担侵害名誉权后果。

2. 陈某如诉陈某基、泉州文学编辑部名誉权纠纷案，《中国审判案例要览》［裁判法院：福建省泉州市中级人民法院；案号：（1993）泉民终字第 383 号］

裁判要旨：涉案小说以原告为创作背景，小说主人公姓名取其偏旁部首另行组字，其家庭住址、职业、职务，公司地点，家庭财物被盗及因公务到过香港等主要情节与原告生活事实相同或相似，使熟悉原告的人读后公认小说中主人公是指原告。被告在小说中虚构情节、针对特定的现实人物进行侮辱、诽谤，造成他人社会评价降低，其行为构成对名誉权的侵害。

（二）文学艺术作品侵害名誉权的其他特殊规则

【审查要点】

1. 文学艺术作品中对特定人物的侮辱，既包括运用表现手法对特定人物的某种缺陷作出否定性评价，也包括对特定人物使用一般性的侮辱性言词。

2. 文学艺术作品中对特定人物的诽谤，是指在作品中虚假地把某些事件归因于特定人物，编造足以丑化人格的情节对特定人物进行人格攻击。

3. 文学艺术作品作者主观过错的认定，主要在于作者创作文学艺术作品时是否具有侮辱、诽谤的故意。

4. 文学艺术作品未公开发表，不为他人知悉，不构成名誉权侵害。行为人向不特定的第三人公开文学艺术作品，才可能对特定人物的名誉权造成损害。他人未经作者同意擅自将其创作的文学艺术作品公开传播，造成对他人名誉权侵害的，应由公开传播的行为人承担侵害名誉权责任。

【注意事项】

文学艺术作品的创作遵循“艺术源于生活而高于生活”的规律，应允许文学艺术作品存在一定程度和范围的虚构与夸张，在不存在侮辱、诽谤他人且行为人不存在主观恶意的情况下，应审慎处理，避免干涉文艺创作的自由。

【典型案例】

1. 胡某超、周某昭、石某成诉刘某忠、《遵义晚报》社名誉权纠纷案，《最高人民法院公报》1992 年第 2 期［裁判法院：贵州省遵义市中级人民法院］

裁判要旨：在小说创作中，作者故意使用“影射”的手法对他人进行侮辱和丑化，使他人的名誉受到了损害，构成对他人名誉权的侵害。

2. 窦某诉黄某某名誉权纠纷案，上海法院精选案例库［裁判法院：上海市第二中级人民法院；案号：（2011）沪二中民一（民）终字第 377 号］

裁判要旨：本案中，被告在其言论中所引用的原告著作内容，基本属实，并不存在虚构。被告根据原告作品的真实内容所发表的评论，虽带有对原告的负面评价，但其主观目的是对当前公众普遍关注的教育问题提出意见，而非故意贬损原告的人格。故被告的言论不应被认定为侵害他人名誉权的行为。

三、信用评价不当侵害名誉权纠纷

（一）信用评价不当侵害名誉权构成要件的特殊规则

【审查要点】

1. 信用评价关涉个人名誉，民事主体享有维护自己的信用评价不受他人侵害的权利，有权对不当信用评价提出异议并请求采取更正、删除等必要措施。

2. 信用评价机构整理、保存、加工信用信息时应当遵循客观性原则，不得篡改原始信息，保证征信系统信息的准确性。信用评价机构收到被评价人的信用评价异议后，应当在合理期限内核查异议信息是否属实，经核查属实的，信用评价机构应当采取必要措施更正、删除不当的信用评价，防止被评价人的社会评价不当降低；信用评价机构未及时或拒绝核查，且异议的信用评价确实不当，致使被评价人的社会评价降低的，构成名誉权侵害。

3. 信用评价信息提供者负有如实记录、准确反映、及时更新用户信用记录的义务，若发现信用评价不当的，应当及时核查并及时采取必要措施，若信用评价信息提供者违反上述义务导致信用评价基础信息错误，使被评价人留存不良信用记录，影响被评价人名誉和信用的，构成名誉权侵害。

【注意事项】

被评价人与信用评价信息提供者及信用评价机构之间关于个人信息的处理，除了可能涉及名誉权纠纷之外，还存在个人信息保护的问题，对此应当适用《民法典》以及《中华人民共和国个人信息保护法》个人信息保护的相关规定。

【规范指引】

《中华人民共和国民法典》

第一千零二十九条　民事主体可以依法查询自己的信用评价；发现信用评价不当的，有权提出异议并请求采取更正、删除等必要措施。

信用评价人应当及时核查，经核查属实的，应当及时采取必要措施。

《个人信用信息基础数据库管理暂行办法》

第六条 商业银行应当遵守中国人民银行发布的个人信用数据库标准及其有关要求，准确、完整、及时地向个人信用数据库报送个人信用信息。

第九条 征信服务中心根据生成信用报告的需要，对商业银行报送的个人信用信息进行客观整理、保存，不得擅自更改原始数据。

第十条 征信服务中心认为有关商业银行报送的信息可疑时，应当按有关规定的程序及时向该商业银行发出复核通知。

商业银行应当在收到复核通知之日起5个工作日内给予答复。

第十一条 商业银行发现其所报送的个人信用信息不准确时，应当及时报告征信服务中心，征信服务中心收到纠错报告应当立即进行更正。

第十六条 个人认为本人信用报告中的信用信息存在错误（以下简称异议信息）时，可以通过所在地中国人民银行征信管理部门或直接向征信服务中心提出书面异议申请。

中国人民银行征信管理部门应当在收到异议申请的2个工作日内将异议申请转交征信服务中心。

第十七条 征信服务中心应当在接到异议申请的2个工作日内进行内部核查。

征信服务中心发现异议信息是由于个人信用数据库信息处理过程造成的，应当立即进行更正，并检查个人信用数据库处理程序和操作规程存在的问题。

第二十条 征信服务中心收到商业银行重新报送的更正信息后，应当在2个工作日内对异议信息进行更正。

异议信息确实有误，但因技术原因暂时无法更正的，征信服务中心应当对该异议信息作特殊标注，以有别于其他异议信息。

《征信业管理条例》

第十五条 信息提供者向征信机构提供个人不良信息，应当事先告知信息主体本人。但是，依照法律、行政法规规定公开的不良信息除外。

第十六条 征信机构对个人不良信息的保存期限，自不良行为或者事件终止之日起为5年；超过5年的，应当予以删除。

在不良信息保存期限内，信息主体可以对不良信息作出说明，征信机构应当予以记载。

第二十五条 信息主体认为征信机构采集、保存、提供的信息存在错误、遗漏的，有权向征信机构或者信息提供者提出异议，要求更正。

征信机构或者信息提供者收到异议，应当按照国务院征信业监督管理部门的规定对相关信息作出存在异议的标注，自收到异议之日起20日内进行核查和处理，并将结果书面答复异议人。

经核查，确认相关信息确有错误、遗漏的，信息提供者、征信机构应当予以更正；确认不存在错误、遗漏的，应当取消异议标注；经核查仍不能确认的，对核查情况和异议内容应当予以记载。

第二十六条 信息主体认为征信机构或者信息提供者、信息使用者侵害其合法权益的，可以向所在地的国务院征信业监督管理部门派出机构投诉。

受理投诉的机构应当及时进行核查和处理，自受理之日起30日内书面答复投诉人。

信息主体认为征信机构或者信息提供者、信息使用者侵害其合法权益的，可以直接向人民法院起诉。

《征信业务管理办法》

第十六条 征信机构整理、保存、加工信用信息，应当遵循客观性原则，不得篡改原始信息。

第十七条 征信机构应当采取措施，提高征信系统信息的准确性，保障信息质量。

第十八条 征信机构在整理、保存、加工信用信息过程中发现信息错误的，如属于信息提供者报送错误的，应当及时通知信息提供者更正；如属于内部处理错误的，应当及时更正，并优化信用信息内部处理流程。

【典型案例】

1. 周某某诉上林某银行名誉权纠纷案,《民法典》颁布后人格权司法保护典型民事案例之六［裁判法院：广西壮族自治区上林县人民法院］

裁判要旨：上林某银行作为提供信用评价信息的专业机构，具有准确、完整、及时报送用户信用信息的权利和义务，发现信用评价不当的，应当及时核查并及时采取必要措施。上林某银行收到周某某的异议申请后，仍未上报信用更正信息，造成征信系统对周某某个人诚信度作出不实记录和否定性评价，导致周某某在办理信用卡、贷款等金融活动中受限制，其行为构成对周某某名誉权的侵害。

2. 中国银行股份有限公司广州白云支行诉卢某伟名誉权纠纷案［裁判法院：广东省广州市中级人民法院；案号:（2010）穗中法民一终字第 1945 号］

裁判要旨：中行白云支行在生效判决已认定卢某伟未向其就房屋买卖进行抵押贷款的情况下，仍未向征信服务中心报送卢某伟未贷款的真实信息，从而导致卢某伟在征信服务中心存在和保留不真实的个人信用信息记录，而卢某伟不真实的个人信用信息记录确实对办理各项金融活动存在不良影响，故中行白云支行该不作为行为侵害了卢某伟的名誉权。

3. 刘某诉交通银行股份有限公司天津市分行名誉权纠纷案,《中国审判案例要览（2011 年民事审判案例卷）》［裁判法院：天津市河西区人民法院；案号:（2009）西民一初字第 3298 号］

裁判要旨：被他人冒用身份贷款并产生逾期还款的不良征信记录是由于银行在发放贷款时的审核疏漏造成的，银行在主观上存在重大过失，在客观上，造成了被冒用人个人名誉受损，并且被冒用人受到不客观的信用评价系因银行提供的错误的逾期还款的不良征信记录造成，两者直接存在因果关系。因此，银行将被他人冒用身份贷款造成的不良信用记录提供给其他征信机构的行为构成侵害被冒用人的名誉权。

（二）信用评价不当侵害名誉权责任承担的特殊规则

【审查要点】

1. 在认定信用评价机构存在信用评价不当侵害被评价人名誉权的情况下，应当判令信用评价机构消除不良信用记录，以消除影响、恢复名誉。

2. 信用评价不当导致被评价人社会评价降低，影响其金融借贷、租车租房、婚恋社交，造成其精神上痛苦的，其有权主张精神损害赔偿。在认定精神损害抚慰金的范围和金额时，应当综合考虑因信用评价不当造成的损害大小、不当信用评价存在时间的长短、不当信用信息传播的范围及相关主体的过错程度等因素。除精神损失外，被评价人还有权主张财产利益损失。被评价人要求的财产损害赔偿的范围和数额以其因侵害名誉权行为遭受的损失或行为人因侵害行为获得的利益为限度。详细认定标准见本文第四部分要件事实审查和裁判规则“四、侵害名誉权民事责任承担的裁判规则”中的“（三）损害赔偿”部分。

四、网络环境下的特殊名誉权纠纷

（一）网络环境下侵害名誉权认定的特殊规则

【审查要点】

1. 以虚拟的网络名称登录网站并参加活动，但在现实生活中知道对方的真实身份，或虚拟网络名称经过实名认证，此时的交流对象具有了现实性和针对性，可以认定行为人及受害人的主体身份。

2. 非实名认证情况下行为人主体的认定：在非实名认证的情况下，要确定行为人的身份，按照“谁主张谁举证”的原则，应由受害人对具体的行为人身份进行举证。但基于网络的虚拟性特点，在事前不了解行为人真实信息的情况下，受害人可在有初步证据（如侵害名誉权的信息言论截图等）的情况下，要求网络服务提供者提供网络用户个人信息，或根据网络上行为人已经披露的信息进行逆向推定，在达到证明标准的情况下也可以据此认定行为人主体。

3. 非实名认证情况下受害人的认定：一般应具备三个条件：一是虚拟的网络账号与受害人基本特征相同，基本特征即为将一人与他人区别开来的主要标志，包括职业、经历、外貌、语言、行为等；二是二者特定环境相同，即生活、工作环境应当大致相同或相似；三是熟悉、了解受害人的其他人公认指向该受害人。

4. 匿名或影射方式侵害名誉权指向性的认定：从一般公众的注意力和理解力角度，判断是否足以让一般公众意识到暗指的个人特征要素与受害人具有直接或高度对应的可信性，以至于被理解为特意用来指称受害人。

5. 盗用、冒用网络账号的问题。如果网络账号实际注册者能证明是他人在自己不知情的情况下，盗用、冒用自己的网络账号进行侵害名誉权行为，且账号注册者本人无过错行为，则账号注册者不构成名誉权侵害。

【规范指引】

《中华人民共和国民法典》

第一千一百九十四条 网络用户、网络服务提供者利用网络侵害他人民事权益的，应当承担侵权责任。法律另有规定的，依照其规定。

《最高人民法院关于审理利用信息网络侵害人身权益民事纠纷案件适用法律若干问题的规定》

第三条 原告起诉网络服务提供者，网络服务提供者以涉嫌侵权的信息系网络用户发布为由抗辩的，人民法院可以根据原告的请求及案件的具体情况，责令网络服务提供者向人民法院提供能够确定涉嫌侵权的网络用户的姓名（名称）、联系方式、网络地址等信息。

网络服务提供者无正当理由拒不提供的，人民法院可以依据民事诉讼法第一百一十四条[①] 的规定对网络服务提供者采取处罚等措施。

原告根据网络服务提供者提供的信息请求追加网络用户为被告的，

① 现为2023年修正的《民事诉讼法》第一百一十七条。

人民法院应予准许。

【典型案例】

张某诉俞某风名誉权纠纷案，《最高人民法院公报》2001年第5期［裁判法院：江苏省南京市鼓楼区人民法院］

裁判要旨：当事人虽然以虚拟的网络名称登录网站并参加活动，但在现实生活中知道对方的真实身份，此时的交流对象具有了现实性和针对性。行为人通过网络数次发表针对他人的言论，期间多次使用侮辱性语言贬低他人人格，捏造事实诽谤他人，构成侵害他人名誉权的行为，应当承担相应的民事责任。

（二）网络环境下侵害名誉权的典型类型

【审查要点】

1. 微信群内聊天内容侵害名誉权

（1）微信群具有公共空间属性，在微信群中发布侮辱、诽谤他人的信息及言论构成对他人名誉权的侵害。

（2）微信群主作为微信群管理者，对于群成员的违法违规等不当行为，虽然不享有网络服务提供者的删除、屏蔽、断开链接等权限，但其相较一般群成员有发布群公告、将群成员移出群聊和解散微信群的权限，故微信群主应当在自己的权限范围内预防、阻止群成员发布侵害名誉权的信息和言论。具体在案件审理中，应考虑微信群中侵害名誉权言论出现的频率、持续时间、受害人是否提出以及微信群主是否及时阻止群内侵害名誉权行为等因素，判断微信群主是否及时履行群主管理责任、是否存在过错、是否因处理不当加重了受害人名誉受损的程度，在此基础上认定微信群主是否承担侵害名誉权的责任。

2. 网络骂战引发的名誉权纠纷

（1）网络平台具有即时交互性的特点，在网络平台上对他人不恰当言论进行回击辩论，无论从言论内容抑或言语强度均应以“有效纠正”作为目的和标准。超出此目的和标准，恶意侮辱、毁损他人人格尊严及名誉的言论，构成对名誉权的侵害。

（2）以对方言论侵害名誉权在先为由，主张自己的侵害名誉权行为免责的，法院不应支持。

（3）在认定社会评价是否降低时，应以涉诉言论发布后的合理时间内，结合涉诉言论的关注度、相关言论的转发及评论量进行综合考虑和衡量。

3. 自媒体侵害名誉权

（1）行为人在自媒体平台发布的言论是否侵害他人名誉权，除侵害名誉权的一般构成要件外，还应结合行为人的职业、影响力及言论的发布和传播方式造成的损害后果等进行综合判断。

（2）自媒体在转载网络信息时须在合理范围内承担必要的审慎注意义务。若自媒体在主观上明知或应知其所转载的文章存在缺乏论证、人为曲解或过激的贬损性语言等情况，仍然予以完整转载的，应承担相应的侵害名誉权责任。

（3）判断自媒体言论、文章、视频等是否侵害名誉权，既要考察正文、视频内容，也要考察标题。当标题失实或有不当评价时，也构成对名誉权的侵害。

【典型案例】

1. 某公司、黄某诉邵某名誉权纠纷案，人民法院大力弘扬社会主义核心价值观十大典型民事案例之五［裁判法院：北京市第三中级人民法院］

裁判要旨：微信虽为网络虚拟空间，但已成为与人们生活密不可分的交往工具。微信群、朋友圈不是法外之地，公民在微信群和朋友圈等网络空间同样需要遵守国家的法律法规，不能为所欲为、不加节制。在微信群、朋友圈中损毁他人名誉，侵害名誉权，应承担相应的法律责任。

2. 方某民诉崔某元名誉权纠纷案，《人民司法·案例》2016年第5期［裁判法院：北京市第一中级人民法院；案号：（2015）一中民终字第07485号］

裁判要旨：法院在处理因公共议题引发的网络互骂案件时，应综合考虑相关微博发布的背景和内容，微博言论的特点，事实陈述与意见表达的区分，当事人主观上侵害名誉权的恶意，公众人物人格权保护的容忍义务和发言时较高的注意义务标准，言论给当事人造成损害的程度等因素，合理确定微博领域行为人正当行使言论自由与侵犯他人名誉权之间的界限。

3. 黄某芬与北京微梦创科网络技术有限公司等网络侵权责任纠纷案，《人民法院报》[裁判法院：北京市第四中级人民法院；案号：(2019)京04民终166号]

裁判要旨：判断行为人在自媒体平台发布的言论是否侵害他人名誉权时，需要考察行为人主观上是否具有过错。行为人注意义务的程度或边界，应根据行为人的职业、影响力及言论的发布和传播方式等进行综合判断。

(三) 侵害名誉权纠纷中网络服务提供者的责任认定

【审查要点】

1. 网络服务提供者的类型

在判断网络服务提供者所需承担的责任时，首先应当区别网络服务提供者的具体类型。其中，网络内容服务提供者是主动向网络用户提供内容的网络主体，应当对所上传内容的真实性与合法性负责。而网络技术服务提供者是提供接入、缓存、信息存储空间、搜索以及链接等服务类型的网络主体，不直接向网络用户提供信息，应根据下列规则判断其是否应承担侵害名誉权的责任。

2.“通知—删除”程序

(1) 行为人利用网络服务实施侵害名誉权行为的，受害人有权通知网络技术服务提供者采取删除、屏蔽、断开链接等必要措施。通知可以采取网络服务提供者公开的、可以收到的方式进行。

(2) 网络技术服务提供者接到通知后，应当及时将该通知转送相关网络用户，并根据构成侵害名誉权的初步证据和服务类型采取足以防止侵害名誉权行为的继续和侵害后果的扩大并且不会给网络服务提供者造成不成比例的损害的必要措施，包括删除、屏蔽、断开链接、暂时中止对该网络用户提供服务等。网络技术服务提供者未及时采取必要措施的，对损害的扩大部分与该网络用户承担连带责任。其中网络服务提供者采取的删除、屏蔽、断开链接等必要措施是否及时，应当根据网络服务的性质、有效通知的形式和准确程度、网络信息侵害名誉权的程度等因素综合判断。

3. 网络服务提供者知道或者应当知道网络用户利用其网络服务侵害他人名誉权，未采取必要措施的，与该网络用户承担连带责任

根据该条认定网络服务提供者的责任时，应当综合考虑下列因素：

（1）网络服务提供者是否以人工或者自动方式对侵害名誉权网络信息以推荐、排名、选择、编辑、整理、修改等方式作出处理，无论以人工或者自动方式作出处理都应认定为网络服务提供者已经明确知道。

（2）网络服务提供者应当具备的管理信息的能力，所提供服务的性质、方式及其引发侵害名誉权的可能性大小。

（3）网络信息的社会影响程度或者一定时间内的浏览量，影响程度越大、浏览量越大，网络服务提供者知道侵害名誉权事实的可能性就越大。

（4）网络服务提供者采取预防侵害名誉权措施的技术可能性及其是否采取了相应的合理措施，网络服务提供者采用预防措施的成本较低，则其“知道”义务的范围就越广。

（5）网络服务提供者是否针对同一网络用户的重复侵害名誉权行为或者同一侵害名誉权信息采取了相应的合理措施。

（6）如果网络服务提供者明知网络用户利用其网络服务实施侵害名誉权行为，却不采取必要措施，可以认定为构成帮助侵害名誉权，应当对全部损害与网络用户承担连带责任。如果网络服务提供者不知网络用户利用其网络服务实施侵害名誉权行为，则只应对其应当知道而没有知道侵害名誉权行为之时起的损害与网络用户承担连带责任，之前的损害应当由网络用户独立承担责任。

【注意事项】

1. 网络服务提供者知道或者应当知道网络用户利用其网络服务侵害他人名誉权中所列的考虑因素并不需要机械地全部进行考虑，应当根据个案的具体情况进行认定。

2.《民法典》第一千一百九十五条规定的“通知规则”与第一千一百九十七条规定的“知道规则”在适用上既非递进关系，也非包含关系，而是“并列关系”。如果受害人能够举证证明网络服务提供者对侵害名誉权行为“知道”，可以不发出侵害名誉权通知，直接要求网络服务提供者承担第一千一百九十七条规定的侵害名誉权责任；如果受害人认为其无法举证证明网络服务提供者具有过错，可以根据第一千一百九十五条向网络服务提供者发出侵害名誉权通知。

【规范指引】

《中华人民共和国民法典》

第一千一百九十五条 网络用户利用网络服务实施侵权行为的，权利人有权通知网络服务提供者采取删除、屏蔽、断开链接等必要措施。通知应当包括构成侵权的初步证据及权利人的真实身份信息。

网络服务提供者接到通知后，应当及时将该通知转送相关网络用户，并根据构成侵权的初步证据和服务类型采取必要措施；未及时采取必要措施的，对损害的扩大部分与该网络用户承担连带责任。

权利人因错误通知造成网络用户或者网络服务提供者损害的，应当承担侵权责任。法律另有规定的，依照其规定。

第一千一百九十七条 网络服务提供者知道或者应当知道网络用户利用其网络服务侵害他人民事权益，未采取必要措施的，与该网络用户承担连带责任。

《最高人民法院关于审理利用信息网络侵害人身权益民事纠纷案件适用法律若干问题的规定》

第四条 人民法院适用民法典第一千一百九十五条第二款的规定，

认定网络服务提供者采取的删除、屏蔽、断开链接等必要措施是否及时，应当根据网络服务的类型和性质、有效通知的形式和准确程度、网络信息侵害权益的类型和程度等因素综合判断。

第五条 其发布的信息被采取删除、屏蔽、断开链接等措施的网络用户，主张网络服务提供者承担违约责任或者侵权责任，网络服务提供者以收到民法典第一千一百九十五条第一款规定的有效通知为由抗辩的，人民法院应予支持。

第六条 人民法院依据民法典第一千一百九十七条认定网络服务提供者是否“知道或者应当知道”，应当综合考虑下列因素：

（一）网络服务提供者是否以人工或者自动方式对侵权网络信息以推荐、排名、选择、编辑、整理、修改等方式作出处理；

（二）网络服务提供者应当具备的管理信息的能力，以及所提供服务的性质、方式及其引发侵权的可能性大小；

（三）该网络信息侵害人身权益的类型及明显程度；

（四）该网络信息的社会影响程度或者一定时间内的浏览量；

（五）网络服务提供者采取预防侵权措施的技术可能性及其是否采取了相应的合理措施；

（六）网络服务提供者是否针对同一网络用户的重复侵权行为或者同一侵权信息采取了相应的合理措施；

（七）与本案相关的其他因素。

第七条 人民法院认定网络用户或者网络服务提供者转载网络信息行为的过错及其程度，应当综合以下因素：

（一）转载主体所承担的与其性质、影响范围相适应的注意义务；

（二）所转载信息侵害他人人身权益的明显程度；

（三）对所转载信息是否作出实质性修改，是否添加或者修改文章标题，导致其与内容严重不符以及误导公众的可能性。

《信息网络传播权保护条例》

第十四条 对提供信息存储空间或者提供搜索、链接服务的网络服务提供者，权利人认为其服务所涉及的作品、表演、录音录像制品，侵犯自己的信息网络传播权或者被删除、改变了自己的权利管理电子信息的，可以向该网络服务提供者提交书面通知，要求网络服务提供者删除该作品、表演、录音录像制品，或者断开与该作品、表演、录音录像制品的链接。通知书应当包含下列内容：

（一）权利人的姓名（名称）、联系方式和地址；

（二）要求删除或者断开链接的侵权作品、表演、录音录像制品的名称和网络地址；

（三）构成侵权的初步证明材料。

权利人应当对通知书的真实性负责。

第二十二条 网络服务提供者为服务对象提供信息存储空间，供服务对象通过信息网络向公众提供作品、表演、录音录像制品，并具备下列条件的，不承担赔偿责任：

（一）明确标示该信息存储空间是为服务对象所提供，并公开网络服务提供者的名称、联系人、网络地址；

（二）未改变服务对象所提供的作品、表演、录音录像制品；

（三）不知道也没有合理的理由应当知道服务对象提供的作品、表演、录音录像制品侵权；

（四）未从服务对象提供作品、表演、录音录像制品中直接获得经济利益；

（五）在接到权利人的通知书后，根据本条例规定删除权利人认为侵权的作品、表演、录音录像制品。

【典型案例】

1. 张某诉北京华网汇通技术服务有限公司名誉权纠纷案，《中国审判案例要览（2015 年民事审判案例卷）》[裁判法院：北京市第三中级人民法院；案号：（2014）三中民终字第 00610 号]

裁判要旨：网络用户利用网络服务实施侵害名誉权行为的，受害人可以通知的形式要求网络服务提供者采取删除、屏蔽、断开链接等措施，避免侵害名誉权损害的扩大。对于何为合理的通知，应以受害人通过网络服务提供者公开的、可以收到通知的渠道进行通知为标准，受害人无须证明网络服务提供者实际收到通知。

2. 殷某诉北京百度网讯科技有限公司名誉权纠纷案，《中国审判案例要览（2012 年民事审判案例卷）》［裁判法院：上海市第二中级人民法院；案号：（2010）沪二中民一（民）终字第 1593 号］

裁判要旨：在网络侵害名誉权案件中，即使受害人未能作出有效通知，但根据已知信息或广为社会知晓的事实，网络服务提供者应当知道侵害名誉权行为客观存在的，亦负有及时采取必要措施以阻断侵害名誉权行为继续发生的义务。

五、死者名誉纠纷

【审查要点】

死者名誉受到侵害的，其配偶、子女、父母有权依法请求行为人承担民事责任（第一顺位）；死者没有配偶、子女且父母已经死亡的，其他近亲属，包括兄弟姐妹、祖父母、外祖父母、孙子女、外孙子女有权依法请求行为人承担民事责任。

【注意事项】

1. 自然人的权利始于出生，终于死亡。死者名誉受侵害时，受侵害的并非死者的权利（益），而是近亲属人格利益与社会公共利益，因此死者名誉纠纷中一般表述为“侵害死者名誉”，而不应表述为“侵害死者名誉权”。

2. 行为人实施的侵害死者名誉的行为，并不必然同时侵害死者近亲属的名誉权。

【规范指引】

《中华人民共和国民法典》

第九百九十四条 死者的姓名、肖像、名誉、荣誉、隐私、遗体等受到侵害的，其配偶、子女、父母有权依法请求行为人承担民事责任；

死者没有配偶、子女且父母已经死亡的，其他近亲属有权依法请求行为人承担民事责任。

【典型案例】

1. 陈某琴诉魏某林、《今晚报》社名誉纠纷案，《最高人民法院公报》1990年第2期［裁判法院：天津市高级人民法院］

裁判要旨：公民享有名誉权，公民死后其名誉仍应受法律保护。死者的近亲属，在死者及本人名誉受到损害的情形下，有权提起诉讼，请求法律保护。被告创作的作品题材虽为小说，但使用了死者及其近亲属的真实姓名，且虚构了一些损害他人名誉的情节，其行为损害了他人的名誉，应承担民事责任。

2. 彭某惠诉《中国故事》杂志社名誉纠纷案，《最高人民法院公报》2002年第6期［裁判法院：四川省高级人民法院］

裁判要旨：死者的近亲属对出版单位提起诉讼，以维护死者的名誉，而非自身的名誉权受到侵害。一审法院将侵害名誉权人实施侵害死者名誉的行为认定同时对死者的近亲属也构成侵害名誉权，没有法律依据。

六、已逝英烈名誉纠纷

【审查要点】

1. 英雄是重要的荣誉称号，烈士的身份则应根据《烈士褒扬条例》第八条和《军人抚恤优待条例》第八条的规定予以认定。

2. 英雄烈士事迹和精神是中华民族的共同历史记忆和社会主义核心价值观的重要体现，不仅与个人权益相关，还涉及社会公共利益的维护。英雄烈士无近亲属或其近亲属不提起私益诉讼的情况下，检察机关可作为原告提起公益诉讼。

3. 英雄烈士的名誉承载着重大国家利益价值，侵害英雄烈士人格利益的言论一般不能以言论自由、学术自由作为免责抗辩。在认定侵害英雄烈士名誉违法性时，应根据行为人的影响力（如所在领域行业、现实中的职业身份等）、英烈的事迹和贡献、是否使用诱导性或暗示性表述方式、英烈的名誉荣誉共识程度等来判断。

【规范指引】

《中华人民共和国民法典》

第一百八十五条 侵害英雄烈士等的姓名、肖像、名誉、荣誉，损害社会公共利益的，应当承担民事责任。

第九百九十四条 死者的姓名、肖像、名誉、荣誉、隐私、遗体等受到侵害的，其配偶、子女、父母有权依法请求行为人承担民事责任；死者没有配偶、子女且父母已经死亡的，其他近亲属有权依法请求行为人承担民事责任。

《中华人民共和国英雄烈士保护法》

第二十二条 禁止歪曲、丑化、亵渎、否定英雄烈士事迹和精神。

英雄烈士的姓名、肖像、名誉、荣誉受法律保护。任何组织和个人不得在公共场所、互联网或者利用广播电视、电影、出版物等，以侮辱、诽谤或者其他方式侵害英雄烈士的姓名、肖像、名誉、荣誉。任何组织和个人不得将英雄烈士的姓名、肖像用于或者变相用于商标、商业广告，损害英雄烈士的名誉、荣誉。

公安、文化、新闻出版、广播电视、电影、网信、市场监督管理、负责英雄烈士保护工作的部门发现前款规定行为的，应当依法及时处理。

第二十五条 对侵害英雄烈士的姓名、肖像、名誉、荣誉的行为，英雄烈士的近亲属可以依法向人民法院提起诉讼。

英雄烈士没有近亲属或者近亲属不提起诉讼的，检察机关依法对侵害英雄烈士的姓名、肖像、名誉、荣誉，损害社会公共利益的行为向人民法院提起诉讼。

负责英雄烈士保护工作的部门和其他有关部门在履行职责过程中发现第一款规定的行为，需要检察机关提起诉讼的，应当向检察机关报告。

英雄烈士近亲属依照第一款规定提起诉讼的，法律援助机构应当依法提供法律援助服务。

第二十六条 以侮辱、诽谤或者其他方式侵害英雄烈士的姓名、肖像、名誉、荣誉，损害社会公共利益的，依法承担民事责任；构成违反治安管理行为的，由公安机关依法给予治安管理处罚；构成犯罪的，依法追究刑事责任。

【典型案例】

1. 葛某生诉洪某快名誉纠纷案，最高人民法院指导案例第99号［裁判法院：北京市第二中级人民法院；案号：（2016）京02民终6272号］

裁判要旨：对侵害英雄烈士名誉、荣誉等行为，英雄烈士的近亲属依法向人民法院提起诉讼的，人民法院应予受理。英雄烈士事迹和精神是中华民族的共同历史记忆和社会主义核心价值观的重要体现，英雄烈士的名誉、荣誉等受法律保护。任何组织和个人以细节考据、观点争鸣等名义对英雄烈士的事迹和精神进行污蔑和贬损，属于歪曲、丑化、亵渎、否定英雄烈士事迹和精神的行为，应当依法承担法律责任。

2. 淮安市人民检察院诉曾某侵害烈士名誉公益诉讼案，人民法院大力弘扬社会主义核心价值观十大典型民事案例之二［裁判法院：江苏省淮安市中级人民法院；案号：（2018）苏08民公初1号］

裁判要旨：对侵害英雄烈士的姓名、肖像、名誉、荣誉，损害社会公共利益的行为人，英雄烈士近亲属不提起民事诉讼的，检察机关可以依法向人民法院提起公益诉讼，要求行为人承担侵害名誉的责任。

醉驾类案办案要件指南

课题组成员

主持人：彭志娟　上海市长宁区人民法院副院长

参与人：周伟敏　上海市长宁区人民法院刑事审判庭庭长

袁　野　上海市长宁区人民法院刑事审判庭审判员

庄云婧　上海市长宁区人民法院刑事审判庭审判员

执笔人：胡亚龙　上海市长宁区人民法院刑事审判庭审判员

指导人员

孟　猛　上海市高级人民法院刑事审判庭副庭长

许　浩　上海市高级人民法院刑事审判庭审判员

▶ 精要导读

一、裁判理念

（一）坚持主客观相统一与实质评价

审理醉驾案件要防止唯酒精含量论的形式化倾向，从实质上评价醉驾行为的社会危害性和被告人的人身危险性。综合考虑被告人醉酒程度、驾驶车辆种类、行驶道路类型、行车速度、案发时路况、实际损害后果等反映客观危险性的各种因素，同时结合被告人驾驶的动机和目的、到案后的态度、认罪悔罪情况、同类前科劣迹等反映主观恶性的各种因素，坚持主客观相统一与实质评价。

（二）坚持宽严相济与全面评价

审理醉驾案件要防止罚不当罪，坚持宽严相济与罪责刑相适应，全面评价被告人的犯罪事实、性质和情节。对于醉酒程度严重，发生实际损害后果，具备从重处罚情节等社会危害性较大的案件，要坚持依法从严惩处，严格缓刑适用，切实保障公共安全。对于醉酒程度较轻，未发生实际损害后果，无从重处罚情节，或者具有从轻处罚情节等社会危害性较小的案件，依法从宽从缓，加强定罪免罚以及非监禁刑的适用，切实提升微罪刑罚轻缓化水平。全面评价、综合考量被告人的各类法定、酌定情节，依法作出罚当其罪的处罚。

（三）坚持常识化判断与个别评价

审理醉驾案件要防止机械理解和适用法律，坚持刑法规范的阐释、适用与民众生活常识相一致，刑法规范的一般性期待与个案的具体情况相结合。因此，对醉驾构成要件要素的理解和认定以及对醉驾特殊情形进行评价时，既要考虑社会大众的一般性社会经验法则，又要考虑行为人在行为时的具体认知情况；既要考虑刑法规范对社会大众的一般性期待，又要考虑社会大众在具体情形中实施适法行为的期待可能性。确保刑法规范的阐释、适用与社会大众的生活常识相一致，裁判结果与社会大众的朴素法感情相一致，刑法规范的行为指引与社会大众的行为预期相一致，裁判结果实现政治效果、法律效果、社会效果的有机统一。

（四）坚持刑行融合与处罚衔接

审理醉驾案件要防止刑法规范与行政法规范在适用上相互割裂、相互矛盾。在构成要件认定上坚持刑行规范判断相融合。危险驾驶罪作为行政犯，对于饮酒、机动车、道路、驾驶等构成要件要素的理解，刑法规范应当与行政法规范保持一致。在法律责任承担上坚持刑行处罚紧密衔接、疏而不漏。对于构成犯罪的醉驾行为人，除依法承担刑事责任外，公安机关应当依照《中华人民共和国道路交通安全法》（以下简称《道路交通安全法》）的规定，作出相应行政处罚。同时，对于已行政处罚的相关事实，在作为危险驾驶罪从重处罚情节予以评价时，注意刑罚的折抵。

二、重点问题

（一）呼气酒精测试结果能否作为认定醉酒的依据

血液酒精含量检验鉴定意见是认定醉酒的主要标准，呼气酒精测试结果一般不作为认定醉酒的依据，但下列情况除外：（1）被告人经呼气酒精测试结果达到 80mg/100mL 以上，在抽取血样之前脱逃或者找人顶替的；（2）被告人因特殊体质不适合抽取血样，且被告人的醉驾情节较为严重的。此时，注意审查被告人无法及时抽取血样的原因，同时，证实被告人醉驾的其他证据需确实、充分，能够排除合理怀疑。

（二）如何认定危险驾驶罪中的道路

危险驾驶罪中道路的认定适用《道路交通安全法》的规定，公共性是道路的核心特征，判断标准在于是否允许社会机动车通行。具体而言，无论管理方式是收费还是免费，机动车进出是否需要登记，无论是允许社会机动车临时通行还是自由通行，只要允许不特定的社会机动车通行，就属于道路。如果仅允许与管辖单位及其人员有业务往来、亲友关系等特定事由的来访者的机动车通行，则不属于允许社会机动车通行，不能认定为道路。

小区内道路亦应以是否“允许社会机动车通行”作为判断标准。如果小区内道路允许社会车辆通行，应认定为道路；反之，在小区进出口设卡拦截，非业主车辆一律不允许通行，或者征得受访业主或物业同意后，特定来访车辆可临时通行的小区，其内部通行路段不属于道路。

此外，允许社会车辆通行的开放式小区因管控、防控等原因在特定时段、特定时期采取封闭式管理，禁止社会车辆通行，在该期间内其内部通行路段不属于道路。

（三）超标电动车能否认定为机动车

危险驾驶罪属于行政犯，对机动车等概念性法律术语的理解应当与其所对应的行政法规保持一致，不能随意扩大解释。相关法规并未明确规定超标车属于机动车，有关部门也未将超标车作为机动车进行管理，公众普遍认为超标电动自行车不属于机动车。因此，一般情况下，醉酒驾驶超标电动车的行为人不具有构成危险驾驶罪所需的主观认识，客观方面也不能认为驾驶超标电动车与驾驶机动车具有相当性。

但如果确有证据证实被告人具有相关机动车专业知识，且积极改装电动车，追求在性能上接近或高于机动车，并经专业机构鉴定该超标电动车符合机动车国家标准，醉酒驾驶该超标电动车，可以认定构成危险驾驶罪。

（四）利用自动（辅助）驾驶系统醉驾如何进行处罚

根据现阶段我国自动（辅助）驾驶系统商用的相关规定和国家标准的相关规定，利用自动（辅助）驾驶系统操控机动车行驶时，驾驶员仍需承担不同条件和不同程度的注意义务、操控义务和介入义务，自动

（辅助）驾驶系统配合驾驶员完成车辆驾驶操控，驾驶员的相关行为是车辆安全驾驶不可或缺的组成部分，驾驶员的醉酒状态会对车辆安全驾驶产生影响。因此，在醉酒状态下利用自动（辅助）驾驶系统操控机动车行驶的，符合危险驾驶罪的客观要件。其中，利用自动泊（取）车功能进行泊（取）车的，可以参照挪车型、短驳型醉驾处理。

（五）如何认定醉驾行为人的主观认识因素

危险驾驶罪中“道路”“饮酒”“驾驶”“机动车”等客观构成要件要素仅需被告人凭借生活经验具有一定认识即可，不要求其对该要素的法律含义有准确的理解。

审理时注意查证被告人是否存在欠缺醉驾犯罪主观认识的情形，包括在不明知的情况下，误饮、误食含乙醇物质的食物、药物，或者无法明知其驾驶的车辆属于机动车，驾驶的区域属于道路等情形。如果不存在前述情形，则可以认定被告人对于“道路”“饮酒”“驾驶”“机动车”等要素具有一般性认知，具备醉驾犯罪的主观认识因素。

饮酒的程度、行为的抽象危险以及违法性认识并非醉驾犯罪故意的认识内容，被告人辩称其不具有相关认知的，不阻却犯罪故意。

（六）如何认定被告人具有在特殊路段醉驾的从重处罚情节

经查明被告人醉酒驾驶的路段属于高速公路的，应予从重处罚。此外，对于确有证据证实被告人醉驾路段、时段系人流量、车流量明显较大的路段（学校、居民区、繁华路段）、时段（早晚高峰）的，可以酌情从重处罚。

但当被告人的驾驶路线中因跨河流、湖泊等无法避免经过桥梁、隧道，且该桥梁、隧道系高速公路的组成部分。此种情形下，因被告人无法避免经过上述特殊路段，可以认为此时被告人实施适法行为的期待可能性较弱，其从重处罚程度较之于一般性在高速公路上醉驾应有所区别。

（七）被告人醉酒驾驶发生交通事故的应如何处理

被告人醉酒驾驶发生非单方交通事故，造成他人轻微伤以上人身伤害或较大财产损失，负事故全部或主要责任，或造成事故后逃逸，尚未构成其他犯罪，一般应以危险驾驶罪从重处罚。

如果经查证，仅单方事故或者较小财产损失，已赔偿或已达成谅解的，或者虽造成他人轻微伤以上人身伤害或较大财产损失，但经交警事故认定，被告人不负事故全部或主要责任的，一般不宜作为从重情节予以考量。

此外，被告人因逃逸被交警部门判定负事故全部责任，此时，逃逸情节和负事故全部责任不应同时作为危险驾驶罪的从重处罚情节予以重复评价。

（八）被告人在醉酒状态下挪车的，应如何处理

依照《最高人民法院、最高人民检察院、公安部、司法部关于办理醉酒危险驾驶刑事案件的意见》（2023 年 12 月 28 日起施行）的规定，在居民小区、停车场等场所因挪车、停车入位等短距离驾驶机动车，且无该意见第十条规定的相关从重处罚情形的，可以认定为情节显著轻微、危害不大，依照《中华人民共和国刑法》（以下简称《刑法》）第十三条、《中华人民共和国刑事诉讼法》（以下简称《刑事诉讼法》）第十六条的规定，不作为犯罪处理。

被告人驾驶车辆超出停车区域，行驶至外界道路的，不属于挪车行为。

（九）间隔型醉驾（隔夜醉驾）是否应当进行处罚

间隔型醉驾（隔夜醉驾）是否处罚，不能唯酒精含量论，应当结合行为人的主观认识情况和醉驾时的客观事实综合判断。其中，主观认识方面，结合被告人的饮酒量，间隔时间未超出社会公众的经验法则所认知的酒精代谢时间，或者结合被告人的身体异常反应，可以证明被告人至少具有对醉酒状态可能性的明知的，不阻却醉驾犯罪故意的成立。反之，确有证据证实间隔时间较长，被告人身体无异常反应，其自身无法认识到自己仍处于醉酒状态，且根据社会公众的经验法则也无法认识到其处于醉酒状态的，可以排除醉驾犯罪故意的成立。客

观方面，应当审查被告人案发时的认识和控制能力有无异常，身体有无酒精反应，是否发生交通事故等事实。

（十）教唆、帮助他人实施醉驾的共犯行为如何进行处罚

对于是否处罚以及在何种情形下处罚醉驾的共犯行为存在争议。倾向性意见认为，对于醉驾共犯行为的处罚不应在构成要件的设定上进行限制，但在构成要件的认定和案件事实的证明上应当从严把握，需查证被告人主观上对于他人饮酒和即将驾车具有明确认知，客观上共犯行为与醉驾正犯行为具有引起与被引起的直接性因果关系。具体而言：

1. 教唆、胁迫、指使、强令他人醉驾的行为。此四类行为成立共犯需达到相当性程度，且与醉驾正犯行为具有引起与被引起的直接性因果关系。

2. 明知他人已饮酒而借车的行为。此类行为成立共犯需被告人对他人已饮酒且即将自驾有明确的认知。

3. 与醉驾行为人换位以帮助逃避处罚。此时分两种情形进行处理：其一，在他人醉驾行为开始之前，被告人就与醉驾行为人通谋，如遇警察检查就调换位置以帮助逃避处罚的，被告人应以危险驾驶罪共犯追究刑事责任。其二，被告人事先未与醉驾行为人通谋，而是在即将被警察拦截检查的情况下，临时决定调换位置以帮助逃避处罚的，被告人的行为则涉嫌犯包庇罪。

4. 不履行监管责任从而放纵他人醉驾。基于职务、业务或法定身份关系而产生的对他人驾驶行为负有监督、管理义务，此时如果被告人不履行监管责任，放纵他人的醉驾行为，应当承担危险驾驶罪共犯的责任。

5. 同饮者、劝酒者、同乘者、酒水提供者的责任。此四类人员没有制造法律上所不允许的危险，不具有安全管理、安全驾驶的义务，与醉驾行为不具有引起与被引起的直接性因果关系，一般不宜作为危险驾驶罪共犯主体的来源。

第一部分　醉驾类案总体情况概述

一、审理情况

自2011年5月1日《中华人民共和国刑法修正案（八）》增设危险驾驶罪以来，上海法院一审审理醉驾型危险驾驶罪案件（以下简称醉驾案件）共计2.8万余件。其中，自2014年起，醉驾案件数量大幅跃升，2014年审理3600余件，2015年审理4100余件，2016年审理3200余件，2017年审理2800余件，2018年审理2700余件，2019年审理4600余件，2020年审理4100余件，2021年审理2500余件，2021年以来的醉驾案件数量呈明显下降趋势。

从各法院审理情况看，当前醉驾案件主要呈现以下特点：一是醉驾案件绝对数量和相对占比居高不下。自2014年以来，上海市危险驾驶罪发案数居各类犯罪之首，同时，醉驾案件每年均占危险驾驶罪全部案件的九成以上，刑罚遏制的边际效应初步显现。二是涉罪主体身份多元，跨领域、跨阶层、跨年龄。醉驾案件中，被告人年龄从18周岁至60周岁以上，老中青各年龄段均有涉及；文化水平从小学文化到博士研究生文化，各文化水平均有涉及；职业身份涵盖私营企业主、企业高管、普通职员、公职人员、个体经营者、无业人员等，各职业身份均有涉及。三是强制措施和刑罚适用趋于轻缓化。危险驾驶罪作为微罪案件，其强制措施、刑罚适用一般以非羁押、非监禁为主。醉驾案件前期非羁押性强制措施适用率达九成以上，缓刑适用率近六成，较之于其他犯罪，醉驾案件刑罚轻缓化趋势明显。四是案发原因往往是被告人法律观念淡薄和侥幸心理共同作用的结果。醉驾入刑十余年以来，社会大众已对“酒后不开车、开车不喝酒”形成了普遍的道德认识，但对于究竟喝多少酒会构成犯罪，会受到何种刑事处罚，往往缺乏清晰的规范认识；加之酒后在认识能力和辨认能力降低的情况下，往往心存侥幸，罔顾法律的规定，走上醉驾的犯罪道路。

二、审理特点

（一）证据收集覆盖不全面

醉驾案件属于微罪案件，且原则上适用速裁、简易程序，侦查机关取证方向单一，主要围绕血液酒精含量这一核心事实，对于从重、从轻情节和出罪事由等往往因客观条件或办案期限限制而疏于收集证据，过分依赖被告人本人供述，至审查起诉或审判阶段再调取监控视频、查找目击证人等进行印证，这就使得相关证据或线索往往已经灭失或中断，出现证据收集与审判需求不匹配的情况，从而迫使审判陷入唯酒精含量论的误区。

（二）法律适用标准不统一

各法院在审判实践中，对于"道路""机动车""驾驶"等醉驾犯罪构成客观要素的认识不统一，导致挪车型醉驾、短驳型醉驾、超标电动车醉驾以及间隔型醉驾等情形的审理裁判标准不统一，从而出现了具有类似犯罪事实和情节的案件，经不同法院审理后，产生了构罪与否、免罚与否、缓刑与否等不同的法律适用结果。

（三）刑罚裁量幅度不均衡

法律规范坚守血液酒精含量 80mg/100mL 的入罪标准，但是实践中各地检察机关的相对不起诉标准尺度把握不一，波及审判阶段时，导致各地法院受理案件的标准不一；对于从重、从轻情节的认定及裁量幅度把握不一，从而影响到缓刑、免刑的适用标准不一；对于罚金刑的科处力度也有轻重之疏，最终使得醉驾犯罪的量刑不均衡问题较为突出。

三、审理理念

（一）坚持主客观相统一与实质评价

审理醉驾案件要防止唯酒精含量论的形式化倾向，从实质上评价醉驾行为的社会危害性和被告人的人身危险性。综合考虑被告人醉酒程度、驾驶车辆种类、行驶道路类型、行车速度、案发时路况、实际损害后果等反映客观危险性的各种因素，同时结合被告人驾驶的动机和目的、到案后的态度、认罪悔罪情况、同类前科劣迹等反映主观恶性的各种因素，坚持主客观相统一与实质评价。

（二）坚持宽严相济与全面评价

审理醉驾案件要防止罚不当罪，坚持宽严相济与罪责刑相适应，全面评价被告人的犯罪事实、性质和情节。对于醉酒程度严重，发生实际损害后果，具备从重处罚情节等社会危害性较大的案件，要坚持依法从严惩处，严格缓刑适用，切实保障公共安全。对于醉酒程度较轻，未发生实际损害后果，无从重处罚情节，或者具有从轻处罚情节等社会危害性较小的案件，依法从宽从缓，加强定罪免罚以及非监禁刑的适用，切实提升微罪刑罚轻缓化水平。全面评价、综合考量被告人的各类法定、酌定情节，依法作出罚当其罪的处罚。

（三）坚持刑行融合与处罚衔接

审理醉驾案件要防止刑法规范与行政法规范在适用上相互割裂、相互矛盾。在构成要件认定上坚持刑行规范判断相融合。危险驾驶罪作为行政犯，对于饮酒、机动车、道路、驾驶等构成要件要素的理解，刑法规范应当与行政法规范保持一致。在法律责任承担上坚持刑行处罚紧密衔接、疏而不漏。对于构成犯罪的醉驾行为人，除依法承担刑事责任外，公安机关应当依照《道路交通安全法》的规定，作出相应行政处罚。同时，对于已行政处罚的相关事实，在作为危险驾驶罪从重处罚情节予以评价时，注意刑罚的折抵。

第二部分　案件受理审查

一、案件管辖的审查

【审查要点】

对提起公诉的醉驾案件，应注意审查醉驾行为的犯罪地，以查明法院对于该案有无管辖权。对发生在高架、高速、环线等特殊路段的醉驾案件，根据上海市的相关规定由相应法院进行管辖。

【注意事项】

1. 醉驾行为的犯罪地。醉驾行为的犯罪地包括醉驾行为的起始地、醉驾行为的途径地和醉驾行为的查获地。

2. 特殊路段醉驾案件的管辖。对于发生于上海市跨行政区划的高速公路、高架道路、内环线、中环线、外环线、桥梁、隧道等道路上的醉驾案件，根据《上海市高级人民法院、上海市人民检察院、上海市公安局关于本市部分跨行政区划道路交通安全管理及案件管辖问题的若干规定》（2019 年 11 月 9 日下发执行）的规定，由相应的人民法院进行管辖。

3. 管辖不明的处理。经审查认为不属于本院管辖或者管辖不明的案件，应当及时与公诉机关进行沟通。对于管辖有争议、需要改变管辖、需要集中管辖的案件，可以报请上级法院指定管辖；对于本院无管辖权，且公诉机关无合理理由的，可以退回案件。

【规范指引】

《中华人民共和国刑事诉讼法》

第二十五条　刑事案件由犯罪地的人民法院管辖。如果由被告人居住地的人民法院审判更为适宜的，可以由被告人居住地的人民法院管辖。

第二十七条 上级人民法院可以指定下级人民法院审判管辖不明的案件，也可以指定下级人民法院将案件移送其他人民法院审判。

《最高人民法院关于适用〈中华人民共和国刑事诉讼法〉的解释》

第二条 犯罪地包括犯罪行为地和犯罪结果地。

针对或者主要利用计算机网络实施的犯罪，犯罪地包括用于实施犯罪行为的网络服务使用的服务器所在地，网络服务提供者所在地，被侵害的信息网络系统及其管理者所在地，犯罪过程中被告人、被害人使用的信息网络系统所在地，以及被害人被侵害时所在地和被害人财产遭受损失地等。

第二十条 管辖不明的案件，上级人民法院可以指定下级人民法院审判。

有关案件，由犯罪地、被告人居住地以外的人民法院审判更为适宜的，上级人民法院可以指定下级人民法院管辖。

第二百一十九条 人民法院对提起公诉的案件审查后，应当按照下列情形分别处理：

（一）不属于本院管辖的，应当退回人民检察院；

（二）属于刑事诉讼法第十六条第二项至第六项规定情形的，应当退回人民检察院；属于告诉才处理的案件，应当同时告知被害人有权提起自诉；

（三）被告人不在案的，应当退回人民检察院；但是，对人民检察院按照缺席审判程序提起公诉的，应当依照本解释第二十四章的规定作出处理；

（四）不符合前条第二项至第九项规定之一，需要补充材料的，应当通知人民检察院在三日以内补送；

（五）依照刑事诉讼法第二百条第三项规定宣告被告人无罪后，人民检察院根据新的事实、证据重新起诉的，应当依法受理；

（六）依照本解释第二百九十六条规定裁定准许撤诉的案件，没有新的影响定罪量刑的事实、证据，重新起诉的，应当退回人民检察院；

（七）被告人真实身份不明，但符合刑事诉讼法第一百六十条第二款规定的，应当依法受理。

对公诉案件是否受理，应当在七日以内审查完毕。

《上海市高级人民法院、上海市人民检察院、上海市公安局关于本市部分跨行政区划道路交通安全管理及案件管辖问题的若干规定》

一、本市道路交通安全管理中管辖范围的划分，原则上以各区行政区划的范围确定，由对应的公安机关组织实施道路交通安全管理。市公安局交警总队机动支队可对本市行政区域范围内的所有道路进行交通安全管理。

二、跨行政区划的高速公路、高架道路、内环线、中环线、外环线、桥梁、隧道等道路的交通安全管理，由市公安局指定有关的公安机关交通管理部门负责，部分管辖范围划分如下：

（一）京沪高速公路上海段、沪嘉高速公路的交通安全管理由嘉定公安分局交警支队负责，沪昆高速公路上海段的交通安全管理由松江公安分局交警支队负责。

（二）沈海高速公路上海嘉定、青浦、松江、金山段，上海绕城高速公路嘉定、青浦、松江、金山、宝山、浦东段，外环线浦东、宝山、嘉定、长宁、闵行段的交通安全管理，原则上分别由上述区公安分局交警支队负责。

（三）内环线、中环线浦东段的交通安全管理由浦东新区公安分局交警支队负责，浦西段的交通安全管理由市公安局交警总队高架支队负责。

（四）逸仙、南北、延安、虹梅、沪闵、北翟、崧泽、嘉闵等高架道路以及桥梁、隧道的交通安全管理，由道路所在地的公安分局交警支队和市公安局交警总队高架支队按照市公安局交警总队确定的划分范围分别负责。

三、本市公安机关交通管理部门在道路交通安全管理中，除办理交通安全管理行政案件和危险驾驶、交通肇事刑事案件外，还可以按照市公安局确定的内部分工办理与交通安全管理工作密切相关的扰乱单位及公共场所秩序、寻衅滋事、故意损毁财物和公共设施、伪造（隐匿、毁灭）证据、提供虚假证言、谎报案情等治安行政案件，以及破坏及过失损坏交通设施、重大责任事故，伪造（变造、买卖）国家机关公文（证件、印章）、组织考试作弊、代替考试、包庇等刑事案件。

四、各公安分局交警支队在依照上述指定管辖办理行政案件中需要由公安分局审批或者受理行政复议申请等工作的，分别由所在的公安分局审批和受理。当事人提起行政诉讼或者交通事故损害赔偿民事诉讼的，由上述公安分局所对应的人民法院受理（法律另有规定的除外）。需要追究犯罪嫌疑人刑事责任的，由所在的公安分局立案侦查，并移送对应的人民检察院审查批准逮捕、提起公诉，由对应的人民法院审判。

五、市公安局交警总队高架支队、机动支队在办理行政案件中需由公安分局审批或者受理行政复议申请等工作的，由长宁公安分局审批和受理。当事人提起行政诉讼或者交通事故损害赔偿民事诉讼的，由长宁公安分局所对应的人民法院受理（法律另有规定的除外）。需要追究犯罪嫌疑人刑事责任的，由长宁公安分局立案侦查，并移送长宁区人民检察院审查批准逮捕、提起公诉，由长宁区人民法院审判。

二、移送案卷材料与证据完整性和明确性的审查

【审查要点】

对提起公诉的醉驾案件，应注意审查公诉机关随案移送的案卷材料和证据的完整性和明确性。需要补充材料的，应当通知公诉机关于3日内补齐。

【注意事项】

1. 随案移送案卷材料和证据的完整性审查。包括：（1）起诉书及认罪认罚的相关材料。（2）酒精呼气测试检验单和血液酒精含量司法检

验鉴定意见书;（3）血样提取笔录或者提取登记表;（4）公安机关出具的查获经过说明;（5）案发地监控录像、查获时公安民警执法记录仪录像或者被告人及其所驾驶车辆的照片等视听资料及其制作说明;（6）呼气测试结果与血液检验结果相差悬殊，可能影响案件处理的，应当随案移送从呼气测试到提取血样的完整视频、鉴定人员对鉴定过程和鉴定结果的说明;（7）发生交通事故的，交警部门出具的道路交通事故责任认定书，现场勘验、检查笔录、现场照片等;（8）证人证言;（9）被告人的供述和辩解;（10）其他与案件定罪量刑相关的证据材料，包括户籍证明或经与全国公安常住人员信息数据库比对一致的其他身份证明，驾驶证、行驶证，证明车辆行驶轨迹的相关材料、违法犯罪前科情况等;（11）被告人、辩护人对认罪认罚的自愿性、真实性、合法性提出异议或者疑问，需要查阅同步录音录像文件的，可以要求公诉机关移送同步录音录像文件。

2. 随案移送案卷材料和证据的明确性审查。（1）起诉书是否写明被告人的身份，前科劣迹，被采取强制措施的种类、羁押地点，犯罪的时间、地点以及其他可能影响定罪量刑的情节;（2）对于发生事故、物损的醉驾案件，是否列明被害人、遭受损失单位的名称、住址、联系方式等;（3）相关鉴定报告是否载有明确的血液酒精含量;（4）当事人已委托辩护人、诉讼代理人，或者已接受法律援助的，是否列明辩护人、诉讼代理人的姓名、联系方式;（5）侦查、审查起诉程序的各种法律手续和诉讼文书是否齐全;（6）被告人认罪认罚的，是否提出明确的量刑建议、移送认罪认罚具结书等材料。

3. 不同情形的处理。（1）不符合上述明确性审查要求中第一项至第六项规定之一，需要补充材料的，应当通知公诉机关在 3 日内补送。（2）被告人不在案，或者经人民法院裁定准许撤回起诉的案件，没有新的事实、证据，公诉机关重新起诉的，应当予以退回。（3）醉驾已过追诉时效期限，或者被告人死亡，或者存在其他法律规定免予追究刑事责任的，应当予以退回或裁定终止审理。（4）被告人真实身份不明，但符合《刑事诉讼法》第一百六十条第二款规定的，应当依法受理。

【规范指引】

《中华人民共和国刑事诉讼法》

第十六条 有下列情形之一的，不追究刑事责任，已经追究的，应当撤销案件，或者不起诉，或者终止审理，或者宣告无罪：

（一）情节显著轻微、危害不大，不认为是犯罪的；

（二）犯罪已过追诉时效期限的；

（三）经特赦令免除刑罚的；

（四）依照刑法告诉才处理的犯罪，没有告诉或者撤回告诉的；

（五）犯罪嫌疑人、被告人死亡的；

（六）其他法律规定免予追究刑事责任的。

《最高人民法院关于适用〈中华人民共和国刑事诉讼法〉的解释》

第二百一十八条 对提起公诉的案件，人民法院应当在收到起诉书（一式八份，每增加一名被告人，增加起诉书五份）和案卷、证据后，审查以下内容：

（一）是否属于本院管辖；

（二）起诉书是否写明被告人的身份，是否受过或者正在接受刑事处罚、行政处罚、处分，被采取留置措施的情况，被采取强制措施的时间、种类、羁押地点，犯罪的时间、地点、手段、后果以及其他可能影响定罪量刑的情节；有多起犯罪事实的，是否在起诉书中将事实分别列明；

（三）是否移送证明指控犯罪事实及影响量刑的证据材料，包括采取技术调查、侦查措施的法律文书和所收集的证据材料；

（四）是否查封、扣押、冻结被告人的违法所得或者其他涉案财物，查封、扣押、冻结是否逾期；是否随案移送涉案财物、附涉案财物清单；是否列明涉案财物权属情况；是否就涉案财物处理提供相关证据材料；

（五）是否列明被害人的姓名、住址、联系方式；是否附有证人、鉴定人名单；是否申请法庭通知证人、鉴定人、有专门知识的人出庭，并列明有关人员的姓名、性别、年龄、职业、住址、联系方式；是否附有需要保护的证人、鉴定人、被害人名单；

（六）当事人已委托辩护人、诉讼代理人或者已接受法律援助的，是否列明辩护人、诉讼代理人的姓名、住址、联系方式；

（七）是否提起附带民事诉讼；提起附带民事诉讼的，是否列明附带民事诉讼当事人的姓名、住址、联系方式等，是否附有相关证据材料；

（八）监察调查、侦查、审查起诉程序的各种法律手续和诉讼文书是否齐全；

（九）被告人认罪认罚的，是否提出量刑建议、移送认罪认罚具结书等材料；

（十）有无刑事诉讼法第十六条第二项至第六项规定的不追究刑事责任的情形。

第二百一十九条 人民法院对提起公诉的案件审查后，应当按照下列情形分别处理：

（一）不属于本院管辖的，应当退回人民检察院；

（二）属于刑事诉讼法第十六条第二项至第六项规定情形的，应当退回人民检察院；属于告诉才处理的案件，应当同时告知被害人有权提起自诉；

（三）被告人不在案的，应当退回人民检察院；但是，对人民检察院按照缺席审判程序提起公诉的，应当依照本解释第二十四章的规定作出处理；

（四）不符合前条第二项至第九项规定之一，需要补充材料的，应当通知人民检察院在三日以内补送；

（五）依照刑事诉讼法第二百条第三项规定宣告被告人无罪后，人民检察院根据新的事实、证据重新起诉的，应当依法受理；

（六）依照本解释第二百九十六条规定裁定准许撤诉的案件，没有新的影响定罪量刑的事实、证据，重新起诉的，应当退回人民检察院；

（七）被告人真实身份不明，但符合刑事诉讼法第一百六十条第二款规定的，应当依法受理。

对公诉案件是否受理，应当在七日以内审查完毕。

三、适用认罪认罚程序的审查

【审查要点】

对提起公诉的醉驾案件，应注意审查公诉机关是否适用认罪认罚程序。适用认罪认罚程序的案件，应审查随案移送案卷材料中有无认罪认罚具结书，公诉机关是否就主刑、附加刑以及是否适用缓刑等提出量刑建议。

【注意事项】

认罪认罚具结书应当载明被告人的量刑情节，同意量刑建议、程序适用等内容，由被告人、辩护人或者值班律师签名。符合《刑事诉讼法》第一百七十四条第二款规定的，可以不签署认罪认罚具结书，且不影响认罪认罚从宽制度的适用。认罪认罚具结书中载明的内容不完整、不明确的，应当通知公诉机关于3日内补送。

【规范指引】

《中华人民共和国刑事诉讼法》

第一百七十四条 犯罪嫌疑人自愿认罪，同意量刑建议和程序适用的，应当在辩护人或者值班律师在场的情况下签署认罪认罚具结书。

犯罪嫌疑人认罪认罚，有下列情形之一的，不需要签署认罪认罚具结书：

（一）犯罪嫌疑人是盲、聋、哑人，或者是尚未完全丧失辨认或者控制自己行为能力的精神病人的；

（二）未成年犯罪嫌疑人的法定代理人、辩护人对未成年人认罪认罚有异议的；

（三）其他不需要签署认罪认罚具结书的情形。

第一百七十六条 人民检察院认为犯罪嫌疑人的犯罪事实已经查清，证据确实、充分，依法应当追究刑事责任的，应当作出起诉决定，按照审判管辖的规定，向人民法院提起公诉，并将案卷材料、证据移送人民法院。

犯罪嫌疑人认罪认罚的，人民检察院应当就主刑、附加刑、是否适用缓刑等提出量刑建议，并随案移送认罪认罚具结书等材料。

四、被告人强制措施的审查

【审查要点】

对提起公诉的醉驾案件，应当审查被告人被采取的强制措施；审判阶段，对于符合《刑事诉讼法》规定的取保候审条件的被告人，一般应予取保候审。除被告人在取保候审期间，违反《刑事诉讼法》关于取保候审、监视居住的相关规定，情节严重之外，不得对被告人采取逮捕的强制措施。

【注意事项】

1. 强制措施的适用。对醉驾案件的被告人，根据案件情况，可以刑事拘留或者取保候审。对符合取保候审条件，但被告人不能提出保证人，也不交纳保证金的，可以监视居住；但一般不径直适用监视居住。

2. 可以逮捕的特殊情形。被告人违反《刑事诉讼法》关于取保候审、监视居住的相关规定，情节严重的，人民法院对其可以决定予以逮捕；其中，被告人脱逃的，可以由公安机关上网追逃，案件在较长时间内无法继续审理的，人民法院可以中止审理。

3. 应予变更强制措施的情形。醉驾案件属于微罪案件，一般不适用逮捕的强制措施。人民法院受理案件后，对于处于羁押状态的被告人，应向公诉机关了解羁押必要性理由，对于其中符合取保候审条件的被告人，应及时予以取保候审；被告人不能提供保证人，也不交纳保证金的，可以监视居住。

【规范指引】

《中华人民共和国刑事诉讼法》

第六十七条 人民法院、人民检察院和公安机关对有下列情形之一的犯罪嫌疑人、被告人，可以取保候审：

（一）可能判处管制、拘役或者独立适用附加刑的；

（二）可能判处有期徒刑以上刑罚，采取取保候审不致发生社会危险性的；

（三）患有严重疾病、生活不能自理，怀孕或者正在哺乳自己婴儿的妇女，采取取保候审不致发生社会危险性的；

（四）羁押期限届满，案件尚未办结，需要采取取保候审的。

取保候审由公安机关执行。

第六十八条 人民法院、人民检察院和公安机关决定对犯罪嫌疑人、被告人取保候审，应当责令犯罪嫌疑人、被告人提出保证人或者交纳保证金。

第七十一条 被取保候审的犯罪嫌疑人、被告人应当遵守以下规定：

（一）未经执行机关批准不得离开所居住的市、县；

（二）住址、工作单位和联系方式发生变动的，在二十四小时以内向执行机关报告；

（三）在传讯的时候及时到案；

（四）不得以任何形式干扰证人作证；

（五）不得毁灭、伪造证据或者串供。

人民法院、人民检察院和公安机关可以根据案件情况，责令被取保候审的犯罪嫌疑人、被告人遵守以下一项或者多项规定：

（一）不得进入特定的场所；

（二）不得与特定的人员会见或者通信；

（三）不得从事特定的活动；

（四）将护照等出入境证件、驾驶证件交执行机关保存。

被取保候审的犯罪嫌疑人、被告人违反前两款规定，已交纳保证金的，没收部分或者全部保证金，并且区别情形，责令犯罪嫌疑人、被告人具结悔过，重新交纳保证金、提出保证人，或者监视居住、予以逮捕。

对违反取保候审规定，需要予以逮捕的，可以对犯罪嫌疑人、被告人先行拘留。

第七十四条 人民法院、人民检察院和公安机关对符合逮捕条件，有下列情形之一的犯罪嫌疑人、被告人，可以监视居住：

（一）患有严重疾病、生活不能自理的；

（二）怀孕或者正在哺乳自己婴儿的妇女；

（三）系生活不能自理的人的唯一扶养人；

（四）因为案件的特殊情况或者办理案件的需要，采取监视居住措施更为适宜的；

（五）羁押期限届满，案件尚未办结，需要采取监视居住措施的。

对符合取保候审条件，但犯罪嫌疑人、被告人不能提出保证人，也不交纳保证金的，可以监视居住。

监视居住由公安机关执行。

第七十七条 被监视居住的犯罪嫌疑人、被告人应当遵守以下规定：

（一）未经执行机关批准不得离开执行监视居住的处所；

（二）未经执行机关批准不得会见他人或者通信；

（三）在传讯的时候及时到案；

（四）不得以任何形式干扰证人作证；

（五）不得毁灭、伪造证据或者串供；

（六）将护照等出入境证件、身份证件、驾驶证件交执行机关保存。

被监视居住的犯罪嫌疑人、被告人违反前款规定，情节严重的，可以予以逮捕；需要予以逮捕的，可以对犯罪嫌疑人、被告人先行拘留。

第八十二条 公安机关对于现行犯或者重大嫌疑分子，如果有下列情形之一的，可以先行拘留：

（一）正在预备犯罪、实行犯罪或者在犯罪后即时被发觉的；

（二）被害人或者在场亲眼看见的人指认他犯罪的；

（三）在身边或者住处发现有犯罪证据的；

（四）犯罪后企图自杀、逃跑或者在逃的；

（五）有毁灭、伪造证据或者串供可能的；

（六）不讲真实姓名、住址，身份不明的；

（七）有流窜作案、多次作案、结伙作案重大嫌疑的。

第八十六条 公安机关对被拘留的人，应当在拘留后的二十四小时以内进行讯问。在发现不应当拘留的时候，必须立即释放，发给释放证明。

第九十一条 公安机关对被拘留的人，认为需要逮捕的，应当在拘留后的三日以内，提请人民检察院审查批准。在特殊情况下，提请审查批准的时间可以延长一日至四日。

对于流窜作案、多次作案、结伙作案的重大嫌疑分子，提请审查批准的时间可以延长至三十日。

人民检察院应当自接到公安机关提请批准逮捕书后的七日以内，作出批准逮捕或者不批准逮捕的决定。人民检察院不批准逮捕的，公安机关应当在接到通知后立即释放，并且将执行情况及时通知人民检察院。对于需要继续侦查，并且符合取保候审、监视居住条件的，依法取保候审或者监视居住。

第二百零六条 在审判过程中，有下列情形之一，致使案件在较长时间内无法继续审理的，可以中止审理：

（一）被告人患有严重疾病，无法出庭的；

（二）被告人脱逃的；

（三）自诉人患有严重疾病，无法出庭，未委托诉讼代理人出庭的；

（四）由于不能抗拒的原因。

中止审理的原因消失后，应当恢复审理。中止审理的期间不计入审理期限。

《最高人民法院关于适用〈中华人民共和国刑事诉讼法〉的解释》

第一百五十条 被告人具有刑事诉讼法第六十七条第一款规定情形之一的，人民法院可以决定取保候审。

对被告人决定取保候审的，应当责令其提出保证人或者交纳保证金，不得同时使用保证人保证与保证金保证。

第一百六十条 对具有刑事诉讼法第七十四条第一款、第二款规定情形的被告人，人民法院可以决定监视居住。

人民法院决定对被告人监视居住的，应当核实其住处；没有固定住处的，应当为其指定居所。

《最高人民法院、最高人民检察院、公安部、司法部关于办理醉酒危险驾驶刑事案件的意见》

第六条 对醉驾犯罪嫌疑人、被告人，根据案件具体情况，可以依法予以拘留或者取保候审。具有下列情形之一的，一般予以取保候审：

（一）因本人受伤需要救治的；

（二）患有严重疾病，不适宜羁押的；

（三）系怀孕或者正在哺乳自己婴儿的妇女；

（四）系生活不能自理的人的唯一扶养人；

（五）其他需要取保候审的情形。

对符合取保候审条件，但犯罪嫌疑人、被告人不能提出保证人，也不交纳保证金的，可以监视居住。对违反取保候审、监视居住规定的犯罪嫌疑人、被告人，情节严重的，可以予以逮捕。

第三部分　客观方面事实的审查

一、被告人醉酒事实的审查

【审查要点】

审查被告人血样提取程序、鉴定程序以及鉴定方法是否规范合法；查明被告人血液酒精含量检验鉴定结果是否达到醉酒（80mg/100mL）的程度。

对于因特殊原因而无法查证被告人血液酒精含量的案件，证实被告人大量饮酒后驾驶机动车基础事实的证据需达到确实、充分的证明程度，能够排除合理怀疑。

【注意事项】

1. 血液酒精含量的审查。应审查血样提取登记表或提取笔录、司法鉴定委托书、血液酒精含量司法检验鉴定意见书、执法记录视频、公安机关查获经过、被告人供述等证据，以证实侦查机关和相关人员在血样提取、血样送检、鉴定等方面的程序合法性。

具体而言：（1）血样提取程序是否规范，包括血液提取时间是否及时，血液提取地点、数量和血样的编号是否有误，是否使用非醇类消毒液，相关人员包括医务人员、被告人、侦查人员、见证人等是否签字捺印确认等。（2）血样送检、保管是否规范，包括血样送检是否及时，送检不及时应审查延迟原因和手续，是否使用抗凝管存储，是否密封低温保管，是否使用AB管，送检血样编号是否与血样提取登记表血样编号一致，检测时血液量是否与提取时一致等。（3）鉴定方法是否依照国家标准，包括是否依照《车辆驾驶人员血液、呼气酒精含量阈值与检验》（GB19522—2010），《生物样品血液、尿液中乙醇、甲醇、正丙醇、乙醛、丙酮、异丙醇和正丁醇的顶空—气相色谱检验法》（GA/T1073—2013）以及《血液、尿液中乙醇、甲醇、正丙醇、丙酮、异丙醇和正丁醇检验》（GB/T42430—2023，该标准 2024 年 3 月 1 日起施行）等标准进行。（4）鉴定结论是否有鉴定人员的签名和鉴定机构的盖章，以及是否附有鉴定机构、鉴定人员资质等。（5）是否充分保障了被告人的权利，包括是否及时告知被告人鉴定结果，是否告知其申请重新鉴定的权利。

因鉴定机构或者鉴定人员不具备鉴定资质，鉴定样本来源存疑，鉴定样本受到污染或因保管不善变质，鉴定结果明显依据不足以及鉴定程序严重违法等原因导致鉴定结论存疑的，应要求侦查机关、公诉机关及时补正或重新鉴定，不能有效补正或者重新鉴定的，相关鉴定结论不予采信。

2. 呼气酒精测试结果的审查。应审查由被告人、民警签名或盖章的书面测试结果，被告人对测试结果有异议或者拒绝签名的，民警应在书面测试结果上注明。被告人、辩护人对呼气酒精测试结果提出异议的，人民法院还应审查民警是否对呼气酒精测试过程全程监控，使用执法记录设备全程记录测试过程，以保证收集证据合法性和有效性。

3. 呼气酒精测试结果作为认定醉酒依据的特殊情形。血液酒精含量检验鉴定意见是认定醉酒的主要标准，呼气酒精测试结果一般不作为认定醉酒的依据，但下列情况除外：（1）被告人经呼气酒精测试结果达到 80mg/100mL 以上，在抽取血样之前脱逃或者找人顶替的；（2）被告人因特殊体质不适合抽取血样，且被告人的醉驾情节较为严重的。此时，注意审查被告人无法及时抽取血样的原因，同时，证实被告人醉驾的其他证据需确实、充分，能够排除合理怀疑。

4. 无法及时查证酒精含量的处理。因行为人脱逃或者与执法人员勾结、串通，逃避查禁，导致未及时查证被告人酒精含量的，能否依据其他证据来认定被告人醉酒驾驶的犯罪事实，以及如何认定案发时的酒精含量等存在争议。倾向性意见认为，被告人具有逃避处罚的故意和行为，导致无法准确查证驾驶时的酒精含量的，其应当承担由此带来的不利后果。如果确有其他确实、充分的证据证明被告人在驾车前大量饮酒，且能通过侦查实验或者司法鉴定（依据酒精代谢速率相关标准推算）等方式证明被告人案发时的血液酒精含量足以达到80mg/100mL以上的，可以依法认定其醉酒驾驶，相关证据需达到确实、充分的证明程度，能够排除合理怀疑。

5. 酒精含量测试前又饮酒的处理。被告人在公安机关依法检查时或者发生道路交通事故后，为逃避法律追究，在呼气酒精含量检验或者抽取血样前又故意饮酒的，可以以查获后血液酒精含量鉴定意见作为认定其醉酒的依据。但须综合关联证据，以证实被告人曾饮酒并实施了驾车行为。

【规范指引】

《中华人民共和国刑法》

第一百三十三条之一 在道路上驾驶机动车，有下列情形之一的，处拘役，并处罚金：

（一）追逐竞驶，情节恶劣的；

（二）醉酒驾驶机动车的；

（三）从事校车业务或者旅客运输，严重超过额定乘员载客，或者严重超过规定时速行驶的；

（四）违反危险化学品安全管理规定运输危险化学品，危及公共安全的。

机动车所有人、管理人对前款第三项、第四项行为负有直接责任的，依照前款的规定处罚。

有前两款行为，同时构成其他犯罪的，依照处罚较重的规定定罪处罚。

《最高人民法院、最高人民检察院、公安部、司法部关于办理醉酒危险驾驶刑事案件的意见》

第四条 在道路上驾驶机动车，经呼气酒精含量检测，显示血液酒精含量达到80毫克/100毫升以上的，公安机关应当依照刑事诉讼法和本意见的规定决定是否立案。对情节显著轻微、危害不大，不认为是犯罪的，不予立案。

公安机关应当及时提取犯罪嫌疑人血液样本送检。认定犯罪嫌疑人是否醉酒，主要以血液酒精含量鉴定意见作为依据。

犯罪嫌疑人经呼气酒精含量检测，显示血液酒精含量达到80毫克/100毫升以上，在提取血液样本前脱逃或者找人顶替的，可以以呼气酒精含量检测结果作为认定其醉酒的依据。

犯罪嫌疑人在公安机关依法检查时或者发生道路交通事故后，为逃避法律追究，在呼气酒精含量检测或者提取血液样本前故意饮酒的，可以以查获后血液酒精含量鉴定意见作为认定其醉酒的依据。

第八条 对犯罪嫌疑人血液样本提取、封装、保管、送检、鉴定等程序，按照公安部、司法部有关道路交通安全违法行为处理程序、鉴定规则等规定执行。

公安机关提取、封装血液样本过程应当全程录音录像。血液样本提取、封装应当做好标记和编号，由提取人、封装人、犯罪嫌疑人在血液样本提取笔录上签字。犯罪嫌疑人拒绝签字的，应当注明。提取的血液样本应当及时送往鉴定机构进行血液酒精含量鉴定。因特殊原因不能及时送检的，应当按照有关规范和技术标准保管检材并在五个工作日内送检。

鉴定机构应当对血液样品制备和仪器检测过程进行录音录像。鉴定机构应当在收到送检血液样本后三个工作日内，按照有关规范和技术标准进行鉴定并出具血液酒精含量鉴定意见，通知或者送交委托单位。

血液酒精含量鉴定意见作为证据使用的，办案单位应当自收到血液酒精含量鉴定意见之日起五个工作日内，书面通知犯罪嫌疑人、被告人、被害人或者其法定代理人。

第九条 具有下列情形之一，经补正或者作出合理解释的，血液酒精含量鉴定意见可以作为定案的依据；不能补正或者作出合理解释的，应当予以排除：

（一）血液样本提取、封装、保管不规范的；

（二）未按规定的时间和程序送检、出具鉴定意见的；

（三）鉴定过程未按规定同步录音录像的；

（四）存在其他瑕疵或者不规范的取证行为的。

《公安部关于公安机关办理醉酒驾驶机动车犯罪案件的指导意见》

5. 规范血样提取送检。交通民警对当事人血样提取过程应当全程监控，保证收集证据合法、有效。提取的血样要当场登记封装，并立即送县级以上公安机关检验鉴定机构或者经公安机关认可的其他具备资格的检验鉴定机构进行血液酒精含量检验。因特殊原因不能立即送检的，应当按照规范低温保存，经上级公安机关交通管理部门负责人批准，可以在3日内送检。

《车辆驾驶人员血液、呼气酒精含量阈值与检验》（GB19522—2010）

5　检验方法

5.1　一般规定

车辆驾驶人员饮酒后或者醉酒后驾车时的酒精含量检验应进行呼气酒精含量检验或者血液酒精含量检验。对不具备呼气或者血液酒精含量检验条件的，应进行唾液酒精定性检测或者人体平衡试验评价驾驶能力。

5.2　呼气酒精含量检验

5.2.1　呼气酒精含量采用呼出气体酒精含量检测仪进行检验。检验结果应记录并签字。

5.2.2　呼出气体酒精含量检测仪的技术指标和性能应符合GB/T 21254规定。

5.2.3　呼气酒精含量检验的具体操作步骤，按照呼出气体酒精含量检测仪的操作要求进行。

5.3　血液酒精含量检验

5.3.1　对需要检验血液中酒精含量的，应及时抽取血样。抽取血样应由专业人员按要求进行，不应采用醇类药品对皮肤进行消毒；抽出血样中应添加抗凝剂，防止血液凝固；装血样的容器应洁净、干燥，按检验规范封装，低温保存，及时送检。检验结果应当出具书面报告。

5.3.2 血液酒精含量检验方法按照 GA/T 105 或者 GA/T 842 规定。（2017 年改为：“血液酒精含量检验方法按照 GA/T 1073 或者 GA/T 842 的规定”。）

【典型案例】

1. 孔某危险驾驶案，《刑事审判参考》第 902 号案例［裁判法院：广东省广宁县人民法院；案号（2019）粤 1223 刑初 115 号］

裁判要旨：（1）行为人酒后在道路上驾驶机动车，因逃逸而无法及时检验其驾驶时的血液酒精含量，但根据证人证言、监控录像、行车记录仪、专业机构鉴定意见等其他间接证据能够认定其驾车时已处于醉酒状态的，可以认定其行为构成危险驾驶罪。间接证据需达到确实、充分的证明程度，能够排除合理怀疑。（2）专业鉴定机构在具备相关鉴定资质，鉴定程序和方法符合相关规定的情况下，依据 GA/T 1073—2013 标准，采取对被告人最有利的酒精血液消除速率，推算事故发生时血液中酒精含量的最低限值，该鉴定结论可以作为认定被告人案发时的血液中酒精含量的证据之一。

2. 陈茂跃等危险驾驶案，《人民司法·案例》2013 年第 24 期［裁判法院：浙江省温州市中级人民法院；案号：（2013）浙温刑终字第 963 号］

裁判要旨：因被告人的过错导致无法取得血液酒精测试结果的情况下，呼气酒精测试结果能够取代血液酒精测试结果作为认定醉驾酒精含量的定罪证据使用；在排除呼气测试结果远超被告人体内真实酒精含量可能的情况下，超过检定周期的呼出气体酒精含量探测器的检测结果仍然有效。

二、被告人驾驶道路的审查

【审查要点】

审查被告人驾驶的区域是否具有公共性，是否属于《道路交通安全法》规定的道路。

【注意事项】

1. 被告人驾驶道路的审查。对于被告人驾驶的区域是否属于道路，应当审查道路监控录像、被告人供述、证人证言等证据，查明被告人行驶的路段是否属于道路。对部分小区内、单位内路段是否属于道路有争议的，还需审查小区、单位相关管理人员的证言，物业管理规定，小区与开发商签订的合同等，证实小区内、单位内路段的公共性。

2. 道路公共性的理解。危险驾驶罪中道路的认定适用《道路交通安全法》的规定，即公路、城市道路和虽在单位管辖范围但允许社会机动车通行的地方，包括广场、公共停车场等用于公众通行的场所。

公共性是道路的核心特征，判断标准在于是否允许社会机动车通行。具体而言，无论管理方式是收费还是免费，机动车进出是否需要登记，无论是允许社会机动车临时通行还是自由通行，只要允许不特定的社会机动车通行，就属于道路。如果仅允许与管辖单位及其人员有业务往来、亲友关系等特定事由的来访者的机动车通行，则不属于允许社会机动车通行，不能认定为道路。

小区内道路亦应以是否“允许社会机动车通行”作为判断标准。如果小区内道路允许社会车辆通行，应认定为道路；反之，在小区进出口设卡拦截，非业主车辆一律不允许通行，或者征得受访业主或物业同意后，特定来访车辆可临时通行的小区，其内部通行路段不属于道路。

此外，允许社会车辆通行的开放式小区因管控、防控等原因在特定时段、特定时期采取封闭式管理，禁止社会车辆通行，在该期间内其内部通行路段不属于道路。

3. 人行道是否属于危险驾驶罪中的道路。根据《道路交通安全法》和《城市道路管理条例》的规定，人行道是城市道路组成部分，且符合中道路公共性的特征，属于危险驾驶罪中的道路。

4. 农村道路是否属于危险驾驶罪中的道路。农村中修建在建制村之间以及建制村与乡镇之间承担公共交通运输功能的路段，或者在农村中具有一定规模和较强公共性的农村道路，是农村重要的公益性基础设施，允许社会车辆通行，符合道路公共性的特征，属于危险驾驶罪中的道路。

5. 学校道路是否属于危险驾驶罪中的道路。学校道路中，允许社会车辆登记或收费后通行的，符合道路公共性的特征，属于危险驾驶罪中的道路；但仅允许本校师生车辆进入的道路，不应认定为具有公共性的道路。

【规范指引】

《中华人民共和国道路交通安全法》

第一百一十九条 本法中下列用语的含义：

（一）“道路”，是指公路、城市道路和虽在单位管辖范围但允许社会机动车通行的地方，包括广场、公共停车场等用于公众通行的场所。

（二）“车辆”，是指机动车和非机动车。

（三）“机动车”，是指以动力装置驱动或者牵引，上道路行驶的供人员乘用或者用于运送物品以及进行工程专项作业的轮式车辆。

（四）“非机动车”，是指以人力或者畜力驱动，上道路行驶的交通工具，以及虽有动力装置驱动但设计最高时速、空车质量、外形尺寸符合有关国家标准的残疾人机动轮椅车、电动自行车等交通工具。

（五）“交通事故”，是指车辆在道路上因过错或者意外造成的人身伤亡或者财产损失的事件。

《最高人民法院、最高人民检察院、公安部、司法部关于办理醉酒危险驾驶刑事案件的意见》

第五条 醉驾案件中“道路”“机动车”的认定适用道路交通安全法有关“道路”“机动车”的规定。

对机关、企事业单位、厂矿、校园、居民小区等单位管辖范围内的路段是否认定为“道路”，应当以其是否具有“公共性”，是否“允许社会机动车通行”作为判断标准。只允许单位内部机动车、特定来访机动车通行的，可以不认定为“道路”。

【典型案例】

1. 黄奇危险驾驶案［裁判法院：上海市第一中级人民法院；案号：（2021）沪 01 刑终 947 号］

裁判要旨：社会车辆只要登记车牌号或者交纳一定费用，即可在小区内进出、停放的，在该管理模式下的小区道路、停车场属于《道路交通安全法》规定的道路。被告人在该小区内醉酒驾驶机动车，属于在道路上醉酒驾驶，其行为构成危险驾驶罪。

2. 李启铭交通肇事案，《刑事审判参考》第 890 号案例［裁判法院：河北省望都县人民法院；案号（2011）望刑初字第 006 号］

裁判要旨：2004 年施行的《道路交通安全法》修改了道路的含义，扩大了公共交通管理的范围，将道路的范围明确为“公路、城市道路和虽在单位管辖范围但允许社会机动车通行的地方，包括广场、公共停车场等用于公众通行的场所”。因此，在单位管辖范围内但允许社会车辆通行的路段属于《道路交通安全法》规定的道路。

三、被告人驾驶机动车的审查

【审查要点】

查明被告人案发时驾驶的车辆是否属于《道路交通安全法》规定的机动车，包括各类汽车、摩托车和轻便摩托车。

【注意事项】

1. 被告人驾驶车辆的审查。应当审查车辆登记证书、行驶证和机动车查询信息。车辆的属性无法确认时，应当委托专业机构进行属性鉴定，并出具相应的鉴定意见书。交管部门出具的情况说明不能单独作为认定车辆属性的依据。

2. 关于超标电动车是否属于机动车的认定。对于醉酒驾驶有动力装置驱动且设计最高时速、空车质量、外形尺寸接近或等同机动车的电动自行车等交通工具（俗称超标电动车）的，能否认定为醉酒驾驶机动车存在争议。倾向性意见认为，危险驾驶罪属于行政犯，对机动车等概念性法律术语的理解应当与其所对应的行政法规保持一致，不能随意扩大解释。相关法规并未明确规定超标车属于机动车，有关部门也未将超标车作为机动车进行管理，公众普遍认为超标电动自行车不属于机动车。因此，一般情况下，醉酒驾驶超标电动车的行为人不具有构成危险驾驶罪所需的主观认识，客观方面也不能认为驾驶超标电动车与驾驶机动车具有相当性。

但如果确有证据证实被告人具有相关机动车专业知识，且积极改装电动车，追求在性能上接近或高于机动车，并经专业机构鉴定该超标电动车符合机动车国家标准，醉酒驾驶该超标电动车，可以认定构成危险驾驶罪。

【规范指引】

《中华人民共和国道路交通安全法》

第一百一十九条 本法中下列用语的含义：

（一）“道路”，是指公路、城市道路和虽在单位管辖范围但允许社会机动车通行的地方，包括广场、公共停车场等用于公众通行的场所。

（二）“车辆”，是指机动车和非机动车。

（三）“机动车”，是指以动力装置驱动或者牵引，上道路行驶的供人员乘用或者用于运送物品以及进行工程专项作业的轮式车辆。

（四）“非机动车”，是指以人力或者畜力驱动，上道路行驶的交通工具，以及虽有动力装置驱动但设计最高时速、空车质量、外形尺寸符合有关国家标准的残疾人机动轮椅车、电动自行车等交通工具。

（五）“交通事故”，是指车辆在道路上因过错或者意外造成的人身伤亡或者财产损失的事件。

《最高人民法院、最高人民检察院、公安部、司法部关于办理醉酒危险驾驶刑事案件的意见》

第五条 醉驾案件中“道路”“机动车”的认定适用道路交通安全法有关“道路”“机动车”的规定。

对机关、企事业单位、厂矿、校园、居民小区等单位管辖范围内的路段是否认定为“道路”，应当以其是否具有“公共性”，是否“允许社会机动车通行”作为判断标准。只允许单位内部机动车、特定来访机动车通行的，可以不认定为“道路”。

四、被告人驾驶行为的审查

【审查要点】

审查被告人是否操纵机动车，依靠机动车动力装置驱动车辆在道路上发生位移，从而实施了驾驶行为。

【注意事项】

1. 驾驶行为的审查。在审查驾驶行为时，应注意审查以下证据，证实被告人驾驶机动车发生了位移:（1）查证被告人驾车始发地、停车地、驾驶路线、驾驶距离;（2）路面监控录像、行车记录仪、执法记录仪等视频、截图;（3）同车人、设卡查处民警及其他目击证人的证人证言;（4）被告人供述及其手机轨迹鉴定意见等。

2. 驾驶距离对认定驾驶行为的影响。驾驶距离长短不影响驾驶行为的认定，行为人只要在道路上醉酒驾驶机动车发生了物理的位移，即具有法律拟制的危险性，符合危险驾驶罪的客观要件。但在居民小区、停车场等场所因挪车、停车入位等短距离驾驶机动车，且无相关从重处罚情形的，可以认为情节显著轻微、危害不大，不作为犯罪处理。

3. 尚未驶出型醉驾的审查。在被告人醉酒后发动机动车引擎，但尚未解除驻车制动，或者已解除驻车制动，但尚未抬起刹车踏板，此时机动车未发生移动，故不能评价为危险驾驶罪的驾驶行为。此外，驾驶前的热车行为、检查准备等行为均不属于危险驾驶罪的驾驶行为。

上述情形，应通过审查被告人本人的供述和辩解，证人证言，视频监控录像、行车记录仪，被告人手机轨迹鉴定意见、现场痕迹勘验和检查笔录，公安机关出具的查获经过等证据，查明被告人的车辆有无驶出。

4. 遥控驾驶型醉驾的审查。被告人醉酒后在机动车外通过遥控钥匙或者手机等移动通讯工具操控机动车行驶，或者使用自动泊（取）车功能进行泊（取）车时，此时，被告人仍承担机动车驾驶的注意义务、操控义务和介入义务，被告人的相关操控行为是车辆安全驾驶不可或缺的组成部分，应当评价为危险驾驶罪的驾驶行为。遥控车辆挪车的可以参照挪车型醉驾处理。

上述情形，应通过审查被告人本人的供述和辩解、证人证言、视频监控录像、行车记录仪、车辆遥控电子数据提取及检验鉴定意见、车辆生产厂家关于车辆遥控驾驶性能的说明、公安机关出具的查获经过等证据予以查证。

5. 自动（辅助）驾驶型醉驾的审查。依据国家市场监督管理总局、中国国家标准化管理委员会 2021 年 8 月 20 日批准发布的《汽车驾驶自动化分级》国家推荐标准（GB/T 40429—2021，2022 年 3 月 1 日实施），汽车驾驶自动化分为六级，其中 L0–L2 级为辅助驾驶级别，L3–L5 级为不同程度的自动驾驶级别（见表 1）。该国标明确了各级别下驾驶员应承担的驾驶责任。其中 L0–L3 级自动（辅助）驾驶中，驾驶员需承担不同条件和不同程度的注意义务、操控义务和介入义务。自动（辅助）驾驶系统配合驾驶员完成机动车驾驶操控，驾驶员的相关行为是车辆安全驾驶不可或缺的组成部分，驾驶员的醉酒状态会对车辆安全驾驶产生影响，在醉酒状态下利用该级自动（辅助）驾驶系统操控车辆，符合危险驾驶罪的客观要件。在 L4–L5 级自动驾驶级别中，在许可运行范围内，驾驶员将不再承担驾驶员的注意义务、操控义务和介入义务，完全依靠系统自主完成车辆驾驶操控动作，此时，车辆安全驾驶是否需要驾驶员的相关行为以及醉酒状态是否会对车辆安全驾驶产生影响，需根据相关测试数据和规范标准进一步探讨。（见表 1）

表 1　驾驶自动化等级与划分要素的关系示意表

分级	名称	持续的车辆横向和纵向运动控制	目标和事件探测与响应	动态驾驶任务后援	涉及运行范围
L0	应急辅助	驾驶员	驾驶员及系统	驾驶员	有限制
L1	部分驾驶辅助	驾驶员和系统	驾驶员及系统	驾驶员	有限制
L2	组合驾驶辅助	系统	驾驶员及系统	驾驶员	有限制
L3	有条件自动驾驶	系统	系统	动态驾驶任务后援用户（执行接管后成为驾驶员）	有限制
L4	高度自动驾驶	系统	系统	系统	有限制
L5	完全自动驾驶	系统	系统	系统	无限制

【规范指引】

《汽车驾驶自动化分级》（GB/T 40429—2021）

3.4 驾驶自动化各等级技术要求

3.4.1　0 级驾驶自动化

0 级驾驶自动化系统应满足以下要求：

a）具备持续执行部分目标和事件探测与响应的能力；

b）当驾驶员请求驾驶自动化系统退出时，立即解除系统控制权。

注：当车道偏离抑制系统工作时，驾驶员可以主动控制方向盘使车道偏离抑制系统退出。

3.4.2　1 级驾驶自动化

1 级驾驶自动化系统应满足以下要求：

a）持续地执行动态驾驶任务中的车辆横向或纵向运动控制；

b）具备与车辆横向或纵向运动控制相适应的部分目标和事件探测与响应的能力；

c）当驾驶员请求驾驶自动化系统退出时，立即解除系统控制权。

3.4.3 2级驾驶自动化

2级驾驶自动化系统应满足以下要求：

a）持续地执行动态驾驶任务中的车辆横向和纵向运动控制；

b）具备与车辆横向和纵向运动控制相适应的部分目标和事件探测与响应的能力；

c）当驾驶员请求驾驶自动化系统退出时，立即解除系统控制权。

3.4.4 3级驾驶自动化

3级驾驶自动化系统应满足以下要求：

a）仅允许在其设计运行条件下激活；

b）激活后在其设计运行条件下执行全部动态驾驶任务；

c）识别是否即将不满足设计运行范围，并在即将不满足设计运行范围时，及时向动态驾驶任务后援用户发出介入请求；

d）识别驾驶自动化系统失效，并在发生驾驶自动化系统失效时，及时向动态驾驶任务后援用户发出介入请求；

e）识别动态驾驶任务后援用户的接管能力，并在其接管能力即将不满足要求时，发出介入请求；

f）在发出介入请求后，继续执行动态驾驶任务一定的时间供动态驾驶任务后援用户执行接管操作；

g）在发出介入请求后，如果动态驾驶任务后援用户未响应，适时采取减缓车辆风险的措施；

h）当用户请求驾驶自动化系统退出时，立即解除系统控制权。

3.4.5 4级驾驶自动化

4级驾驶自动化系统应满足以下要求：

a）仅允许在其设计运行条件下激活。

b）激活后在其设计运行条件下执行全部动态驾驶任务。

c）识别是否即将不满足其设计运行范围。

d）识别驾驶自动化系统失效和车辆其他系统失效。

e）识别驾乘人员状态是否符合其设计运行条件（如有）。

f）在发生下列情况之一且用户未响应介入请求时，自动执行最小风险策略：

—即将不满足其设计运行范围；

—驾驶自动化系统失效或车辆其他系统失效；

—驾乘人员状态不符合其设计运行条件；

—用户要求实现最小风险状态。

g）除下列情形以外，不得解除系统控制权：

—已达到最小风险状态；

—驾驶员在执行动态驾驶任务。

h）当用户请求驾驶自动化系统退出时，解除系统控制权，如果存在安全风险可暂缓解除。

3.4.6　5级驾驶自动化

5级驾驶自动化系统应满足以下要求：

a）无设计运行范围限制。

b）仅允许在其设计运行条件下激活。

c）激活后在其设计运行条件下执行全部动态驾驶任务。

d）识别驾驶自动化系统失效和车辆其他系统失效。

e）在发生下列情形之一且用户未响应介入请求时，自动执行最小风险策略：

—驾驶自动化系统失效或车辆其他系统失效；

—用户要求实现最小风险状态。

f）除下列情形以外，不得解除系统控制权：

—已达到最小风险状态；

—驾驶员在执行动态驾驶任务。

g）当用户请求驾驶自动化系统退出时，解除系统控制权，如果存在安全风险可暂缓解除。

第四部分　主观方面事实的审查

一、被告人主观认识方面的审查

【审查要点】

查明被告人是否存在欠缺醉驾犯罪主观认识的情形，包括在不明知的情况下，误饮、误食含乙醇物质的食物、药物，或者无法明知其驾驶的车辆属于机动车，驾驶的区域属于道路等情形。如不存在前述情形，一般可以认定被告人具有醉驾犯罪的主观认识。

饮酒的程度、行为的抽象危险以及违法性认识并非醉驾犯罪故意的认识内容，被告人辩称其不具有相关认知的，不阻却犯罪故意。

【注意事项】

1. 主观认识因素的审查。应注意查明被告人的年龄、文化水平、职业经历、身体状况、生活习惯、社会阅历、准驾资质和驾龄，审查被告人供述和辩解，证人证言，相关食品、药品的说明及外包装是否标明成分含量和酒精度提示，食品、药品、水果等的酒精度检验鉴定意见等证据，同时结合一般人的认知水平综合评判误导被告人主观认识的因素是否成立。

被告人只要凭生活经验对危险驾驶罪构成要件要素“道路”“饮酒”“驾驶”“机动车”的社会意义有一定认识即可，不要求其对上述要素的法律含义有准确的理解。醉酒的状态和行为的抽象危险并非认识的内容，无需被告人有认知。

2. 欠缺认识因素的处理。如果被告人对驾车前是否摄入酒精这一事实缺乏认识，且根据一般人的社会经验也无法认知时，则可以认为被告人欠缺醉驾犯罪的主观认识。例如，根据一般人的社会认知也无法知晓自己摄入了酒精的，此种情形下，被告人误食了含有酒精的水果、食品和药品的，则其主观上欠缺醉驾犯罪故意的认识因素。但确有证据证实被告人是在明知相关食物、药品含有乙醇物质的情况下而服用，致使案发时血液酒精含量到达 80mg/100mL 的，应当认定被告人具有醉驾犯罪故意的认识因素。

3. 违法性认识及危险程度认识不是醉驾犯罪故意的认识内容。醉酒后在道路驾车会对公共安全造成抽象危险，作为法律拟制，无需被告人对违法性和危险程度有具体和精准的认识。故即便被告人辩称其不知道醉酒驾驶违法，或不认为其醉驾行为会产生危险，均不影响被告人犯罪故意的认定和刑事责任的承担。

【规范指引】

《中华人民共和国刑法》

第十四条 明知自己的行为会发生危害社会的结果，并且希望或者放任这种结果发生，因而构成犯罪的，是故意犯罪。

故意犯罪，应当负刑事责任。

【典型案例】

吴卫东危险驾驶案，《人民司法 · 案例》2018 年第 5 期［裁判法院：江苏省盐城市中级人民法院；案号：(2016) 苏 09 刑终 449 号］

裁判要旨：对危险驾驶罪条文醉酒驾驶机动车中“酒”的理解，不应限于白酒、啤酒等酒类，而应根据立法目的、法律用语的本义理解为乙醇酒精；对“醉酒”亦应理解为明知是含有乙醇的物质而服用，致使血液酒精含量达到了《刑法》要求的醉的程度，处于醉酒状态。因此，被告人明知食品、药品中含有乙醇物质而服用，致使血液酒精含量到达 80mg/100mL，在道路上驾驶机动车的，可以危险驾驶罪定罪处罚。

二、被告人主观意志方面的审查

【审查要点】

查明被告人对道路、饮酒、驾驶机动车行驶等基础案件事实具有认知后，其仍然实施驾驶行为的，一般可以认定被告人具有醉驾犯罪的主观意志。但确有证据证实被告人主观意志受到强制，完全丧失意志自由和行动自由，从而被迫醉酒驾驶的除外。

【注意事项】

意志受到强制型醉驾的审查。被告人作为驾驶机动车的主体，对是否实施醉驾起着决定性作用，特定关系人对其实施的一般性精神强制，包括领导、雇主或者家属亲朋等强令、指使被告人实施醉酒驾驶的，不能阻却被告人的犯罪故意。

被告人的身体和心理因受到他人强制，完全丧失意志自由和行动自由，从而被迫醉驾的，此时可以认为被告人欠缺醉驾的意志因素。

【规范指引】

《中华人民共和国刑法》

第十四条　明知自己的行为会发生危害社会的结果，并且希望或者放任这种结果发生，因而构成犯罪的，是故意犯罪。

故意犯罪，应当负刑事责任。

第五部分　主体事实的审查

一、被告人身份信息的审查

【审查要点】

查明被告人的性别、年龄、民族、职业、户籍地址、居住地址及政治面貌等身份信息。

【注意事项】

应审查被告人的户籍信息证明、十指指纹信息卡、前科检验通知单等书证。对于公安机关无法调取被告人的户籍信息资料的，应当审查公安机关寄往户籍地公安机关的协查函和寄送记录。

对于境外人员的身份信息，还应审查其出入境证件信息或通行证信息、出入境记录及使领馆认证信息等。

此外，应查明被告人是否属于对企业经营有关键影响的人员、“六稳”“六保”关键人员、特殊职业人员以及负有主要抚养、赡养和照顾义务的人员。

【规范指引】

《中华人民共和国刑法》

第十七条 已满十六周岁的人犯罪，应当负刑事责任。

已满十四周岁不满十六周岁的人，犯故意杀人、故意伤害致人重伤或者死亡、强奸、抢劫、贩卖毒品、放火、爆炸、投放危险物质罪的，应当负刑事责任。

已满十二周岁不满十四周岁的人，犯故意杀人、故意伤害罪，致人死亡或者以特别残忍手段致人重伤造成严重残疾，情节恶劣，经最高人民检察院核准追诉的，应当负刑事责任。

对依照前三款规定追究刑事责任的不满十八周岁的人，应当从轻或者减轻处罚。

因不满十六周岁不予刑事处罚的，责令其父母或者其他监护人加以管教；在必要的时候，依法进行专门矫治教育。

二、其他主体事实的审查

【审查要点】

查明被告人有无同类前科劣迹、驾驶资格、营运资质以及对居住地社区的影响程度，以确定是否具有从重处罚情节，是否适宜宣告缓刑。

【注意事项】

1. 被告人同类前科信息的审查。应审查被告人的行政处罚决定书、刑事判决书，查明前科处罚的种类、时间和处罚理由。

2. 被告人驾驶资格和营运资格的审查。应审查被告人的驾驶证、驾驶证登记信息、营运证等，查明被告人是否属于无驾驶证、驾驶证被吊销或有驾驶证但驾驶车辆与准驾车型不符等无证驾驶情形以及是否属于醉驾营运机动车。

3. 对居住地社区影响程度的审查。对于拟宣告缓刑的被告人，人民法院可以委托其居住地社区矫正机关对被告人的居所情况，家庭和社会关系，在社区内的一贯表现，犯罪行为对所在社区的影响，居住地居（村）委意见等进行审前调查，评估其是否符合当地社区矫正机关要求的实施社区矫正的条件，以及宣告缓刑后对社区的影响。

【规范指引】

《中华人民共和国刑法》

第七十二条 对于被判处拘役、三年以下有期徒刑的犯罪分子，同时符合下列条件的，可以宣告缓刑，对其中不满十八周岁的人、怀孕的妇女和已满七十五周岁的人，应当宣告缓刑：

（一）犯罪情节较轻；

（二）有悔罪表现；

（三）没有再犯罪的危险；

（四）宣告缓刑对所居住社区没有重大不良影响。

宣告缓刑，可以根据犯罪情况，同时禁止犯罪分子在缓刑考验期限内从事特定活动，进入特定区域、场所，接触特定的人。

被宣告缓刑的犯罪分子，如果被判处附加刑，附加刑仍须执行。

《中华人民共和国道路交通安全法》

第十九条 驾驶机动车，应当依法取得机动车驾驶证。

申请机动车驾驶证，应当符合国务院公安部门规定的驾驶许可条件；经考试合格后，由公安机关交通管理部门发给相应类别的机动车驾驶证。

持有境外机动车驾驶证的人，符合国务院公安部门规定的驾驶许可条件，经公安机关交通管理部门考核合格的，可以发给中国的机动车驾驶证。

驾驶人应当按照驾驶证载明的准驾车型驾驶机动车；驾驶机动车

时，应当随身携带机动车驾驶证。

公安机关交通管理部门以外的任何单位或者个人，不得收缴、扣留机动车驾驶证。

《中华人民共和国社区矫正法》

第十八条 社区矫正决定机关根据需要，可以委托社区矫正机构或者有关社会组织对被告人或者罪犯的社会危险性和对所居住社区的影响，进行调查评估，提出意见，供决定社区矫正时参考。居民委员会、村民委员会等组织应当提供必要的协助。

第六部分 从重处罚情节的审查和裁判规则

一、在特殊路段醉酒驾驶的审查

【审查要点】

查明被告人醉酒驾驶的路段是否属于高速公路。在前述路段醉酒驾驶的，应予从重处罚。

【注意事项】

1. 证据审查。应审查案发时道路监控视频、行车记录仪视频，手机定位轨迹信息，行驶路段系高速公路的标记照片，相关单位出具的关于行驶路段性质的说明，证人证言，公安机关出具的案发经过等。

2. 其他特殊路段的处理。确有证据证实被告人醉驾路段、时段系人流量、车流量明显较大的路段（学校、居民区、繁华路段）、时段（早晚高峰）的，可以酌情从重处罚。

3. 实施适法行为的期待可能性考量。当被告人的驾驶路线中因跨河流、湖泊等无法避免经过桥梁、隧道，且该桥梁、隧道系高速公路的组成部分。此种情形下，因被告人无法避免经过上述特殊路段，可以认为此时被告人实施适法行为的期待可能性较弱，其从重处罚程度较之于一般性在高速公路上醉驾应有所区别。

【规范指引】

《最高人民法院、最高人民检察院、公安部、司法部关于办理醉酒危险驾驶刑事案件的意见》

第十条第八项　醉驾具有下列情形之一，尚不构成其他犯罪的，从重处理：

（八）在高速公路上驾驶的；

【典型案例】

江俊杰危险驾驶案［裁判法院：上海市第一中级人民法院；案号：（2021）沪01刑终1304号］

裁判要旨：对于被告人醉驾的从重处罚情节，除有被告人本人供述外，还应有其他证据予以证实；公安机关从被告人手机中截取并由被告人本人确认的案发当时行车轨迹导航截图，可以作为证据证实被告人曾醉驾途径城市快速路这一事实。

二、醉酒驾驶特殊车辆的审查

【审查要点】

查明被告人醉酒驾驶的车辆是否属于载有乘客的从事客运活动机动车、校车、中型以上客车，重型载货汽车，危险品运输车、工程运输车等特殊车辆。醉酒驾驶前述特殊机动车的，应予从重处罚。

【注意事项】

应审查车辆登记证书、行驶证、营运证，权属单位执业资质如营业执照、道路运输证、客运合同、相关许可证，车辆所属单位人员证言、被告人供述等。驾驶营运机动车、校车、中型以上客车的，还应审查车上人员的证言，以证明确实载有乘客。

【规范指引】

《最高人民法院、最高人民检察院、公安部、司法部关于办理醉酒危险驾驶刑事案件的意见》

第十条　醉驾具有下列情形之一，尚不构成其他犯罪的，从重处理：

……

（六）驾驶机动车从事客运活动且载有乘客的；

（七）驾驶机动车从事校车业务且载有师生的；

……

（九）驾驶重型载货汽车的；

（十）运输危险化学品、危险货物的；

……

（十五）其他需要从重处理的情形。

三、被告人驾驶资质的审查

【审查要点】

查明被告人是否属于无证驾驶、驾驶证被吊销或者驾驶与准驾车型不符的机动车等无证驾驶等情形，以及是否具有使用伪造、变造的驾驶证等情形。被告人醉酒驾驶同时具有上述情形之一的，一般应予从重处罚。

【注意事项】

1. 被告人驾驶资质的审查。应审查被告人的驾驶证、驾驶证查询信息、行政处罚决定书等。

2. 无证驾驶的特殊情形。如果被告人属于驾驶证被暂扣、超出驾驶证年审期限未满 1 年、驾驶证记分满 12 分状态未满 1 年等虽未有效持证但不影响实际驾驶能力的无证驾驶情形，一般不宜认定为本罪的从重处罚情节。

【规范指引】

《最高人民法院、最高人民检察院、公安部、司法部关于办理醉酒危险驾驶刑事案件的意见》

第十条 醉驾具有下列情形之一，尚不构成其他犯罪的，从重处理：

……

（三）未取得机动车驾驶证驾驶汽车的；

……

（十五）其他需要从重处理的情形。

【典型案例】

1. 余新喜危险驾驶案［裁判法院：上海市第一中级人民法院；案号：（2021）沪01刑终198号］

裁判要旨：被告人在道路上无证醉酒驾驶机动车属于危险驾驶罪的从重处罚情节，不宜适用缓刑。

2. 江文祥危险驾驶案，《人民司法·案例》2018年第29期［裁判法院：江苏省无锡市中级人民法院；案号：（2017）苏02刑终356号］

裁判要旨：危险驾驶罪中无证驾驶等其他违反道路交通安全法规应受行政处罚的行为，只是醉酒驾驶行为的附随情节而非危险驾驶罪的构成要件，评价时应将二者区别对待：作为行政违法行为予以行政处罚，或者作为危险驾驶罪的从重处罚情节予以评价。但无论何种方式处理，均应遵循禁止重复评价原则，如果对该行为既进行行政拘留又进行刑事处罚的，则行政拘留期限应当折抵刑期。

四、驾驶车辆状况的审查

【审查要点】

查明被告人所驾驶的车辆是否符合安全标准，是否系安全装置不全或者安全机件失灵，或者拼装、已达到报废标准的机动车辆，是否属于悬挂伪造、变造或其他车辆号牌的机动车辆，以及是否系使用伪造、变造行驶证的车辆。被告人醉酒驾驶前述机动车的，一般应予从重处罚；但确有证据证实被告人对前述事项缺乏认识可能性的除外。

【注意事项】

应审查车辆行驶证、车辆行驶证查询信息、车辆登记证书，勘查、检查车辆的照片，车辆性能鉴定意见、车辆拼装鉴定意见等。

【规范指引】

《最高人民法院、最高人民检察院、公安部、司法部关于办理醉酒危险驾驶刑事案件的意见》

第十条第十五项　醉驾具有下列情形之一，尚不构成其他犯罪的，从重处理：

（十五）其他需要从重处理的情形。

【典型案例】

杨文勇危险驾驶案［裁判法院：上海市第二中级人民法院；案号：（2020）沪 02 刑终 1076 号］

裁判要旨：被告人醉酒驾驶悬挂伪造号牌的机动车，属于危险驾驶罪的从重处罚情节，一般不宜适用缓刑。

五、被告人严重交通违法行为的审查

【审查要点】

查明被告人是否具有严重超员、超载、超速驾驶，不按信号灯指示驾驶，逆向行驶等严重交通违法行为。被告人醉酒驾驶同时具有上述严重交通违法行为的，一般应予从重处罚。

【注意事项】

1. 被告人严重交通违法行为的审查。应审查车辆登记证书、行驶证及查询信息等证据以查明车辆额定载人数和载重量；对比公安机关关于车辆超员、超载的情况说明，行政处罚决定书，证人证言，现场勘查笔录、照片等证据以证明严重超员、超载的事实。被告人超速的，还应审查公安机关提供的驾驶路段限速的说明、限速标志照片，车辆速度鉴定意见，道路监控视频、行车记录仪视频、视频截图等，以证明超速。被告人不按信号灯指示驾驶、逆行的，还应审查案发时的道路监控视频、行车记录仪视频、信号灯监控抓拍视频等视听资料。

公安机关尚未作出行政处罚的，经查证上述证据确实存在违法事实的，也应予以确认。

2. 严重程度的认定。根据《道路交通安全法》的规定，严重超员是指客运机动车载人超过额定乘员20%；严重超载是指货运机动车载货超过核定载质量30%；严重超速是指机动车行驶时速超过规定时速50%。

3. 其他交通违法行为的处理。被告人醉酒驾驶，同时具有上述严重交通违法行为以外的一般交通违法行为的，一般不作为危险驾驶罪从重处罚情节予以考虑，避免出现“以刑代罚”的结果，可以建议公安机关作出相应行政处罚。

【规范指引】

《中华人民共和国道路交通安全法》

第九十二条 公路客运车辆载客超过额定乘员的，处二百元以上五百元以下罚款；超过额定乘员百分之二十或者违反规定载货的，处五百元以上二千元以下罚款。

货运机动车超过核定载质量的，处二百元以上五百元以下罚款；超过核定载质量百分之三十或者违反规定载客的，处五百元以上二千元以下罚款。

有前两款行为的，由公安机关交通管理部门扣留机动车至违法状态消除。

运输单位的车辆有本条第一款、第二款规定的情形，经处罚不改的，对直接负责的主管人员处二千元以上五千元以下罚款。

第九十九条 有下列行为之一的，由公安机关交通管理部门处二百元以上二千元以下罚款：

（一）未取得机动车驾驶证、机动车驾驶证被吊销或者机动车驾驶证被暂扣期间驾驶机动车的；

（二）将机动车交由未取得机动车驾驶证或者机动车驾驶证被吊销、暂扣的人驾驶的；

（三）造成交通事故后逃逸，尚不构成犯罪的；

（四）机动车行驶超过规定时速百分之五十的；

（五）强迫机动车驾驶人违反道路交通安全法律、法规和机动车安全驾驶要求驾驶机动车，造成交通事故，尚不构成犯罪的；

（六）违反交通管制的规定强行通行，不听劝阻的；

（七）故意损毁、移动、涂改交通设施，造成危害后果，尚不构成犯罪的；

（八）非法拦截、扣留机动车辆，不听劝阻，造成交通严重阻塞或者较大财产损失的。

行为人有前款第二项、第四项情形之一的，可以并处吊销机动车驾驶证；有第一项、第三项、第五项至第八项情形之一的，可以并处十五日以下拘留。

《最高人民法院、最高人民检察院、公安部、司法部关于办理醉酒危险驾驶刑事案件的意见》

第十条 醉驾具有下列情形之一，尚不构成其他犯罪的，从重处理：

……

（四）严重超员、超载、超速驾驶的；

……

（十五）其他需要从重处理的情形。

六、被告人醉酒驾驶发生交通事故的审查

【审查要点】

被告人醉酒驾驶发生非单方交通事故的，应注意审查交通事故发生的人伤和物损结果、程度和原因，事故责任分配，有无逃逸情节，被告人有无赔偿及取得被害人谅解等，以查明该结果是否可以评价为危险驾驶罪的从重处罚情节以及是否达到交通肇事罪的标准。

醉酒驾驶发生非单方交通事故，造成他人轻微伤以上人身伤害或较大财产损失，负事故全部或主要责任，或造成事故后逃逸，尚未构成其他犯罪，一般应以危险驾驶罪从重处罚。

【注意事项】

1. 发生交通事故的审查。被告人醉酒驾驶发生交通事故的，应审查道路交通事故责任认定书，交通事故现场勘验图、现场照片，道路监控视频、行车记录仪视频以及其他视频资料等证据证明发生交通事故及被告人在交通事故中责任。

造成物损的，应审查物损评估意见书、事故车辆勘估表、车辆维修凭证等证明财产损失金额的证据。造成人身伤害的，应审查验伤通知书、鉴定意见书等证明人身伤害严重程度的证据。造成物损或人身损害还应查明是否赔偿被害人以及取得被害人谅解的证据，包括道路交通事故损害赔偿调解书、损失赔偿凭证、谅解书等。

2. 从重情节的考量。通过上述证据查证，可以证实被告人醉驾行为造成他人轻微伤以上人身伤害或较大财产损失，且负事故全部或主要责任的，或者具有逃逸情节的，一般应作为从重情节予以考量。如果经查证，仅单方事故或者较小财产损失，已赔偿或已达成谅解的，或者虽造成他人轻微伤以上人身伤害或较大财产损失，但经交警事故认定，被告人不负事故全部或主要责任的，一般不宜作为从重情节予以考量。

需要注意的是，被告人因逃逸被交警部门判定负事故全部责任，

此时，逃逸情节和负事故全部责任不应同时作为危险驾驶罪的从重处罚情节予以重复评价。

3. 逃逸情节的审查。对于醉酒驾驶发生交通事故逃逸的，还应重点审查证明具有逃逸情节的证据，包括道路监控视频、行车记录仪视频、其他视频资料、视频截图，现场交警、其他目击证人的证人证言，公安机关出具的抓获经过，被告人的供述等证据，以证实被告人确有醉酒驾驶造成交通事故后逃逸的行为。对于因逃逸导致无法查证酒精含量的，可以通过审查证人证言，监控视频、行车记录仪视频，专业机构鉴定意见等间接证据，查证被告人曾有大量饮酒并驾驶机动车的事实。上述间接证据需达确实、充分的证明程度，能够排除合理怀疑。

4. 发生单方交通事故仅致本人人伤物损的处理。被告人醉酒驾驶机动车在道路上行驶，发生单方交通事故仅致本人人伤物损的，不构成交通肇事罪，应以危险驾驶罪定罪处罚，同时该情节不宜作为从重处罚情节予以评价。

【规范指引】

《最高人民法院、最高人民检察院、公安部、司法部关于办理醉酒危险驾驶刑事案件的意见》

第十条 醉驾具有下列情形之一，尚不构成其他犯罪的，从重处理：

（一）造成交通事故且负事故全部或者主要责任的；

（二）造成交通事故后逃逸的；

……

【典型案例】

张杰危险驾驶案［裁判法院：上海市第二中级人民法院；案号：（2018）沪02刑终291号］

裁判要旨：被告人醉酒驾驶机动车发生交通事故，尚未构成交通肇事罪的，应以危险驾驶罪从重处罚。

七、逃避、抗拒或阻碍公安机关依法检查的审查

【审查要点】

查明被告人是否具有逃避公安机关依法检查，或者拒绝、阻碍公安机关依法检查等行为。被告人具有前述行为，尚未构成其他犯罪的，一般应以危险驾驶罪从重处罚；又构成妨害公务罪、袭警罪的，依照数罪并罚的规定处罚。

【注意事项】

1. 逃避、抗拒或阻碍公安机关依法检查的审查。具体行为包括冲卡、饶卡，找人顶包、指使他人作伪证，驾车或者弃车逃逸，待在驾驶室拒绝打开车门车窗，不配合进行吹气式酒精测试，不配合抽取血样，遭遇检查时大量饮水、饮酒，采取驾车冲卡、推搡、恐吓执法人员等暴力、威胁手段拒绝、阻碍检查，但尚未达到构成犯罪的严重程度等行为。

应审查道路监控视频、行车记录仪视频以及其他视频资料、视频截图，现场交警、辅警、其他目击证人的证人证言和被告人的供述等证据。

2. 数罪并罚的情形。被告人醉酒驾驶机动车被查获时，伴随有暴力袭击、驾驶机动车撞击或者以威胁等其他方法阻碍公安机关依法检查，又构成袭警罪、妨害公务罪的，依照数罪并罚的规定处罚。

【规范指引】

《最高人民法院、最高人民检察院、公安部、司法部关于办理醉酒危险驾驶刑事案件的意见》

第十条第十一项 醉驾具有下列情形之一，尚不构成其他犯罪的，从重处理：

（十一）逃避、阻碍公安机关依法检查的；

第十六条 醉驾同时构成交通肇事罪、过失以危险方法危害公共安全罪、以危险方法危害公共安全罪等其他犯罪的，依照处罚较重的规

定定罪，依法从严追究刑事责任。

醉酒驾驶机动车，以暴力、威胁方法阻碍公安机关依法检查，又构成妨害公务罪、袭警罪等其他犯罪的，依照数罪并罚的规定处罚。

【典型案例】

1. 于岗危险驾驶、妨害公务案，《刑事审判参考》第901号案例［裁判法院：江苏省无锡市北塘区人民法院；案号：（2013）北刑初字第0094号］

裁判要旨：被告人醉酒驾驶并以威胁方式抗拒检查，分别符合危险驾驶罪和妨害公务罪构成要件的，应当按照数罪并罚的原则予以并罚。

2. 孙自可危险驾驶案［裁判法院：上海市第一中级人民法院；案号：（2021）沪01刑终1263号］

裁判要旨：被告人醉驾过程中发现民警设卡检查后随即弃车逃跑的，应予从重处罚，不宜适用缓刑。

八、诉讼期间拒不到案或者逃跑的审查

【审查要点】

查明被告人是否具有诉讼期间拒不到案或者逃跑等行为。被告人具有前述行为的，一般应以危险驾驶罪从重处罚；违反取保候审相关规定，情节严重的，审判前可先行予以逮捕。

【注意事项】

1. 诉讼期间拒不到案或者逃跑的审查。应审查公安机关、检察机关出具的被告人在诉讼期间拒不到案的工作记录，公安机关出具的抓获经过，被告人逃跑乘坐的车、船、飞机凭证，手机轨迹鉴定意见等证明被告人在诉讼期间拒不到案或者逃跑的证据。

2. 可予以逮捕的特殊情形。被告人违反《刑事诉讼法》关于取保候审、监视居住的相关规定，情节严重的，人民法院对其可以决定予以逮捕；其中，被告人脱逃的，可以由公安机关上网追逃，案件在较

长时间内无法继续审理的，人民法院可以中止审理。

【规范指引】

《中华人民共和国刑事诉讼法》

第七十一条 被取保候审的犯罪嫌疑人、被告人应当遵守以下规定：

（一）未经执行机关批准不得离开所居住的市、县；

（二）住址、工作单位和联系方式发生变动的，在二十四小时以内向执行机关报告；

（三）在传讯的时候及时到案；

（四）不得以任何形式干扰证人作证；

（五）不得毁灭、伪造证据或者串供。

人民法院、人民检察院和公安机关可以根据案件情况，责令被取保候审的犯罪嫌疑人、被告人遵守以下一项或者多项规定：

（一）不得进入特定的场所；

（二）不得与特定的人员会见或者通信；

（三）不得从事特定的活动；

（四）将护照等出入境证件、驾驶证件交执行机关保存。

被取保候审的犯罪嫌疑人、被告人违反前两款规定，已交纳保证金的，没收部分或者全部保证金，并且区别情形，责令犯罪嫌疑人、被告人具结悔过，重新交纳保证金、提出保证人，或者监视居住、予以逮捕。

对违反取保候审规定，需要予以逮捕的，可以对犯罪嫌疑人、被告人先行拘留。

第七十四条 人民法院、人民检察院和公安机关对符合逮捕条件，有下列情形之一的犯罪嫌疑人、被告人，可以监视居住：

（一）患有严重疾病、生活不能自理的；

（二）怀孕或者正在哺乳自己婴儿的妇女；

（三）系生活不能自理的人的唯一扶养人；

（四）因为案件的特殊情况或者办理案件的需要，采取监视居住措施更为适宜的；

（五）羁押期限届满，案件尚未办结，需要采取监视居住措施的。

对符合取保候审条件，但犯罪嫌疑人、被告人不能提出保证人，也不交纳保证金的，可以监视居住。

监视居住由公安机关执行。

第二百零六条 在审判过程中，有下列情形之一，致使案件在较长时间内无法继续审理的，可以中止审理：

（一）被告人患有严重疾病，无法出庭的；

（二）被告人脱逃的；

（三）自诉人患有严重疾病，无法出庭，未委托诉讼代理人出庭的；

（四）由于不能抗拒的原因。

中止审理的原因消失后，应当恢复审理。中止审理的期间不计入审理期限。

《最高人民法院、最高人民检察院、公安部、司法部关于办理醉酒危险驾驶刑事案件的意见》

第六条 对醉驾犯罪嫌疑人、被告人，根据案件具体情况，可以依法予以拘留或者取保候审。具有下列情形之一的，一般予以取保候审：

（一）因本人受伤需要救治的；

（二）患有严重疾病，不适宜羁押的；

（三）系怀孕或者正在哺乳自己婴儿的妇女；

（四）系生活不能自理的人的唯一扶养人；

（五）其他需要取保候审的情形。

对符合取保候审条件，但犯罪嫌疑人、被告人不能提出保证人，也不交纳保证金的，可以监视居住。对违反取保候审、监视居住规定的犯罪嫌疑人、被告人，情节严重的，可以予以逮捕。

第十条第十五项 醉驾具有下列情形之一，尚不构成其他犯罪的，从重处理：

（十五）其他需要从重处理的情形。

九、曾因酒后驾驶机动车受到行政或刑事处罚的审查

【审查要点】

查明被告人是否具有曾因饮酒驾驶机动车、醉酒驾驶机动车被查获、受到行政处罚、刑事处罚或者作相对不起诉的前科。被告人 2 年内曾因饮酒后驾驶机动车被查获或受过行政处罚的，或者 5 年内曾因危险驾驶行为被判决有罪或作相对不起诉的，应予从重处罚。

【注意事项】

应当审查被告人的行政处罚决定书或不予行政处罚决定书、刑事判决书以及相关不起诉法律文书，前科检验材料、查询材料等。

【规范指引】

《最高人民法院、最高人民检察院、公安部、司法部关于办理醉酒危险驾驶刑事案件的意见》

第十条　醉驾具有下列情形之一，尚不构成其他犯罪的，从重处理：

……

（十三）二年内曾因饮酒后驾驶机动车被查获或者受过行政处罚的；

（十四）五年内曾因危险驾驶行为被判决有罪或者作相对不起诉的；

……

【典型案例】

费洪某危险驾驶案［裁判法院：上海市第二中级人民法院；案号：（2021）沪 02 刑终 93 号］

裁判要旨：被告人曾因饮酒后驾驶机动车被行政处罚，本次因醉酒驾驶机动车犯危险驾驶罪的，应予从重处罚，不宜适用缓刑。

十、严重醉酒状态下驾驶机动车在道路上行驶的审查

【审查要点】

查明被告人是否处于严重醉酒状态，辨认能力和控制能力明显削弱，仍驾驶机动车在道路上行驶的情形。被告人在前述状态下驾驶机动车在道路上行驶的，一般应予从重处罚。

【注意事项】

应坚持形式判断和实质判断相结合：

1. 形式判断：血液酒精含量标准达到严重醉酒程度，一般应达到200mg/100mL以上；

2. 实质判断：辨认能力和控制能力明显削弱。通过审查道路监控视频、执法记录仪视频、行车记录仪视频等视听资料，结合相关鉴定意见、证人证言、公安机关出具的到案经过以及被告人供述等证据，综合判断被告人当时的辨认能力和控制能力。

【规范指引】

《最高人民法院、最高人民检察院、公安部、司法部关于办理醉酒危险驾驶刑事案件的意见》

第十条第十五项 醉驾具有下列情形之一，尚不构成其他犯罪的，从重处理：

（十五）其他需要从重处理的情形。

【典型案例】

王斌危险驾驶案［裁判法院：上海市第一中级人民法院；案号：（2020）沪01刑终191号］

裁判要旨：被告人醉酒驾驶机动车，案发时血液中酒精含量较高，处于严重醉酒状态的，应以危险驾驶罪从重处罚，不宜适用缓刑。

第七部分　从轻处罚情节的审查和裁判规则

一、挪车型醉酒驾驶的审查

【审查要点】

查明被告人挪车的起因、挪车的地点、醉酒程度、行驶距离、速度以及是否发生了实际的损害后果，综合判断被告人是否属于在居民小区、停车场等场所因挪车、停车入位等短距离驾驶机动车的挪车型醉酒驾驶。

被告人驾驶车辆超出停车区域，行驶至外界道路的，不属于挪车行为。

【注意事项】

1. 挪车型醉酒驾驶的审查。对于在广场、公共停车场等公众通行的场所或者可停车的道路区域挪动车辆的案件，应重点审查道路监控视频、车内监控视频、行车记录仪视频以及其他视频资料，现场勘查笔录和现场图，停车场、小区保安及其他现场目击者的证言等证据。对于醉酒程度应审查血液酒精含量检验鉴定结果。

2. 挪车型醉酒驾驶的处理。曾有观点认为，在具有公共性的区域内挪动车位，即具有法律拟制的危险性，属于“在道路上醉酒驾驶机动车”，原则上应认定为构成犯罪，可以根据其具体情节从轻处罚、适用缓刑或者免予处罚。现在根据《最高人民法院、最高人民检察院、公安部、司法部关于办理醉酒危险驾驶刑事案件的意见》的规定，在居民小区、停车场等场所因挪车、停车入位等短距离驾驶机动车，且无该意见第十条规定的相关从重处罚情形的，可以认定为情节显著轻微、危害不大，依照《刑法》第十三条、《刑事诉讼法》第十六条的规定，不作为犯罪处理。

【规范指引】

《最高人民法院、最高人民检察院、公安部、司法部关于办理醉酒危险驾驶刑事案件的意见》

第十二条　醉驾具有下列情形之一，且不具有本意见第十条规定情形的，可以认定为情节显著轻微、危害不大，依照刑法第十三条、刑事诉讼法第十六条的规定处理：

……

（三）在居民小区、停车场等场所因挪车、停车入位等短距离驾驶机动车的；

……

【典型案例】

郭正礼危险驾驶案［裁判法院：上海市第二中级人民法院；案号：（2021）沪02刑终735号］

裁判要旨：被告人醉酒驾驶机动车从停车场内行驶至外面的道路上的，不属于挪车，应认定为在道路上醉酒驾驶机动车。

二、短驳型醉酒驾驶的审查

【审查要点】

查明被告人是否属于由他人驾驶至公共停车场、居民小区门口后接替驾驶进入公共停车场、居民小区，或者驾驶出公共停车场、居民小区后即交由他人或等待他人驾驶的短驳型醉驾。

【注意事项】

1. 短驳型醉酒驾驶的审查。对于由他人驾驶至公共停车场、居民小区门口后接替驾驶进入公共停车场、居民小区的，或者驾驶出公共停车场、居民小区后即交由他人或等待他人驾驶的案件，应重点审查场所监控视频、行车记录仪视频，现场勘查笔录和现场图，被告人手机中的代驾订单，场所保安、代驾或其他接替开车人的证言，与代驾、接替开车人员的聊天记录等证据。对于醉酒程度应审查血液酒精含量检验鉴定结果。

2. 短驳型醉酒驾驶的处理。根据《最高人民法院、最高人民检察院、公安部、司法部关于办理醉酒危险驾驶刑事案件的意见》的规定，由他人驾驶至居民小区、停车场等场所短距离接替驾驶停放机动车的，或者为了交由他人驾驶，自居民小区、停车场等场所短距离驶出的，且无该意见第十条规定的相关从重处罚情形的，可以认定为情节显著轻微、危害不大，依照《刑法》第十三条、《刑事诉讼法》第十六条的规定，不作为犯罪处理。

【规范指引】

《最高人民法院、最高人民检察院、公安部、司法部关于办理醉酒危险驾驶刑事案件的意见》

第十二条　醉驾具有下列情形之一，且不具有本意见第十条规定情形的，可以认定为情节显著轻微、危害不大，依照刑法第十三条、刑事诉讼法第十六条的规定处理：

……

（四）由他人驾驶至居民小区、停车场等场所短距离接替驾驶停放机动车的，或者为了交由他人驾驶，自居民小区、停车场等场所短距离驶出的；

……

三、主动放弃型醉酒驾驶的审查

【审查要点】

查明被告人是否属于醉酒后在道路上短距离行驶即自愿主动寻找安全地点停车，放弃继续醉驾的情形。

上路驾驶后，因遇前方路检而停止驾驶的，不属于可从轻处罚的情形。

【注意事项】

1. 主动放弃型醉酒驾驶的审查。对于在地面道路上短距离行驶即主动放弃驾驶的案件，应围绕车辆移动的地点、线路、轨迹等审查道路监控视频、行车记录仪视频以及其他视频资料、视频截图，现场勘查笔录和现场图等客观证据，结合证人证言、被告人供述等证据予以认定。对于醉酒程度应审查血液酒精含量检验鉴定结果。

2. 主动放弃型醉酒驾驶的处理。对于主动放弃型醉酒驾驶，一般可以从轻处罚。其中，被告人醉酒未达严重程度，且行驶距离较短、速度较慢、未发生严重后果的，可以认定为情节轻微，免予刑事处罚。

3. 与犯罪中止的关系。危险驾驶罪属于抽象危险犯，被告人一旦在道路上着手实施醉酒驾驶行为即具有法律拟制的危险性，达成既遂，故即便被告人中途自愿放弃继续危险驾驶的，亦不属于犯罪中止。

【典型案例】

吴海波危险驾驶案［裁判法院：广东省广州市中级人民法院；案号：（2020）粤01刑终1035号］

裁判要旨：被告人一旦着手实施醉酒驾驶的行为即既遂，被告人即便中途自愿放弃继续危险驾驶的，亦不属于犯罪中止，但可酌情从轻处罚。

四、代驾服务瑕疵型醉酒驾驶的审查

【审查要点】

查明被告人是否属于因代驾未至指定地点接驾或未将机动车停至指定地点等代驾服务瑕疵，而导致被告人短距醉驾的情形。

【注意事项】

1. 代驾服务瑕疵型醉酒驾驶的审查。对于因代驾服务瑕疵而短距离移动车辆的案件，应审查被告人手机中的代驾订单和实际行车记录，从代驾订单预约的时间、路线、预估费用和实际情况的差距，查证是否存在代驾服务瑕疵；结合代驾的证言、同车人证言、被告人的供述，监控视频、行车记录仪视频等视听资料查证是否确有证据证明系代驾存在过错。

2. 代驾服务瑕疵型醉酒驾驶的处理。对于因代驾服务瑕疵而导致被告人短距离醉驾的（一般是代驾停至小区门口或者公共停车场入口，被告人驾驶进入小区或者停车场），可以参照短驳型醉驾的处理，一般可以从轻处罚。其中，被告人醉酒未达严重程度，且行驶距离较短、速度较慢、未发生严重后果的，可以认定为情节轻微，免予刑事处罚。

对于因代驾服务瑕疵而导致被告人挪动车位重新停放的，可以参照挪车型醉驾的处理，根据其具体情节予以从轻处罚、适用缓刑或者免除处罚。对于被告人醉酒未达严重程度，且行驶距离较短、速度较慢、未发生严重后果的，可以认定为情节显著轻微，不作为犯罪处理。

对于未叫到代驾，或代驾中途停止代驾服务，被告人从而醉驾距离较长的，一般不宜从轻处罚。

3. 代驾故意制造停车瑕疵，诱使被告人醉驾的处理。实践中存在代驾故意制造停车瑕疵，胁迫醉酒的车主增加代驾费用，车主不满足其要求，便停止代驾服务，待车主自己驾驶车辆行驶后，代驾便报警举报车主醉驾的案件。对于此类案件，代驾的诱导行为、胁迫行为并不阻却车主醉驾行为的违法性，原则上车主的行为应认定为构成犯罪，可以参照上述挪车型醉驾、短驳型醉驾、代驾服务瑕疵型醉驾等情形进行处理。同时考虑到代驾的过错是犯罪的重要诱因，在对车主的从轻处罚幅度上可以适当从宽。此外，代驾的行为涉嫌犯罪的移交公安机关处理。

五、紧急事由型醉酒驾驶的审查

【审查要点】

查明被告人醉酒驾驶机动车是否因为送医、救助他人或逃避侵害等紧急事由。

【注意事项】

1. 紧急事由型醉酒驾驶的审查。对于因送医或救助他人等紧急事由醉酒驾驶的案件，应审查医院诊疗证明、被送医或被救助对象的证人证言、相关医生的证言等证据，证实被告人醉驾确因急需救治的疾病送医或救助他人等紧急事由。

2. 紧急事由型醉酒驾驶的处理。根据《最高人民法院、最高人民检察院、公安部、司法部关于办理醉酒危险驾驶刑事案件的意见》的规定，出于急救伤病人员等紧急情况驾驶机动车，未构成紧急避险，且无该意见第十条规定的相关从重处罚情形的，可以认定为情节显著轻微、危害不大，依照《刑法》第十三条、《刑事诉讼法》第十六条的规定，不作为犯罪处理。

对于符合紧急避险构成要件的，依照紧急避险的情形处理。

3. 紧急避险型的认定。醉酒驾驶是否构成紧急避险应当查证下列事实：（1）被告人的亲属是否面临正在发生的现实的生命危险；（2）现实条件是否表明被告人醉酒驾驶送医系不得已而为之；（3）被告人醉酒驾驶的目的系送医救治；（4）被告人醉酒驾驶的行为（包括驾驶距离、车速，有无发生交通事故等）没有超过必要限度造成不应有的损害。

【规范指引】

《中华人民共和国刑法》

第二十一条 为了使国家、公共利益、本人或者他人的人身、财产和其他权利免受正在发生的危险，不得已采取的紧急避险行为，造成损害的，不负刑事责任。

紧急避险超过必要限度造成不应有的损害的，应当负刑事责任，但是应当减轻或者免除处罚。

第一款中关于避免本人危险的规定，不适用于职务上、业务上负有特定责任的人。

《最高人民法院、最高人民检察院、公安部、司法部关于办理醉酒危险驾驶刑事案件的意见》

第十二条 醉驾具有下列情形之一，且不具有本意见第十条规定情形的，可以认定为情节显著轻微、危害不大，依照刑法第十三条、刑事诉讼法第十六条的规定处理：

……

（二）出于急救伤病人员等紧急情况驾驶机动车，且不构成紧急避险的；

……

醉酒后出于急救伤病人员等紧急情况，不得已驾驶机动车，构成紧急避险的，依照刑法第二十一条的规定处理。

【典型案例】

陈祖勇危险驾驶案［裁判法院：江苏省江阴市人民法院；案号：（2019）苏0281刑初1113号］

裁判要旨：被告人亲属因面临生命危险且医疗救护资源无法及时到达，被告人深夜从偏僻乡村送至医院的行为，客观上保护的生命权法益重于危险驾驶罪所保护的一般公共安全，没有超过必要限度造成不应有的损害，符合刑法中紧急避险的构成要件，应当认定为紧急避险。

六、间隔型醉酒驾驶的审查

【审查要点】

客观方面，查明被告人案发时的血液酒精含量、饮酒量，饮酒结束与驾驶行为开始之间的间隔时间，案发时被告人的认识和控制能力有无异常，身体有无酒精反应，是否发生交通事故；主观方面，查明被告人至少具有对醉酒状态可能性的明知。

【注意事项】

1. 间隔型醉酒驾驶的审查。注意审查共同就餐人、就餐点服务员、同乘人或者同住人的证人证言，就餐消费记录，就餐地点的监控视频、车载记录仪视频等视听资料以及被告人供述等。

2. 间隔型醉酒驾驶的处理。间隔型醉驾（多表现为隔夜醉驾）是否处罚，不能唯酒精含量论，应当结合行为人的主观认识情况和醉驾时的客观事实综合判断。其中，主观认识方面，结合被告人的饮酒量，间隔时间未超出社会公众的经验法则所认知的酒精代谢时间，或者结合被告人的身体异常反应，可以证明被告人至少具有对醉酒状态可能性的明知的，不阻却醉驾犯罪故意的成立。反之，确有证据证实间隔时间较长，被告人身体无异常反应，其自身无法认识到自己仍处于醉酒状态，且根据社会公众的经验法则也无法认识到其处于醉酒状态的，可以排除醉驾犯罪故意的成立。客观方面，应当审查被告人案发时的认识和控制能力有无异常，身体有无酒精反应，是否发生交通事故等事实。

七、醉酒驾驶摩托车、轻便摩托车的审查

【审查要点】

查明被告人是否属于在普通路上醉酒驾驶摩托车、轻便摩托车的情形。

在普通路上醉酒驾驶摩托车、轻便摩托车的，其“情节显著轻微危害不大”或者“情节轻微不需要判处刑罚”，以及从轻处罚、适用缓刑的标准较之于醉酒驾驶普通机动车，应予以适当从宽掌握。

【注意事项】

醉驾摩托车、轻便摩托车的审查。对于在普通道路上醉酒驾驶摩托车、轻便摩托车的案件，应审查车辆登记信息、行驶证信息、车辆产品说明、车辆照片等证据，以证实驾驶车辆的时速限额、排量或电机总功率系摩托车、轻便摩托车；上述证据无法说明是摩托车、轻便摩托车的，可委托专业机构出具鉴定结论。查证醉驾地点是普通道路的，应注意审查案发现场照片、公安机关出具的案发地点的情况说明等。

八、被告人具有自首、坦白情节的审查

【审查要点】

查明被告人的到案方式是否符合自动投案，到案后是否如实供述了自己的罪行；构成自首、坦白的，依法予以从轻处罚。

【注意事项】

（一）自动投案的认定

1. 在例行酒驾检查时，行为人成为排查对象后，在公安人员讯问或呼气检测前主动交代饮酒驾驶事实的，不应认定为自动投案。此种情形下，虽然行为人交代具有一定的主动性，但其归案具有被动性，即使其不主动交代，公安人员通过检查也能发现其醉驾的犯罪事实，故应当认定为坦白。

2. 在非例行酒驾检查时，行为人因形迹可疑或其他交通违法行为被公安人员盘查，在公安人员讯问或呼气检测前主动交代饮酒驾驶事实的，可以认定为主动投案。但公安人员根据其精神状态或者满身酒气怀疑其饮酒，对其进行讯问或提出进行呼气检测时，行为人主动交代饮酒驾驶的，不认定为自动投案。

3. 被告人醉驾被现场查获后，公安机关未及时进行讯问，也未采取强制措施，被告人经公安机关允许后离开，再经公安机关通知到案或者主动到案的，不认定为自动投案。

4. 发生交通事故或者交通违法后，明知他人报警自愿留在现场等待公安机关处理，且无拒捕行为的，可以视为自动投案。被告人不知道他人已经报警而留在现场，或者在得知他人报警后欲逃离现场，但因对方当事人控制或者群众围堵、交通堵塞、自身受伤而被动留在现场的，则不能认定为自动投案。被告人发生交通事故后逃逸，或者得知他人报警后逃离现场，事后迫于压力又主动到公安机关交代犯罪事实的，可以认定为自动投案。

5. 发生交通事故后，行为人并未逃离现场，而是积极参与救援，履行救助义务的，不管其是否明知他人报警，最终留在现场等待公安机关处理，且无拒捕行为的，可以视为自动投案。此种情形反映了行为人积极履行救助义务，自愿将自己置于公安机关控制之下的态度，符合关于自首的立法本意。

（二）如实供述自己罪行的认定

被告人到案后，应如实供述基本犯罪事实，包括在驾车之前是否饮酒，是否驾车上路行驶，驾驶何种车型等，并配合公安机关对其进行呼气酒精含量测试和血样抽取，才能视为如实供述了自己的罪行。

被告人自动投案后隐瞒自己的真实身份情况，影响对其定罪量刑的，不能认定为如实供述自己的罪行。被告人虽然承认饮酒的事实，但不配合甚至采取暴力手段抗拒对其进行呼气酒精含量测试或者血样收集的，不能成立如实供述自己的罪行。被告人在交通肇事后逃逸，待血液中酒精含量极低或者检不出酒精含量后才投案，并否认醉酒驾驶，只承认自己是肇事者的，亦不属于如实供述自己的罪行。

【规范指引】

《中华人民共和国刑法》

第六十七条　犯罪以后自动投案，如实供述自己的罪行的，是自首。对于自首的犯罪分子，可以从轻或者减轻处罚。其中，犯罪较轻的，可以免除处罚。

被采取强制措施的犯罪嫌疑人、被告人和正在服刑的罪犯，如实供述司法机关还未掌握的本人其他罪行的，以自首论。

犯罪嫌疑人虽不具有前两款规定的自首情节，但是如实供述自己罪行的，可以从轻处罚；因其如实供述自己罪行，避免特别严重后果发生的，可以减轻处罚。

《最高人民法院关于处理自首和立功具体应用法律若干问题的解释》

第一条　根据刑法第六十七条第一款的规定，犯罪以后自动投案，如实供述自己的罪行的，是自首。

（一）自动投案，是指犯罪事实或者犯罪嫌疑人未被司法机关发觉，或者虽被发觉，但犯罪嫌疑人尚未受到讯问、未被采取强制措施时，主动、直接向公安机关、人民检察院或者人民法院投案。

犯罪嫌疑人向其所在单位、城乡基层组织或者其他有关负责人员投案的；犯罪嫌疑人因病、伤或者为了减轻犯罪后果，委托他人先代为投案，或者先以信电投案的；罪行尚未被司法机关发觉，仅因形迹可疑被有关组织或者司法机关盘问、教育后，主动交代自己的罪行的；犯罪后逃跑，在被通缉、追捕过程中，主动投案的；经查实确已准备去投案，或者正在投案途中，被公安机关捕获的，应当视为自动投案。

并非出于犯罪嫌疑人主动，而是经亲友规劝、陪同投案的；公安机关通知犯罪嫌疑人的亲友，或者亲友主动报案后，将犯罪嫌疑人送去投案的，也应当视为自动投案。

犯罪嫌疑人自动投案后又逃跑的，不能认定为自首。

（二）如实供述自己的罪行，是指犯罪嫌疑人自动投案后，如实交代自己的主要犯罪事实。

犯有数罪的犯罪嫌疑人仅如实供述所犯数罪中部分犯罪的，只对如实供述部分犯罪的行为，认定为自首。

共同犯罪案件中的犯罪嫌疑人，除如实供述自己的罪行，还应当供述所知的同案犯，主犯则应当供述所知其他同案犯的共同犯罪事实，才能认定为自首。

犯罪嫌疑人自动投案并如实供述自己的罪行后又翻供的，不能认定为自首，但在一审判决前又能如实供述的，应当认定为自首。

《最高人民法院关于处理自首和立功若干具体问题的意见》

一、关于“自动投案”的具体认定

《解释》第一条第（一）项规定七种应当视为自动投案的情形，体现了犯罪嫌疑人投案的主动性和自愿性。根据《解释》第一条第（一）项的规定，犯罪嫌疑人具有以下情形之一的，也应当视为自动投案：

1. 犯罪后主动报案，虽未表明自己是作案人，但没有逃离现场，在司法机关询问时交代自己罪行的；2. 明知他人报案而在现场等待，抓捕时无拒捕行为，供认犯罪事实的；3. 在司法机关未确定犯罪嫌疑人，尚在一般性排查询问时主动交代自己罪行的；4. 因特定违法行为被采取劳动教养、行政拘留、司法拘留、强制隔离戒毒等行政、司法强制措施期间，主动向执行机关交代尚未被掌握的犯罪行为的；5. 其他符合立法本意，应当视为自动投案的情形。

罪行未被有关部门、司法机关发觉，仅因形迹可疑被盘问、教育后，主动交代了犯罪事实的，应当视为自动投案，但有关部门、司法机关在其身上、随身携带的物品、驾乘的交通工具等处发现与犯罪有关的物品的，不能认定为自动投案。

交通肇事后保护现场、抢救伤者，并向公安机关报告的，应认定为自动投案，构成自首的，因上述行为同时系犯罪嫌疑人的法定义务，对其是否从宽、从宽幅度要适当从严掌握。交通肇事逃逸后自动投案，如实供述自己罪行的，应认定为自首，但应依法以较重法定刑为基准，视情决定对其是否从宽处罚以及从宽处罚的幅度。

犯罪嫌疑人被亲友采用捆绑等手段送到司法机关，或者在亲友带领侦查人员前来抓捕时无拒捕行为，并如实供认犯罪事实的，虽然不能认定为自动投案，但可以参照法律对自首的有关规定酌情从轻处罚。

二、关于“如实供述自己的罪行”的具体认定

《解释》第一条第（二）项规定如实供述自己的罪行，除供述自己的主要犯罪事实外，还应包括姓名、年龄、职业、住址、前科等情况。犯罪嫌疑人供述的身份等情况与真实情况虽有差别，但不影响定罪量刑的，应认定为如实供述自己的罪行。犯罪嫌疑人自动投案后隐瞒自己的真实身份等情况，影响对其定罪量刑的，不能认定为如实供述自己的罪行。

犯罪嫌疑人多次实施同种罪行的，应当综合考虑已交代的犯罪事实与未交代的犯罪事实的危害程度，决定是否认定为如实供述主要犯罪事实。虽然投案后没有交代全部犯罪事实，但如实交代的犯罪情节重于未交代的犯罪情节，或者如实交代的犯罪数额多于未交代的犯罪数额，一般应认定为如实供述自己的主要犯罪事实。无法区分已交代的与未交代的犯罪情节的严重程度，或者已交代的犯罪数额与未交代的犯罪数额相当，一般不认定为如实供述自己的主要犯罪事实。

犯罪嫌疑人自动投案时虽然没有交代自己的主要犯罪事实，但在

司法机关掌握其主要犯罪事实之前主动交代的，应认定为如实供述自己的罪行。

《最高人民法院、最高人民检察院、公安部、司法部关于办理醉酒危险驾驶刑事案件的意见》

第十七条 犯罪嫌疑人醉驾被现场查获后，经允许离开，再经公安机关通知到案或者主动到案，不认定为自动投案；造成交通事故后保护现场、抢救伤者，向公安机关报告并配合调查的，应当认定为自动投案。

【典型案例】

1. 黄建忠危险驾驶案，《刑事审判参考》第 897 号案例［裁判法院：新疆维吾尔自治区阿克苏地区中级人民法院；案号：（2017）新 29 刑终 296 号］

裁判要旨：（1）对于公安机关例行酒驾检查的，即使被告人在被公安人员询问、呼气酒精检查之前主动交代醉酒驾驶的，也不构成自首。（2）发生交通事故后，被告人在明知他人报警的情况下，仍自愿留在现场等候警方处理，即“能逃而不逃”，且无拒捕行为的，可以视为自动投案。如果被告人根本不知道他人已经报警而留在现场，或者在得知他人报警后欲逃离现场，但因对方当事人控制或者群众围堵而被动留在现场的，则不能认定为自动投案。（3）被告人得知他人报警后逃离现场，事后迫于压力又主动到公安机关交代犯罪事实的，可以认定为自动投案。（4）无论被告人是在见到公安人员后主动交代饮酒事实，还是在公安人员根据其精神状态怀疑其饮酒并对其进行讯问时承认饮酒事实，均属于如实供述自己的罪行。（5）如果被告人虽然承认饮酒的事实，但不配合甚至采取暴力手段抗拒对其进行呼气酒精含量测试或者血样收集的，不能成立“如实供述自己的罪行”。（6）被告人在交通肇事后逃逸，待血液中酒精含量极低或者检不出酒精含量后才投案，并否认醉酒驾驶，只承认自己是肇事者，亦不属于“如实供述自己的罪行”。

2. 华胜危险驾驶案［裁判法院：上海市第二中级人民法院；案号：（2021）沪 02 刑终 1284 号］

裁判要旨：被告人醉驾发生交通事故后，虽拨打电话报警，但在电话中并未自认系酒后驾车，民警接报后赶至现场处置事故的过程中发现其身酒气即对其进行呼气式酒精测试，结果超过醉酒临界值，后其如实供述的，不能认定为自首。

九、被告人具有立功情节的审查

【审查要点】

审查被告人是否具有立功或者重大立功情节。

【注意事项】

被告人有立功表现的，可以从轻处罚，但并不因此改变适用缓刑的标准。有重大立功表现的，可以结合其具体犯罪事实和情节，免除处罚。

【规范指引】

《中华人民共和国刑法》

第六十八条 犯罪分子有揭发他人犯罪行为，查证属实的，或者提供重要线索，从而得以侦破其他案件等立功表现的，可以从轻或者减轻处罚；有重大立功表现的，可以减轻或者免除处罚。

《最高人民法院关于处理自首和立功具体应用法律若干问题的解释》

第五条 根据刑法第六十八条第一款的规定，犯罪分子到案后有检举、揭发他人犯罪行为，包括共同犯罪案件中的犯罪分子揭发同案犯共同犯罪以外的其他犯罪，经查证属实；提供侦破其他案件的重要线索，经查证属实；阻止他人犯罪活动；协助司法机关抓捕其他犯罪嫌疑人（包括同案犯）；具有其他有利于国家和社会的突出表现的，应当认定为有立功表现。

第六条 共同犯罪案件的犯罪分子到案后，揭发同案犯共同犯罪事实的，可以酌情予以从轻处罚。

第七条 根据刑法第六十八条第一款的规定，犯罪分子有检举、揭发他人重大犯罪行为，经查证属实；提供侦破其他重大案件的重要线索，经查证属实；阻止他人重大犯罪活动；协助司法机关抓捕其他重大犯罪嫌疑人（包括同案犯）；对国家和社会有其他重大贡献等表现的，应当认定为有重大立功表现。

前款所称“重大犯罪”、“重大案件”、“重大犯罪嫌疑人”的标准，一般是指犯罪嫌疑人、被告人可能被判处无期徒刑以上刑罚或者案件在本省、自治区、直辖市或者全国范围内有较大影响等情形。

第八部分　共同犯罪的审查和裁判规则

【审查要点】

审查被告人是否具有教唆、帮助他人实施醉驾的共犯行为。对于共犯行为的审查和认定应当从严掌握，需查证被告人主观上对于他人饮酒和即将驾车具有明确认知，客观上其共犯行为与醉驾者的正犯行为具有引起与被引起的直接性因果关系。

【注意事项】

1. 教唆、胁迫、指使、强令行为的审查。该四类行为成立共犯需达到相当性程度，且与醉驾者的正犯行为具有直接性因果关系。具体而言，教唆行为一般限于引发被教唆之人的醉驾犯意；胁迫行为需针对人身、财产进行威胁且达到一定程度的精神强制；指使、强令行为多发生于具有身份或职务隶属关系的行为人之间。

2. 明知他人已饮酒而提供机动车给其驾驶的审查。此时，被告人应对他人已饮酒有明确的认知，或者根据一般人的社会经验可以判断出对方已饮酒。如果对于对方已饮酒没有认识可能性或者对方尚未饮酒的，则不宜将他人后续的醉驾行为归责于被告人。此外，被告人还应对他人借车后即将自驾具有明确认知。

3. 与醉驾行为人换位以帮助逃避处罚的审查。此时需分两种情形进行处理：其一，在他人醉驾行为开始之前，被告人就与醉驾行为人通谋，如遇警察检查就调换位置以帮助逃避处罚的，被告人应以危险驾驶罪共犯追究刑事责任。其二，被告人事先未与醉驾行为人通谋，而是在即将被警察拦截检查的情况下，临时决定调换位置以帮助逃避处罚的，被告人的行为则涉嫌犯包庇罪。

4. 不履行监管责任从而放纵他人醉驾的审查。实践中，往往发生于基于职务、业务或法定身份关系而产生的监督、管理义务，比如驾校教练对学员的驾驶行为具有监督、管理和安全保障义务，有阻止学员学车期间饮酒后操控机动车的责任。如果被告人不履行监管责任，放纵学员学车期间的醉驾行为，应当承担危险驾驶罪共犯的责任。

5. 同饮者、劝酒者、同乘者、酒水提供者的责任。同饮者、劝酒者、同乘者（没有教唆、胁迫等行为）、酒水提供者的行为没有制造法律上所不允许的危险，不具有安全管理、安全驾驶的义务，与醉驾行为不具有引起与被引起的直接性因果关系，一般不宜作为危险驾驶罪共犯主体的来源。

【规范指引】

《中华人民共和国刑法》

第二十五条 共同犯罪是指二人以上共同故意犯罪。

二人以上共同过失犯罪，不以共同犯罪论处；应当负刑事责任的，按照他们所犯的罪分别处罚。

【典型案例】

1. 杨飞、高永贵危险驾驶案，《人民法院案例选》2013 年第 4 辑［裁判法院：四川省成都市新都区人民法院；案号：（2013）新都刑初字第 289 号］

裁判要旨：教练对教练车的安全行驶负有直接的保障义务，对学员的驾驶行为具有监督、管理义务，其明知且放任学员醉酒驾驶教练车的行为构成危险驾驶犯罪。

2. 娜得扎、梁超危险驾驶案［裁判法院：上海市第一中级人民法院；案号：（2021）沪01刑终268号］

裁判要旨：被告人明知他人未取得驾驶证且饮酒过量的情况下，仍提供机动车并指导其驾驶，导致车辆翻车并发生交通事故，构成危险驾驶罪的共犯。

第九部分　罪数形态及与相关犯罪界限的审查和裁判规则

一、醉驾案件罪数形态的审查

（一）使用暴力、威胁方法抗拒检查的审查

【审查要点】

查明被告人被查获时是否伴随有以暴力、威胁方法抗拒检查、阻碍执法，或者以暴力袭击，使用枪支、管制刀具、驾驶机动车撞击等手段袭击人民警察以抗拒检查、阻碍执法。

被告人具有上述行为，构成袭警罪、妨害公务罪的，依照数罪并罚的规定处罚，且不宜适用缓刑。

【注意事项】

1. 使用暴力、威胁方法抗拒检查的审查。应审查道路监控视频、行车记录仪视频、其他视频资料、视频截图，现场交警、辅警、其他目击证人的证言，伤情检验鉴定结论，被告人的供述等证据。

2. 不宜数罪并罚的情形。被告人主观上仅是为了逃避检查，客观上并未以暴力、威胁方法阻碍民警依法执行职务，逃跑行为产生的损害并未直接侵害民警的人身和财产权利的，不应认定为妨害公务罪，仅以危险驾驶罪从重处罚。

【规范指引】

《中华人民共和国刑法》

第一百三十三条之一 在道路上驾驶机动车，有下列情形之一的，处拘役，并处罚金：

（一）追逐竞驶，情节恶劣的；

（二）醉酒驾驶机动车的；

（三）从事校车业务或者旅客运输，严重超过额定乘员载客，或者严重超过规定时速行驶的；

（四）违反危险化学品安全管理规定运输危险化学品，危及公共安全的。

机动车所有人、管理人对前款第三项、第四项行为负有直接责任的，依照前款的规定处罚。

有前两款行为，同时构成其他犯罪的，依照处罚较重的规定定罪处罚。

《最高人民法院、最高人民检察院、公安部、司法部关于办理醉酒危险驾驶刑事案件的意见》

第十六条 醉驾同时构成交通肇事罪、过失以危险方法危害公共安全罪、以危险方法危害公共安全罪等其他犯罪的，依照处罚较重的规定定罪，依法从严追究刑事责任。

醉酒驾驶机动车，以暴力、威胁方法阻碍公安机关依法检查，又构成妨害公务罪、袭警罪等其他犯罪的，依照数罪并罚的规定处罚。

【典型案例】

1. 于岗危险驾驶、妨害公务案，《刑事审判参考》第 901 号案例［裁判法院：江苏省无锡市北塘区人民法院；案号：（2013）北刑初字第 0094 号］

裁判要旨：被告人醉酒驾驶并以威胁方法抗拒检查，分别符合危险驾驶罪和妨害公务罪构成要件的，应当按照数罪并罚的原则予以并罚。

2. 李万林危险驾驶案［裁判法院：上海市第二中级人民法院；案

号:(2021)沪02刑再2号]

裁判要旨：被告人醉驾未配合民警路检，驾车逃离，其明知民警驾车追赶仍未减速、停车，造成追击的警车擦碰撞击，警用设备损坏的，因被告人主观上是为了逃避检查，客观上并未以暴力、威胁方法阻碍民警依法执行职务，不应认定为妨害公务罪，仅以危险驾驶罪从重处罚。

（二）找人顶包、指使他人作伪证的审查

【审查要点】

查明被告人在醉驾后是否存在找人顶包、指使他人提供虚假证言以及实施威胁、打击报复、引诱、贿买证人、鉴定人等人员或者毁灭、伪造证据等妨害、干扰司法、逃避处罚的行为。

被告人具有上述行为，构成妨害作证罪的，依照数罪并罚的规定处罚，不宜适用缓刑。

被告人具有上述行为，尚未构成其他犯罪的，应以危险驾驶罪从重处罚。

【注意事项】

1. 无法查证酒精含量的处理。被告人因逃逸、找人顶包、指使他人作伪证等行为，导致无法及时检验其驾驶时的血液酒精含量，但根据其他证据能够认定其驾车时已处于醉酒状态的，可以认定其行为构成危险驾驶罪。

2. 仅以危险驾驶罪处罚的情形。案发时，被告人通过他人顶包企图逃避处罚，但经民警现场教育后承认顶包事实，尚未扰乱司法秩序的，仅以危险驾驶罪一罪从重处罚。

3. 对向犯的处理。对于明知案件事实，仍替他人顶包或作虚假证言，企图帮助他人逃避处罚、隐匿罪证，扰乱司法秩序的，可以包庇罪或伪证罪定罪处罚。

【规范指引】

《中华人民共和国刑法》

第三百零五条 在刑事诉讼中，证人、鉴定人、记录人、翻译人对与案件有重要关系的情节，故意作虚假证明、鉴定、记录、翻译，意图陷害他人或者隐匿罪证的，处三年以下有期徒刑或者拘役；情节严重的，处三年以上七年以下有期徒刑。

第三百零七条 以暴力、威胁、贿买等方法阻止证人作证或者指使他人作伪证的，处三年以下有期徒刑或者拘役；情节严重的，处三年以上七年以下有期徒刑。

帮助当事人毁灭、伪造证据，情节严重的，处三年以下有期徒刑或者拘役。

司法工作人员犯前两款罪的，从重处罚。

第三百一十条 明知是犯罪的人而为其提供隐藏处所、财物，帮助其逃匿或者作假证明包庇的，处三年以下有期徒刑、拘役或者管制；情节严重的，处三年以上十年以下有期徒刑。

犯前款罪，事前通谋的，以共同犯罪论处。

《最高人民法院、最高人民检察院、公安部、司法部关于办理醉酒危险驾驶刑事案件的意见》

第十条第十二项 醉驾具有下列情形之一，尚不构成其他犯罪的，从重处理：

（十二）实施威胁、打击报复、引诱、贿买证人、鉴定人等人员或者毁灭、伪造证据等妨害司法行为的；

【典型案例】

1. 余茂生危险驾驶案［裁判法院：上海市第一中级人民法院；案号：（2021）沪01刑终1125号］

裁判要旨：被告人醉酒驾驶机动车发生交通事故后，通过他人顶包企图逃避处罚，但经民警现场教育后承认顶包事实，尚未扰乱司法秩序的，仅以危险驾驶罪一罪从重处罚。

2. 代天波危险驾驶、妨害作证案［裁判法院：上海市第二中级人民法院；案号：（2021）沪 02 刑终 458 号］

裁判要旨：被告人醉酒驾驶机动车发生交通事故后，找人顶包、指使他人提供虚假证言等干扰司法、逃避处罚的，以危险驾驶罪和妨害作证罪数罪并罚。

（三）醉驾发生交通事故的审查

【审查要点】

查明被告人醉酒驾驶机动车是否发生交通事故以及损害程度、所负责任大小，是否具有逃逸情节等。构成交通肇事罪的，以交通肇事罪定罪处罚；尚未构成交通肇事罪，负事故全部或主要责任或者造成交通事故后逃逸的，以危险驾驶罪从重处罚。

【注意事项】

1. 交通事故作为危险驾驶罪从重处罚的情形。发生交通事故，尚未构成交通肇事罪的，应当根据损害后果的大小、被告人的责任大小以及是否具有逃逸情节来确定是否从重处罚。当被告人因醉驾发生非单方交通事故，造成他人轻微伤以上人身伤害或者较大财产损失，且负事故全部或者主要责任的，或者被告人醉驾造成交通事故后逃逸的（无论责任大小），应以危险驾驶罪从重处罚。

发生交通事故仅致本人受伤或者本人财产遭受损失的，系被告人为自己的犯罪行为付出的代价，不应因此对其从重处罚。发生交通事故，仅致车辆轻微刮伤或者较小财产损失，被告人已赔偿或取得谅解的，可不再从重处罚。

2. 醉酒驾驶作为交通肇事罪入罪条件的情形。被告人醉酒驾驶机动车致 1 人以上重伤，且负事故全部或主要责任的，依照交通肇事罪定罪处罚。此时，醉酒驾驶行为已作为交通肇事罪的入罪条件予以评价，故不再作为从重处罚情节予以重复评价。

3. 醉酒驾驶作为交通肇事罪从重处罚的情形。被告人醉酒驾驶机动车导致死亡 1 人或者重伤 3 人以上，且负事故全部或主要责任的，或导致死亡3人以上，负事故同等责任，或造成公共财产或他人财产直接损失，负事故全部或主要责任，无力赔偿数额在30万元以上，依照交通肇事罪定罪处罚。此时，交通事故的损害结果已单独满足成立交通肇事罪的标准，醉酒驾驶行为可以作为交通肇事罪从重处罚的情节予以评价。

4. 发生交通事故致本人重伤的处理。交通肇事罪中的被害人不包括被告人本人。被告人醉酒驾驶机动车致本人重伤的，不构成交通肇事罪，以危险驾驶罪定罪处罚。

【规范指引】

《中华人民共和国刑法》

第一百三十三条 违反交通运输管理法规，因而发生重大事故，致人重伤、死亡或者使公私财产遭受重大损失的，处三年以下有期徒刑或者拘役；交通运输肇事后逃逸或者有其他特别恶劣情节的，处三年以上七年以下有期徒刑；因逃逸致人死亡的，处七年以上有期徒刑。

第一百三十三条之一 在道路上驾驶机动车，有下列情形之一的，处拘役，并处罚金：

（一）追逐竞驶，情节恶劣的；

（二）醉酒驾驶机动车的；

（三）从事校车业务或者旅客运输，严重超过额定乘员载客，或者严重超过规定时速行驶的；

（四）违反危险化学品安全管理规定运输危险化学品，危及公共安全的。

机动车所有人、管理人对前款第三项、第四项行为负有直接责任的，依照前款的规定处罚。

有前两款行为，同时构成其他犯罪的，依照处罚较重的规定定罪处罚。

《最高人民法院关于审理交通肇事刑事案件具体应用法律若干问题的解释》

第二条　交通肇事具有下列情形之一的，处三年以下有期徒刑或者拘役：

（一）死亡一人或者重伤三人以上，负事故全部或者主要责任的；

（二）死亡三人以上，负事故同等责任的；

（三）造成公共财产或者他人财产直接损失，负事故全部或者主要责任，无能力赔偿数额在三十万元以上的。

交通肇事致一人以上重伤，负事故全部或者主要责任，并具有下列情形之一的，以交通肇事罪定罪处罚：

（一）酒后、吸食毒品后驾驶机动车辆的；

（二）无驾驶资格驾驶机动车辆的；

（三）明知是安全装置不全或者安全机件失灵的机动车辆而驾驶的；

（四）明知是无牌证或者已报废的机动车辆而驾驶的；

（五）严重超载驾驶的；

（六）为逃避法律追究逃离事故现场的。

《最高人民法院、最高人民检察院、公安部、司法部关于办理醉酒危险驾驶刑事案件的意见》

第十条　醉驾具有下列情形之一，尚不构成其他犯罪的，从重处理：

（一）造成交通事故且负事故全部或者主要责任的；

（二）造成交通事故后逃逸的；

……

二、醉驾犯罪与相关犯罪界限的审查

与以危险方法危害公共安全罪界限

【审查要点】

查明被告人主观上对于不特定多数人的人身、财产安全是否持希望或者放任的心态，客观上在醉酒状态下实施了危害不特定多数人的人身、财产安全的驾驶行为，且该危害达到具体而紧迫的程度或发生了实际的损害后果；符合上述要件的，可以以危险方法危害公共安全罪定罪处罚，不再认定危险驾驶罪。

【注意事项】

1. 危险驾驶罪与以危险方法危害公共安全罪的关系。危险驾驶罪属于抽象危险犯，只要行为符合刑法条文规定的犯罪要件，即认为具有法益侵害性；以危险方法危害公共安全罪属于具体危险犯，其行为不仅要满足刑法条文的具体规定，还要求危险程度要达到具体而紧迫的程度。两者的界限在于危险程度的不同，即抽象的危险犯是具体的危险犯的前一阶段，抽象的危险意味着具体的危险的可能性，具体的危险意味着侵害的可能性，危险驾驶罪和以危险方法危害公共安全罪之间是层层递进的关系。

2. 以危险方法危害公共安全罪的具体情形：

（1）被告人为逃避酒驾检查而驾车冲撞行人和车辆的，可认定为以危险方法危害公共安全罪。

（2）醉酒驾驶发生交通事故后，为逃逸继续驾车冲撞、逆行或严重超速行驶的，可认定为以危险方法危害公共安全罪。

（3）醉酒在高速公路、车流量较大的城市快速路上逆向行驶的，可认定为以危险方法危害公共安全罪。

【规范指引】

《中华人民共和国刑法》

第一百一十四条　放火、决水、爆炸以及投放毒害性、放射性、传染病病原体等物质或者以其他危险方法危害公共安全，尚未造成严重后果的，处三年以上十年以下有期徒刑。

《最高人民法院、最高人民检察院、公安部、司法部关于办理醉酒危险驾驶刑事案件的意见》

第十六条　醉驾同时构成交通肇事罪、过失以危险方法危害公共安全罪、以危险方法危害公共安全罪等其他犯罪的，依照处罚较重的规定定罪，依法从严追究刑事责任。

醉酒驾驶机动车，以暴力、威胁方法阻碍公安机关依法检查，又构成妨害公务罪、袭警罪等其他犯罪的，依照数罪并罚的规定处罚。

【典型案例】

1. 汪保龙以危险方法危害公共安全案［裁判法院：上海市第一中级人民法院；案号：（2021）沪 01 刑终 646 号］

裁判要旨：被告人醉酒在高速公路上逆向行驶，客观上达到了以危险方法危害公共安全罪所要求的现实而紧迫的危险程度。被告人明知醉酒驾驶的危险，仍然在醉酒后欲驾车回家，放任醉酒驾驶的危险发生；在发现路线不对后就掉头逆行，放任逆行可能引发的危险结果的发生，具有以危险方法危害公共安全的间接故意。

2. 孙伟铭以危险方法危害公共安全案［裁判法院：四川省高级人民法院；案号：（2009）川刑终字第 690 号］

裁判要旨：（1）被告人在未取得驾驶证的情况下，长期驾驶机动车辆，多次违反交通法规，在醉酒驾车发生交通事故后，继续驾车超限速行驶，冲撞多辆车辆，造成数人伤亡的严重后果，说明其主观上对危害结果的发生持放任态度，具有危害公共安全的间接故意，构成以危险方法危害公共安全罪。（2）醉酒驾车的行为人在主观上并不希望也不追求危害结果的发生，属于间接故意犯罪，行为的主观恶性与以制造事端为目的而恶意驾车撞人并造成重大伤亡后果的直接故意犯罪有所不同，在决定刑罚时，应当有所区别。此外，醉酒状态下驾车，行为人的辨认和控制能力实际有所减弱，量刑时也应酌情考虑。

第十部分　刑罚裁量和执行的一般方法

一、情节轻微免予刑事处罚的审查和裁判规则

【审查要点】

通过审查醉驾行为的时间、路段、距离、持续时间、醉酒程度、有无交通事故、有无其他交通违法行为等表征社会危害性因素和被告人犯罪后的态度、犯罪动机、对自身醉驾行为的认识、一贯表现等表征被告人人身危险性因素，综合判断醉驾行为是否属于《刑法》第三十七条情节轻微免予刑事处罚的情形。

同时，认定醉驾行为情节轻微免予刑事处罚时，一般应排除具有前述任一从重处罚情节。

【注意事项】

1. 社会危害性因素的考察。（1）醉酒程度，即被告人的血液酒精含量超过醉酒标准的程度，可以结合检察院相对不起诉标准综合判断。（2）醉驾的时空环境，即时间、路段、距离。包括醉驾的时间是深夜或凌晨车辆较少时，还是白天车流高峰期；醉驾持续的时间有多长；饮酒与驾驶之间间隔的时间长短；醉驾的路段是繁华闹市还是人迹稀少的区域，是普通道路，还是城市快速路、高速公路；被查获时醉驾的距离、离目的地剩余距离。（3）醉驾的机动车车况。包括是汽车还是普通摩托车；是私家车还是正在营运的客车；是符合安全技术条件的机动车还是改装车、报废车；是独自醉驾还是载有同乘人醉驾。（4）是否有其他违反道路交通安全法的行为。包括无证驾驶或者与准驾车型不符；严重超速、超载、超员；违反交通信号；吸毒后驾驶；伪造、变造、遮挡号牌等。（5）醉驾的后果，即是否发生交通事故、事故责任程度以及造成后果的严重程度。

2. 被告人人身危险性因素的考察。（1）犯罪后的态度。包括是否有主动停止醉驾、自首、坦白、立功或者积极赔偿等法定或者酌定从轻处罚情节；是否有拒不配合检查、弃车逃匿、绕卡、冲卡逃避检查，甚至殴打、驾车冲撞执法人员等恶劣行为。（2）犯罪动机或者对醉驾行为的认识。包括是否属于挪车型、短驳型、主动放弃型、代驾服务瑕疵型、紧急事由型等醉驾特殊情形。（3）被告人的一贯表现。包括是否有醉驾、酒驾以及其他前科劣迹。（4）被告人诉讼期间的表现是否良好。包括是否在诉讼期间及时到案并履行法定义务。

【规范指引】

《中华人民共和国刑法》

第三十七条 对于犯罪情节轻微不需要判处刑罚的，可以免予刑事处罚，但是可以根据案件的不同情况，予以训诫或者责令具结悔过、赔礼道歉、赔偿损失，或者由主管部门予以行政处罚或者行政处分。

《最高人民法院、最高人民检察院、公安部、司法部关于办理醉酒危险驾驶刑事案件的意见》

第十三条 对公安机关移送审查起诉的醉驾案件，人民检察院综合考虑犯罪嫌疑人驾驶的动机和目的、醉酒程度、机动车类型、道路情况、行驶时间、速度、距离以及认罪悔罪表现等因素，认为属于犯罪情节轻微的，依照刑法第三十七条、刑事诉讼法第一百七十七条第二款的规定处理。

二、宣告缓刑的审查和裁判规则

【审查要点】

查明被告人醉酒驾驶行为的犯罪事实、性质、情节以及社会危害程度是否符合《刑法》第七十二条关于宣告缓刑的规定。对于犯罪情节较轻，有悔罪表现，没有再犯危险，宣告缓刑对居住社区没有重大不良影响的被告人可以宣告缓刑。

【注意事项】

1. 犯罪情节较轻的审查。应查明被告人的血液酒精含量是否在180mg/100mL以下；同时，是否具有前述10种从重处罚的情节，是否具有前述9种从轻处罚的情节。宣告缓刑，除血液酒精含量应当满足上述标准之外，一般应当排除具有相关从重处罚情节，同时具有相关从轻处罚情节。

2. 有悔罪表现的审查。应查明被告人是否具有自首、坦白、立功等情节，到案后是否积极配合公安机关的血液酒精含量查验，诉讼期间是否表现良好，是否自愿认罪认罚等。

3. 没有再犯的危险审查。应查明被告人平时表现是否良好，是否具有前科劣迹，特别是是否因醉驾受过刑事处罚或者一定时期内因酒驾受过行政处罚，以及前科劣迹距离本次犯罪的时间。

4. 宣告缓刑对居住社区没有重大不良影响的审查。应查明被告人是否具有符合当地社区矫正机关要求的实施社区矫正的条件，以及对社区的影响，必要时可委托社区矫正机关进行审前调查。

5. 酌定情形的审查。审查被告人是否属于对企业经营有关键影响的人员、“六稳”“六保”关键人员、特殊职业人员以及负有主要抚养、赡养和照顾义务的人员。该酌定情形可以作为宣告缓刑的参考因素。

【规范指引】

《中华人民共和国刑法》

第七十二条 对于被判处拘役、三年以下有期徒刑的犯罪分子，同时符合下列条件的，可以宣告缓刑，对其中不满十八周岁的人、怀孕的妇女和已满七十五周岁的人，应当宣告缓刑：

（一）犯罪情节较轻；

（二）有悔罪表现；

（三）没有再犯罪的危险；

（四）宣告缓刑对所居住社区没有重大不良影响。

宣告缓刑，可以根据犯罪情况，同时禁止犯罪分子在缓刑考验期限内从事特定活动，进入特定区域、场所，接触特定的人。

被宣告缓刑的犯罪分子，如果被判处附加刑，附加刑仍须执行。

第七十三条 拘役的缓刑考验期限为原判刑期以上一年以下，但是不能少于二个月。

有期徒刑的缓刑考验期限为原判刑期以上五年以下，但是不能少于一年。

缓刑考验期限，从判决确定之日起计算。

《最高人民法院、最高人民检察院、公安部、司法部关于办理醉酒危险驾驶刑事案件的意见》

第十四条 对符合刑法第七十二条规定的醉驾被告人，依法宣告缓刑。具有下列情形之一的，一般不适用缓刑：

（一）造成交通事故致他人轻微伤或者轻伤，且负事故全部或者主要责任的；

（二）造成交通事故且负事故全部或者主要责任，未赔偿损失的；

（三）造成交通事故后逃逸的；

（四）未取得机动车驾驶证驾驶汽车的；

（五）血液酒精含量超过 180 毫克 /100 毫升的；

（六）服用国家规定管制的精神药品或者麻醉药品后驾驶的；

（七）采取暴力手段抗拒公安机关依法检查，或者实施妨害司法行为的；

（八）五年内曾因饮酒后驾驶机动车被查获或者受过行政处罚的；

（九）曾因危险驾驶行为被判决有罪或者作相对不起诉的；

（十）其他情节恶劣的情形。

【典型案例】

魏海涛危险驾驶案，《刑事审判参考》第 895 号案例［裁判法院：广东省珠海市中级人民法院；案号：（2019）粤 04 刑终 278 号］

裁判要旨：危险驾驶罪的犯罪情节较轻，不以是否发生交通事故为划分标准。对于虽然发生交通事故，但事故后果并不严重，且被告人积极赔偿、认罪悔罪的，综合考虑全案情节，仍可以认定为犯罪情节较轻，对被告人依法可以宣告缓刑。为达到有效遏制、预防醉驾犯罪的目的，对缓刑的适用也不能失之过宽。对具有发生交通事故、肇事后逃逸、严重超速超员超载、无证驾驶、逃避或者阻碍公安机关依法检查等从重处罚情节的被告人，适用缓刑时应当从严掌握，一般不适用缓刑。

三、基准刑的确定及增加刑罚量的方法

【审查要点】

查明被告人血液酒精含量及各量刑情节，在量刑起点的基础上，根据血液酒精含量和从重处罚情节，增加刑罚量，确定基准刑；根据从轻处罚情节对应的减少刑罚量修正基准刑，得出宣告刑。

【注意事项】

1. 醉酒驾驶机动车的，一般应在一个月至二个月拘役幅度内确定量刑起点，并处罚金。血液酒精含量每增加30mg/100mL，增加十五日刑期及罚金；刑期每增加一个月，增加1000元至5000元罚金。

2. 醉酒驾驶机动车，具有前述10种从重处罚情节的，可以从重处罚，一般应当在三个月拘役以上确定基准刑。

3. 醉酒驾驶机动车，具有前述9种从轻处罚情节的，可以在基准刑的基础上从轻处罚。

4. 同时具有从重、从轻处罚情节时，应先考虑从重，再在从重的基础上予以从轻。

【规范指引】

《最高人民法院关于常见犯罪的量刑指导意见（二）（试行）》

一、八种常见犯罪的量刑

（一）危险驾驶罪

1. 构成危险驾驶罪的，可以在一个月至二个月拘役幅度内确定量刑起点。

2. 在量刑起点的基础上，可以根据危险驾驶行为等其他影响犯罪

构成的犯罪事实增加刑罚量，确定基准刑。

3. 对于醉酒驾驶机动车的被告人，应当综合考虑被告人的醉酒程度、机动车类型、车辆行驶道路、行车速度、是否造成实际损害以及认罪悔罪等情况，准确定罪量刑。对于情节显著轻微危害不大的，不予定罪处罚；犯罪情节轻微不需要判处刑罚的，可以免予刑事处罚。

《最高人民法院、最高人民检察院、公安部、司法部关于办理醉酒危险驾驶刑事案件的意见》

第十五条　对被告人判处罚金，应当根据醉驾行为、实际损害后果等犯罪情节，综合考虑被告人缴纳罚金的能力，确定与主刑相适应的罚金数额。起刑点一般不应低于道路交通安全法规定的饮酒后驾驶机动车相应情形的罚款数额；每增加一个月拘役，增加一千元至五千元罚金。

【典型案例】

张晓堤危险驾驶案，《人民司法·案例》2017年第26期［裁判法院：广东省深圳市中级人民法院；案号：（2017）粤03刑终655号］

裁判要旨：危险驾驶罪的量刑，应把握案件的全部量刑要素。当从宽处罚与从重处罚情节并存时，先考虑从重，再在从重的基础上酌情从轻。

四、认罪认罚案件量刑建议的审查和裁判规则

【审查要点】

认罪认罚案件中，审查公诉机关提出的关于主刑、附加刑以及是否适用缓刑的量刑建议是否适当；如无明显不当的，应当予以采纳。

【注意事项】

1. 量刑建议明显不当的认定。具体包括：量刑建议符合《刑事诉讼法》第二百零一条第一款5种情形之一的，量刑建议遗漏法定量刑情节，建议主刑刑期与拟宣判刑期相差超过一个月，以及不符合缓刑适用条件而建议适用缓刑或者符合缓刑适用条件但未建议适

用缓刑等。

2. 量刑建议明显不当的处理。经审查认为公诉机关量刑建议明显不当的，应当告知公诉机关调整量刑建议并做好留痕工作，必要时可以书面函告公诉机关；公诉机关不调整或者调整后明显不当的，应当依法作出判决，同时不影响对被告人认罪认罚从宽情节的认定。

【规范指引】

《中华人民共和国刑事诉讼法》

第二百零一条 对于认罪认罚案件，人民法院依法作出判决时，一般应当采纳人民检察院指控的罪名和量刑建议，但有下列情形的除外：

（一）被告人的行为不构成犯罪或者不应当追究其刑事责任的；

（二）被告人违背意愿认罪认罚的；

（三）被告人否认指控的犯罪事实的；

（四）起诉指控的罪名与审理认定的罪名不一致的；

（五）其他可能影响公正审判的情形。

人民法院经审理认为量刑建议明显不当，或者被告人、辩护人对量刑建议提出异议的，人民检察院可以调整量刑建议。人民检察院不调整量刑建议或者调整量刑建议后仍然明显不当的，人民法院应当依法作出判决。

《最高人民法院、最高人民检察院、公安部、国家安全部、司法部关于适用认罪认罚从宽制度的指导意见》

41. 量刑建议的调整。人民法院经审理，认为量刑建议明显不当，或者被告人、辩护人对量刑建议有异议且有理有据的，人民法院应当告知人民检察院，人民检察院可以调整量刑建议。人民法院认为调整后的量刑建议适当的，应当予以采纳；人民检察院不调整量刑建议或者调整后仍然明显不当的，人民法院应当依法作出判决。

适用速裁程序审理的，人民检察院调整量刑建议应当在庭前或者当庭提出。调整量刑建议后，被告人同意继续适用速裁程序的，不需要转换程序处理。

五、刑罚执行的一般方法

【审查要点】

查明被告人判决宣告以前被羁押的时间，居住地是否具备社区矫正的条件。

【注意事项】

1. 判处实刑的执行。对判处实刑的被告人，判决生效后，人民法院应当及时通知公安机关将其送交看守所收监执行。被告人因本次醉酒驾驶犯罪被刑事拘留，或者附随交通违法行为被行政拘留（该交通违法行为已作为本次犯罪的从重处罚情节予以评价）的，在计算刑期时应予以折抵，羁押一日折抵刑期一日。

2. 宣告缓刑的执行。对被告人宣告缓刑的，在缓刑考验期内，由社区矫正机关依法实行社区矫正。被告人存在多个地方居住的，可以确定经常居住地为社区矫正执行地。没有居住地以及居住地、经常居住地无法确定或者不适宜社区矫正的，应当根据有利于被告人接受矫正、更好地融入社会的原则，确定社区矫正执行地。确定为社区矫正执行地的社区矫正机构应当及时接受。

3. 相关行政处罚的衔接。人民法院作出刑事处罚或者免予刑事处罚的醉驾案件，以及审理过程中发现具有一般交通违法行为的醉驾案件，公安机关应当依照《道路交通安全法》等法律规定，对机动车驾驶人作出相应的行政处罚。

【规范指引】

《中华人民共和国刑法》

第七十六条 对宣告缓刑的犯罪分子，在缓刑考验期限内，依法实行社区矫正，如果没有本法第七十七条规定的情形，缓刑考验期满，原判的刑罚就不再执行，并公开予以宣告。

《中华人民共和国社区矫正法》

第十七条 社区矫正决定机关判处管制、宣告缓刑、裁定假释、决定或者批准暂予监外执行时应当确定社区矫正执行地。

社区矫正执行地为社区矫正对象的居住地。社区矫正对象在多个地方居住的，可以确定经常居住地为执行地。

社区矫正对象的居住地、经常居住地无法确定或者不适宜执行社区矫正的，社区矫正决定机关应当根据有利于社区矫正对象接受矫正、更好地融入社会的原则，确定执行地。

本法所称社区矫正决定机关，是指依法判处管制、宣告缓刑、裁定假释、决定暂予监外执行的人民法院和依法批准暂予监外执行的监狱管理机关、公安机关。

《最高人民法院、最高人民检察院、公安部、司法部关于办理醉酒危险驾驶刑事案件的意见》

第十九条 对犯罪嫌疑人、被告人决定不起诉或者免予刑事处罚的，可以根据案件的不同情况，予以训诫或者责令具结悔过、赔礼道歉、赔偿损失，需要给予行政处罚、处分的，移送有关主管机关处理。

第二十条 醉驾属于严重的饮酒后驾驶机动车行为。血液酒精含量达到80毫克/100毫升以上，公安机关应当在决定不予立案、撤销案件或者移送审查起诉前，给予行为人吊销机动车驾驶证行政处罚。根据本意见第十二条第一款处理的案件，公安机关还应当按照道路交通安全法规定的饮酒后驾驶机动车相应情形，给予行为人罚款、行政拘留的行政处罚。

人民法院、人民检察院依据本意见第十二条第一款、第十三条处理的案件，对被不起诉人、被告人需要予以行政处罚的，应当提出检察意见或者司法建议，移送公安机关依照前款规定处理。公安机关应当将处理情况通报人民法院、人民检察院。

股权代持类案办案要件指南

课题组成员

主持人：朱　川　上海市高级人民法院金融审判庭庭长（上海市第二中级人民法院商事审判庭原庭长）

执笔人：王　曦　上海市第二中级人民法院商事审判庭团队负责人

贾佳秀　上海市第二中级人民法院商事审判庭法官助理

柳　洋　上海市宝山区人民法院商事审判庭审判员

沈　洁　上海市第二中级人民法院商事审判庭原法官助理

指导人员

毛海波　上海市浦东新区人民法院副院长（上海市高级人民法院商事审判庭原副庭长）

壮春晖　上海市第一中级人民法院商事审判庭副庭长（上海市高级人民法院商事审判庭原团队负责人）

俞　佳　上海市高级人民法院商事审判庭审判员

孟高飞　上海市高级人民法院商事审判庭审判员

▶ 精要导读

一、裁判理念

（一）准确认定股权代持合意

代持合意是认定股权代持法律关系的核心。判断是否存在股权代持合意，遵循“谁主张，谁举证”原则。在无书面代持协议的场合，实际出资人需提供其他证据以补强股权代持合意，法官应依据“证据综合审查原则”“优势证据原则”“高度盖然性标准”，经由经验法则和自由心证，进行审慎认定，以至形成足够的内心确信。具体而言，以当事人提交的证据材料为基础。例如，存在实际出资行为，实际行使股东权利、履行股东义务，第三人知悉股权代持事宜，存在合理的代持原因等，从各证据与案件事实的关联程度、各证据之间的联系、各证据的证明力等进行综合审查、交叉印证。此外，要特别注意股权代持合意与间接持股、民间借贷等意思表示的甄别区分。

（二）区分确认股权代持合同效力

基于公司的不同类型特征，相应股权代持合同的效力认定亦体现为不同原则。对于有限责任公司的股权代持，立法层面明确了以有效为原则，以违反原《中华人民共和国合同法》第五十二条规定为例外的认定思路。对于商业银行、保险公司，司法实践依据银保监会部门规章对相关股权代持效力作出无效认定。对于外商投资企业，最高人民法院出台规定，股权代持行为不具有法律、行政法规规定的无效情形的，应当认定合同有效，仅以未经审批为由主张合同无效或未生效的，人民法院不予支持。对于股份公司，特别是上市公司股权代持，法律和司法解释未作明确规范，司法实践一般认为上市公司股权代持原则上无效，理由主要包括违反法律、行政法规的强制性规定，或损害社会公共利益，违背公序良俗。依照《全国法院民商事审判工作会议纪要》精神，人民法院在认定证监会针对上市公司的相关规章是否涉及公序良俗时，要在考察规范对象的基础上，兼顾监管强度、交易安全保护以及社会影响等方面进行慎重考量。

（三）股东资格确认标准遵从内外有别原则

在股东资格的确认标准上，应遵从“内外有别”原则。“对内”尊重合同相对性、公司自治，弱化外观主义，保障有限责任公司人合性；“对外”则注重公司债权人与名义股东债权人利益的保护。实际出资人与公司之间能否建立公司法认可的股权关系，需要考量公司的性质、其他股东是否知情、是否违反法律的强制性规定等因素综合判断，名义股东一般不能仅依公司股东名册、工商登记记载主张具有股东资格、享有股东权利。

（四）注重保护善意第三人对代持股权的信赖利益

股权代持是名义股东与实际出资人之间达成的权利义务关系，具有相对性，其效力范围仅限于当事人双方。在股权代持协议外部法律关系中，则应秉持商事外观主义原则，以工商登记公示的股权关系为准，以保护第三人的交易信赖，维护交易安全。股权代持所涉第三人类型较多，基础事实关系亦不同。此类纠纷审理的共性在于第三人善意与否的判断，即第三人对股权代持关系是否知情。若第三人不知情，应从商事外观主义出发，遵循形式特征优于实质特征的原则，以股权登记的外部权利表征为准；若第三人知情，则应根据具体的交易情形，判断是否依据实质关系认定权利义务。对涉及第三人的股权代持类纠纷，审判中要注意准确把握外观主义的适用边界，避免泛化和滥用。

二、重点问题

（一）无书面股权代持协议情况下，如何认定股权代持关系存在并确认股权为实际出资人所有

无书面股权代持协议的情况下，名义股东虽否认代持关系，但实

际出资人已经缴纳出资，并且行使股东权利，如行使表决权、主张公司分红或者以股东身份参与公司经营管理等，其他股东过半数未提出异议的，对实际出资人确认股东资格的请求，人民法院应予支持。根据《最高人民法院关于适用〈中华人民共和国公司法〉若干问题的规定（三）》（以下简称《公司法司法解释三》）第二十四条第二款的规定，出资是无书面协议时判断股权代持合意的重要条件。《公司法司法解释三》第二十四条第三款以及《全国法院民商事审判工作会议纪要》第二十八条，则明确实际出资人显名还需要其他股东过半数同意，而“同意”是指知道其实际出资的事实，以及对其实际行使股东权利未曾提出异议。

（二）股权代持合同的当事人是否享有任意解除权

司法实践中，大多数裁判将股权代持合同在性质上认定为委托合同，并根据委托合同的相关规定赋予双方当事人行使任意解除代持合同的权利。若股权代持合同明确排除适用任意解除权的，人民法院应予支持。基于股权代持合同的设立和履行结果兼涉合同法与公司法法律关系考虑，若股权代持合同解除后果，影响到目标公司经营和债权人利益的，人民法院对此任意解除权的行使，则应持审慎态度。

（三）股权代持合同无效后，如何分配合同履行后新增的代持股权收益

在合同履行之后新增的代持股权收益，不适用恢复原状，应由合同当事人协商确定如何分配，协商不成的适用公平原则合理分配。在适用公平原则时应着重考虑以下两个方面的因素：一是对投资收益的贡献程度，即考虑谁实际承担了投资期间的机会成本和资金成本，按照“谁投资、谁收益”原则，将收益主要分配给承担了投资成本的一方；二是对投资风险的交易安排，即考虑谁将实际承担投资亏损的不利后果，按照“收益与风险相一致”原则，将收益主要分配给承担了投资风险的一方。

（四）当事人签订股权转让协议后，股东名册与工商登记均未发生变更，而是由出让人代受让人持有股权，受让人主张解除股权代持关系并请求出让人返还股权转让款，应当如何处理

“实转形不转”股权代持，指转让人代受让人代持股权，形成了股权转让与代持关系的双重合意，类似于动产的占有改定，受让人为实际股东，但形式上股东名册及工商登记中的股东仍为转让人。股权转让协议签订后，受让人支付股权转让款，但未变更登记为股东，并由此与出让人成立股权代持关系的，股权代持关系可经任一方主张随时解除，但股权转让关系须经双方协议解除或一方依法解除，合法解除后，受让人方可要求出让人返还股权转让款。受让人仅以双方股权代持关系终止为由，要求出让人返还股权转让款的，人民法院不予支持。

（五）当事人签订股权转让协议后，同时约定受让人代转让人持有股权，转让人请求受让人支付股权转让款，以及确认股东资格，应当如何处理

“形转实不转”股权代持，指受让人代转让人持有股权，形式上股东名册和工商登记中的股东为受让人，但转让人仍为实际股东，股东资格实际上并未发生变动。转让人与受让人达成股权代持合意，由受让人代转让人持有股权，并经其他股东过半数同意，转让人请求受让人支付股权转让款的，人民法院不予支持。转让人与受让人达成股权代持合意，由受让人代转让人持有股权，并经其他股东过半数同意，转让人请求确认其享有股东资格的，人民法院应予支持。

（六）股权让与担保中，债权人与原股东约定，由债权人代原股东持有股权，股权让与担保与股权代持二者是何关系？如公司对外负债到期不能清偿的，让与担保中的债权人是否应在未出资范围内承担责任

股权代持与股权让与担保的共性在于，股东资格名实分离。在股权让与担保中，债权人承诺为原股东代持股权，则股权代持与让与担保发生了融合，应当适用《最高人民法院关于适用〈中华人民共和国民法典〉有关担保制度的解释》第六十九条规定，让与担保中的债权人无需承担出资责任。在股权让与担保中，债权人承诺为原股东代持股权，认可原股东享有股东资格，实际股东与名义股东发生分离的本质原因是担保债权的实现，理应适用股权让与担保的相关规定，原股东存在出资不足或抽逃出资的情况，让与担保中的债权人不应对此承担责任。

（七）第三人善意取得股权，何为“善意”的判断标准

第三人对名义股东未经实际出资人同意擅自处分代持股权客观上不知情，且无重大过失，构成善意。一般认为，只需了解工商登记的股东情况、向出让人询问和索阅公司内部同意对外转让股权的相关文件，即可认定已尽到必要注意义务，为“善意”相对人，但有证据证明第三人事先知道或应当知道名义股东无处分权的除外。第三人为股权质押权人的，“善意”的认定依照《民法典》关于善意取得制度中“善意”的认定标准进行审查。

（八）实际出资人基于股权代持关系，可否排除名义股东债权人对代持股权的强制执行

实际出资人一般不能排除名义股东债权人对代持股权的强制执行，除非其已持有系争股权被冻结前作出的另案生效确权法律文书。具体而言：其一，股权权属应当依照《中华人民共和国公司法》（以下简称《公司法》）相关规定进行认定。根据《公司法》第五十六条和《民法典》第六十五条等，股东可以依股东名册主张行使股东权利，未经登记则不得对抗善意相对人。名义股东记入股东名册并作了工商登记，股权当然属于名义股东所有，并且名册记载与工商登记内容一致，也不符合登记对抗制适用条件，故实际出资人不能对抗强制执行。其二，在股权代持双方内部，投资权益归属于实际出资人，但在履行完毕记入股东名册、办理变更登记手续前，股权仍属名义股东所有。这种可能被名义股东债权人强制执行的风险，实际出资人可以事先预见，也是其从代持安排中获得额外收益所应承担的风险。其三，记入股东名

册和进行股权登记，具有较强的公示公信力。对外部债权人而言，其基于信赖登记而进行交易或在名义股东多项财产中选择登记的股权进行冻结，该种信赖利益应予保护。其四，依据《最高人民法院关于人民法院办理执行异议和复议案件若干问题的规定》第二十六条规定，若实际出资人已持有系争股权被冻结前作出的生效确权法律文书，其可排除强制执行。

（九）涉对赌案件中，名义股东可否基于股权代持关系，主张无需承担对赌义务

基于合同的相对性，原则上由签署对赌协议的名义股东承担对赌义务，对赌协议约定由控股股东承担对赌义务，名义股东以其系代持股权为由否认自身控股股东的地位，该主张不能对抗对赌权利人。若对赌权利人对股权代持知情，缔约磋商系直接与实际出资人进行等，可参照间接代理相关规则，认定实际出资人为对赌义务人，但在涉及股权回购时，仍应考虑实际出资人回购股权所受的公司法限制，如其他股东享有优先购买权等。

（十）实际出资人要求名义股东承担擅自处分代持股权的赔偿责任，损失如何认定

名义股东擅自处分代持股权违反了代持协议，也构成侵权。如以侵权作为请求权基础：股权转让场合，应以股权市场价格为准，实际转让的价格可以作为参考判断的因素，在实际转让价格高于市场价格时，可以实际转让价格认定损失金额；股权质押场合，损害形式表现为股权被设定权利负担，存在被强制执行的风险，原则上需待强制执行结束，损害实际发生后，按实际产生的损害认定赔偿金额。如以违约作为请求权基础：约定了违约责任，依照约定处理；没有约定违约责任，由原告方对损失的金额承担举证责任，可参考转让价格、市场价格作综合认定。同时，需考虑实际出资人过错对损害赔偿责任认定的影响：损害由实际出资人故意造成的，名义股东不承担责任；实际出资人对损失的发生有过错的，可相应地减少损害赔偿金额。

第一部分　股权代持类案总体情况概述

一、审理情况

（一）案件数量近两年处于高位

2016年1月至2020年12月，上海各级法院审结一审涉股权代持案件共682件，其中2016年116件，2017年86件，2018年91件，2019年217件，2020年172件。总体而言，案件数量发展态势平稳，近两年处于高位。

（二）上诉案件改发率处于低位

2016年1月至2020年12月，上海法院审结二审涉股权代持案件共266件，二审维持244件，二审改判发回案件22件，改发率为8.27%。总体而言，涉股权代持类案件的审理已经相对成熟。

（三）目标公司以有限责任公司为主

有限责任公司是股权代持的多发地。有限责任公司占据市场主体的大部分，同时，有限责任公司的封闭性、强人合性、弱流动性等特点，天然地与股权代持相契合。

二、审理特点

（一）股东诉求多样

请求权基础多样，案件类型比较分散，既有公司内部纠纷，又有公司外部纠纷。前者包括股东资格确认纠纷、请求变更公司登记纠纷、股东知情权纠纷、公司盈余分配纠纷、公司决议纠纷等；后者包括合同效力确认纠纷、股权转让纠纷、委托合同纠纷、担保合同纠纷、执行异议之诉等。

（二）代持成因多元

实际出资人与名义股东达成代持合意的原因多元，具体包括：第一，实际出资人自身障碍（如公务员身份、金融机构股东资质、外商投资政策限制、竞业禁止限制、躲避债务）；第二，利用名义股东优势（资源、税收）或者为名义股东增信（出国、贷款）；第三，突破公司股东人数限制（代职工持股）、避免成为一人公司；第四，股东内部、家庭内部股权分配。

（三）利益主体众多

在股权代持关系中，存在三方法律关系，即实际出股东与名义股东之间的法律关系，实际出资人、名义股东与公司之间的法律关系，实际出资人、名义股东与公司外部第三人之间的关系。公司外部第三人不仅包括公司债权人，还包括名义股东债权人、实际出资人债权人，股东资格归属与上述三类债权利益紧密相关。正是因为股权代持关系中利益主体众多，股东资格的认定标准尤为复杂，涉及合同法、公司法、物权法等多部法律诸多疑难问题。

三、审理理念

（一）类型一：代持股东之间的纠纷

代持股东之间的纠纷，主要涉及股权代持合同、股权转让合同等合同类案件。从诉请原告主体来看，为实际出资人或名义股东。从诉请的类型来看，包含确认否认股权代持合同效力的诉请、解除股权代持合同的诉请、支付股权利润的诉请、返还股权转让款的诉请、承担违约责任的诉请、股东资格确认的诉请等。在合同效力认定方面，就有限责任公司而言，如无法律规定的无效情形，应认定合同有效。就股份有限公司而言，还应注意审查合同内容是否违反法律、行政法规的效力性规定，是否违背公序良俗。在合同履行方面，应注意区分股权代持合同中的财产关系与身份关系，财产关系外部性较小，注重合同的相对性，而身份关系（例如股东资格）影响合同主体之外的第三人（其他股东与公司），外部性强，仍应遵循《公司法》中有关组织体的规定。在合同解除认定方面，应注重审查当事人的请求权基础，综合考虑股权代持关系解除对于公司经营的影响，予以审慎处理。

（二）类型二：代持股东与公司及其他股东之间的纠纷

代持股东与公司、其他股东之间的纠纷，主要涉及股东资格确认。从诉请原告主体看来，包含实际出资人确认自己享有股东资格，他人确认实际出资人享有股东资格。从诉请的类型来看，包括单纯的确认股东资格诉请，还包括确认股东资格与股权变更登记诉请。

在股东资格的确认标准上，基本遵从了“内外有别”的原则，“对内”日益体现出尊重合同相对性、公司自治、弱化外观主义、保障有限责任公司人合性的倾向，“对外”则注重公司债权人与名义股东债权人利益的保护。实际出资人与公司之间能否产生公司法认可的股权关系，需要考量公司的性质、其他股东是否知情、是否违反法律的强制性规定等因素后综合判断，名义股东一般不能仅依股东名册记载、公司登记机关登记之名主张其具有股东资格、享有股东权利。

（三）类型三：代持股东与第三人之间的纠纷

股权代持中涉及第三人的纠纷，第三人的范围指向公司外部债权人，如名义股东的债权人、实际出资人的债权人、公司的债权人、代持股权的受让人或质押权人。实践中，主要有以下四类：一是代持股权的处分，包括实际出资人直接对外处分股权或名义股东未经实际出资人同意擅自对外处分股权；二是对赌协议中回购义务承担主体的争议，如登记的名义股东系公司控股股东，依照协议负有股权回购义务；三是代持股权执行的争议，代持股权作为名义股东财产被查封，实际出资人提出执行异议，抑或实际出资人的债权人要求执行登记在名义股东名下的代持股权；四是公司债权人追究名义股东的瑕疵出资责任。相较于类型二纠纷所涉公司内部治理的规范判断，类型三纠纷系公司外部法律关系的处理，涉及合同法、物权法以及执行领域法律规范的交叉。股权代持系名义股东与实际出资人间达成的权利义务关系，具有合同相对性，其效力范围只局限于协议当事人。在协议外部法律关系中，应秉持商事外观主义原则，以公司登记机关登记公示的股权关系为准，以保护第三人的交易信赖，维护交易安全。股权代持所涉第三人类型较多，基础事实关系亦不同。此类纠纷审理的共性在于第三人善意与否的判断，即第三人对股权代持关系是否知情。若第三人不知情，应从商事外观主义出发，遵循形式特征优于实质特征的原则，以股权登记的外部权利表征为准；若第三人知情，则应根据具体的交易情形，判断是否依据实质关系认定权利义务。总体而言，要把握好《全国法院民商事审判工作会议纪要》的精神，外观主义是为保护交易安全设置的例外规定，一般适用于因合理信赖权利外观或意思表示外观的交易行为。实际权利人与名义权利人的关系，应注重财产的实质归属，而不单纯地取决于公示外观，审判实务中要准确把握外观主义的适用边界，避免泛化和滥用。

第二部分　立案审查

一、当事人的审查

（一）股权代持合同纠纷

【审查要点】

1. 当事人基于股权代持合同向法院提起确认代持合同效力，解除代持合同，承担违约责任诉请的诉讼，实际出资人与名义股东互为原被告。

2. 当事人基于股权代持合同向法院提起支付股权利润，返还股权转让款诉请的诉讼，实际出资人为原告，名义股东为被告。

3. 前述两项中，与案件争议有利害关系的民事主体，如标的公司，法院依申请或依职权通知其作为第三人参加诉讼。

【规范指引】

《中华人民共和国民事诉讼法》

第一百二十二条　起诉必须符合下列条件：

（一）原告是与本案有直接利害关系的公民、法人和其他组织；

（二）有明确的被告；

（三）有具体的诉讼请求和事实、理由；

（四）属于人民法院受理民事诉讼的范围和受诉人民法院管辖。

《最高人民法院关于适用〈中华人民共和国公司法〉若干问题的规定（三）》

第二十一条　当事人向人民法院起诉请求确认其股东资格的，应当以公司为被告，与案件争议股权有利害关系的人作为第三人参加诉讼。

（二）股东资格确认纠纷

【审查要点】

1. 诉讼请求仅为确认其股东资格的，公司为被告，与案件争议股权有利害关系的人为第三人。

2. 诉讼请求含有“记载于股东名册”“工商变更登记”等给付内容的，公司及名义股东均为被告。注意，名义股东为被告，而非第三人。

【规范指引】

《最高人民法院关于适用〈中华人民共和国公司法〉若干问题的规定（三）》

第二十一条　当事人向人民法院起诉请求确认其股东资格的，应当以公司为被告，与案件争议股权有利害关系的人作为第三人参加诉讼。

（三）名义股东擅自处分代持股权纠纷

【审查要点】

1. 股权受让方以名义股东为被告提起诉讼，要求变更股权登记，或者名义股东以受让方为被告提起诉讼，要求支付股权转让款，实际出资人应作为有独立请求权的第三人参加诉讼。实际出资人已另案提起确权纠纷处理代持股权内部法律关系的，可待确权案件处理完内部纠纷后再处理外部股权转让纠纷。

2. 实际出资人诉请确认名义股东股权转让行为无效的，应将名义股东与股权受让方列为共同被告。

【规范指引】

《中华人民共和国民事诉讼法》

第一百二十二条 起诉必须符合下列条件：

（一）原告是与本案有直接利害关系的公民、法人和其他组织；

（二）有明确的被告；

（三）有具体的诉讼请求和事实、理由；

（四）属于人民法院受理民事诉讼的范围和受诉人民法院管辖。

第五十九条 对当事人双方的诉讼标的，第三人认为有独立请求权的，有权提起诉讼。

对当事人双方的诉讼标的，第三人虽然没有独立请求权，但案件处理结果同他有法律上的利害关系的，可以申请参加诉讼，或者由人民法院通知他参加诉讼。人民法院判决承担民事责任的第三人，有当事人的诉讼权利义务。

前两款规定的第三人，因不能归责于本人的事由未参加诉讼，但有证据证明发生法律效力的判决、裁定、调解书的部分或者全部内容错误，损害其民事权益的，可以自知道或者应当知道其民事权益受到损害之日起六个月内，向作出该判决、裁定、调解书的人民法院提起诉讼。人民法院经审理，诉讼请求成立的，应当改变或者撤销原判决、裁定、调解书；诉讼请求不成立的，驳回诉讼请求。

《最高人民法院关于适用〈中华人民共和国民事诉讼法〉的解释》

第八十一条 根据民事诉讼法第五十九条的规定，有独立请求权的第三人有权向人民法院提出诉讼请求和事实、理由，成为当事人；无独立请求权的第三人，可以申请或者由人民法院通知参加诉讼。

第一审程序中未参加诉讼的第三人，申请参加第二审程序的，人民法院可以准许。

（四）实际出资人直接处分代持股权纠纷

【审查要点】

1. 股权受让方以实际出资人为被告提起诉讼，要求变更股权登记的，应向当事人释明申请追加名义股东为被告或依职权通知名义股东参加诉讼。

2. 实际出资人作为原告，诉请要求股权受让方向其支付股权转让款的，将名义股东列为第三人。

【规范指引】

《中华人民共和国民事诉讼法》

第一百三十五条 必须共同进行诉讼的当事人没有参加诉讼的，人民法院应当通知其参加诉讼。

《最高人民法院关于适用〈中华人民共和国民事诉讼法〉的解释》

第七十三条 必须共同进行诉讼的当事人没有参加诉讼的，人民法院应当依照民事诉讼法第一百三十五条的规定，通知其参加；当事人也可以向人民法院申请追加。人民法院对当事人提出的申请，应当进行审查，申请理由不成立的，裁定驳回；申请理由成立的，书面通知被追加的当事人参加诉讼。

（五）涉股权代持的对赌协议纠纷

【审查要点】

对赌权利人诉请对赌义务人即名义股东履行对赌协议项下的回购或支付补偿款义务的，应向当事人释明申请实际出资人为第三人参加诉讼或依职权通知实际出资人作为第三人参加诉讼。

【规范指引】

《中华人民共和国民事诉讼法》

第五十九条 对当事人双方的诉讼标的，第三人认为有独立请求权的，有权提起诉讼。

对当事人双方的诉讼标的，第三人虽然没有独立请求权，但案件处理结果同他有法律上的利害关系的，可以申请参加诉讼，或者由人民法院通知他参加诉讼。人民法院判决承担民事责任的第三人，有当事人的诉讼权利义务。

前两款规定的第三人，因不能归责于本人的事由未参加诉讼，但有证据证明发生法律效力的判决、裁定、调解书的部分或者全部内容错误，损害其民事权益的，可以自知道或者应当知道其民事权益受到损害之日起六个月内，向作出该判决、裁定、调解书的人民法院提起诉讼。人民法院经审理，诉讼请求成立的，应当改变或者撤销原判决、裁定、调解书；诉讼请求不成立的，驳回诉讼请求。

《最高人民法院关于适用〈中华人民共和国民事诉讼法〉的解释》

第八十一条 根据民事诉讼法第五十九条的规定，有独立请求权的第三人有权向人民法院提出诉讼请求和事实、理由，成为当事人；无独立请求权的第三人，可以申请或者由人民法院通知参加诉讼。

第一审程序中未参加诉讼的第三人，申请参加第二审程序的，人民法院可以准许。

（六）涉股权代持的案外人执行异议之诉

【审查要点】

1. 在名义股东与其债权人之间的执行案件执行程序开始后、针对代持股权强制执行程序终结前，实际出资人可以提起案外人执行异议。

2. 案外人（实际出资人）、申请执行人（名义股东的债权人）对执行异议裁定不服的，自裁定送达之日起 15 日内可提起执行异议之诉。

3. 案外人（实际出资人）提起执行异议之诉，列债权人（申请执行人）为被告；债权人（申请执行人）提起执行异议之诉，列案外人（实际出资人）为被告。名义股东（被执行人）在执行异议之诉案件中的诉讼地位应当根据其是否反对案外人（实际出资人）或者申请执行人（债权人）的权利主张分别予以确定，同意的可以列为第三人，不同意的列为共同被告。被执行人下落不明，无法对案外人或者申请执行人的诉讼请求表明意见的，应当将其列为共同被告。

【规范指引】

《中华人民共和国民事诉讼法》

第二百三十八条 执行过程中，案外人对执行标的提出书面异议的，人民法院应当自收到书面异议之日起十五日内审查，理由成立的，裁定中止对该标的的执行；理由不成立的，裁定驳回。案外人、当事人对裁定不服，认为原判决、裁定错误的，依照审判监督程序办理；与原判决、裁定无关的，可以自裁定送达之日起十五日内向人民法院提起诉讼。

《最高人民法院关于适用〈中华人民共和国民事诉讼法〉的解释》

第三百零二条 根据民事诉讼法第二百三十四条[①] 规定，案外人、当事人对执行异议裁定不服，自裁定送达之日起十五日内向人民法院提起执行异议之诉的，由执行法院管辖。

第三百零五条 案外人提起执行异议之诉的，以申请执行人为被告。被执行人反对案外人异议的，被执行人为共同被告；被执行人不反对案外人异议的，可以列被执行人为第三人。

第三百零六条 申请执行人提起执行异议之诉的，以案外人为被告。被执行人反对申请执行人主张的，以案外人和被执行人为共同被告；被执行人不反对申请执行人主张的，可以列被执行人为第三人。

（七）公司债权人追究名义股东瑕疵出资责任纠纷

【审查要点】

公司债权人提起诉讼追究公司股东瑕疵出资责任，可以列名义股东为被告，也可以将名义股东与实际出资人列为共同被告。

【规范指引】

《最高人民法院关于民事诉讼证据的若干规定》

第十条 下列事实，当事人无须举证证明：

（一）自然规律以及定理、定律；

① 现为2023年修正的《民事诉讼法》第二百三十八条。

（二）众所周知的事实；

（三）根据法律规定推定的事实；

（四）根据已知的事实和日常生活经验法则推定出的另一事实；

（五）已为仲裁机构的生效裁决所确认的事实；

（六）已为人民法院发生法律效力的裁判所确认的基本事实；

（七）已为有效公证文书所证明的事实。

前款第二项至第五项事实，当事人有相反证据足以反驳的除外；第六项、第七项事实，当事人有相反证据足以推翻的除外。

《最高人民法院关于适用〈中华人民共和国公司法〉若干问题的规定（三）》

第十三条第二款 公司债权人请求未履行或者未全面履行出资义务的股东在未出资本息范围内对公司债务不能清偿的部分承担补充赔偿责任的，人民法院应予支持；未履行或者未全面履行出资义务的股东已经承担上述责任，其他债权人提出相同请求的，人民法院不予支持。

二、案由的审查

（一）股权代持合同类纠纷

最高人民法院制发的《最高人民法院关于印发修改后的〈民事案件案由规定〉的通知》并未规定股权代持合同纠纷这一案由，涉及股权代持关系类案件时，原则上按照原告提起诉讼的合同法律关系性质确定，实践中主要以股权转让纠纷、委托合同纠纷、合同纠纷、信托纠纷、与公司有关的纠纷作为案由。

1. 股权代持合同与委托合同的区分

【审查要点】

股权代持合同的内容包含了实际出资人委托名义股东持股的内容，实践中可以将委托合同纠纷作为案由。

【规范指引】

《中华人民共和国民法典》

第九百一十九条 委托合同是委托人和受托人约定，由受托人处理委托人事务的合同。

【典型案例】

王某与深圳市东方汇富创业投资管理有限公司、上海鸿胜创业投资合伙企业（有限合伙）委托合同纠纷案，2020年全国法院优秀案例［裁判法院：广东省深圳市中级人民法院；案号:（2018）粤03民终13735号］

裁判要旨：系争股权代持协议约定实际出资人委托他人作为标的公司的名义股东，代为行使股东权利，该协议在性质上属于委托合同。

2. 股权转让合同与股权让与担保合同的区分

【审查要点】

从合同目的看，股权转让是当事人出于转让股权目的而签订的协议，转让人的主要义务是转让股权，受让人的主要义务是支付股权转让款。而股权让与担保目的在于为主债务提供担保，受让人通常并不为此支付对价。

名为股权转让合同，实为股权让与担保，应注意审查合同特征：

（1）债务人或第三人与债权人订立合同，约定将股权形式上转让至债权人名下，债务人到期清偿债务的，债权人将股权返还债务人、第三人，债务人到期没有清偿债务的，债权人可以对股权拍卖、变卖、折价偿还债务；

（2）债务人或第三人与债权人订立合同，约定将股权形式上转让至债权人名下，债务人到期清偿债务的，债权人将股权返还债务人、第三人，债务人到期没有清偿债务的，股权归债权人所有；

（3）合同约定的股权办理了公司变更登记。

【注意事项】

1. 股权让与担保合同作为特殊的股权代持合同，通常以股权转让纠纷、与公司有关的纠纷、民间借贷纠纷作为案由。

2. 对于股权让与担保，债务人到期未清偿债务，债权人起诉要求确认股权归其所有的，可以向债权人释明参照法律关于担保物权的规定变更诉请为要求对股权拍卖、变卖、折价优先偿还其债权。

【规范指引】

《全国法院民商事审判工作会议纪要》

71.【让与担保】债务人或者第三人与债权人订立合同，约定将财产形式上转让至债权人名下，债务人到期清偿债务，债权人将该财产返还给债务人或第三人，债务人到期没有清偿债务，债权人可以对财产拍卖、变卖、折价偿还债权的，人民法院应当认定合同有效。合同如果约定债务人到期没有清偿债务，财产归债权人所有的，人民法院应当认定该部分约定无效，但不影响合同其他部分的效力。

当事人根据上述合同约定，已经完成财产权利变动的公示方式转让至债权人名下，债务人到期没有清偿债务，债权人请求确认财产归其所有的，人民法院不予支持，但债权人请求参照法律关于担保物权的规定对财产拍卖、变卖、折价优先偿还其债权的，人民法院依法予以支持。债务人因到期没有清偿债务，请求对该财产拍卖、变卖、折价偿还所欠债权人合同项下债务的，人民法院亦应依法予以支持。

《最高人民法院关于适用〈中华人民共和国民法典〉有关担保制度的解释》

第六十八条　债务人或者第三人与债权人约定将财产形式上转移至债权人名下，债务人不履行到期债务，债权人有权对财产折价或者以拍卖、变卖该财产所得价款偿还债务的，人民法院应当认定该约定有效。当事人已经完成财产权利变动的公示，债务人不履行到期债务，债权人请求参照民法典关于担保物权的有关规定就该财产优先受偿的，人民法院应予支持。

债务人或者第三人与债权人约定将财产形式上转移至债权人名下，债务人不履行到期债务，财产归债权人所有的，人民法院应当认定该约定无效，但是不影响当事人有关提供担保的意思表示的效力。当事人已经完成财产权利变动的公示，债务人不履行到期债务，债权人请求对该财产享有所有权的，人民法院不予支持；债权人请求参照民法典关于担保物权的规定对财产折价或者以拍卖、变卖该财产所得的价款优先受偿的，人民法院应予支持；债务人履行债务后请求返还财产，或者请求对财产折价或者以拍卖、变卖所得的价款清偿债务的，人民法院应予支持。

债务人与债权人约定将财产转移至债权人名下，在一定期间后再由债务人或者其指定的第三人以交易本金加上溢价款回购，债务人到期不履行回购义务，财产归债权人所有的，人民法院应当参照第二款规定处理。回购对象自始不存在的，人民法院应当依照民法典第一百四十六条第二款的规定，按照其实际构成的法律关系处理。

【典型案例】

田某川、河南省太行置业有限公司与公司有关的纠纷案［裁判法院：最高人民法院；案号：（2019）最高法民申 6422 号］

裁判要旨：认定一个协议是股权让与担保还是股权转让，不能仅看合同的形式和名称，而要探究当事人的真实意思表示。如果当事人的真实意思是通过转让股权的方式为主合同提供担保，则此种合同属于让与担保合同，而非股权转让合同。

（二）股东资格确认纠纷

【审查要点】

1. 原告诉请确认股权归属或股东资格，案由应当列股东资格确认纠纷。

2. 原告诉请不含确认股权归属或股东资格，而是变更股东名册记载或者工商登记，但是如果变更股东名册记载或者工商登记属于确认股东资格的法律后果，案由仍应当列股东资格确认纠纷，而非股权转让纠纷、股东名册记载纠纷或请求变更公司登记纠纷。

3. 当事人对出资产生争议的，由于出资往往是影响股东资格确认的重要条件，人民法院审查股东出资、新增资本认购的相关事实，并非股东出资纠纷、新增资本认购纠纷，案由应当列股东资格确认纠纷。

【注意事项】

因代持而引发的股东资格确认纠纷案件中，原告的诉讼请求如含有给付内容（股东名册记载纠纷、请求变更公司登记），股东资格确认之诉不但未被给付之诉吸收，相反，股东资格确认之诉统合了给付内容。

在股权转让过程中，如转让人与受让人未达成股权代持合意的，受让人向人民法院起诉要求转让人配合办理股权变更登记手续，属于股权转让纠纷，而非股东资格确认纠纷。

【规范指引】

《最高人民法院关于适用〈中华人民共和国公司法〉若干问题的规定（三）》

第二十一条　当事人向人民法院起诉请求确认其股东资格的，应当以公司为被告，与案件争议股权有利害关系的人作为第三人参加诉讼。

（三）代持股东与第三人之间的纠纷

【审查要点】

1. 股权代持基础事实引发的纠纷所涉案由具有多样性，股权代持事实在具体个案中的重要性也不同，可能是被告辩称中股权转让协议的履行障碍，也可能是原告诉请中要求排除强制执行的直接依据。在确定个案案由时，应当基于原告诉请、请求权基础判断诉争法律关系性质，继而确定相应的个案案由。

2. 当事人在案件审理中提出股权代持事实，经审理发现诉请的法律关系性质与实际诉争的法律关系性质不一致，或者当事人基于股权代持事实变更诉请的，法院应相应变更个案案由。

3. 涉及代持股权处分的案由主要有：股权转让纠纷、质押合同纠纷。

4. 涉实际出资人履行对赌义务纠纷的案由主要有：股权转让纠纷、公司增资纠纷、与公司有关的纠纷、合同纠纷、股东出资纠纷、委托合同纠纷。

5. 涉排除强制执行纠纷的案由仅有一个：执行异议之诉。依提起诉讼的原告不同，具体分为案外人执行异议之诉、申请执行人执行异议之诉。在实际出资人以案外人身份提起执行异议之诉时，其同时提出确权诉讼请求的，案由不变。

6. 涉公司债权人追究名义股东出资瑕疵纠纷的案由主要有：股东出资纠纷、股东损害公司债权人利益责任纠纷、实际控制人损害公司债权人利益责任纠纷、清算责任纠纷。

【规范指引】

《民事案件案由规定》

五、物权保护纠纷

37. 物权确认纠纷

（1）所有权确认纠纷

（2）用益物权确认纠纷

（3）担保物权确认纠纷

二十一、与公司有关的纠纷

262. 股东资格确认纠纷

263. 股东名册记载纠纷

264. 请求变更公司登记纠纷

265. 股东出资纠纷

266. 新增资本认购纠纷

267. 股东知情权纠纷

268. 请求公司收购股份纠纷

269. 股权转让纠纷

270. 公司决议纠纷

（1）公司决议效力确认纠纷

（2）公司决议撤销纠纷

271. 公司设立纠纷

272. 公司证照返还纠纷

273. 发起人责任纠纷
274. 公司盈余分配纠纷
275. 损害股东利益责任纠纷
276. 损害公司利益责任纠纷
277. 损害公司债权人利益责任纠纷
（1）股东损害公司债权人利益责任纠纷
（2）实际控制人损害公司债权人利益责任纠纷
278. 公司关联交易损害责任纠纷
279. 公司合并纠纷
280. 公司分立纠纷
281. 公司减资纠纷
282. 公司增资纠纷
283. 公司解散纠纷
284. 清算责任纠纷
285. 上市公司收购纠纷
二十三、与破产有关的纠纷
289. 请求撤销个别清偿行为纠纷
290. 请求确认债务人行为无效纠纷
291. 对外追收债权纠纷
292. 追收未缴出资纠纷
293. 追收抽逃出资纠纷
294. 追收非正常收入纠纷
295. 破产债权确认纠纷
（1）职工破产债权确认纠纷
（2）普通破产债权确认纠纷
296. 取回权纠纷
（1）一般取回权纠纷
（2）出卖人取回权纠纷

297. 破产抵销权纠纷

298. 别除权纠纷

299. 破产撤销权纠纷

300. 损害债务人利益赔偿纠纷

301. 管理人责任纠纷

三、管辖的审查

（一）约定管辖的审查

【审查要点】

当事人协议约定法院管辖，受理法院应属于约定范围。

【注意事项】

当事人可以书面协议选择被告住所地、合同履行地、合同签订地等与争议有实际联系的地点的人民法院管辖，但不得违反有关级别管辖和专属管辖的规定。

【规范指引】

《中华人民共和国民事诉讼法》

第三十五条　合同或者其他财产权益纠纷的当事人可以书面协议选择被告住所地、合同履行地、合同签订地、原告住所地、标的物所在地等与争议有实际联系的地点的人民法院管辖，但不得违反本法对级别管辖和专属管辖的规定。

（二）法定管辖的审查

【审查要点】

1. 涉股权代持等合同类纠纷原则上按合同纠纷确定由被告住所地或者合同履行地法院管辖。

2. 如果按照合同履行地确定管辖的，有约定履行地的，按约定确定管辖法院。未约定履行地或者约定不明的，应区分具体的履行标的确定管辖法院：涉及款项给付的，由接受款项的一方所在地法院管辖；涉及股权登记的，由公司住所地法院管辖；履行标的兼有款项给付、股权交付或股权登记的，上述两地法院均可管辖。

3. 股东资格确认纠纷案件，由公司住所地法院管辖。

4. 实际出资人同意或追认名义股东对股权的处置，直接诉请受让人给付股权转让款的，应由被告住所地法院管辖，不可依据《最高人民法院关于适用〈中华人民共和国民事诉讼法〉的解释》（以下简称《民事诉讼法解释》）第十八条关于接受货币一方所在地管辖的约定向隐名股东所在地法院起诉。

5. 执行异议之诉案件应当由执行法院管辖。对于提级执行、指定执行、委托执行的案件，案外人对执行标的提出异议，由提出异议时负责该案件执行的人民法院审查处理；受指定或者受委托的人民法院是原执行法院的下级人民法院的，仍由原执行法院审查处理。案外人或申请执行人对执行异议裁定不服提起执行异议之诉的，由作出中止执行或驳回异议裁定的人民法院管辖。

6. 追究名义股东的出资瑕疵责任，适用《民事诉讼法》一般地域管辖规定，即被告住所地法院管辖，不适用关于公司的特殊管辖规定。

【注意事项】

实际出资人直接主张给付，其所在地是否属于货币接收方所在地存在争议。一种观点认为，实际出资人作为货币接收方，无论其请求是否成立，可依据《民事诉讼法解释》第十八条规定，将实际出资人所在地作为合同履行地；另一种观点认为，《民事诉讼法解释》第十八条应作限缩解释，有关合同履行地的标准应限定于合同当事人之间。本指南采纳第二种观点，合同履行争议的诉讼管辖，在合同当事人约定管辖的情形下，约定管辖不因第三人介入或合同权利义务的继受影响，故在未约定管辖的情形下，也应受原合同履行地的拘束，且可以防止管辖规则被规避。

【规范指引】

《中华人民共和国民事诉讼法》

第二十二条 对公民提起的民事诉讼，由被告住所地人民法院管辖；被告住所地与经常居住地不一致的，由经常居住地人民法院管辖。

对法人或者其他组织提起的民事诉讼，由被告住所地人民法院管辖。

同一诉讼的几个被告住所地、经常居住地在两个以上人民法院辖区的，各该人民法院都有管辖权。

第二十四条 因合同纠纷提起的诉讼，由被告住所地或者合同履行地人民法院管辖。

第二十七条 因公司设立、确认股东资格、分配利润、解散等纠纷提起的诉讼，由公司住所地人民法院管辖。

第三十五条 合同或者其他财产权益纠纷的当事人可以书面协议选择被告住所地、合同履行地、合同签订地、原告住所地、标的物所在地等与争议有实际联系的地点的人民法院管辖，但不得违反本法对级别管辖和专属管辖的规定。

《最高人民法院关于适用〈中华人民共和国民事诉讼法〉的解释》

第十八条 合同约定履行地点的，以约定的履行地点为合同履行地。

合同对履行地点没有约定或者约定不明确，争议标的为给付货币的，接收货币一方所在地为合同履行地；交付不动产的，不动产所在地为合同履行地；其他标的，履行义务一方所在地为合同履行地。即时结清的合同，交易行为地为合同履行地。

合同没有实际履行，当事人双方住所地都不在合同约定的履行地的，由被告住所地人民法院管辖。

第二十二条 因股东名册记载、请求变更公司登记、股东知情权、公司决议、公司合并、公司分立、公司减资、公司增资等纠纷提起的诉讼，依照民事诉讼法第二十七条规定确定管辖。

第三百零二条 根据民事诉讼法第二百三十四条[①]规定，案外人、当事人对执行异议裁定不服，自裁定送达之日起十五日内向人民法院提起执行异议之诉的，由执行法院管辖。

---

① 现为2023年修正的《民事诉讼法》第二百三十八条。

《最高人民法院关于人民法院办理执行异议和复议案件若干问题的规定》

第四条 执行案件被指定执行、提级执行、委托执行后，当事人、利害关系人对原执行法院的执行行为提出异议的，由提出异议时负责该案件执行的人民法院审查处理；受指定或者受委托的人民法院是原执行法院的下级人民法院的，仍由原执行法院审查处理。

执行案件被指定执行、提级执行、委托执行后，案外人对原执行法院的执行标的提出异议的，参照前款规定处理。

【典型案例】

1. 杨某平、宁夏申银特钢股份有限公司股权转让纠纷案［裁判法院：最高人民法院；案号:（2019）最高法民辖终195号］

裁判要旨:《民事诉讼法解释》第十八条所规定的“一方”应仅指合同当事人。非合同一方作为原告依据合同提起给付货币的诉讼时，不应以其所在地作为合同履行地确定地域管辖。代位权诉讼、债权受让人向债务人提起诉讼，与本案中实际出资人直接起诉股权受让人支付股权转让款的情形相似，均系非合同当事人诉请合同当事人给付货币。据此，形式上原告与被告缺乏直接的合同法律关系，应由被告住所地人民法院管辖更为适当。

2. 国民信托有限公司、西安市新里程投资有限公司股东出资纠纷案［裁判法院：最高人民法院；案号:（2018）最高法民辖终140号］

裁判要旨:《民事诉讼法》第二十六条关于公司诉讼特殊地域管辖的规定，旨在公司作为原告，公司股东、董事、监事等作为被告情形下，案件由公司住所地法院管辖，以便调阅公司相关材料。在公司作为第三人情形下，除非系依据《公司法》第一百五十一条[①]提起的股东代表诉讼，否则不具有适用《民事诉讼法》第二十六条的前提。

① 现为2023年修订的《公司法》第一百八十九条。

（三）级别管辖的审查

【审查要点】

1. 基层人民法院管辖第一审民事案件，但另有规定的除外。

2. 中级人民法院管辖下列第一审民事案件：

（1）重大涉外案件；

（2）在本辖区有重大影响的案件；

（3）最高人民法院确定由中级人民法院管辖的案件。

【规范指引】

《中华人民共和国民事诉讼法》

第十八条 基层人民法院管辖第一审民事案件，但本法另有规定的除外。

第十九条 中级人民法院管辖下列第一审民事案件：

（一）重大涉外案件；

（二）在本辖区有重大影响的案件；

（三）最高人民法院确定由中级人民法院管辖的案件。

第二十条 高级人民法院管辖在本辖区有重大影响的第一审民事案件。

第二十一条 最高人民法院管辖下列第一审民事案件：

（一）在全国有重大影响的案件；

（二）认为应当由本院审理的案件。

第三十九条 上级人民法院有权审理下级人民法院管辖的第一审民事案件；确有必要将本院管辖的第一审民事案件交下级人民法院审理的，应当报请其上级人民法院批准。

下级人民法院对它所管辖的第一审民事案件，认为需要由上级人民法院审理的，可以报请上级人民法院审理。

《最高人民法院关于调整高级人民法院和中级人民法院管辖第一审民事案件标准的通知》

一、中级人民法院管辖第一审民事案件的诉讼标的额上限原则上为 50 亿元（人民币），诉讼标的额下限继续按照《最高人民法院关于调整地方各级人民法院管辖第一审知识产权民事案件标准的通知》（法发〔2010〕5 号）、《最高人民法院关于调整高级人民法院和中级人民法院管辖第一审民商事案件标准的通知》（法发〔2015〕7 号）、《最高人民法院关于明确第一审涉外民商事案件级别管辖标准以及归口办理有关问题的通知》（法〔2017〕359 号）《最高人民法院关于调整部分高级人民法院和中级人民法院管辖第一审民商事案件标准的通知》（法发〔2018〕13 号）等文件执行。

二、高级人民法院管辖诉讼标的额 50 亿元（人民币）以上（包含本数）或者其他在本辖区有重大影响的第一审民事案件。

三、海事海商案件、涉外民事案件的级别管辖标准按照本通知执行。

四、知识产权民事案件的级别管辖标准按照本通知执行，但《最高人民法院关于知识产权法庭若干问题的规定》第二条所涉案件类型除外。

五、最高人民法院以前发布的关于第一审民事案件级别管辖标准的规定与本通知不一致的，不再适用。

《最高人民法院关于调整中级人民法院管辖第一审民事案件标准的通知》

一、当事人住所地均在或者均不在受理法院所处省级行政辖区的，中级人民法院管辖诉讼标的额 5 亿元以上的第一审民事案件。

二、当事人一方住所地不在受理法院所处省级行政辖区的，中级人民法院管辖诉讼标的额 1 亿元以上的第一审民事案件。

三、战区军事法院、总直属军事法院管辖诉讼标的额 1 亿元以上的第一审民事案件。

四、对新类型、疑难复杂或者具有普遍法律适用指导意义的案件，可以依照民事诉讼法第三十八条的规定，由上级人民法院决定由其审理，或者根据下级人民法院报请决定由其审理。

五、本通知调整的级别管辖标准不适用于知识产权案件、海事海商案件和涉外涉港澳台民商事案件。

六、最高人民法院以前发布的关于中级人民法院第一审民事案件级别管辖标准的规定，与本通知不一致的，不再适用。

第三部分　原告诉请的审查

一、确认股权代持合同有效诉请的审查

【审查要点】

1. 实际出资人与名义股东是否形成委托代持股权的合意；

2. 代持关系是否存在违反法律、行政法规的效力性强制性规定或违反公序良俗等合同无效情形。

【注意事项】

在无书面股权代持合同的情况下，出资是判断股权代持合意的重要条件。实际出资人将出资款支付给名义股东，再由名义股东直接向公司出资的，名义股东否认代持关系，需要证明所收款项系基于其他法律关系，否则，宜认定股权代持合同成立。

【规范指引】

《中华人民共和国民法典》

第一百五十三条　违反法律、行政法规的强制性规定的民事法律行为无效。但是，该强制性规定不导致该民事法律行为无效的除外。

违背公序良俗的民事法律行为无效。

《最高人民法院关于适用〈中华人民共和国公司法〉若干问题的规定（三）》

第二十四条　有限责任公司的实际出资人与名义出资人订立合同，约定由实际出资人出资并享有投资权益，以名义出资人为名义股东，实际出资人与名义股东对该合同效力发生争议的，如无法律规定的无

效情形，人民法院应当认定该合同有效。

前款规定的实际出资人与名义股东因投资权益的归属发生争议，实际出资人以其实际履行了出资义务为由向名义股东主张权利的，人民法院应予支持。名义股东以公司股东名册记载、公司登记机关登记为由否认实际出资人权利的，人民法院不予支持。

实际出资人未经公司其他股东半数以上同意，请求公司变更股东、签发出资证明书、记载于股东名册、记载于公司章程并办理公司登记机关登记的，人民法院不予支持。

二、支付股权利润诉请的审查

【审查要点】

1. 股权代持合同是否成立并合法有效；

2. 实际出资人是否实际出资；

3. 名义股东是否已实际代持股权并获取股权利润；

4. 实际出资人与名义股东是否约定了股权利润的分配事宜。

【规范指引】

《中华人民共和国民法典》

第五百零九条 当事人应当按照约定全面履行自己的义务。

当事人应当遵循诚信原则，根据合同的性质、目的和交易习惯履行通知、协助、保密等义务。

当事人在履行合同过程中，应当避免浪费资源、污染环境和破坏生态。

《最高人民法院关于适用〈中华人民共和国公司法〉若干问题的规定（三）》

第二十四条 有限责任公司的实际出资人与名义出资人订立合同，约定由实际出资人出资并享有投资权益，以名义出资人为名义股东，实际出资人与名义股东对该合同效力发生争议的，如无法律规定的无效情形，人民法院应当认定该合同有效。

前款规定的实际出资人与名义股东因投资权益的归属发生争议，实际出资人以其实际履行了出资义务为由向名义股东主张权利的，人民法院应予支持。名义股东以公司股东名册记载、公司登记机关登记为由否认实际出资人权利的，人民法院不予支持。

实际出资人未经公司其他股东半数以上同意，请求公司变更股东、签发出资证明书、记载于股东名册、记载于公司章程并办理公司登记机关登记的，人民法院不予支持。

三、解除股权代持合同诉请的审查

【审查要点】

在股权代持合同中，实际出资人、名义股东均有权提起解除合同的诉讼请求，该项诉请成立需审查的构成要件如下：

1. 股权代持合同成立并合法有效；

2. 明确实际出资人或名义股东行使的解除权系约定解除权、法定解除权，抑或随时解除权；

3. 解除权行使条件成就。

【规范指引】

《中华人民共和国民法典》

第五百六十二条 当事人协商一致，可以解除合同。

当事人可以约定一方解除合同的事由。解除合同的事由发生时，解除权人可以解除合同。

第五百六十三条 有下列情形之一的，当事人可以解除合同：

（一）因不可抗力致使不能实现合同目的；

（二）在履行期限届满前，当事人一方明确表示或者以自己的行为表明不履行主要债务；

（三）当事人一方迟延履行主要债务，经催告后在合理期限内仍未履行；

（四）当事人一方迟延履行债务或者有其他违约行为致使不能实现

合同目的；

（五）法律规定的其他情形。

以持续履行的债务为内容的不定期合同，当事人可以随时解除合同，但是应当在合理期限之前通知对方。

第九百三十三条 委托人或者受托人可以随时解除委托合同。因解除合同造成对方损失的，除不可归责于该当事人的事由外，无偿委托合同的解除方应当赔偿因解除时间不当造成的直接损失，有偿委托合同的解除方应当赔偿对方的直接损失和合同履行后可以获得的利益。

四、确认股权代持合同无效诉请的审查

【审查要点】

1. 股权代持合同是否成立；

2. 股权代持合同是否违反法律、行政法规的效力性强制性规定；

3. 股权代持合同是否违背公序良俗。

【规范指引】

《中华人民共和国民法典》

第一百五十三条 违反法律、行政法规的强制性规定的民事法律行为无效。但是，该强制性规定不导致该民事法律行为无效的除外。

违背公序良俗的民事法律行为无效。

《最高人民法院关于适用〈中华人民共和国民法典〉合同编通则若干问题的解释》

第十六条 合同违反法律、行政法规的强制性规定，有下列情形之一，由行为人承担行政责任或者刑事责任能够实现强制性规定的立法目的的，人民法院可以依据民法典第一百五十三条第一款关于“该强制性规定不导致该民事法律行为无效的除外”的规定认定该合同不因违反强制性规定无效：

（一）强制性规定虽然旨在维护社会公共秩序，但是合同的实际履行对社会公共秩序造成的影响显著轻微，认定合同无效将导致案件处

理结果有失公平公正；

（二）强制性规定旨在维护政府的税收、土地出让金等国家利益或者其他民事主体的合法利益而非合同当事人的民事权益，认定合同有效不会影响该规范目的的实现；

（三）强制性规定旨在要求当事人一方加强风险控制、内部管理等，对方无能力或者无义务审查合同是否违反强制性规定，认定合同无效将使其承担不利后果；

（四）当事人一方虽然在订立合同时违反强制性规定，但是在合同订立后其已经具备补正违反强制性规定的条件却违背诚信原则不予补正；

（五）法律、司法解释规定的其他情形。

法律、行政法规的强制性规定旨在规制合同订立后的履行行为，当事人以合同违反强制性规定为由请求认定合同无效的，人民法院不予支持。但是，合同履行必然导致违反强制性规定或者法律、司法解释另有规定的除外。

依据前两款认定合同有效，但是当事人的违法行为未经处理的，人民法院应当向有关行政管理部门提出司法建议。当事人的行为涉嫌犯罪的，应当将案件线索移送刑事侦查机关；属于刑事自诉案件的，应当告知当事人可以向有管辖权的人民法院另行提起诉讼。

第十七条 合同虽然不违反法律、行政法规的强制性规定，但是有下列情形之一，人民法院应当依据民法典第一百五十三条第二款的规定认定合同无效：

（一）合同影响政治安全、经济安全、军事安全等国家安全的；

（二）合同影响社会稳定、公平竞争秩序或者损害社会公共利益等违背社会公共秩序的；

（三）合同背离社会公德、家庭伦理或者有损人格尊严等违背善良风俗的。

人民法院在认定合同是否违背公序良俗时，应当以社会主义核心价值观为导向，综合考虑当事人的主观动机和交易目的、政府部门的监管强度、一定期限内当事人从事类似交易的频次、行为的社会后果等因素，并在裁判文书中充分说理。当事人确因生活需要进行交易，未给社会公共秩序造成重大影响，且不影响国家安全，也不违背善良风俗的，人民法院不应当认定合同无效。

五、返还股权转让款诉请的审查

【审查要点】

1. 原告诉请款项的性质是否为股权转让款；

2. 股权代持合同是否约定了返还股权转让款的情形；

3. 股权代持合同是否存在无效或解除情形；

4. 股权转让款是否已转为公司资本金，存在返还的现实可能性。

【规范指引】

《中华人民共和国民法典》

第一百五十七条 民事法律行为无效、被撤销或者确定不发生效力后，行为人因该行为取得的财产，应当予以返还；不能返还或者没有必要返还的，应当折价补偿。有过错的一方应当赔偿对方由此所受到的损失；各方都有过错的，应当各自承担相应的责任。法律另有规定的，依照其规定。

第五百零九条 当事人应当按照约定全面履行自己的义务。

当事人应当遵循诚信原则，根据合同的性质、目的和交易习惯履行通知、协助、保密等义务。

当事人在履行合同过程中，应当避免浪费资源、污染环境和破坏生态。

第五百六十六条 合同解除后，尚未履行的，终止履行；已经履行的，根据履行情况和合同性质，当事人可以请求恢复原状或者采取其他补救措施，并有权请求赔偿损失。

合同因违约解除的，解除权人可以请求违约方承担违约责任，但是当事人另有约定的除外。

主合同解除后，担保人对债务人应当承担的民事责任仍应当承担担保责任，但是担保合同另有约定的除外。

六、损失赔偿诉请的审查

【审查要点】

（一）因合同无效产生的损失赔偿

1. 股权代持合同成立；

2. 股权代持合同无效；

3. 当事人对合同无效存在过错；

4. 损失的存在；

5. 损失与合同无效存在因果关系。

（二）因合同解除产生的损失赔偿

1. 股权代持合同成立并合法有效；

2. 一方提出解除合同；

3. 损失的存在；

4. 损失与合同解除之间存在因果关系；

5. 区分有偿代持和无偿代持，确定损失赔偿的范围。

（三）因一方违约产生的损失赔偿

1. 股权代持合同成立并合法有效；

2. 一方存在违约行为；

3. 损失的存在；

4. 损失与违约行为之间存在因果关系。

【规范指引】

《中华人民共和国民法典》

第一百五十七条 民事法律行为无效、被撤销或者确定不发生效力后，行为人因该行为取得的财产，应当予以返还；不能返还或者没有必要返还的，应当折价补偿。有过错的一方应当赔偿对方由此所受到的损失；各方都有过错的，应当各自承担相应的责任。法律另有规定的，依照其规定。

第五百零九条 当事人应当按照约定全面履行自己的义务。

当事人应当遵循诚信原则，根据合同的性质、目的和交易习惯履行通知、协助、保密等义务。

当事人在履行合同过程中，应当避免浪费资源、污染环境和破坏生态。

《最高人民法院关于适用〈中华人民共和国公司法〉若干问题的规定（三）》

第二十四条 有限责任公司的实际出资人与名义出资人订立合同，约定由实际出资人出资并享有投资权益，以名义出资人为名义股东，实际出资人与名义股东对该合同效力发生争议的，如无法律规定的无效情形，人民法院应当认定该合同有效。

前款规定的实际出资人与名义股东因投资权益的归属发生争议，实际出资人以其实际履行了出资义务为由向名义股东主张权利的，人民法院应予支持。名义股东以公司股东名册记载、公司登记机关登记为由否认实际出资人权利的，人民法院不予支持。

实际出资人未经公司其他股东半数以上同意，请求公司变更股东、签发出资证明书、记载于股东名册、记载于公司章程并办理公司登记机关登记的，人民法院不予支持。

七、确认股东资格诉请的审查

（一）确认自己享有股东资格诉请的审查

实际出资人确认自己享有股东资格，标准表述为：确认第三人持有的某公司 N% 股权为原告所有，或者确认原告对第三人名下某公司 N% 股权享有股东资格。

（二）确认他人享有股东资格诉请的审理

登记股东确认他人享有股东资格，标准表述为：确认原告持有的某公司 N% 股权为第三人所有，或者确认第三人对原告名下某公司 N%

股权享有股东资格。

【审查要点】

1. 股权代持合同成立并合法有效；

2. 实际出资人已实际履行出资义务；

3. 公司其他股东过半数同意。

【注意事项】

1. 实际出资人已经出资并且行使股东权利，其他股东过半数“未提出异议”，可视为“同意”。其中，行使股东权利，是指在公司经营过程中，实际出资人以股东身份行使权利的客观事实的存在，而非指实际出资人与名义股东就股权发生争议涉讼后，公司以及其他股东在诉讼过程中关于是否同意实际出资人以股东身份行使权利的表态。

2. 在确认自己享有股东资格诉请的审查中，如原告是被告公司法定代表人，可以代表被告公司参加诉讼，但审理时需就此询问名义股东。

若被告公司决议免去原告法定代表人职务，原告则无权继续代表被告公司参加诉讼。若无决议，原告未控制公司公章，公章控制人与原告争夺公司诉讼代表权，非法定代表人持有公章是一种客观状态，该人持有公章只是反映其可能有权代表公司意志的一种表象，至于其是否依授权真正能够代表公司意志，仍需要进行审查。若仅持有公章，而无公司授权证据，公章控制人无权代表公司行使诉讼权利。

3. 在确认他人享有股东资格诉请的审查中，此种情形下，公司资产、营利状况通常较差，要特别注意防范虚假诉讼。例如，原告、被告公司与第三人一致同意第三人享有股东资格的，各方无实质争议，应当裁定驳回起诉。

原告是被告公司登记股东、法定代表人，以第三人是公司实际出资人为由，拒绝代表公司应诉、拒绝签收被告公司的诉讼文书，第三人亦否认实际出资人身份的，因原告作为公司法定代表人仍有权代表公司意志，向公司送达诉讼文书，不应采用公告方式。

【规范指引】

《最高人民法院关于适用〈中华人民共和国公司法〉若干问题的规定（三）》

第二十四条　有限责任公司的实际出资人与名义出资人订立合同，约定由实际出资人出资并享有投资权益，以名义出资人为名义股东，实际出资人与名义股东对该合同效力发生争议的，如无法律规定的无效情形，人民法院应当认定该合同有效。

前款规定的实际出资人与名义股东因投资权益的归属发生争议，实际出资人以其实际履行了出资义务为由向名义股东主张权利的，人民法院应予支持。名义股东以公司股东名册记载、公司登记机关登记为由否认实际出资人权利的，人民法院不予支持。

实际出资人未经公司其他股东半数以上同意，请求公司变更股东、签发出资证明书、记载于股东名册、记载于公司章程并办理公司登记机关登记的，人民法院不予支持。

《全国法院民商事审判工作会议纪要》

28.【实际出资人显名的条件】实际出资人能够提供证据证明有限责任公司过半数的其他股东知道其实际出资的事实，且对其实际行使股东权利未曾提出异议的，对实际出资人提出的登记为公司股东的请求，人民法院依法予以支持。公司以实际出资人的请求不符合公司法司法解释（三）第24条的规定为由抗辩的，人民法院不予支持。

《中华人民共和国民事诉讼法》

第五十一条　公民、法人和其他组织可以作为民事诉讼的当事人。

法人由其法定代表人进行诉讼。其他组织由其主要负责人进行诉讼。

（三）变更股权登记诉请的审查

【审查要点】

公司是申请股东办理登记的义务主体，名义股东负有协助配合义务。除确认股东资格诉请外，股权变更登记诉请的标准表述为：被告公司应向公司登记机关申请股权变更登记，将名义股东持有的被告公司N%股权变更登记至实际出资人名下，名义股东予以配合。

【规范指引】

《中华人民共和国公司法》

第三十四条 公司登记事项发生变更的，应当依法办理变更登记。

公司登记事项未经登记或者未经变更登记，不得对抗善意相对人。

第五十六条 有限责任公司应当置备股东名册，记载下列事项：

（一）股东的姓名或者名称及住所；

（二）股东认缴和实缴的出资额、出资方式和出资日期；

（三）出资证明书编号；

（四）取得和丧失股东资格的日期。

记载于股东名册的股东，可以依股东名册主张行使股东权利。

八、变更股权登记至股权受让人诉请的审查

【审查要点】

1. 股权转让合同成立并合法有效；

2. 受让人是否已经支付股权转让款；

3. 股权转让合同约定的变更登记条件是否成就；

4. 实际出资人是否对名义股东转让代持股权提出异议；

5. 是否符合《公司法》就有限责任公司股权转让设定的规范，如股东优先购买权，对外转让股权需经其他股东过半数同意等。

【规范指引】

《中华人民共和国民法典》

第五百零二条 依法成立的合同，自成立时生效，但是法律另有规定或者当事人另有约定的除外。

依照法律、行政法规的规定，合同应当办理批准等手续的，依照其规定。未办理批准等手续影响合同生效的，不影响合同中履行报批等义务条款以及相关条款的效力。应当办理申请批准等手续的当事人未履行义务的，对方可以请求其承担违反该义务的责任。

依照法律、行政法规的规定，合同的变更、转让、解除等情形应当办理批准等手续的，适用前款规定。

《中华人民共和国公司法》

第八十四条　有限责任公司的股东之间可以相互转让其全部或者部分股权。

股东向股东以外的人转让股权的，应当将股权转让的数量、价格、支付方式和期限等事项书面通知其他股东，其他股东在同等条件下有优先购买权。股东自接到书面通知之日起三十日内未答复的，视为放弃优先购买权。两个以上股东行使优先购买权的，协商确定各自的购买比例；协商不成的，按照转让时各自的出资比例行使优先购买权。

公司章程对股权转让另有规定的，从其规定。

九、确认名义股东转让代持股权行为无效诉请的审查

【审查要点】

1. 股权转让合同是否存在效力瑕疵；

2. 实际出资人对名义股东转让代持股权是否同意；

3. 第三人受让代持股权是否善意；

4. 第三人是否已支付转让款；

5. 是否已办理完成股权变更登记。

【注意事项】

我国虽采物权行为与债权行为区分理论，无权处分不影响债权行为的效力，但在第三人能否善意取得股权的认定时，仍应当审查基础原因行为，即债权行为的效力，《最高人民法院关于适用〈中华人民共和国民法典〉物权编的解释（一）》第二十条明确规定，转让合同被认定无效、被撤销的情形下，第三人不能善意取得。

【规范指引】

《中华人民共和国民法典》

第三百一十一条第一款　无处分权人将不动产或者动产转让给受让

人的，所有权人有权追回；除法律另有规定外，符合下列情形的，受让人取得该不动产或者动产的所有权：

（一）受让人受让该不动产或者动产时是善意；

（二）以合理的价格转让；

（三）转让的不动产或者动产依照法律规定应当登记的已经登记，不需要登记的已经交付给受让人。

《最高人民法院关于适用〈中华人民共和国公司法〉若干问题的规定（三）》

第二十五条 名义股东将登记于其名下的股权转让、质押或者以其他方式处分，实际出资人以其对于股权享有实际权利为由，请求认定处分股权行为无效的，人民法院可以参照民法典第三百一十一条的规定处理。

名义股东处分股权造成实际出资人损失，实际出资人请求名义股东承担赔偿责任的，人民法院应予支持。

十、履行对赌协议项下义务诉请的审查

【审查要点】

1. 对赌协议成立并合法有效；
2. 对赌条件是否成就；
3. 实际出资人对名义股东签订对赌协议是否知情；
4. 对赌权利人对股权代持是否知情；
5. 对赌协议是否存在法律上或事实上的履行障碍。

【规范指引】

《中华人民共和国民法典》

第五百零二条 依法成立的合同，自成立时生效，但是法律另有规定或者当事人另有约定的除外。

依照法律、行政法规的规定，合同应当办理批准等手续的，依照其规定。未办理批准等手续影响合同生效的，不影响合同中履行报批

等义务条款以及相关条款的效力。应当办理申请批准等手续的当事人未履行义务的，对方可以请求其承担违反该义务的责任。

依照法律、行政法规的规定，合同的变更、转让、解除等情形应当办理批准等手续的，适用前款规定。

《全国法院民商事审判工作会议纪要》

6.【股东出资应否加速到期】在注册资本认缴制下，股东依法享有期限利益。债权人以公司不能清偿到期债务为由，请求未届出资期限的股东在未出资范围内对公司不能清偿的债务承担补充赔偿责任的，人民法院不予支持。但是，下列情形除外：

（1）公司作为被执行人的案件，人民法院穷尽执行措施无财产可供执行，已具备破产原因，但不申请破产的；

（2）在公司债务产生后，公司股东（大）会决议或以其他方式延长股东出资期限的。

十一、排除法院强制执行诉请的审查

【审查要点】

1. 有明确的诉讼请求，即要求停止执行或继续执行；

2. 有具体的事实和理由，该理由是针对执行标的的实体权利提出异议，而不是针对执行行为提出异议；

3. 执行异议诉讼请求与作为执行依据的生效裁判无关，即执行标的物与作为执行依据的生效裁判所确定的标的物不能是同一标的物，如对作为执行依据的生效裁判提出异议，应按照审判监督程序处理。

【注意事项】

注意区分执行异议、执行异议之诉与审判监督程序的不同，引导当事人正确选择维护合法权益的方式。

【规范指引】

《中华人民共和国民事诉讼法》

第二百三十八条　执行过程中，案外人对执行标的提出书面异议的，人民法院应当自收到书面异议之日起十五日内审查，理由成立的，裁定中止对该标的的执行；理由不成立的，裁定驳回。案外人、当事人对裁定不服，认为原判决、裁定错误的，依照审判监督程序办理；与原判决、裁定无关的，可以自裁定送达之日起十五日内向人民法院提起诉讼。

《最高人民法院关于适用〈中华人民共和国民事诉讼法〉的解释》

第三百零三条 案外人提起执行异议之诉，除符合民事诉讼法第一百二十二条规定外，还应当具备下列条件：

（一）案外人的执行异议申请已经被人民法院裁定驳回；

（二）有明确的排除对执行标的执行的诉讼请求，且诉讼请求与原判决、裁定无关；

（三）自执行异议裁定送达之日起十五日内提起。

人民法院应当在收到起诉状之日起十五日内决定是否立案。

第三百零四条 申请执行人提起执行异议之诉，除符合民事诉讼法第一百二十二条规定外，还应当具备下列条件：

（一）依案外人执行异议申请，人民法院裁定中止执行；

（二）有明确的对执行标的继续执行的诉讼请求，且诉讼请求与原判决、裁定无关；

（三）自执行异议裁定送达之日起十五日内提起。

人民法院应当在收到起诉状之日起十五日内决定是否立案。

【典型案例】

孙某明与江苏威特集团有限公司、盐城经济开发区祥欣农村小额贷款有限公司案外人执行异议纠纷案，《最高人民法院公报》2015年第7期［裁判法院：最高人民法院；案号：（2013）民提字第207号］

裁判要旨：（1）执行过程中，案外人对执行标的提出的书面异议被驳回后，应当根据其权利主张与原判决、裁定之间的关系，依法选择通过审判监督程序或者执行异议之诉维护其合法权益。

（2）执行异议之诉是对案外人权利保护提供的司法救济途径，针对的是执行行为本身，核心在于以案外人是否对执行标的具有足以阻却执行程序的正当权利为前提，就执行程序应当继续还是应该停止作出评价和判断。如案外人权利主张所指向的民事权利义务关系或者其诉讼请求所指向的标的物，与原判决、裁定确定的民事权利义务关系或者该权利义务关系的客体具有同一性，执行标的就是作为执行依据的生效裁判确定的权利义务关系的特定客体，其则属于“认为原判决、裁定错误”的情形，应依照审判监督程序办理。

十二、公司债权人追究名义股东瑕疵出资责任诉请的审查

【审查要点】

1. 名义股东履行出资义务的情况；

2. 出资期限是否届满；

3. 公司是否不能清偿债务；

4. 请求名义股东承担瑕疵出资责任的责任形式：连带责任、补充责任；

5. 股东有无在另案中已经生效司法文书确认承担瑕疵出资的补充赔偿责任。

【规范指引】

《最高人民法院关于适用〈中华人民共和国公司法〉若干问题的规定（三）》

第十三条第二款　公司债权人请求未履行或者未全面履行出资义务的股东在未出资本息范围内对公司债务不能清偿的部分承担补充赔偿责任的，人民法院应予支持；未履行或者未全面履行出资义务的股东已经承担上述责任，其他债权人提出相同请求的，人民法院不予支持。

第四部分　被告及有利害关系第三人抗辩的审查

一、对代持合同成立、效力的抗辩审查

（一）股权代持合同不成立的抗辩审查

【审查要点】

1. 合同没有签字盖章或者签字盖章为虚假；

2. 合同上签字盖章的经办人员未经合法授权；

3. 双方未就股权代持达成合意。

【规范指引】

《中华人民共和国民法典》

第一百七十一条　行为人没有代理权、超越代理权或者代理权终止后，仍然实施代理行为，未经被代理人追认的，对被代理人不发生效力。

相对人可以催告被代理人自收到通知之日起三十日内予以追认。被代理人未作表示的，视为拒绝追认。行为人实施的行为被追认前，善意相对人有撤销的权利。撤销应当以通知的方式作出。

行为人实施的行为未被追认的，善意相对人有权请求行为人履行债务或者就其受到的损害请求行为人赔偿。但是，赔偿的范围不得超过被代理人追认时相对人所能获得的利益。

相对人知道或者应当知道行为人无权代理的，相对人和行为人按照各自的过错承担责任。

第四百九十条　当事人采用合同书形式订立合同的，自当事人均签名、盖章或者按指印时合同成立。在签名、盖章或者按指印之前，当事人一方已经履行主要义务，对方接受时，该合同成立。

法律、行政法规规定或者当事人约定合同应当采用书面形式订立，当事人未采用书面形式但是一方已经履行主要义务，对方接受时，该

合同成立。

（二）股权代持非其真实意思表示的抗辩审查

【审查要点】

被告提出股权代持合同并非其真实意思表示的抗辩，一般主要理由是，双方之间名为股权代持关系，实为借款关系，该种抗辩理由的成立，应审查如下要件：

1. 股权代持合同成立；

2. 双方之间有原告向被告支付款项、被告向公司出资并登记为股东的事实；

3. 被告所接受原告的款项性质为借款，被告曾向原告归还借款或支付利息或固定收益等。

【规范指引】

《中华人民共和国民法典》

第一百四十三条　具备下列条件的民事法律行为有效：

（一）行为人具有相应的民事行为能力；

（二）意思表示真实；

（三）不违反法律、行政法规的强制性规定，不违背公序良俗。

第一百四十六条　行为人与相对人以虚假的意思表示实施的民事法律行为无效。

以虚假的意思表示隐藏的民事法律行为的效力，依照有关法律规定处理。

《最高人民法院关于适用〈中华人民共和国公司法〉若干问题的规定（三）》

第二十四条　有限责任公司的实际出资人与名义出资人订立合同，约定由实际出资人出资并享有投资权益，以名义出资人为名义股东，实际出资人与名义股东对该合同效力发生争议的，如无法律规定的无效情形，人民法院应当认定该合同有效。

前款规定的实际出资人与名义股东因投资权益的归属发生争议，

实际出资人以其实际履行了出资义务为由向名义股东主张权利的，人民法院应予支持。名义股东以公司股东名册记载、公司登记机关登记为由否认实际出资人权利的，人民法院不予支持。

实际出资人未经公司其他股东半数以上同意，请求公司变更股东、签发出资证明书、记载于股东名册、记载于公司章程并办理公司登记机关登记的，人民法院不予支持。

（三）股权代持合同未生效的抗辩审查

【审查要点】

未生效合同不等于无效合同。未生效合同已具备合同的有效要件，对双方具有一定的约束力，任何一方不得擅自撤回、解除、变更，但因欠缺法律、行政法规或当事人约定的特别生效条件，在该条件成就前，不能产生请求对方履行合同主要权利义务的法律效力。因股权代持非法律所鼓励的行为，不涉及法律、行政法规规定经批准或登记才能生效，实践中，被告主张合同未生效，主要是合同约定的生效条件未成就。

【规范指引】

《中华人民共和国民法典》

第五百零二条 依法成立的合同，自成立时生效，但是法律另有规定或者当事人另有约定的除外。

依照法律、行政法规的规定，合同应当办理批准等手续的，依照其规定。未办理批准等手续影响合同生效的，不影响合同中履行报批等义务条款以及相关条款的效力。应当办理申请批准等手续的当事人未履行义务的，对方可以请求其承担违反该义务的责任。

依照法律、行政法规的规定，合同的变更、转让、解除等情形应当办理批准等手续的，适用前款规定。

（四）股权代持合同无效的抗辩审查

【审查要点】

存在股权代合同主体不适格、通谋虚伪意思表示、恶意串通损害他人合法权益、以合法形式掩盖非法目的、合同内容违反法律法规强制性规定或公序良俗等合同无效情形。

【规范指引】

《中华人民共和国民法典》

第一百四十六条 行为人与相对人以虚假的意思表示实施的民事法律行为无效。

以虚假的意思表示隐藏的民事法律行为的效力，依照有关法律规定处理。

第一百五十三条 违反法律、行政法规的强制性规定的民事法律行为无效。但是，该强制性规定不导致该民事法律行为无效的除外。

违背公序良俗的民事法律行为无效。

《最高人民法院关于适用〈中华人民共和国公司法〉若干问题的规定（三）》

第二十四条 有限责任公司的实际出资人与名义出资人订立合同，约定由实际出资人出资并享有投资权益，以名义出资人为名义股东，实际出资人与名义股东对该合同效力发生争议的，如无法律规定的无效情形，人民法院应当认定该合同有效。

前款规定的实际出资人与名义股东因投资权益的归属发生争议，实际出资人以其实际履行了出资义务为由向名义股东主张权利的，人民法院应予支持。名义股东以公司股东名册记载、公司登记机关登记为由否认实际出资人权利的，人民法院不予支持。

实际出资人未经公司其他股东半数以上同意，请求公司变更股东、签发出资证明书、记载于股东名册、记载于公司章程并办理公司登记机关登记的，人民法院不予支持。

《全国法院民商事审判工作会议纪要》

30.【强制性规定的识别】合同法施行后，针对一些人民法院动辄以违反法律、行政法规的强制性规定为由认定合同无效，不当扩大无效合同范围的情形，合同法司法解释（二）第14条将《合同法》第52

条第5项规定的“强制性规定”明确限于“效力性强制性规定”。此后，《最高人民法院关于当前形势下审理民商事合同纠纷案件若干问题的指导意见》进一步提出了“管理性强制性规定”的概念，指出违反管理性强制性规定的，人民法院应当根据具体情形认定合同效力。随着这一概念的提出，审判实践中又出现了另一种倾向，有的人民法院认为凡是行政管理性质的强制性规定都属于“管理性强制性规定”，不影响合同效力。这种望文生义的认定方法，应予纠正。

人民法院在审理合同纠纷案件时，要依据《民法总则》第153条第1款和合同法司法解释（二）第14条的规定慎重判断“强制性规定”的性质，特别是要在考量强制性规定所保护的法益类型、违法行为的法律后果以及交易安全保护等因素的基础上认定其性质，并在裁判文书中充分说明理由。下列强制性规定，应当认定为“效力性强制性规定”：强制性规定涉及金融安全、市场秩序、国家宏观政策等公序良俗的；交易标的禁止买卖的，如禁止人体器官、毒品、枪支等买卖；违反特许经营规定的，如场外配资合同；交易方式严重违法的，如违反招投标等竞争性缔约方式订立的合同；交易场所违法的，如在批准的交易场所之外进行期货交易。关于经营范围、交易时间、交易数量等行政管理性质的强制性规定，一般应当认定为“管理性强制性规定”。

31.【违反规章的合同效力】违反规章一般情况下不影响合同效力，但该规章的内容涉及金融安全、市场秩序、国家宏观政策等公序良俗的，应当认定合同无效。人民法院在认定规章是否涉及公序良俗时，要在考察规范对象基础上，兼顾监管强度、交易安全保护以及社会影响等方面进行慎重考量，并在裁判文书中进行充分说理。

二、对解除股权代持合同的抗辩审查

【审查要点】

1. 股权代持合同是否成立并合法生效；

2. 主张行使法定解除权的主体是否系守约方；

3. 主张行使法定解除权的，违约方是否构成根本违约导致合同目的无法实现；

4. 主张行使任意解除权的，协议双方是否构成委托合同关系，是否约定禁止行使任意解除权；

5. 违约方主张终止合同权利义务关系的，是否符合《民法典》第五百八十条的规定；

6. 是否具备继续履行合同的条件。

【规范指引】

《中华人民共和国民法典》

第五百六十二条 当事人协商一致，可以解除合同。

当事人可以约定一方解除合同的事由。解除合同的事由发生时，解除权人可以解除合同。

第五百六十三条 有下列情形之一的，当事人可以解除合同：

（一）因不可抗力致使不能实现合同目的；

（二）在履行期限届满前，当事人一方明确表示或者以自己的行为表明不履行主要债务；

（三）当事人一方迟延履行主要债务，经催告后在合理期限内仍未履行；

（四）当事人一方迟延履行债务或者有其他违约行为致使不能实现合同目的；

（五）法律规定的其他情形。

以持续履行的债务为内容的不定期合同，当事人可以随时解除合同，但是应当在合理期限之前通知对方。

第五百八十条 当事人一方不履行非金钱债务或者履行非金钱债务不符合约定的，对方可以请求履行，但是有下列情形之一的除外：

（一）法律上或者事实上不能履行；

（二）债务的标的不适于强制履行或者履行费用过高；

（三）债权人在合理期限内未请求履行。

有前款规定的除外情形之一，致使不能实现合同目的的，人民法院或者仲裁机构可以根据当事人的请求终止合同权利义务关系，但是不影响违约责任的承担。

三、对支付股权利润的抗辩审查

【审查要点】

1. 股权代持合同是否成立并合法生效；

2. 名义股东是否已实际代持股权并获取股权利润；

3. 实际出资人与名义股东是否约定了股权利润的分配事宜及支付方式；

4. 未支付股权利润是否系名义股东违约造成；

5. 未支付股权利润是否系不可抗力造成；

6. 未支付股权利润是否系第三方造成。

【规范指引】

《中华人民共和国民法典》

第五百零九条 当事人应当按照约定全面履行自己的义务。

当事人应当遵循诚信原则，根据合同的性质、目的和交易习惯履行通知、协助、保密等义务。

当事人在履行合同过程中，应当避免浪费资源、污染环境和破坏生态。

第五百九十条 当事人一方因不可抗力不能履行合同的，根据不可抗力的影响，部分或者全部免除责任，但是法律另有规定的除外。因不可抗力不能履行合同的，应当及时通知对方，以减轻可能给对方造成的损失，并应当在合理期限内提供证明。

当事人迟延履行后发生不可抗力的，不免除其违约责任。

《最高人民法院关于适用〈中华人民共和国公司法〉若干问题的规定（三）》

第二十四条 有限责任公司的实际出资人与名义出资人订立合同，约定由实际出资人出资并享有投资权益，以名义出资人为名义股东，实际出资人与名义股东对该合同效力发生争议的，如无法律规定的无效情形，人民法院应当认定该合同有效。

前款规定的实际出资人与名义股东因投资权益的归属发生争议，实际出资人以其实际履行了出资义务为由向名义股东主张权利的，人民法院应予支持。名义股东以公司股东名册记载、公司登记机关登记为由否认实际出资人权利的，人民法院不予支持。

实际出资人未经公司其他股东半数以上同意，请求公司变更股东、签发出资证明书、记载于股东名册、记载于公司章程并办理公司登记机关登记的，人民法院不予支持。

四、对返还股权转让款的抗辩审查

【审查要点】

1. 原告诉请款项的性质是否为股权转让款；

2. 被告或第三人抗辩的款项性质能否成立；

3. 合同是否约定了返还股权转让款的成就要件；

4. 股权代持合同是否存在无效或解除情形；

5. 股权转让款是否已转为公司资本金，存在履行不能。

【规范指引】

《中华人民共和国民法典》

第一百五十七条 民事法律行为无效、被撤销或者确定不发生效力后，行为人因该行为取得的财产，应当予以返还；不能返还或者没有必要返还的，应当折价补偿。有过错的一方应当赔偿对方由此所受到的损失；各方都有过错的，应当各自承担相应的责任。法律另有规定的，依照其规定。

第五百零九条 当事人应当按照约定全面履行自己的义务。

当事人应当遵循诚信原则，根据合同的性质、目的和交易习惯履行通知、协助、保密等义务。

当事人在履行合同过程中，应当避免浪费资源、污染环境和破坏生态。

第五百六十六条 合同解除后，尚未履行的，终止履行；已经履行的，根据履行情况和合同性质，当事人可以请求恢复原状或者采取其他补救措施，并有权请求赔偿损失。

合同因违约解除的，解除权人可以请求违约方承担违约责任，但是当事人另有约定的除外。

主合同解除后，担保人对债务人应当承担的民事责任仍应当承担担保责任，但是担保合同另有约定的除外。

五、对承担违约责任的抗辩审查

【审查要点】

1. 股权代持协议是否成立并合法生效；
2. 是否存在不履行合同义务或履行合同义务不符合约定的行为；
3. 股权代持合同是否对违约责任的承担作出约定；
4. 是否存在不可抗力、情势变更；
5. 是否因第三方原因违约；
6. 违约行为是否造成损失。

【规范指引】

《中华人民共和国民法典》

第五百零九条 当事人应当按照约定全面履行自己的义务。

当事人应当遵循诚信原则，根据合同的性质、目的和交易习惯履行通知、协助、保密等义务。

当事人在履行合同过程中，应当避免浪费资源、污染环境和破坏生态。

第五百九十条 当事人一方因不可抗力不能履行合同的，根据不可抗力的影响，部分或者全部免除责任，但是法律另有规定的除外。因不可抗力不能履行合同的，应当及时通知对方，以减轻可能给对方造成的损失，并应当在合理期限内提供证明。

当事人迟延履行后发生不可抗力的，不免除其违约责任。

《最高人民法院关于适用〈中华人民共和国公司法〉若干问题的规定（三）》

第二十四条 有限责任公司的实际出资人与名义出资人订立合同，约定由实际出资人出资并享有投资权益，以名义出资人为名义股东，实际出资人与名义股东对该合同效力发生争议的，如无法律规定的无效情形，人民法院应当认定该合同有效。

前款规定的实际出资人与名义股东因投资权益的归属发生争议，实际出资人以其实际履行了出资义务为由向名义股东主张权利的，人民法院应予支持。名义股东以公司股东名册记载、公司登记机关登记为由否认实际出资人权利的，人民法院不予支持。

实际出资人未经公司其他股东半数以上同意，请求公司变更股东、签发出资证明书、记载于股东名册、记载于公司章程并办理公司登记机关登记的，人民法院不予支持。

六、未经其他股东过半数同意的抗辩审查[①]

【审查要点】

1. 其他股东过半数是否同意原告成为股东；

2. 原告是否曾以股东身份行使权利，其他股东过半数是否提出异议。

【规范指引】

《最高人民法院关于适用〈中华人民共和国公司法〉若干问题的规定（三）》

第二十四条第三款 实际出资人未经公司其他股东半数以上同意，请求公司变更股东、签发出资证明书、记载于股东名册、记载于公司

---

① 根据《公司法司法解释三》第24条第3款规定，实际出资人显名须经公司其他股东半数以上同意。《全国法院民商事审判工作会议纪要》第28条要求“过半数的其他股东”同意。但根据2024年7月1日施行的《公司法》第84条规定，有限责任公司股东对外转让股权无需征得其他股东同意，即删除了原《公司法》“应当经其他股东过半数同意”的规定。股东代持中隐名股东的显名化，与股权对外转让本质上具有相似性，在《公司法》司法解释尚未修改之前，仍应按照“同意规则”处理。本指南涉及的相关内容均按照这一精神处理。

章程并办理公司登记机关登记的，人民法院不予支持。

《全国法院民商事审判工作会议纪要》

28.【实际出资人显名的条件】实际出资人能够提供证据证明有限责任公司过半数的其他股东知道其实际出资的事实，且对其实际行使股东权利未曾提出异议的，对实际出资人提出的登记为公司股东的请求，人民法院依法予以支持。公司以实际出资人的请求不符合公司法司法解释（三）第24条的规定为由抗辩的，人民法院不予支持。

七、股权用于担保债权的抗辩审查

【审查要点】

1. 被告、第三人与原告之间是否存在让与担保合同关系；

2. 各当事人之间的资金出借与归还情况，原告的主债务是否已清偿完毕；

3. 如在股东资格确认纠纷中，当事人一致认可股权让与担保合意、对主债权无争议，被告或第三人提起反诉，请求原告清偿债务，并参照《民法典》关于担保物权的规定对财产折价或者以拍卖、变卖该财产所得的价款优先受偿的，法院应当合并审理。

【注意事项】

原告、被告、第三人一致认可股权让与担保合意的，原告请求确认自己享有股东资格，该诉讼请求应予支持，当事人的争议在于原告是否有权请求股权变更登记。

【规范指引】

《最高人民法院关于适用〈中华人民共和国民法典〉有关担保制度的解释》

第六十八条 债务人或者第三人与债权人约定将财产形式上转移至债权人名下，债务人不履行到期债务，债权人有权对财产折价或者以拍卖、变卖该财产所得价款偿还债务的，人民法院应当认定该约定有效。当事人已经完成财产权利变动的公示，债务人不履行到期债务，债权人请求参照民法典关于担保物权的有关规定就该财产优先受偿的，人民法院应予支持。

债务人或者第三人与债权人约定将财产形式上转移至债权人名下，债务人不履行到期债务，财产归债权人所有的，人民法院应当认定该约定无效，但是不影响当事人有关提供担保的意思表示的效力。当事人已经完成财产权利变动的公示，债务人不履行到期债务，债权人请求对该财产享有所有权的，人民法院不予支持；债权人请求参照民法典关于担保物权的规定对财产折价或者以拍卖、变卖该财产所得的价款优先受偿的，人民法院应予支持；债务人履行债务后请求返还财产，或者请求对财产折价或者以拍卖、变卖所得的价款清偿债务的，人民法院应予支持。

债务人与债权人约定将财产转移至债权人名下，在一定期间后再由债务人或者其指定的第三人以交易本金加上溢价款回购，债务人到期不履行回购义务，财产归债权人所有的，人民法院应当参照第二款规定处理。回购对象自始不存在的，人民法院应当依照民法典第一百四十六条第二款的规定，按照其实际构成的法律关系处理。

八、股权代持关系不可对抗第三人的抗辩审查

【审查要点】

第三人对股权代持关系是否知情。

【规范指引】

《最高人民法院关于适用〈中华人民共和国民法典〉物权编的解释（一）》

第十四条 受让人受让不动产或者动产时，不知道转让人无处分权，且无重大过失的，应当认定受让人为善意。

真实权利人主张受让人不构成善意的，应当承担举证证明责任。

第十五条 具有下列情形之一的，应当认定不动产受让人知道转让人无处分权：

（一）登记簿上存在有效的异议登记；

（二）预告登记有效期内，未经预告登记的权利人同意；

（三）登记簿上已经记载司法机关或者行政机关依法裁定、决定查封或者以其他形式限制不动产权利的有关事项；

（四）受让人知道登记簿上记载的权利主体错误；

（五）受让人知道他人已经依法享有不动产物权。

真实权利人有证据证明不动产受让人应当知道转让人无处分权的，应当认定受让人具有重大过失。

第十六条 受让人受让动产时，交易的对象、场所或者时机等不符合交易习惯的，应当认定受让人具有重大过失。

第十七条 民法典第三百一十一条第一款第一项所称的"受让人受让该不动产或者动产时"，是指依法完成不动产物权转移登记或者动产交付之时。

当事人以民法典第二百二十六条规定的方式交付动产的，转让动产民事法律行为生效时为动产交付之时；当事人以民法典第二百二十七条规定的方式交付动产的，转让人与受让人之间有关转让返还原物请求权的协议生效时为动产交付之时。

法律对不动产、动产物权的设立另有规定的，应当按照法律规定的时间认定权利人是否为善意。

九、无需履行或已经履行完毕股东出资义务的抗辩审查

【审查要点】

1. 认缴及实缴出资情况；
2. 是否符合《公司法》规定的股东出资的程式性要件；
3. 是否已届出资期限。

【规范指引】

《中华人民共和国公司法》

第四十八条 股东可以用货币出资，也可以用实物、知识产权、土地使用权、股权、债权等可以用货币估价并可以依法转让的非货币财

产作价出资；但是，法律、行政法规规定不得作为出资的财产除外。

对作为出资的非货币财产应当评估作价，核实财产，不得高估或者低估作价。法律、行政法规对评估作价有规定的，从其规定。

第四十九条 股东应当按期足额缴纳公司章程规定的各自所认缴的出资额。

股东以货币出资的，应当将货币出资足额存入有限责任公司在银行开设的账户；以非货币财产出资的，应当依法办理其财产权的转移手续。

股东未按期足额缴纳出资的，除应当向公司足额缴纳外，还应当对给公司造成的损失承担赔偿责任。

第五部分 要件事实审查和认定规则

一、股权代持法律关系审查要点和认定规则

（一）对股权代持合同的审查

【审查要点】

1. 合同是否约定由实际出资人出资并享有投资权益，名义股东为公司登记股东。实际出资人需具有成为公司股东的意思表示和委托名义股东代持股权的意思表示，两者缺一不可。

2. 对于有限责任公司，实际出资人与名义股东之间签订的股权代持合同，如无法律规定的合同无效情形，法院应认定为有效。

3. 对于股份有限公司，基于股份有限公司的资合性特点，通常会参照适用有限责任公司股权代持的相关规定，但在公司上市前应根据证券监管机构要求对股权代持行为进行清理，以保持股权结构清晰。

概括而言，除违反法律、行政法规的效力性强制性规定将导致合同无效外，一般股权代持合同应被认定为有效，但对于实际出资

人要求显名为股东的诉请，在审查时仍应结合相关管理性法律规范予以认定。

【规范指引】

《最高人民法院关于适用〈中华人民共和国公司法〉若干问题的规定（三）》

第二十四条 有限责任公司的实际出资人与名义出资人订立合同，约定由实际出资人出资并享有投资权益，以名义出资人为名义股东，实际出资人与名义股东对该合同效力发生争议的，如无法律规定的无效情形，人民法院应当认定该合同有效。

前款规定的实际出资人与名义股东因投资权益的归属发生争议，实际出资人以其实际履行了出资义务为由向名义股东主张权利的，人民法院应予支持。名义股东以公司股东名册记载、公司登记机关登记为由否认实际出资人权利的，人民法院不予支持。

实际出资人未经公司其他股东半数以上同意，请求公司变更股东、签发出资证明书、记载于股东名册、记载于公司章程并办理公司登记机关登记的，人民法院不予支持。

【典型案例】

1. 黄某责与重庆翰廷投资有限公司合同纠纷案［裁判法院：最高人民法院；案号：（2017）最高法民申2851号］

裁判要旨：双方当事人均认可《股权代持协议书》及《补充协议》是双方真实意思表示，亦不违反法律法规的强制性规定，故上述协议合法有效，并对双方均有约束力。

2. 中信银行股份有限公司济南分行、海航集团有限公司执行异议之诉纠纷案［裁判法院：最高人民法院；案号：（2016）最高法民再360号］

裁判要旨：《公司法司法解释三》第二十四条规定虽是针对有限责任公司，但非上市股份公司参照该规定处理相关法律关系从性质上而言亦无不妥。

（二）对事实股权代持合同的审查

【审查要点】

通常需要综合考虑以下因素认定是否成立代持法律关系：

1. 实际出资人是否实际出资。

2. 实际出资人是否实际行使股东权利，如行使表决权、请求公司分红或者以股东身份参与公司经营管理等。

3. 他人知悉股权代持事宜的证据，如第三方提供证人证言证明存在口头或事实代持的合意，该第三方可以是公司外部无利益关系的第三人，也可以是公司内部相关环节的亲历者及知情人，可能涉及的环节包括但不限于公司设立、出资款流转、股权转让、代持会谈、公司经营、分红支付等。

4. 是否存在合理的代持原因：

（1）为规避法律、行政法规的强制性规定；

（2）特定身份不适合做股东；

（3）实际投资者人数多，多见于员工持股的情况；

（4）为提高工商登记以及股东会运行效率；

（5）代为投资、隐匿财产等。

【注意事项】

1. 判断是否存在代持合意时，应依据“证据综合审查原则”“优势证据原则”“高度盖然性标准”，经由法官经验法则和自由心证，进行审慎认定。具体而言，以当事人提交的证据材料为基础，从各证据与案件事实的关联程度、各证据之间的联系、各证据的证明力等进行综合审查、交叉印证。

2. 单纯的资金汇入行为本身既可能是借贷，也可能是代为支付，仅以此证明具有出资的意思表示，进而证明具有代持合意，不足以达到高度盖然性标准。实践中，股东权利的实际行使、义务的实际履行等证据，也是判断代持合意的关键性证据，应综合进行判断。

3. 实际出资人将出资款支付给名义股东，再由名义股东直接向公司出资的，名义股东否认代持关系，需要提供证据证明所收款项系基于其他法律关系，否则，宜认定实际出资人已经出资，股权代持合同成立。

【规范指引】

《最高人民法院关于适用〈中华人民共和国公司法〉若干问题的规定（三）》

第二十四条 有限责任公司的实际出资人与名义出资人订立合同，约定由实际出资人出资并享有投资权益，以名义出资人为名义股东，实际出资人与名义股东对该合同效力发生争议的，如无法律规定的无效情形，人民法院应当认定该合同有效。

前款规定的实际出资人与名义股东因投资权益的归属发生争议，实际出资人以其实际履行了出资义务为由向名义股东主张权利的，人民法院应予支持。名义股东以公司股东名册记载、公司登记机关登记为由否认实际出资人权利的，人民法院不予支持。

实际出资人未经公司其他股东半数以上同意，请求公司变更股东、签发出资证明书、记载于股东名册、记载于公司章程并办理公司登记机关登记的，人民法院不予支持。

《中华人民共和国民法典》

第四百六十九条 当事人订立合同，可以采用书面形式、口头形式或者其他形式。

书面形式是合同书、信件、电报、电传、传真等可以有形地表现所载内容的形式。

以电子数据交换、电子邮件等方式能够有形地表现所载内容，并可以随时调取查用的数据电文，视为书面形式。

《最高人民法院关于民事诉讼证据的若干规定》

第八十八条 审判人员对案件的全部证据，应当从各证据与案件事实的关联程度、各证据之间的联系等方面进行综合审查判断。

【典型案例】

1. 刘某、王某股东资格确认纠纷案［裁判法院：最高人民法院；案号:（2016）最高法民申 2519 号］

裁判要旨：如当事人未能提供股权代持协议，仅有转账凭证且未注明汇款用途，也未能提交具有委托他人认购公司股份内容的其他证据；对其起诉请求确认登记于他人名下的公司的股权归其所有的主张不予支持。

2. 池某顺、张某与阜新黑土地油脂有限公司股东资格确认纠纷案［裁判法院：最高人民法院；案号:（2016）最高法民申 653 号］

裁判要旨：在无书面股权代持协议时，应根据《最高人民法院关于民事诉讼证据的若干规定》第八十八条，综合审查判断当事人之间是否成立代持法律关系。一方主张其为公司实际出资人，并提交了实际出资的凭证及公司法定代表人的证人证言，而名义股东并未提交实际出资的凭证及参与公司设立与经营的证据，应认定当事人之间成立代持法律关系。

（三）特殊主体审查：实际出资人为公务员

【审查要点】

公务员签订的股权代持协议有效，但不能请求确认成为公司登记股东。

【典型案例】

1. 北京问日科技有限公司与高某股东资格确认纠纷案［裁判法院：北京第一中级人民法院；案号:（2015）一中民（商）终字第 5296 号］

裁判要旨:《中华人民共和国公务员法》规定公务员不得从事或者参与营利性活动，在企业或者其他营利性组织中兼任职务。《中华人民共和国公务员法》中的相关规定属管理性规范，并非效力性规范。公务员签订的股权代持协议有效。

2. 陈某斌、张某霞与上海弓展木业有限公司股东资格确认纠纷案［裁判法院：上海市第二中级人民法院；案号:（2014）沪二中民四

（商）终字第 489 号］

裁判要旨：公务员不能成为工商登记股东，但是其可以享有系争协议项下的相应股权所对应的财产权益。

（四）特殊标的审查：代持为外商投资企业股权

【审查要点】

当事人之间约定一方实际出资、另一方作为外商投资企业名义股东，实际出资人请求确认其在外商投资企业中的股东身份或者请求变更外商投资企业股东的，人民法院不予支持。同时具备以下条件的除外：

1. 实际出资人已经实际出资；

2. 名义股东以外的其他股东认可实际出资人的股东身份；

3. 人民法院或当事人在诉讼期间就将实际出资人变更为股东征得了外商投资企业审批机关的同意。

【规范指引】

《最高人民法院关于审理外商投资企业纠纷案件若干问题的规定（一）》

第十四条 当事人之间约定一方实际投资、另一方作为外商投资企业名义股东，实际投资者请求确认其在外商投资企业中的股东身份或者请求变更外商投资企业股东的，人民法院不予支持。同时具备以下条件的除外：

（一）实际投资者已经实际投资；

（二）名义股东以外的其他股东认可实际投资者的股东身份；

（三）人民法院或当事人在诉讼期间就将实际投资者变更为股东征得了外商投资企业审批机关的同意。

《最高人民法院关于适用〈中华人民共和国外商投资法〉若干问题的解释》

第二条 对外商投资法第四条所指的外商投资准入负面清单之外的领域形成的投资合同，当事人以合同未经有关行政主管部门批准、登记为由主张合同无效或者未生效的，人民法院不予支持。

前款规定的投资合同签订于外商投资法施行前，但人民法院在外商投资法施行时尚未作出生效裁判的，适用前款规定认定合同的效力。

二、股权代持合同效力审查要点和认定规则

（一）股权代持合同无效的审查

1. 一般股权代持合同效力审查

【审查要点】

（1）合同是否违反法律、行政法规的效力性强制性规定；

（2）合同是否违背公序良俗。

法院在认定规章是否涉及公序良俗时，要在考察规范对象的基础上，兼顾监管强度、交易安全保护以及社会影响等方面进行慎重考量。

【典型案例】

（1）杉浦与龚某股权转让纠纷案，2018 年上海法院金融商事审判十大案例［裁判法院：上海金融法院；案号：（2018）沪 74 民初 585 号］

裁判要旨：上市公司在证券发行过程中应如实披露股份权属情况，禁止发行人的股权存在隐名代持，属于证券市场的公共秩序性规则。行为人违反该公共秩序性规则，签订隐名代持证券发行人股权协议的，应认定为无效。

（2）陆某林与陈某等股权转让纠纷案，上海市高级人民法院 2021 年第二批参考性案例第 117 号［裁判法院：上海市第一中级人民法院；（2018）沪 01 民初 168 号］

裁判要旨：股权代持行为构成上市公司定向增发股份的隐名代持，违反了证券市场的公共秩序，损害了证券市场的公共利益，应认定为无效。

2. 标的公司为上市公司的股权代持合同效力审查

标的公司为上市公司的股权代持协议一般认定为无效。

代持上市公司股权，涉及公众投资者利益保护、证券市场的监管秩序、金融稳定和金融风险等公共利益，即使股权代持合同没有违反

法律、行政法规的强制性规定，仅仅违反部门规章或监管政策，依据《民法典》第一百五十三条第二款“违背公序良俗的民事法律行为无效”，该类股权代持合同也应无效。

【规范指引】

《中华人民共和国民法典》

第一百五十三条　违反法律、行政法规的强制性规定的民事法律行为无效。但是，该强制性规定不导致该民事法律行为无效的除外。

违背公序良俗的民事法律行为无效。

【典型案例】

杨某国、林某坤股权转让纠纷案［裁判法院：最高人民法院；案号:（2017）最高法民申 2454 号］

裁判要旨：上市公司发行人必须真实，并不允许发行过程中隐匿真实股东，否则公司股票不得上市发行，通俗而言，即上市公司股权不得隐名代持。公司上市前，一方代另一方持有股份，并以其自身名义参与公司上市发行，实际隐瞒了真实股东或投资人身份，违反了发行人如实披露义务，为相关规定明令禁止，并损害社会公共利益，因此代持上市公司股权的协议无效。

3. 标的公司为金融机构的股权代持合同效力审查

【审查要点】

代持金融机构的股权，也涉及公众投资者利益保护、证券市场的监管秩序、金融稳定和金融风险等公共利益。因此，即使股权代持协议没有违反法律、行政法规的强制性规定，仅违反部门规章或地方性法规，但是依据《民法典》第一百五十三条第二款“违背公序良俗的民事法律行为无效”，该类股权代持协议也应无效。

【规范指引】

《中华人民共和国民法典》

第一百五十三条　违反法律、行政法规的强制性规定的民事法律行为无效。但是，该强制性规定不导致该民事法律行为无效的除外。

违背公序良俗的民事法律行为无效。

《保险公司股权管理办法》

第四十九条 保险公司股东质押其持有的保险公司股权的，不得损害其他股东和保险公司的利益。

保险公司股东不得利用股权质押形式，代持保险公司股权、违规关联持股以及变相转移股权。

保险公司股东质押股权时，不得与质权人约定债务人不履行到期债务时被质押的保险公司股权归债权人所有，不得约定由质权人或者其关联方行使表决权等股东权利，也不得采取股权收益权转让等其他方式转移保险公司股权的控制权。

《商业银行股权管理暂行办法》

第十二条 商业银行股东不得委托他人或接受他人委托持有商业银行股权。

商业银行主要股东应当逐层说明其股权结构直至实际控制人、最终受益人，以及其与其他股东的关联关系或者一致行动关系。

《公开募集证券投资基金管理人监督管理办法》

第三十一条第二款 基金管理公司的股东处分其股权，应当诚实守信，遵守在认购、受让股权时所做的承诺及中国证监会的有关规定，不得损害基金份额持有人的合法权益。

【典型案例】

（1）福建伟杰投资有限公司、福州天策实业有限公司营业信托纠纷案［裁判法院：最高人民法院；案号：（2017）最高法民终 529 号］

裁判要旨：当事人签订信托持股协议的行为违反《保险公司股权管理办法》有关禁止代持保险公司股权的规定，对该持股协议的效力审查从上述部门规章的规范目的、内容实质，以及实践中允许代持保险公司股权可能出现的危害后果进行综合分析，违反该规定将会损害社会公众利益，相应代持协议应认定为无效。

（2）上海纪阳实业有限公司与宜兴市铜峰建筑安装工程有限公司、

广发银行股份有限公司股东资格确认纠纷案［裁判法院：上海市第二中级人民法院；案号:（2018）沪02民终6773号］

裁判要旨：当事人约定代持的股份是商业银行的股份，应当符合《商业银行股权管理暂行办法》的相关规定。《商业银行股权管理暂行办法》第十二条规定，商业银行股东不得委托他人或接受他人委托持有商业银行股权。涉案代持关系对金融管理秩序产生不利影响，有损于社会公共利益，该代持关系应属无效。

4. 涉外商投资的股权代持合同效力审查

【审查要点】

（1）违反法律、行政法规效力性强制性规定的股权代持合同无效。一方仅以股权代持合同未经外商投资企业审批机关批准为由主张合同无效或者未生效的，不予支持。

（2）我国对外商投资实行准入前国民待遇加负面清单管理制度。

①若外国投资者以实际出资人的身份投资进入外商投资准入负面清单规定禁止投资的领域，一方主张股权代持合同无效的，应予支持。

②若外国投资者以实际出资人的身份投资进入外商投资准入负面清单规定限制投资的领域，一方以违反限制性准入特别管理措施为由，主张股权代持合同无效的，应予支持。法院作出生效裁判前，实际出资人采取必要措施满足准入特别管理措施的要求，一方主张合同有效的，应予支持。

③在生效裁判作出前，因外商投资准入负面清单调整，外国投资者投资不再属于禁止或者限制投资的领域，一方主张合同有效的，应予支持。

（3）根据国家税务总局的有关规定，外商投资企业在特定情形下可以享受税收优惠政策。若境内投资者利用外商投资企业这一类型企业，依托商事外观原则，通过股权代持形式，构建名义上的外商投资企业来享受税收优惠政策，股权代持合同无效。

（4）境内自然人作为实际出资人，外国投资者作为名义股东签订的股权代持合同，合同效力受《中华人民共和国外商投资法》（以下简称《外商投资法》）实施影响。

《外商投资法》实施前，此前适用的“外资三法”（即中外合资、中外合作、外商独资企业法）明确排除境内自然人作为外商投资企业的出资人，相应股权代持合同无效。

《外商投资法》（2020年1月1日）实施后，境内自然人可以作为外商投资企业的出资人，相应股权代持合同有效。

（5）涉外商投资的股权代持纠纷适用公司登记地法律。

【规范指引】

《中华人民共和国外商投资法》

第二条 在中华人民共和国境内（以下简称中国境内）的外商投资，适用本法。

本法所称外商投资，是指外国的自然人、企业或者其他组织（以下称外国投资者）直接或者间接在中国境内进行的投资活动，包括下列情形：

（一）外国投资者单独或者与其他投资者共同在中国境内设立外商投资企业；

（二）外国投资者取得中国境内企业的股份、股权、财产份额或者其他类似权益；

（三）外国投资者单独或者与其他投资者共同在中国境内投资新建项目；

（四）法律、行政法规或者国务院规定的其他方式的投资。

本法所称外商投资企业，是指全部或者部分由外国投资者投资，依照中国法律在中国境内经登记注册设立的企业。

第四条 国家对外商投资实行准入前国民待遇加负面清单管理制度。

前款所称准入前国民待遇，是指在投资准入阶段给予外国投资者及其投资不低于本国投资者及其投资的待遇；所称负面清单，是指国家规定在特定领域对外商投资实施的准入特别管理措施。国家对负面清单之外的外商投资，给予国民待遇。

负面清单由国务院发布或者批准发布。

中华人民共和国缔结或者参加的国际条约、协定对外国投资者准入待遇有更优惠规定的，可以按照相关规定执行。

第二十八条 外商投资准入负面清单规定禁止投资的领域，外国投资者不得投资。

外商投资准入负面清单规定限制投资的领域，外国投资者进行投资应当符合负面清单规定的条件。

外商投资准入负面清单以外的领域，按照内外资一致的原则实施管理。

《中华人民共和国外商投资法实施条例》

第三条 外商投资法第二条第二款第一项、第三项所称其他投资者，包括中国的自然人在内。

《最高人民法院关于适用〈中华人民共和国外商投资法〉若干问题的解释》

第二条 对外商投资法第四条所指的外商投资准入负面清单之外的领域形成的投资合同，当事人以合同未经有关行政主管部门批准、登记为由主张合同无效或者未生效的，人民法院不予支持。

前款规定的投资合同签订于外商投资法施行前，但人民法院在外商投资法施行时尚未作出生效裁判的，适用前款规定认定合同的效力。

第三条 外国投资者投资外商投资准入负面清单规定禁止投资的领域，当事人主张投资合同无效的，人民法院应予支持。

第四条 外国投资者投资外商投资准入负面清单规定限制投资的领域，当事人以违反限制性准入特别管理措施为由，主张投资合同无效的，人民法院应予支持。

人民法院作出生效裁判前，当事人采取必要措施满足准入特别管理措施的要求，当事人主张前款规定的投资合同有效的，应予支持。

第五条 在生效裁判作出前，因外商投资准入负面清单调整，外国投资者投资不再属于禁止或者限制投资的领域，当事人主张投资合同有效的，人民法院应予支持。

《最高人民法院关于审理外商投资企业纠纷案件若干问题的规定（一）》

第十五条 合同约定一方实际投资、另一方作为外商投资企业名义股东，不具有法律、行政法规规定的无效情形的，人民法院应认定该合同有效。一方当事人仅以未经外商投资企业审批机关批准为由主张该合同无效或者未生效的，人民法院不予支持。

实际投资者请求外商投资企业名义股东依据双方约定履行相应义务的，人民法院应予支持。

双方未约定利益分配，实际投资者请求外商投资企业名义股东向其交付从外商投资企业获得的收益的，人民法院应予支持。外商投资企业名义股东向实际投资者请求支付必要报酬的，人民法院应酌情予以支持。

《中华人民共和国涉外民事关系法律适用法》

第十四条第一款 法人及其分支机构的民事权利能力、民事行为能力、组织机构、股东权利义务等事项，适用登记地法律。

【典型案例】

（1）殷某与张某兰股东资格确认纠纷案［裁判法院：最高人民法院；案号：（2017）最高法民申37号］

裁判要旨：公司及其股东均同意外国公民向公司缴纳出资成为股东且公司的其他股东对其以名义股东的名义进行投资均是明知的。该外籍公民多次以公司股东的身份参加股东会议，实际行使股东权利；且不涉及国家规定实施准入特别管理（负面清单）的外商投资企业的设立和变更，不再需要审批。因此，可依据当事人之间的约定以及出资事实确认该外国公民为公司的股东。

（2）高帽子股份有限公司与柏某、李某、上海郁柏服饰有限公司股权确认纠纷案，《人民法院案例选》2012年第4辑［裁判法院：上海市高级人民法院；案号：（2011）沪高民二（商）终字第14号］

裁判要旨：人民法院或者当事人在诉讼期间就实际投资者变更为股东征得了外商投资企业审批机关同意的，可作出判决直接确认隐名股东权利。

（3）上海纽鑫达进出口有限公司与 Carson Junping Cheng 股东资格确认纠纷案，全国首例境外自然人要求确认股东资格案［裁判法院：上海市第一中级人民法院；案号：（2020）沪 01 民终 3024 号］

裁判要旨：境外自然人虽为外籍，但确系境内公司的隐名股东，有权依据合同约定取回股权。《外商投资法》已取消了原先中外合资经营企业中对外方与中方自然人合资的限制，外籍“隐名股东”变更为境内公司股东无法律障碍。

（二）股权代持合同无效的法律后果

【审查要点】

1. 原则上代持股权应当归名义股东所有，不予支持实际出资人的股权变更登记的请求。

2. 返还实际出资人投资款及资金占用利息。

3. 有过错的一方应当承担对方由此所受到的损失。协议各方都有过错的，应当各自承担相应的责任。

4. 在合同履行之后新增的代持股权收益，不属于恢复原状之适用情形，应由协议各方协商确定如何分配，协商不成的应当适用公平原则合理分配。在适用公平原则时应着重考虑以下两个方面的因素：一是对投资收益的贡献程度，即考虑谁实际承担了投资期间的机会成本和资金成本，按照“谁投资、谁收益”原则，将收益主要分配给承担了投资成本的一方；二是对投资风险的交易安排，即考虑谁将实际承担投资亏损的不利后果，按照“收益与风险相一致”原则，将收益主要分配给承担了投资风险的一方。

【注意事项】

在双务合同中，原告起诉请求确认合同有效并请求继续履行合同，被告主张合同无效的，或者原告起诉请求确认合同无效并返还财产，而被告主张合同有效的，都要防止机械适用“不告不理”原则，仅就当事人的诉讼请求进行审理，而应向原告释明变更或者增加诉讼请求，或者向被告释明提出同时履行抗辩，尽可能一次性解决纠纷。一审法院未予释明，二审法院认为应当对合同不成立、无效或者被撤销的法律后果作出判决的，可以直接释明并改判。当然，如果返还财产或者赔偿损失的范围确实难以确定或者双方争议较大的，也可以告知当事人通过另行起诉等方式解决，并在裁判文书中予以明确。

【规范指引】

《中华人民共和国民法典》

第一百五十七条 民事法律行为无效、被撤销或者确定不发生效力后，行为人因该行为取得的财产，应当予以返还；不能返还或者没有必要返还的，应当折价补偿。有过错的一方应当赔偿对方由此所受到的损失；各方都有过错的，应当各自承担相应的责任。法律另有规定的，依照其规定。

《全国法院民商事审判工作会议纪要》

32.【合同不成立、无效或者被撤销的法律后果】《合同法》第58条就合同无效或者被撤销时的财产返还责任和损害赔偿责任作了规定，但未规定合同不成立的法律后果。考虑到合同不成立时也可能发生财产返还和损害赔偿责任问题，故应当参照适用该条的规定。

在确定合同不成立、无效或者被撤销后财产返还或者折价补偿范围时，要根据诚实信用原则的要求，在当事人之间合理分配，不能使不诚信的当事人因合同不成立、无效或者被撤销而获益。合同不成立、无效或者被撤销情况下，当事人所承担的缔约过失责任不应超过合同履行利益。比如，依据《最高人民法院关于审理建设工程施工合同纠纷案件适用法律问题的解释》第2条规定，建设工程施工合同无效，在建设工程经竣工验收合格情况下，可以参照合同约定支付工程款，但除非增加了合同约定之外新的工程项目，一般不应超出合同约定支付工程款。

33.【财产返还与折价补偿】合同不成立、无效或者被撤销后，在确定财产返还时，要充分考虑财产增值或者贬值的因素。双务合同不成立、无效或者被撤销后，双方因该合同取得财产的，应当相互返还。应予返还的股权、房屋等财产相对于合同约定价款出现增值或者贬值的，人民法院要综合考虑市场因素、受让人的经营或者添附等行为与财产增值或者贬值之间的关联性，在当事人之间合理分配或者分担，避免一方因合同不成立、无效或者被撤销而获益。在标的物已经灭失、转售他人或者其他无法返还的情况下，当事人主张返还原物的，人民法院不予支持，但其主张折价补偿的，人民法院依法予以支持。折价时，应当以当事人交易时约定的价款为基础，同时考虑当事人在标的物灭失或者转售时的获益情况综合确定补偿标准。标的物灭失时当事人获得的保险金或者其他赔偿金，转售时取得的对价，均属于当事人因标的物而获得的利益。对获益高于或者低于价款的部分，也应当在当事人之间合理分配或者分担。

35.【损害赔偿】合同不成立、无效或者被撤销时，仅返还财产或者折价补偿不足以弥补损失，一方还可以向有过错的另一方请求损害赔偿。在确定损害赔偿范围时，既要根据当事人的过错程度合理确定责任，又要考虑在确定财产返还范围时已经考虑过的财产增值或者贬值因素，避免双重获利或者双重受损的现象发生。

36.【合同无效时的释明问题】在双务合同中，原告起诉请求确认合同有效并请求继续履行合同，被告主张合同无效的，或者原告起诉请求确认合同无效并返还财产，而被告主张合同有效的，都要防止机械适用“不告不理”原则，仅就当事人的诉讼请求进行审理，而应向原告释明变更或者增加诉讼请求，或者向被告释明提出同时履行抗辩，尽可能一次性解决纠纷。例如，基于合同有给付行为的原告请求确认合同无效，但并未提出返还原物或者折价补偿、赔偿损失等请求的，人民法院应当向其释明，告知其一并提出相应诉讼请求；原告请求确认合同无效并要求被告返还原物或者赔偿损失，被告基于合同也有给付行为的，人民法院同样应当向被告释明，告知其也可以提出返还请求；人民法院经审理认定合同无效的，除了要在判决书“本院认为”部分对同时返还作出认定外，还应当在判项中作出明确表述，避免因判令单方返还而出现不公平的结果。

第一审人民法院未予释明，第二审人民法院认为应当对合同不成立、无效或者被撤销的法律后果作出判决的，可以直接释明并改判。当然，如果返还财产或者赔偿损失的范围确实难以确定或者双方争议较大的，也可以告知当事人通过另行起诉等方式解决，并在裁判文书中予以明确。

当事人按照释明变更诉讼请求或者提出抗辩的，人民法院应当将其归纳为案件争议焦点，组织当事人充分举证、质证、辩论。

【典型案例】

1. 杨某国与林某坤股权转让纠纷案［裁判法院：最高人民法院；案号：（2017）最高法民申 2454 号］

裁判要旨：本案中双方协议因涉及上市公司隐名持股而无效，但这并不意味着否认双方委托投资关系的效力及委托投资的事实；同样，也不意味着否认名义股东依法持有上市公司股权的效力，更不意味着否认名义股东与公司股东之间围绕公司上市及其运行所实施的一系列行为之效力。据此，因本案双方协议虽认定为无效，但属于“不能返还或者没有必要返还的”情形，故实际出资人要求将诉争股权过户至其名下的请求难以支持，但实际出资人可依进一步查明事实所对应的股权数量请求公平分割相关委托投资利益。

2. 杉浦与龚某股权转让纠纷案，2018 年上海法院金融商事审判十大案例［裁判法院：上海金融法院；案号：（2018）沪 74 民初 585 号］

裁判要旨：系争公司股份的收益，包括因分红以及上市而发生的大幅增值，并非合同订立前的原有利益，而是合同履行之后新增的利益，显然不属于恢复原状之适用情形，如何分配应由双方当事人协商确定，协商不成的应当适用公平原则合理分配。股份投资是以获得股份收益为目的并伴随投资风险的行为，在适用公平原则时应当着重考虑以下两方面的因素：一是对投资收益的贡献程度，即考虑谁实际承担了投资期间的机会成本和资金成本，按照“谁投资、谁收益”原则，将收益主要分配给承担了投资成本的一方；二是对投资风险的交易安排，即考虑谁将实际承担投资亏损的不利后果，按照“收益与风险相一致”原则，将收益主要分配给承担了投资风险的一方。

3. 华懋金融服务有限公司与中国中小企业投资有限公司委托投资纠纷案［裁判法院：最高人民法院法院；案号：（2002）最高法民四终字第 30 号］

裁判要旨：股权代持合同被确认无效后，中小企业公司应向华懋公司返还实际出资；对于因股份价值增值、享受增送股和分配红利而获得的利益，根据公平原则和合同法定的基本精神，应当判令中小企业公司向华懋公司支付合理数额的补偿金，该部分赔偿金应当以中小企业公司持有的诉争股份市值及其全部红利之和的 40% 确定。

三、有效股权代持合同履行和违约责任的审查要点和认定规则

（一）代持合同实际履行的审查认定

【审查要点】

1. 审查股权代持合同的签订时间。签订于公司成立之后或系争法律关系发生之后的代持合同，即事后确认型代持合同在没有相反证据的情形下，倾向于认定已实际履行。

2. 审查实际出资人是否履行出资义务。

3. 审查名义股东代持股权的比例、代持股权的时间。

4. 审查名义股东的股权收益权是否被排除。名义股东因死亡、离婚、股权被执行等事由发生后，实际出资人的权利是否被波及。

5. 审查名义股东是否依约将投资性收益（例如股权利润）交付实际出资人。

6. 审查名义股东是否依约行使股东权利，合同是否约定在名义股

东行使表决权、请求分配股息红利等股东权利之前应获得实际出资人授权。

7. 审查其他股东对于系争股权代持的认可程度。

8. 审查相关交易，伴随公司增资、并购重组、股权转让等相关交易的代持合同履行情况，应参考相关交易的履行程度予以认定。

【注意事项】

1. 名义股东对公司投入资金不影响其履行代持义务。

2. 应注意区分股权代持合同中的财产关系与身份关系，财产关系外部性较小，注重合同的相对性，而身份关系（例如股东资格）影响合同主体之外的第三人，外部性强，仍应遵循《公司法》中有关组织体的规定。

3. 应注意区分股权代持合同在实际出资人与名义股东之间的效力和对公司其他股东的效力。若公司其他股东对于代持事宜不知情，则股权代持合同对于其他股东和公司不发生效力，在实际出资人行使股东权利及要求显名时会存在履行障碍。

（1）实际出资人与名义股东有关公司分红的约定，不能约束公司或其他股东实际出资人，仅能要求名义股东在获取的股利中分取约定的部分，而不能直接要求公司对其分红。

（2）实际出资人在未显名时，不具备《公司法》规定的享有股东知情权的主体资格，无法行使股东知情权。

（3）代持合同约定了实际出资人的显名条件，实践中存在履行障碍。

（4）名义股东不愿继续代持，欲退出公司或者要求实际出资人显名，受到《公司法司法解释三》中“公司其他股东过半数同意”这一法定条件的限制。

【规范指引】

《中华人民共和国公司法》

第五十七条 股东有权查阅、复制公司章程、股东名册、股东会会议记录、董事会会议决议、监事会会议决议和财务会计报告。

股东可以要求查阅公司会计账簿、会计凭证。股东要求查阅公司会计账簿、会计凭证的，应当向公司提出书面请求，说明目的。公司有合理根据认为股东查阅会计账簿、会计凭证有不正当目的，可能损害公司合法利益的，可以拒绝提供查阅，并应当自股东提出书面请求之日起十五日内书面答复股东并说明理由。公司拒绝提供查阅的，股东可以向人民法院提起诉讼。

股东查阅前款规定的材料，可以委托会计师事务所、律师事务所等中介机构进行。

股东及其委托的会计师事务所、律师事务所等中介机构查阅、复制有关材料，应当遵守有关保护国家秘密、商业秘密、个人隐私、个人信息等法律、行政法规的规定。

股东要求查阅、复制公司全资子公司相关材料的，适用前四款的规定。

《最高人民法院关于适用〈中华人民共和国公司法〉若干问题的规定（三）》

第二十四条 有限责任公司的实际出资人与名义出资人订立合同，约定由实际出资人出资并享有投资权益，以名义出资人为名义股东，实际出资人与名义股东对该合同效力发生争议的，如无法律规定的无效情形，人民法院应当认定该合同有效。

前款规定的实际出资人与名义股东因投资权益的归属发生争议，实际出资人以其实际履行了出资义务为由向名义股东主张权利的，人民法院应予支持。名义股东以公司股东名册记载、公司登记机关登记为由否认实际出资人权利的，人民法院不予支持。

实际出资人未经公司其他股东半数以上同意，请求公司变更股东、签发出资证明书、记载于股东名册、记载于公司章程并办理公司登记机关登记的，人民法院不予支持。

《中华人民共和国民法典》

第五百零九条 当事人应当按照约定全面履行自己的义务。

当事人应当遵循诚信原则，根据合同的性质、目的和交易习惯履行通知、协助、保密等义务。

当事人在履行合同过程中，应当避免浪费资源、污染环境和破坏生态。

【典型案例】

罗某平、黄某琴及上海博宗纸塑有限公司股东资格确认纠纷案，上海市第二中级人民法院股权代持白皮书［裁判法院：上海第二中级人民法院；案号:（2015）沪二中民四（商）终字第254号］

裁判要旨：名义股东如不愿再继续代持，欲退出公司或者让实际出资人显名，应当经过公司其他股东过半数同意。如果其他股东事先不知有股权代持情形，事后又不同意实际出资人显名的，则该名义股东要求变更股东的诉讼请求难以得到支持。

（二）违约责任的审查认定

【审查要点】

1. 当事人是否存在不履行合同义务或履行合同义务不符合约定的行为（例如名义股东不配合实际出资人办理股权变更登记，侵害实际出资人分红权、经营管理权，私自转让、质押股权等）；

2. 合同是否对违约责任的承担作出约定；

3. 违约主体；

4. 违约产生的原因，是否存在不可抗力、情势变更或第三方原因；

5. 是否造成损失，违约行为与造成损失的因果关系。

【规范指引】

《中华人民共和国民法典》

第五百七十七条 当事人一方不履行合同义务或者履行合同义务不符合约定的，应当承担继续履行、采取补救措施或者赔偿损失等违约责任。

第五百七十九条 事人一方未支付价款、报酬、租金、利息，或者不履行其他金钱债务的，对方可以请求其支付。

第五百八十三条 当事人一方不履行合同义务或者履行合同义务不

符合约定的，在履行义务或者采取补救措施后，对方还有其他损失的，应当赔偿损失。

第五百八十四条 当事人一方不履行合同义务或者履行合同义务不符合约定，造成对方损失的，损失赔偿额应当相当于因违约所造成的损失，包括合同履行后可以获得的利益；但是，不得超过违约一方订立合同时预见到或者应当预见到的因违约可能造成的损失。

第五百八十五条 当事人可以约定一方违约时应当根据违约情况向对方支付一定数额的违约金，也可以约定因违约产生的损失赔偿额的计算方法。

约定的违约金低于造成的损失的，人民法院或者仲裁机构可以根据当事人的请求予以增加；约定的违约金过分高于造成的损失的，人民法院或者仲裁机构可以根据当事人的请求予以适当减少。

当事人就迟延履行约定违约金的，违约方支付违约金后，还应当履行债务。

第五百九十条 当事人一方因不可抗力不能履行合同的，根据不可抗力的影响，部分或者全部免除责任，但是法律另有规定的除外。因不可抗力不能履行合同的，应当及时通知对方，以减轻可能给对方造成的损失，并应当在合理期限内提供证明。

当事人迟延履行后发生不可抗力的，不免除其违约责任。

第五百九十二条 当事人都违反合同的，应当各自承担相应的责任。

当事人一方违约造成对方损失，对方对损失的发生有过错的，可以减少相应的损失赔偿额。

第五百九十三条 当事人一方因第三人的原因造成违约的，应当依法向对方承担违约责任。当事人一方和第三人之间的纠纷，依照法律规定或者按照约定处理。

四、股权代持合同解除的审查要点和认定规则

股权代持双方均可能要求解除合同。实际出资人请求解除代持合

同的原因通常包括：（1）要求显名；（2）要求返还股权投资款；（3）要求变更代持人。名义股东请求解除代持合同的原因通常包括：（1）避免承担股东、高管责任；（2）实际出资人债务缠身、下落不明甚至死亡、破产，名义股东因代持股权产生的经济损失无法追偿；（3）主观认为不适合代持股股权。另外，代持原因消灭，例如基于代持费用、双方信任友好关系、阶段性经济利益等原因，双方亦可能请求终止股权代持关系。

（一）解除条件的认定

1. 任意解除权

对于股权代持的法律性质，学界素有争议，以信托关系说和委托关系说为代表。司法实践中，一般认为股权代持关系实际出资人与名义股东系以委托关系为基础而设立，相应地，赋予合同双方任意解除权。基于股权代持关系的设立和履行结果兼涉合同法与公司法考虑，法院在审理判断股权代持合同是否解除，尤其是任意解除，应当持审慎态度。

【注意事项】

实际出资人欲行使任意解除权解除股权代持协议的请求并不当然获得支持，审理中还需考察实际出资人主张的合同解除后果是否符合公司法的强制性规则。

【规范指引】

《中华人民共和国民法典》

第九百三十三条 委托人或者受托人可以随时解除委托合同。因解除合同造成对方损失的，除不可归责于该当事人的事由外，无偿委托合同的解除方应当赔偿因解除时间不当造成的直接损失，有偿委托合同的解除方应当赔偿对方的直接损失和合同履行后可以获得的利益。

【典型案例】

王某与深圳市东方汇富创业投资管理有限公司、上海鸿胜创业投资合伙企业（有限合伙）委托合同纠纷案，2020 年全国法院优秀案

例［裁判法院：广东省深圳市中级人民法院；案号：（2018）粤 03 民终 13735 号］

裁判要旨：股权代持协议在性质上属于委托合同，但王某在签订该协议时通过约定的方式放弃了任意解除权，即未经东方汇富公司同意，不得解除对东方汇富公司的委托。在没有任意解除权及约定解除条件成就的情况下，需审查是否符合法定解除的情形。

2. 法定解除或约定解除合同的审查

【审查要点】

除任意解除外，合同解除还有约定解除和法定解除两种，法院应分别根据《民法典》第五百六十二条、第五百六十三条的规定进行认定。对于合同解除纠纷，需要先明确当事人要求解除的请求权基础。

【规范指引】

《中华人民共和国民法典》

第五百六十二条 当事人协商一致，可以解除合同。

当事人可以约定一方解除合同的事由。解除合同的事由发生时，解除权人可以解除合同。

第五百六十三条 有下列情形之一的，当事人可以解除合同：

（一）因不可抗力致使不能实现合同目的；

（二）在履行期限届满前，当事人一方明确表示或者以自己的行为表明不履行主要债务；

（三）当事人一方迟延履行主要债务，经催告后在合理期限内仍未履行；

（四）当事人一方迟延履行债务或者有其他违约行为致使不能实现合同目的；

（五）法律规定的其他情形。

以持续履行的债务为内容的不定期合同，当事人可以随时解除合同，但是应当在合理期限之前通知对方。

3. 股权代持合同解除的审查

【审查要点】

（1）股权代持协议是否成立生效；

（2）当事人主张任意解除的，审查实际出资人与名义股东之间的关系是否构成委托合同关系，系争合同是否约定禁止行使任意解除权，合同解除后果是否违反《公司法》强制性规则。

（3）当事人主张约定解除的，审查解除理由是否符合合同约定的解除条件；

（4）当事人主张法定解除的，审查解除理由是否符合法律规定的解除条件；

（5）解除权的行使方式是否符合法律规定或合同约定；

（6）向当事人释明，对合同解除后的后果处理一并提出主张，由另一方进行抗辩。

【注意事项】

（1）股权转让协议签订后，受让人支付股权转让款，但未变更登记为股东，并由此与出让人成立股权代持关系的，股权代持关系可经任一方主张随时解除，但股权转让关系须经双方协议解除或一方依法解除，合法解除后，受让人方可要求出让人返还股权转让款。受让人仅以双方股权代持关系终止为由，要求出让人返还股权转让款的，人民法院不予支持。

（2）合同约定的解除条件成就时，守约方以此为由请求解除合同的，法院应当审查违约方的违约程度是否显著轻微，是否影响守约方合同目的实现，根据诚信原则，确定合同应否解除。

（3）法定解除纠纷需要对照法律规定的解除条件进行审查。特别是《民法典》第五百六十三条各法定解除条件的构成要件，谨慎认定"合同目的无法实现"这一关键因素。违约方的违约程度显著轻微，不影响守约方合同目的实现，守约方请求解除合同的，法院不予支持；反之，则依法予以支持。

【规范指引】

《中华人民共和国民法典》

第五百六十二条 当事人协商一致，可以解除合同。

当事人可以约定一方解除合同的事由。解除合同的事由发生时，解除权人可以解除合同。

第五百六十三条 有下列情形之一的，当事人可以解除合同：

（一）因不可抗力致使不能实现合同目的；

（二）在履行期限届满前，当事人一方明确表示或者以自己的行为表明不履行主要债务；

（三）当事人一方迟延履行主要债务，经催告后在合理期限内仍未履行；

（四）当事人一方迟延履行债务或者有其他违约行为致使不能实现合同目的；

（五）法律规定的其他情形。

以持续履行的债务为内容的不定期合同，当事人可以随时解除合同，但是应当在合理期限之前通知对方。

第五百六十四条 法律规定或者当事人约定解除权行使期限，期限届满当事人不行使的，该权利消灭。

法律没有规定或者当事人没有约定解除权行使期限，自解除权人知道或者应当知道解除事由之日起一年内不行使，或者经对方催告后在合理期限内不行使的，该权利消灭。

第五百六十五条 当事人一方依法主张解除合同的，应当通知对方。合同自通知到达对方时解除；通知载明债务人在一定期限内不履行债务则合同自动解除，债务人在该期限内未履行债务的，合同自通知载明的期限届满时解除。对方对解除合同有异议的，任何一方当事人均可以请求人民法院或者仲裁机构确认解除行为的效力。

当事人一方未通知对方，直接以提起诉讼或者申请仲裁的方式依法主张解除合同，人民法院或者仲裁机构确认该主张的，合同自起诉状副本或者仲裁申请书副本送达对方时解除。

《全国法院民商事审判工作会议纪要》

47.【约定解除条件】合同约定的解除条件成就时，守约方以此为由请求解除合同的，人民法院应当审查违约方的违约程度是否显著轻微，是否影响守约方合同目的实现，根据诚实信用原则，确定合同应否解除。违约方的违约程度显著轻微，不影响守约方合同目的的实现，守约方请求解除合同的，人民法院不予支持；反之，则依法予以支持。

【典型案例】

1. 王某与深圳市东方汇富创业投资管理有限公司、上海鸿胜创业投资合伙企业（有限合伙）委托合同纠纷案，2020 年全国法院优秀案例［裁判法院：广东省深圳市中级人民法院；案号：（2018）粤 03 民终 13735 号］

裁判要旨：在没有任意解除权及约定解除条件成就的情况下，需审查是否符合法定解除的情形。东方汇富公司擅自质押行为不仅违反了双方协议的明确约定，也以行为表明其不适当履行代持股权的合同义务，使王某投资形成的股权处于权利不确定的风险状态，委托双方基于信赖形成的委托基础丧失，王某诉求解除股权代持协议符合法律规定的法定解除情形。

2. 黄某赍与重庆翰廷投资有限公司合同纠纷案，《人民司法》2019 年第 17 期［裁判法院：重庆市高级人民法院；案号：（2016）渝民终 591 号］

裁判要旨：名义股东未按约变更股权登记的违约行为并未导致整个代持协议的合同目的无法实现，实际出资人据此请求解除协议并由名义股东向其返还出资，不符合法定或约定的解除条件。对此违约行为，实际出资人可以请求对方承担违约责任，而无权直接解除合同。

（二）解除权行使方式的审查

【审查要点】

1. 是否系有解除权方主张行使解除权。

2. 是否在法定或约定期限内行使解除权，解除权系形成权，适用除斥期间的相关规定。

3. 是否采取法定或约定的通知方式行使解除权。

4. 通知是否以积极明示的方式作出，诉讼中以起诉、反诉、答辩方式提出解除合同的，只要意思表示真实、明确，符合明示通知的要求，可以视为作出了解除通知。

5. 通知是否到达对方当事人：

（1）以对话方式作出的意思表示，自相对人知道其内容时生效。

（2）以非对话方式作出的采用数据电文形式的意思表示，相对人指定特定系统接收数据电文的，该数据电文进入该特定系统时生效；未指定特定系统的，相对人知道或者应当知道该数据电文进入其系统时生效。当事人对采用数据电文形式的意思表示的生效时间另有约定的，按照其约定。

6. 合同解除的时间点：以通知作为解除权行使方式的，自解除通知到达时，股权代持合同解除；以诉状（反诉）作为解除权行使方式的，自诉状（反诉）副本送达时，股权代持合同解除。

【注意事项】

只有享有法定或者约定解除权的当事人才能以通知方式解除合同。不享有解除权的一方向另一方发出解除通知，另一方即便未在异议期限内提起诉讼，也不发生合同解除的效果。解除合同方未向对方提出，而是在其他合同中与他人约定解除代持合同的，不发生合同解除的效果。

【规范指引】

《中华人民共和国民法典》

第一百三十七条 以对话方式作出的意思表示，相对人知道其内容时生效。

以非对话方式作出的意思表示，到达相对人时生效。以非对话方式作出的采用数据电文形式的意思表示，相对人指定特定系统接收数据电文的，该数据电文进入该特定系统时生效；未指定特定系统的，相对人知道或者应当知道该数据电文进入其系统时生效。当事人对采用数据电文形式的意思表示的生效时间另有约定的，按照其约定。

第一百四十条 行为人可以明示或者默示作出意思表示。

沉默只有在有法律规定、当事人约定或者符合当事人之间的交易习惯时，才可以视为意思表示。

第五百六十四条 法律规定或者当事人约定解除权行使期限，期限届满当事人不行使的，该权利消灭。

法律没有规定或者当事人没有约定解除权行使期限，自解除权人知道或者应当知道解除事由之日起一年内不行使，或者经对方催告后在合理期限内不行使的，该权利消灭。

第五百六十五条 当事人一方依法主张解除合同的，应当通知对方。合同自通知到达对方时解除；通知载明债务人在一定期限内不履行债务则合同自动解除，债务人在该期限内未履行债务的，合同自通知载明的期限届满时解除。对方对解除合同有异议的，任何一方当事人均可以请求人民法院或者仲裁机构确认解除行为的效力。

当事人一方未通知对方，直接以提起诉讼或者申请仲裁的方式依法主张解除合同，人民法院或者仲裁机构确认该主张的，合同自起诉状副本或者仲裁申请书副本送达对方时解除。

《全国法院民商事审判工作会议纪要》

46.【通知解除的条件】审判实践中，部分人民法院对合同法司法解释（二）第 24 条的理解存在偏差，认为不论发出解除通知的一方有无解除权，只要另一方未在异议期限内以起诉方式提出异议，就判令解除合同，这不符合合同法关于合同解除权行使的有关规定。对该条的准确理解是，只有享有法定或者约定解除权的当事人才能以通知方式解除合同。不享有解除权的一方向另一方发出解除通知，另一方即便未在异议期限内提起诉讼，也不发生合同解除的效果。人民法院在审理案件时，应当审查发出解除通知的一方是否享有约定或者法定的解除权来决定合同应否解除，不能仅以受通知一方在约定或者法定的异议期限届满内未起诉这一事实就认定合同已经解除。

【典型案例】

广州玖度投资顾问有限公司与上海第吉尔电子科技有限公司股东资格确认纠纷案［裁判法院：上海市第二中级人民法院；案号：（2020）沪02民终3256号］

裁判要旨：系争股权转让通知送达上海第吉尔公司的邮件回执显示已由法定代表人张某本人签收，张某主张并未非本人签收。法院认为，系争股权转让通知无论是否确由张某本人签收，其作为上海第吉尔公司的法定代表人，在该份邮件妥投至其预留的联系地址的情况下，依据《民法典》第一百三十七条关于民事法律行为之意思表示生效的规定，就空间上的可支配性和时间上的合理性而言，张某直接或间接知悉该份转让通知的可能性较高。

（三）股权代持合同解除后法律后果的认定

【审查要点】

当事人要求解除代持合同的同时，还要求恢复原状或赔偿损失等财产处理的审查：

1. 造成合同解除的过错责任主体。

2. 要求返还投资款的，应审查是否具有现实可能性：（1）投资款尚未转化为公司资本金的，可直接予以返还；（2）投资款已转化为公司资本金的，实际出资人在代持关系存续期间享有的是相应的股权收益，基于股东不可随意抽回出资的原则考虑，该已经履行的部分属于无法恢复原状，故出资款无法予以返还。

3. 要求归还代持费用的，因名义股东在代持合同项下的义务为代持行为，代持费用作为代持关系存续期间代持行为的对价，应视为无法恢复原状，不予返还。

4. 要求赔偿损失的，应审查损失是否实际发生以及损失数额、过错与损失的因果关系。

5. 公司证照、印章、相关公司资料返还等其他与公司有关的审查事项。

【注意事项】

1. 合同解除时，一方依据协议中有关违约金、约定损害赔偿的计算方法、定金责任等违约责任条款的约定，请求另一方承担违约责任的，应依法予以支持。

2. 有偿代持股权和无偿代持股权中，名义股东承担损失赔偿责任的主观过错程度不同。有偿代持中，名义股东有过错的，得赔偿损失；无偿代持中，名义股东仅对故意或重大过失造成的损失承担赔偿责任。

3. 有偿代持股权和无偿代持股权中，任意解除方承担损失赔偿责任的范围不同。无偿代持股权合同的解除方应当赔偿解除时间不当造成的直接损失，有偿代持股权合同的解除方应当赔偿对方的直接损失和合同履行后可以获得的利益。

4. 实际出资人在代持合同解除纠纷中要求名义股东办理股权变更登记的，因办理股权变更登记的义务主体为公司，名义股东仅为协助办理人，且前提为实际出资人已取得公司股东资格或符合股东显名条件，故应另案处理。

【规范指引】

《中华人民共和国民法典》

第五百六十六条 合同解除后，尚未履行的，终止履行；已经履行的，根据履行情况和合同性质，当事人可以请求恢复原状或者采取其他补救措施，并有权请求赔偿损失。

合同因违约解除的，解除权人可以请求违约方承担违约责任，但是当事人另有约定的除外。

主合同解除后，担保人对债务人应当承担的民事责任仍应当承担担保责任，但是担保合同另有约定的除外。

第九百二十九条 有偿的委托合同，因受托人的过错造成委托人损失的，委托人可以请求赔偿损失。无偿的委托合同，因受托人的故意或者重大过失造成委托人损失的，委托人可以请求赔偿损失。

受托人超越权限造成委托人损失的，应当赔偿损失。

第九百三十三条 委托人或者受托人可以随时解除委托合同。因解除合同造成对方损失的，除不可归责于该当事人的事由外，无偿委托合同的解除方应当赔偿因解除时间不当造成的直接损失，有偿委托合同的解除方应当赔偿对方的直接损失和合同履行后可以获得的利益。

《全国法院民商事审判工作会议纪要》

49.【合同解除的法律后果】合同解除时，一方依据合同中有关违约金、约定损害赔偿的计算方法、定金责任等违约责任条款的约定，请求另一方承担违约责任的，人民法院依法予以支持。

双务合同解除时人民法院的释明问题，参照本纪要第36条的相关规定处理。

【典型案例】

1. 王某与深圳市东方汇富创业投资管理有限公司、上海鸿胜创业投资合伙企业（有限合伙）委托合同纠纷案，2020年全国法院优秀案例［裁判法院：广东省深圳市中级人民法院；案号：（2018）粤03民终13735号］

裁判要旨：实际出资人的投资款已转化为股权，其享有的是相应的股权收益，故代持合同已经履行的部分不可恢复原状，即实际出资人行使合同解除权只能向后发生效力，而不能溯及已经过的代持期间，投资款已无法直接返还。

名义股东对代持的股权进行处分、设置担保，损害了实际出资人的合法利益，导致合同目的无法实现，且名义股东给实际出资人造成了实际损失。实际出资人有权依据协议约定的损失计算方法，要求名义股东赔偿损失。

2. 黄某贲与重庆翰廷投资有限公司合同纠纷案，《人民司法》2019年第17期［裁判法院：重庆市高级人民法院；案号：（2016）渝民终591号］

裁判要旨：将实际出资人变更为登记股东的显名登记，对公司而言，符合股权转让中股权变更登记的表征。而在实际出资人与名义股东的关系中，因股东权利实为实际出资人享有，实际出资人显名并非名义股东向实际出资人出让股权，而是结束双方的代持合同关系。名义股东已履行代持协议约定的合同义务，实际出资人请求解除代持合同并由名义股东向其返还股权款的，人民法院不予支持。

3. 崔某与冒某连、上海娇百企业管理咨询有限公司、上海祺莲信息科技有限公司民间借贷纠纷案［裁判法院：上海市第一中级人民法院；案号：(2017) 沪 01 民终 13107 号］

裁判要旨：当事人可以通过协议的内容对款项交付的性质进行变更，当事人解除股份代持协议后，约定原交付款项为借款的，法院予以支持，当事人对此有其他主张的，应当提供证据加以证明。

五、股东资格确认法律关系的审查要点和认定规则

（一）股权代持合意的审查

【审查要点】

1. 书面股权代持协议，如确认协议真实有效，当事人存在股权代持合意；

2. 短信、微信及邮件等电子数据，或者录音录像等视听资料，可证明当事人存在股权代持合意；

3. 在非因股权转让形成的代持关系中，出资是判断股权代持合意的重要条件。

【注意事项】

行使股东权利，可以作为证明股权代持合意的辅助条件，但需结合其他证据综合判断，若原告仅行使股东权利，尚难以证明当事人存在股权代持合意。

【规范指引】

《最高人民法院关于适用〈中华人民共和国公司法〉若干问题的规定（三）》

第二十四条第二款 前款规定的实际出资人与名义股东因投资权

益的归属发生争议，实际出资人以其实际履行了出资义务为由向名义股东主张权利的，人民法院应予支持。名义股东以公司股东名册记载、公司登记机关登记为由否认实际出资人权利的，人民法院不予支持。

（二）股东出资行为的审查

【审查要点】

1. 在缺乏直接股权代持合意证据的情况下，原告提供汇款凭证，证明其向公司或者第三人汇款，转账凭证备注代持或者投资性质，被告及第三人未能提供相反证据的，股权代持合意成立。

2. 在缺乏直接股权代持合意证据的情况下，被告或第三人向原告出具出资相关材料的（包括收款凭证、出资证明书、股东资格证明等），股权代持合意成立。

3. 原告将出资款支付给第三人，再由第三人直接向被告公司出资的，第三人否认股权代持关系，需要提供证据证明所收款项系基于其他法律关系，第三人未能提供的，宜认定原告已经出资，股权代持协议成立。

4. 原告向第三人支付资金，但与第三人向被告公司出资时间以及款项来源缺乏直接对应关系，且原告亦未以股东身份参与公司管理或者未实际享受股东权利的，双方之间不应认定为隐名投资关系，可按债权债务关系处理。

【注意事项】

实际出资股权代持与认缴出资股权代持在法律效果上并无不同，出资虽不是认定实际股东的必要条件，但却是享有股东资格的重要条件。

【规范指引】

《中华人民共和国公司法》

第四十九条 股东应当按期足额缴纳公司章程规定的各自所认缴的出资额。

股东以货币出资的，应当将货币出资足额存入有限责任公司在银行开设的账户；以非货币财产出资的，应当依法办理其财产权的转移手续。

股东未按期足额缴纳出资的，除应当向公司足额缴纳外，还应当对给公司造成的损失承担赔偿责任。

第五十五条 有限责任公司成立后，应当向股东签发出资证明书，记载下列事项：

（一）公司名称；

（二）公司成立日期；

（三）公司注册资本；

（四）股东的姓名或者名称、认缴和实缴的出资额、出资方式和出资日期；

（五）出资证明书的编号和核发日期。

出资证明书由法定代表人签名，并由公司盖章。

《最高人民法院关于适用〈中华人民共和国公司法〉若干问题的规定（三）》

第二十四条第二款 前款规定的实际出资人与名义股东因投资权益的归属发生争议，实际出资人以其实际履行了出资义务为由向名义股东主张权利的，人民法院应予支持。名义股东以公司股东名册记载、公司登记机关登记为由否认实际出资人权利的，人民法院不予支持。

（三）其他股东过半数同意的审查

【审查要点】

1. 其他股东是指实际出资人与名义股东以外、股东名册记载或公司登记机关登记的股东，不包括实际出资人与名义股东本人，也不包括其他潜在的实际股东。

2. 同意指其他股东在股权代持关系形成后的态度，而非仅限于诉讼中的态度。

3. 原告能够提供证据证明有限责任公司过半数的其他股东知道其实际出资的事实，且对其实际行使股东权利未曾提出异议的，可视为其他股东过半数默示同意。

4. 有限责任公司股东之间代持时的特殊处理。如有限责任公司股东之间存在股权代持关系的，因并不影响有限责任公司的人合性，故若公司章程未作特别规定的，股东资格的确认无需经其他股东过半数同意。

【注意事项】

股权代持合意解决的是合同层面的委托投资关系，而其他股东同意解决的是股东资格归属问题。关于其他股东同意的表述，《公司法解释三》第二十四条第三款为“其他股东半数以上同意”，而《全国法院民商事审判工作会议纪要》第二十八条为“过半数的其他股东”，出于股东资格变动时公司人合性的考虑，应当以后者为准，不含半数本数。

【规范指引】

《中华人民共和国公司法》

第八十四条第一款、第二款 有限责任公司的股东之间可以相互转让其全部或者部分股权。

股东向股东以外的人转让股权的，应当将股权转让的数量、价格、支付方式和期限等事项书面通知其他股东，其他股东在同等条件下有优先购买权。股东自接到书面通知之日起三十日内未答复的，视为放弃优先购买权。两个以上股东行使优先购买权的，协商确定各自的购买比例；协商不成的，按照转让时各自的出资比例行使优先购买权。

《最高人民法院关于适用〈中华人民共和国公司法〉若干问题的规定（三）》

第二十四条第三款 实际出资人未经公司其他股东半数以上同意，请求公司变更股东、签发出资证明书、记载于股东名册、记载于公司章程并办理公司登记机关登记的，人民法院不予支持。

《全国法院民商事审判工作会议纪要》

28.【实际出资人显名的条件】实际出资人能够提供证据证明有限责任公司过半数的其他股东知道其实际出资的事实，且对其实际行使股东权利未曾提出异议的，对实际出资人提出的登记为公司股东的请求，人民法院依法予以支持。公司以实际出资人的请求不符合公司法司法解释（三）第 24 条的规定为由抗辩的，人民法院不予支持。

（四）行使股东权利的审查

【审查要点】

1. 原告是否参与公司筹备、设立等活动。

2. 公司是否向原告发送参加股东会会议的通知。

3. 根据股东会记录、股东会决议等文件中参与股东会、行使表决权人员信息，判断原告是否行使股东会表决权。

4. 第三人授权原告参与股东会决议事项的表决，审查授权范围与授权时间。例如，原告无须请示第三人、有权自主表决，且授权时间长达 10 年，此时，原告符合实际股东特征。

5. 第三人对股东会决议事项的表决及签署是否有原告授权。

6. 公司是否向原告发送受领公司分红的通知，原告是否实际从公司分取红利。

7. 第三人是否按照原告指示返还公司分红等收益。

8. 公司是否向原告发送年度财务会计报告。

9. 第三人是否曾向原告汇报公司经营情况或询问决策意见。

10. 原告是否在公司担任职务，如原告在公司未担任任何职务，却直接参与公司经营决策；如原告在公司担任职务，但权限异常高于职务本身，例如，原告在公司的权限高于法定代表人，此时，原告符合实际股东的特征。

11. 原告是否有指派公司高管的人事权力，或者指派人员参与公司经营管理的权力。

12. 公司及其他股东认可原告行使股东权利的邮件、往来函件、短信及微信沟通记录等材料。

【注意事项】

实际行使股东权利是判断股权代持合意与其他股东过半数同意的条件，贯穿于公司筹备、设立、经营乃至解散过程中的任何环节，并可能以各种不同的方式体现出来，其中，以股东会行使表决权、从公司分取红利、以股东身份参与经营管理最为重要。

【规范指引】

《最高人民法院关于适用〈中华人民共和国公司法〉若干问题的规定（三）》

第二十四条第三款　实际出资人未经公司其他股东半数以上同意，请求公司变更股东、签发出资证明书、记载于股东名册、记载于公司章程并办理公司登记机关登记的，人民法院不予支持。

六、股权转让形式下股权代持关系的审查要点和认定规则

（一）“实转形不转”股权代持

“实转形不转”股权代持，指转让人代受让人代持股权，形成了股权转让与代持关系的双重合意，类似于动产的占有改定，受让人为实际股东，但形式上股东名册及工商登记中的股东仍为转让人。

【审查要点】

1. 审查书面股权代持协议，短信、微信及邮件等电子数据，以及录音录像等视听资料，判断股权代持合意。

2. 其他股东过半数同意以及行使股东权利情况，着重审查股东会行使表决权、从公司分取红利或者以股东身份参与经营管理。

3. 转让人与受让人达成股权代持合意，并经其他股东过半数同意，受让人请求确认其享有股东资格，其诉请应予支持。

4. 转让人与受让人达成股权代持合意，股权代持关系可经任一方主张随时解除，但股权转让关系须经双方协议解除或一方依法解除，合法解除后，受让人方可要求转让人返还股权转让款。受让人仅以双方股权代持关系终止为由，请求转让人返还股权转让款的，其诉请不应予以支持。

【注意事项】

在“实转形不转”股权代持关系中，如在股权转让协议签订前转让人已经实缴出资，股东资格归属与出资无关联；如股权转让协议签

订前转让人未实缴出资，受让人在签订协议后实缴出资并行使股权权利的，受让人请求确认其享有股东资格，其诉请应予支持。

【规范指引】

《中华人民共和国民法典》

第四百六十五条　依法成立的合同，受法律保护。

依法成立的合同，仅对当事人具有法律约束力，但是法律另有规定的除外。

《最高人民法院关于适用〈中华人民共和国公司法〉若干问题的规定（三）》

第二十二条　当事人之间对股权归属发生争议，一方请求人民法院确认其享有股权的，应当证明以下事实之一：

（一）已经依法向公司出资或者认缴出资，且不违反法律法规强制性规定；

（二）已经受让或者以其他形式继受公司股权，且不违反法律法规强制性规定。

（二）“形转实不转”股权代持

“形转实不转”股权代持，指受让人代转让人持有股权，形式上股东名册记载、公司登记机关登记的股东为受让人，但转让人仍为实际股东，股东资格实际上并未发生变动。

【审查要点】

1. 审查书面股权代持协议，短信、微信及邮件等电子数据，以及录音录像等视听资料，判断股权代持合意；

2. 其他股东过半数同意以及行使股东权利情况，着重审查股东会行使表决权、从公司分取红利或者以股东身份参与经营管理；

3. 股权转让价格是否严重偏离于公司净资产；

4. 受让人是否实际支付股权转让款，例如，转让人长时间未主张对价，或者股权转让款循环流转，符合“形转实不转”股权代持的特征；

5. 转让人与受让人达成股权代持合意，由受让人代转让人持有股权，并经其他股东过半数同意，转让人请求确认其享有股东资格，其诉请应予支持；

6. 转让人与受让人达成股权代持合意，由受让人代转让人持有股权，并经其他股东过半数同意，转让方请求受让方支付股权转让款，其诉请不应予以支持。

【规范指引】

《中华人民共和国民法典》

第一百四十六条　行为人与相对人以虚假的意思表示实施的民事法律行为无效。

以虚假的意思表示隐藏的民事法律行为的效力，依照有关法律规定处理。

《最高人民法院关于适用〈中华人民共和国公司法〉若干问题的规定（三）》

第二十二条　当事人之间对股权归属发生争议，一方请求人民法院确认其享有股权的，应当证明以下事实之一：

（一）已经依法向公司出资或者认缴出资，且不违反法律法规强制性规定；

（二）已经受让或者以其他形式继受公司股权，且不违反法律法规强制性规定。

【典型案例】

申银万国证券股份有限公司与上海国宏置业有限公司财产权属纠纷案，《最高人民法院公报》2010年第3期［裁判法院：最高人民法院；案号：（2013）民申字第758号］

裁判要旨：股权的挂靠或代持行为，也就是通常意义上的法人股隐名持有。法人股隐名持有存在实际出资人和挂名持有人，双方应签订相应的协议以确定双方的关系，从而否定挂名股东的股东权利。对于一方原本就是法人股的所有人，对方则是通过有偿转让的方式取得法人股的所有权，双方所签订的是法人股转让协议，协议中确定了转让对价以及所有权的转移问题的，不属于股权的代持或挂靠，可以认定双方是通过出售方式转移法人股的所有权，即使受让方没有支付过任何对价，出让方也已丧失了对系争法人股的所有权，而只能根据转让协议主张相应的债权。

七、多层代持关系下股东资格确认纠纷的审查要点和认定规则

多层代持，指委托名义股东代持股权的主体，并非实际股东，而是作为受托人代他人持有股权。例如，甲与乙签订股权代持协议，约定乙代甲持有股权，同时，乙与丙签订股权代持协议，约定丙代乙持有股权，股权记载、登记于丙名下，现甲起诉标的公司，请求确认对丙名下的股权享有股东资格。

【审查要点】

1. 代持关系的中间方应作为第三人参加诉讼，或者作为证人到庭，判断原告与登记股东是否存在间接股权代持关系；

2. 原告是否实际履行出资义务；

3. 其他股东过半数同意以及行使股东权利情况，着重审查股东会行使表决权、从公司分取红利或者以股东身份参与经营管理；

4. 如原告已经实际出资，并且其他股东过半数同意其为实际股东，原告请求确认享有股东资格，其诉请应予支持。

【注意事项】

多层代持是对股权代持合意的突破，严格来讲，实际出资人与名义股东之间未直接形成代持合意，但出于尊重公司内部自治，实质要件优于形式要件，与普通的代持关系认定原理一致。

【规范指引】

《最高人民法院关于适用〈中华人民共和国公司法〉若干问题的规定（三）》

第二十一条　当事人向人民法院起诉请求确认其股东资格的，应当

以公司为被告，与案件争议股权有利害关系的人作为第三人参加诉讼。

第二十四条 有限责任公司的实际出资人与名义出资人订立合同，约定由实际出资人出资并享有投资权益，以名义出资人为名义股东，实际出资人与名义股东对该合同效力发生争议的，如无法律规定的无效情形，人民法院应当认定该合同有效。

前款规定的实际出资人与名义股东因投资权益的归属发生争议，实际出资人以其实际履行了出资义务为由向名义股东主张权利的，人民法院应予支持。名义股东以公司股东名册记载、公司登记机关登记为由否认实际出资人权利的，人民法院不予支持。

实际出资人未经公司其他股东半数以上同意，请求公司变更股东、签发出资证明书、记载于股东名册、记载于公司章程并办理公司登记机关登记的，人民法院不予支持。

八、实际出资人转让股权时股东资格确认纠纷的审查要点和认定规则

实际出资人转让股权，指实际出资人与名义股东形成代持合意、其他股东过半后数同意后，实际出资人将股权转让，受让人请求确认其享有股东资格。

【审查要点】

1. 转让人在签订股权转让协议时是否为实际出资人，审查股权代持合意、出资以及其他股东过半数同意、行使股东权利情况；

2. 如转让人在签订股权转让协议时是实际出资人，审查受让人是否代替转让人成为新的实际股东；

3. 如受让人代替转让人成为新的实际股东，名义股东态度无法对抗受让人，受让人请求确认享有股东资格，其诉请应予支持；

4. 如受让人与转让人仅存在股权转让债权债务关系，未经其他股东过半数同意，根据合同相对性原则，受让人请求确认享有股东资格，其诉请不应予以支持。

【注意事项】

实际出资人转让股权时的受让人，可以成为提起确认之诉的适格主体，需要进入实体审理，并且存在胜诉的可能。

【规范指引】

《最高人民法院关于适用〈中华人民共和国公司法〉若干问题的规定（三）》

第二十一条　当事人向人民法院起诉请求确认其股东资格的，应当以公司为被告，与案件争议股权有利害关系的人作为第三人参加诉讼。

第二十四条　有限责任公司的实际出资人与名义出资人订立合同，约定由实际出资人出资并享有投资权益，以名义出资人为名义股东，实际出资人与名义股东对该合同效力发生争议的，如无法律规定的无效情形，人民法院应当认定该合同有效。

前款规定的实际出资人与名义股东因投资权益的归属发生争议，实际出资人以其实际履行了出资义务为由向名义股东主张权利的，人民法院应予支持。名义股东以公司股东名册记载、公司登记机关登记为由否认实际出资人权利的，人民法院不予支持。

实际出资人未经公司其他股东半数以上同意，请求公司变更股东、签发出资证明书、记载于股东名册、记载于公司章程并办理公司登记机关登记的，人民法院不予支持。

九、涉让与担保的股东资格确认纠纷审查要点和认定规则

股权代持与股权让与担保的共性在于，股东资格名实分离。在股权让与担保中，债权人承诺为原股东代持股权，则股权代持与让与担保发生了融合。在此种情形下，股权让与担保作为股权代持的特殊情形，可以引发股东资格确认纠纷，原股东请求确认其享有股东资格与股权变更登记，以此作为反击债权人的诉讼策略。

【审查要点】

1. 是否存在让与担保合意条款。债务人或者第三人与债权人约定

将股权形式上转移至债权人名下，债务人不履行到期债务，债权人有权对股权折价或者以拍卖、变卖该股权所得价款偿还债务的，人民法院应当认定该约定有效。当事人已经完成股权权利变动的公示，债务人不履行到期债务，债权人请求参照《民法典》关于担保物权的有关规定就该股权优先受偿的，其诉请应予支持。

2. 是否存在“流质条款”。债务人或者第三人与债权人约定将股权形式上转移至债权人名下，债务人不履行到期债务，股权归债权人所有的，应当认定该约定无效，但是不影响当事人有关提供担保的意思表示的效力。当事人已经完成股权权利变动的公示，债务人不履行到期债务，债权人请求对该股权享有所有权的，其诉请不应予以支持；债权人请求参照《民法典》关于担保物权的规定对股权折价或者以拍卖、变卖该股权所得的价款优先受偿的，人民法院应予支持；债务人履行债务后请求返还股权，或者请求对股权折价或者以拍卖、变卖所得的价款清偿债务的，其诉请应予支持。

3. 原股东是否实际行使股东权利、参与公司经营管理。在一般情况下，原股东仍旧实际行使股东权利、参与公司经营管理，债权人往往出于资金安全考虑对公司公章、账户进行控制，而不实际行使股东权利、不参与公司经营管理，可印证股权让与担保成立的条件。实际行使股东权利、参与公司经营管理并非专属于原股东，双方可在合同中作出特别约定。

4. 借贷合同的款项是否实际出借。当事人虽达成让与担保合意，但债权人未实际出借资金的，让与担保对应的主债权不成立，原股东请求确认享有股东资格与股权变更登记的，其诉请应予支持。

5. 如股权转让担保关系成立，但债务人不履行到期债务，原股东请求确认享有股东资格与股权变更登记，对于确认享有股东资格的诉请，可予支持；而对于股权变更登记的诉请，不应予以支持。

6. 如股权转让担保关系成立，债务人履行到期债务，原股东请求确认享有股东资格与股权变更登记，其诉请应予支持。

7. 债权人是否处分股权。如受让人基于信赖股东名册记载、公司登记机关登记的商事外观，从债权人处受让股权，如受让人满足善意取得的认定标准，那么原股东丧失股东资格。原股东请求确认享有股东资格与股权变更登记，其诉请不应予以支持。

【注意事项】

如当事人不熟悉股权让与担保制度的专业知识，可能采用抵押、质押等非标准表述，但在合同履行过程中将股权转让给债权人，也应当认定当事人存在让与担保的合意。

【规范指引】

《最高人民法院关于适用〈中华人民共和国民法典〉有关担保制度的解释》

第六十八条 债务人或者第三人与债权人约定将财产形式上转移至债权人名下，债务人不履行到期债务，债权人有权对财产折价或者以拍卖、变卖该财产所得价款偿还债务的，人民法院应当认定该约定有效。当事人已经完成财产权利变动的公示，债务人不履行到期债务，债权人请求参照民法典关于担保物权的有关规定就该财产优先受偿的，人民法院应予支持。

债务人或者第三人与债权人约定将财产形式上转移至债权人名下，债务人不履行到期债务，财产归债权人所有的，人民法院应当认定该约定无效，但是不影响当事人有关提供担保的意思表示的效力。当事人已经完成财产权利变动的公示，债务人不履行到期债务，债权人请求对该财产享有所有权的，人民法院不予支持；债权人请求参照民法典关于担保物权的规定对财产折价或者以拍卖、变卖该财产所得的价款优先受偿的，人民法院应予支持；债务人履行债务后请求返还财产，或者请求对财产折价或者以拍卖、变卖所得的价款清偿债务的，人民法院应予支持。

债务人与债权人约定将财产转移至债权人名下，在一定期间后再由债务人或者其指定的第三人以交易本金加上溢价款回购，债务人到期不履行回购义务，财产归债权人所有的，人民法院应当参照第二款规定处理。回购对象自始不存在的，人民法院应当依照民法典第一百四十六条第二款的规定，按照其实际构成的法律关系处理。

【典型案例】

1. 黑龙江闽成投资集团有限公司与西林钢铁集团有限公司、第三人刘某平民间借贷纠纷案［裁判法院：最高人民法院；案号:（2019）最高法民终 133 号］

裁判要旨：当事人以签订股权转让协议方式为民间借贷债权进行担保，此种非典型担保方式为让与担保。在不违反法律、行政法规效力性强制性规定的情况下，相关股权转让协议有效。签订股权让与担保协议并依约完成股权登记变更后，因借款人未能按期还款，当事人又约定对目标公司的股权及资产进行评估、抵销相应数额债权、确认此前的股权变更有效，并实际转移目标公司控制权的，应认定此时当事人就真实转让股权达成合意并已实际履行。

2. 上海德泓投资（集团）有限公司、百联集团有限公司股权转让纠纷案［裁判法院：最高人民法院；案号:（2020）最高法民终 1149 号］

裁判要旨：让与担保情形下，担保财产权属转移目的是担保主债务的履行，因而债权人针对受让财产无须支付额外对价，且债务人履行债务后，债权人即应将担保财产无偿返还给债务人或第三人。

十、涉继承的股东资格确认纠纷审查要点和认定规则

【审查要点】

股权代持与继承发生融合，通常是实际出资人与名义股东之间的代持关系，已经过其他股东过半数同意，但由于死亡事件的发生，形成了新的股东资格确认纠纷。

1. 死亡事件发生前股东资格是否名实分离，审查股权代持合意、出资以及其他股东过半数同意、行使股东权利情况；

2. 实际出资人死亡后，继承人请求确认其享有股东资格，如无公司章程特别规定或者法定股东资格准入要求，其诉请应予支持；

3. 名义股东死亡后，实际出资人请求确认享有股东资格的，应将公司列为被告，名义股东继承人列为第三人，实际股东的诉请应予支持。

【注意事项】

继承是引起股东资格的登记形式与实质状态不符的法定事由。我国《公司法》第九十条规定，自然人股东死亡后，其合法继承人可以继承股东资格；但是，公司章程另有规定的除外。可见，股东资格的继承，不受其他股东的意志的影响，如无公司章程相反规定或者法定股东资格准入要求，继承人有权提起股东资格确认之诉，请求确认享有股东资格。

【规范指引】

《中华人民共和国民法典》

第一百七十三条第四项　有下列情形之一的，委托代理终止：

（四）代理人或者被代理人死亡；

《中华人民共和国公司法》

第九十条　自然人股东死亡后，其合法继承人可以继承股东资格；但是，公司章程另有规定的除外。

十一、名义股东处分代持股权法律关系的审查要点和认定规则

（一）经过实际出资人同意的审查

【审查要点】

1. 实际出资人同意处分代持股权的意思表示可以通过明示或默示的方式作出；

2. 默示意思表示的认定：实际出资人对名义股东处分股权事宜知晓而不提出异议；

3. 单纯的沉默原则上不能作为意思表示，只有在实际出资人与名

义股东作特别约定或者符合二者间交易习惯时，才可以视为作出同意的意思表示。

【规范指引】

《中华人民共和国民法典》

第一百四十条 行为人可以明示或者默示作出意思表示。

沉默只有在有法律规定、当事人约定或者符合当事人之间的交易习惯时，才可以视为意思表示。

《最高人民法院关于适用〈中华人民共和国公司法〉若干问题的规定（三）》

第二十五条 名义股东将登记于其名下的股权转让、质押或者以其他方式处分，实际出资人以其对于股权享有实际权利为由，请求认定处分股权行为无效的，人民法院可以参照民法典第三百一十一条的规定处理。

名义股东处分股权造成实际出资人损失，实际出资人请求名义股东承担赔偿责任的，人民法院应予支持。

（二）第三人善意取得要件的审查认定

1. 善意要件的审查

（1）善意的判断标准：第三人为股权受让人的，一般只需了解工商登记的股东情况、向出让人询问和索阅公司内部同意对外转让股权的相关文件，即可认定已尽到必要注意义务，为“善意”相对人，但有证据证明第三人事先知道或应当知道股权代持人无处分权的除外。第三人为股权质押权人的，“善意”的认定依照《民法典》关于善意取得制度中“善意”的认定标准进行审查。

（2）重大过失的认定：受让股权时，交易的场所或者时机等不符合交易习惯的，应当认定第三人对名义股东不合常理的交易行为在认知上具有重大过失。

（3）善意的判断时点：第三人在完成股权变更登记之前应始终保持主观善意。

（4）举证责任的分配：第三人非善意的举证责任由实际出资人承担，实际出资人无法证明第三人非善意的情形下，推定第三人善意。

【注意事项】

关于“善意”的判断标准，主要考虑如下因素：其一，有限责任公司的股东工商登记对外具有公示效力，并且便于查询，第三人对工商登记信息的合理信赖应当予以保护。实践中股东名册设置并不规范或未设置，并由公司掌控，要求第三人查询股东名册，要么难以操作，要么极大增加交易成本。其二，依据《公司法》第八十四条规定，股东向股东以外的人转让股权的，其他股东在同等条件下享有优先购买权。第三人对公司内部其他股东不行使优先购买权的相关文件材料，应作适当的审查，尽到必要注意义务。其三，第三人在受让时不知道或不应当知道转让人无处分权的，才可认定为“善意”。若有证据证明其实际上知道或对不知道有重大过失的，则不能认定为“善意”。

【规范指引】

《最高人民法院关于适用〈中华人民共和国民法典〉物权编的解释（一）》

第十四条 受让人受让不动产或者动产时，不知道转让人无处分权，且无重大过失的，应当认定受让人为善意。

真实权利人主张受让人不构成善意的，应当承担举证证明责任。

第十五条 具有下列情形之一的，应当认定不动产受让人知道转让人无处分权：

（一）登记簿上存在有效的异议登记；

（二）预告登记有效期内，未经预告登记的权利人同意；

（三）登记簿上已经记载司法机关或者行政机关依法裁定、决定查封或者以其他形式限制不动产权利的有关事项；

（四）受让人知道登记簿上记载的权利主体错误；

（五）受让人知道他人已经依法享有不动产物权。

真实权利人有证据证明不动产受让人应当知道转让人无处分权的，应当认定受让人具有重大过失。

第十六条 受让人受让动产时，交易的对象、场所或者时机等不符合交易习惯的，应当认定受让人具有重大过失。

第十七条 民法典第三百一十一条第一款第一项所称的“受让人受让该不动产或者动产时”，是指依法完成不动产物权转移登记或者动产交付之时。

当事人以民法典第二百二十六条规定的方式交付动产的，转让动产民事法律行为生效时为动产交付之时；当事人以民法典第二百二十七条规定的方式交付动产的，转让人与受让人之间有关转让返还原物请求权的协议生效时为动产交付之时。

法律对不动产、动产物权的设立另有规定的，应当按照法律规定的时间认定权利人是否为善意。

【典型案例】

吴某进、谢某钦等与李某南股权转让纠纷案［裁判法院：福建省宁德市中级人民法院；案号：（2017）闽09民终1913号］

裁判要旨：（1）企业法人系通过法定代表人或者授权代表对外从事民事活动，故对企业法人在受让股权时是否为善意，应当从其公司股东或者授权代表主观上是否善意进行考查。

（2）股权受让企业的股东同时系标的公司的大股东，且从股权转让协议实际签约主体等角度综合考量，应推定受让股权企业对股权代持知情，不构成善意。

2. 以合理价格受让要件的审查

【审查要点】

（1）以合理价格受让要件仅针对股权转让类处分行为，在股权质押等场合，无需审查该要件；

（2）对价合理与否的判断：应当根据转让标的股权的性质、数量以及付款方式等具体情况，参考转让时点标的公司股权价值及交易习惯等因素综合认定，必要时进行资产评估；

（3）受让人是否已经支付完毕全部对价，原则上不影响“以合理的价格转让”要件的判断，但如受让人存在逾期付款等违约行为，或者支付对价比例过低，将会被作为其是否构成善意取得的判断因素。

【规范指引】

《最高人民法院关于适用〈中华人民共和国民法典〉物权编的解释（一）》

第十八条　民法典第三百一十一条第一款第二项所称“合理的价格”，应当根据转让标的物的性质、数量以及付款方式等具体情况，参考转让时交易地市场价格以及交易习惯等因素综合认定。

3. 办理变更登记要件的审查

【审查要点】

（1）股权转让、质押等股权处分属于应当办理登记的情形，第三人参照善意取得制度取得名义股东擅自处分的股权，应当已经办理登记；

（2）第三人完成了变更登记。除将完备且符合登记要求的材料递交登记机关外，实际出资人在登记机关审查期间发现名义股东擅自处分代持股权的，不应当认定第三人已经办理了登记。

【注意事项】

2022年3月1日起施行的《中华人民共和国市场主体登记管理条例》取代了《中华人民共和国公司登记管理条例》，登记办理时间较原有规范缩短。“登记机关应当对申请材料进行形式审查。对申请材料齐全、符合法定形式的予以确认并当场登记。不能当场登记的，应当在3个工作日内予以登记；情形复杂的，经登记机关负责人批准，可以再延长3个工作日”。

【规范指引】

《中华人民共和国市场主体登记管理条例》

第十九条　登记机关应当对申请材料进行形式审查。对申请材料齐全、符合法定形式的予以确认并当场登记。不能当场登记的，应当在3个工作日内予以登记；情形复杂的，经登记机关负责人批准，可以再延长3个工作日。

申请材料不齐全或者不符合法定形式的，登记机关应当一次性告知申请人需要补正的材料。

（三）名义股东未经同意处分股权承担损害赔偿责任的审查

1. 赔偿责任成立要件的审查

【审查要点】

本质上属于侵权损害赔偿责任，应审查侵权责任纠纷的四个要件：

（1）名义股东侵权行为：处分代持股权；

（2）名义股东主观过错：未经实际出资人同意处分股权，应推定存在过错，名义股东可反证自己没有过错；

（3）损害结果：第三人善意取得，实际出资人丧失股权或股权被设定权利负担；

（4）侵权行为与损害结果间存在因果关系。

【注意事项】

名义股东未经实际出资人同意处分股权除构成侵权外，还违反了代持合同，属于侵权与违约的请求权基础竞合，实际出资人可择一行使。若股权代持合同对未经同意处分股权作了特别约定，实际出资人可以诉请要求名义股东承担代持合同项下的违约责任。

【规范指引】

《中华人民共和国民法典》

第三百一十一条第二款 受让人依据前款规定取得不动产或者动产的所有权的，原所有权人有权向无处分权人请求损害赔偿。

第一千一百六十五条 行为人因过错侵害他人民事权益造成损害的，应当承担侵权责任。

依照法律规定推定行为人有过错，其不能证明自己没有过错的，应当承担侵权责任。

2. 赔偿金额的审查

【审查要点】

（1）请求权基础的识别：主张侵权责任抑或违约责任。

（2）以侵权作为请求权基础：股权转让场合，应以股权市场价格为准，实际转让的价格可以作为参考判断的因素，在实际转让价格高于市场价格时，可以实际转让价格认定损失金额；股权质押场合，损害形式表现为股权被设定权利负担，存在被强制执行的风险，原则上需待强制执行结束，损害实际发生后，按实际产生的损害认定赔偿金额。

（3）以违约作为请求权基础：约定了违约责任，依照约定处理；没有约定违约责任，由原告方对损失的金额承担举证责任，可参考转让价格、市场价格作综合认定。

（4）实际出资人过错对损害赔偿责任认定的影响：损害由实际出资人故意造成的，名义股东不承担责任；实际出资人对损失的发生有过错的，可相应地减少损害损失赔偿金额。

【规范指引】

《中华人民共和国民法典》

第五百七十七条 当事人一方不履行合同义务或者履行合同义务不符合约定的，应当承担继续履行、采取补救措施或者赔偿损失等违约责任。

第五百八十二条 履行不符合约定的，应当按照当事人的约定承担违约责任。对违约责任没有约定或者约定不明确，依据本法第五百一十条的规定仍不能确定的，受损害方根据标的的性质以及损失的大小，可以合理选择请求对方承担修理、重作、更换、退货、减少价款或者报酬等违约责任。

第五百八十四条 当事人一方不履行合同义务或者履行合同义务不符合约定，造成对方损失的，损失赔偿额应当相当于因违约所造成的损失，包括合同履行后可以获得的利益；但是，不得超过违约一方订立合同时预见到或者应当预见到的因违约可能造成的损失。

第五百八十五条 当事人可以约定一方违约时应当根据违约情况向对方支付一定数额的违约金，也可以约定因违约产生的损失赔偿额的计算方法。

约定的违约金低于造成的损失的，人民法院或者仲裁机构可以根据当事人的请求予以增加；约定的违约金过分高于造成的损失的，人民法院或者仲裁机构可以根据当事人的请求予以适当减少。

当事人就迟延履行约定违约金的，违约方支付违约金后，还应当履行债务。

第五百九十二条 当事人都违反合同的，应当各自承担相应的责任。

当事人一方违约造成对方损失，对方对损失的发生有过错的，可以减少相应的损失赔偿额。

第一千一百七十四条 损害是因受害人故意造成的，行为人不承担责任。

【典型案例】

蔡某宏与林某雄侵权责任纠纷案［裁判法院：最高人民法院；案号:（2019）最高法民终 817 号］

裁判要旨：名义股东将其持有的标的公司股权质押给商业银行用于担保标的公司对银行的借款，该质押担保系为标的公司的利益，且标的公司已分期向银行偿还了大部分款项。隐名股东未提供证据证明设质行为对其持有的股权造成了实际损害，其要求名义股东向其赔偿代持股权对应的投资款金额及利息，不予支持。

十二、实际出资人就名义股东债权人强制执行代持股权提出执行异议的审查要点和认定规则

实际出资人能否通过执行异议之诉，排除名义股东债权人对代持股权的强制执行，无论是审判实践，还是各地方高院出台的审理规范，均存在很大的法律适用分歧，甚至截然相反，以下就几种观点予以简述：

（一）观点一：实际出资人基于股权代持关系不可排除强制执行

该观点认为，名义股东依法对代持股权享有所有权，而实际出资人基于代持协议仅对名义股东享有债权。名义股东的债权人基于工商

登记的外观，有权查封并执行代持的股权。若代持关系可以排除强制执行，则极易引发以虚构代持来逃避执行的道德风险。实际出资人在安排代持关系的同时，也应视为自愿承担名义股东被执行的风险。

【典型案例】

1. 王某岐与刘某萍等案外人执行异议之诉案［裁判法院：最高人民法院；案号：（2016）最高法民申 3132 号］

裁判要旨：2018 年《公司法》第三十二条第三款应作扩大解释，非基于股权交易的债权人亦属于信赖利益保护的第三人，商事外观主义应优先于股权代持所保护的实际出资人权益。

2. 新乡市汇通投资有限公司与韩某案外人执行异议之诉案［裁判法院：最高人民法院；案号：（2018）最高法民再 325 号］

裁判要旨：隐名股东基于股权代持关系对名义股东享有的请求确认为股东等权利，在性质上属于请求权，本质上是一种债权，该权利并不优先于申请执行人的债权；隐名股东选择代持获取商业上的利益，也应自行承担代持所产生的固有风险。

3. 云南能投资本投资有限公司、昆明国兴创业投资中心申请执行人执行异议之诉案［裁判法院：最高人民法院；案号：（2020）最高法民申 826 号］

裁判要旨：股权登记具有公信力，善意第三人对代持股权申请强制执行具有信赖利益，实际出资人不得以代持关系为由要求排除执行。

4. 贵州雨田集团实业有限公司、逸彭（上海）投资管理合伙企业案外人执行异议之诉案［裁判法院：最高人民法院；案号：（2020）最高法民终 844 号］

裁判要旨：股权代持协议仅在协议当事人之间发生效力，不能对抗第三人，股权工商登记具有公信力，实际出资人对股权享有的权利不足以排除强制执行；股权冻结后的生效裁判文书对代持股权的确认，亦不能排除强制执行。

（二）观点二：实际出资人基于股权代持关系可排除强制执行

该观点认为，股权登记的权利外观保护仅限于因信赖该登记而实施的交易行为，名义股东债权人一般不属于外观信赖保护的相对人，其享有的权利不优于实际出资人对代持的股权享有的权利。

【典型案例】

1. 中国人民银行股份有限公司西安南郊支行与上海华冠投资有限公司执行异议之诉案［裁判法院：最高人民法院；案号：（2015）民申字第 2381 号］

裁判要旨：商事外观主义所保护的信赖利益第三人仅限于交易第三人，非基于股权处分而仅因债务纠纷而寻求名义股东财产还债，并无信赖利益保护的需要，隐名股东可排除强制执行。

2. 广西五洲国通投资有限公司、南丹县华星矿业有限责任公司等案外人执行异议之诉案［裁判法院：最高人民法院；案号：（2021）最高法民申 1236 号］

裁判要旨：实际出资人可以证实其与名义股东间存在代持关系，可以此排除名义股东债权人的强制执行。

（三）倾向性观点：实际出资人一般不能排除名义股东债权人对代持股权的强制执行，除非其已持有系争股权被冻结前作出的另案生效确权法律文书

该观点具体而言如下：

其一，股权权属应当依照《公司法》相关规定进行认定。根据《公司法》第三十四条和《民法典》第六十五条等，股东可以依股东名册主张行使股东权利，未经登记则不得对抗善意相对人。名义股东记入股东名册并作了工商登记，股权当然属于名义股东所有，并且名册记载与工商登记内容一致，也不符合登记对抗制适用条件，故实际出资人不能对抗强制执行。

其二，在股权代持双方的内部，投资权益归属于实际出资人，但在履行完毕记入股东名册、办理变更登记手续前，股权仍属于名义股

东所有。这种可能被名义股东债权人强制执行的风险，实际出资人可以事先预见，也是其从代持安排中获得额外收益所应承担的风险。

其三，记入股东名册和进行股权登记，具有较强的公示公信力，对外部债权人而言，其基于信赖登记而进行交易或在名义股东多项财产中选择登记的股权进行冻结，该种信赖利益应予保护。

其四，依据《最高人民法院关于人民法院办理执行异议和复议案件若干问题的规定》第二十六条，若实际出资人已持有系争股权被冻结前作出的生效确权法律文书，其可排除强制执行。

【审查要点】

1. 实际出资人据以排除执行的依据：代持股权被冻结前作出的生效确权法律文书。

2. 实际出资人依据仅确认其对代持股权享有股东收益的判决，不能排除强制执行。

3. 排除强制执行的后果为：解除对代持股权的强制措施；判决主文表述为：解除对 ×× 股权的冻结。

【规范指引】

《最高人民法院关于人民法院办理执行异议和复议案件若干问题的规定》

第二十四条第一款第三项 对案外人提出的排除执行异议，人民法院应当审查下列内容：

（三）该权利能否排除执行。

第二十六条第一款第一项 金钱债权执行中，案外人依据执行标的被查封、扣押、冻结前作出的另案生效法律文书提出排除执行异议，人民法院应当按照下列情形，分别处理：

（一）该法律文书系就案外人与被执行人之间的权属纠纷以及租赁、借用、保管等不以转移财产权属为目的的合同纠纷，判决、裁决执行标的归属于案外人或者向其返还执行标的且其权利能够排除执行的，应予支持；

《最高人民法院关于适用〈中华人民共和国公司法〉若干问题的规定（三）》

第二十四条 有限责任公司的实际出资人与名义出资人订立合同，约定由实际出资人出资并享有投资权益，以名义出资人为名义股东，实际出资人与名义股东对该合同效力发生争议的，如无法律规定的无效情形，人民法院应当认定该合同有效。

前款规定的实际出资人与名义股东因投资权益的归属发生争议，实际出资人以其实际履行了出资义务为由向名义股东主张权利的，人民法院应予支持。名义股东以公司股东名册记载、公司登记机关登记为由否认实际出资人权利的，人民法院不予支持。

实际出资人未经公司其他股东半数以上同意，请求公司变更股东、签发出资证明书、记载于股东名册、记载于公司章程并办理公司登记机关登记的，人民法院不予支持。

《全国法院民商事审判工作会议纪要》

123.【案外人依据另案生效裁判对非金钱债权的执行提起执行异议之诉】审判实践中，案外人有时依据另案生效裁判所认定的与执行标的物有关的权利提起执行异议之诉，请求排除对标的物的执行。此时，鉴于作为执行依据的生效裁判与作为案外人提出执行异议依据的生效裁判，均涉及对同一标的物权属或给付的认定，性质上属于两个生效裁判所认定的权利之间可能产生的冲突，人民法院在审理执行异议之诉时，需区别不同情况作出判断：如果作为执行依据的生效裁判是确权裁判，不论作为执行异议依据的裁判是确权裁判还是给付裁判，一般不应据此排除执行，但人民法院应当告知案外人对作为执行依据的确权裁判申请再审；如果作为执行依据的生效裁判是给付标的物的裁判，而作为提出异议之诉依据的裁判是确权裁判，一般应据此排除执行，此时人民法院应告知其对该确权裁判申请再审；如果两个裁判均属给付标的物的裁判，人民法院需依法判断哪个裁判所认定的给付权利具有优先性，进而判断是否可以排除执行。

124.【案外人依据另案生效裁判对金钱债权的执行提起执行异议之诉】作为执行依据的生效裁判并未涉及执行标的物，只是执行中为实现金钱债权对特定标的物采取了执行措施。对此种情形，《最高人民法院关于人民法院办理执行异议和复议案件若干问题的规定》第 26 条规定了解决案外人执行异议的规则，在审理执行异议之诉时可以参考适用。依据该条规定，作为案外人提起执行异议之诉依据的裁判将执行标的物确权给案外人，可以排除执行；作为案外人提起执行异议之诉依据的裁判，未将执行标的物确权给案外人，而是基于不以转移所有权为目的的有效合同（如租赁、借用、保管合同），判令向案外人返还执行标的物的，其性质属于物权请求权，亦可以排除执行；基于以转移所有权为目的有效合同（如买卖合同），判令向案外人交付标的物的，其性质属于债权请求权，不能排除执行。

应予注意的是，在金钱债权执行中，如果案外人提出执行异议之诉依据的生效裁判认定以转移所有权为目的的合同（如买卖合同）无效或应当解除，进而判令向案外人返还执行标的物的，此时案外人享有的是物权性质的返还请求权，本可排除金钱债权的执行，但在双务合同无效的情况下，双方互负返还义务，在案外人未返还价款的情况下，如果允许其排除金钱债权的执行，将会使申请执行人既执行不到被执行人名下的财产，又执行不到本应返还给被执行人的价款，显然有失公允。为平衡各方当事人的利益，只有在案外人已经返还价款的情况下，才能排除普通债权人的执行。反之，案外人未返还价款的，不能排除执行。

十三、债权人追究名义股东瑕疵出资责任的审查要点和认定规则

【审查要点】

1. 公司不能清偿债务的认定标准：股东承担的为补充责任，已经追究公司责任的审查认定，原则上执行程序终结而未得实现债权，构成满足公司不能清偿债务的标准。

2. 责任范围：以已届出资期限的未出资本息为限；未届出资期的认缴出资部分，原则上不可主张加速到期。

3. 名义股东承担责任后，向实际出资人追偿，追偿责任的范围以名义股东实际承担责任范围为准。

4. 公司解散时，股东到期应缴未缴的出资，以及加速到期的未缴出资均属于清算财产，公司财产不足以清偿债务，债权人主张未缴出资名义股东在未缴出资范围内对公司债务承担连带清偿责任的，依法应予支持。

【注意事项】

注意责任形式的区分，债权人在公司未出现解散情形时，追究股东瑕疵出资责任的责任形式为补充赔偿责任；在公司出现解散清算情形时，股东出资责任的责任形式为连带责任。

【规范指引】

《中华人民共和国公司法》

第四十九条 股东应当按期足额缴纳公司章程规定的各自所认缴的出资额。

股东以货币出资的，应当将货币出资足额存入有限责任公司在银行开设的账户；以非货币财产出资的，应当依法办理其财产权的转移手续。

股东未按期足额缴纳出资的，除应当向公司足额缴纳外，还应当对给公司造成的损失承担赔偿责任。

《最高人民法院关于适用〈中华人民共和国公司法〉若干问题的规定（三）》

第二十六条 公司债权人以登记于公司登记机关的股东未履行出资义务为由，请求其对公司债务不能清偿的部分在未出资本息范围内承担补充赔偿责任，股东以其仅为名义股东而非实际出资人为由进行抗辩的，人民法院不予支持。

名义股东根据前款规定承担赔偿责任后，向实际出资人追偿的，人民法院应予支持。

《最高人民法院关于适用〈中华人民共和国公司法〉若干问题的规定（二）》

第二十二条第二款 公司财产不足以清偿债务时，债权人主张未缴出资股东，以及公司设立时的其他股东或者发起人在未缴出资范围内对公司债务承担连带清偿责任的，人民法院应依法予以支持。

【典型案例】

殷某翔与溧阳市爱尔森服饰有限公司等股东损害公司债权人利益责任纠纷案［裁判法院：江苏省无锡市中级人民法院；案号：（2020）苏02民终2487号］

裁判要旨：（1）名义股东与实际出资人之间的股权代持关系属于双方之间的内部约定，仅在双方内部发生法律效力，在对外场合根据商事交易中的公示主义和外观主义原则，债权人凭借对工商登记的信赖，可以合理地相信名义股东就是真实的股权持有人，可以要求其承担相应股东责任。名义股东不能以股权代持的内部约定来对抗债权人，不能以自己非实际权利人为由拒绝对外承担责任。

（2）无论是否存在股权代持的事实，债权人均有权依据工商登记信息要求各登记股东承担相应责任，就代持关系应另案处理，没有必要追加隐名股东为被告。

十四、债权人追究名义/隐名股东清算责任的审查要点和认定规则

【审查要点】

1. 区分清算责任形式：清算补充赔偿责任、清算连带赔偿责任；

2. 债权人有权诉请登记于公司登记机关的股东承担清算责任，股东以其系名义股东、未参与公司实际经营为由主张免责，不能成立；

3. 债权人对代持股关系知情，要求实际出资人承担清算责任，应对实际出资人系公司实际出资人或实际控制人承担举证责任。

【规范指引】

《最高人民法院关于适用〈中华人民共和国公司法〉若干问题的规定（二）》

第十八条 有限责任公司的股东、股份有限公司的董事和控股股东未在法定期限内成立清算组开始清算，导致公司财产贬值、流失、毁损或者灭失，债权人主张其在造成损失范围内对公司债务承担赔偿责任的，人民法院应依法予以支持。

有限责任公司的股东、股份有限公司的董事和控股股东因怠于履行义务，导致公司主要财产、账册、重要文件等灭失，无法进行清算，债权人主张其对公司债务承担连带清偿责任的，人民法院应依法予以支持。

上述情形系实际控制人原因造成，债权人主张实际控制人对公司债务承担相应民事责任的，人民法院应依法予以支持。

第二十条 公司解散应当在依法清算完毕后，申请办理注销登记。公司未经清算即办理注销登记，导致公司无法进行清算，债权人主张有限责任公司的股东、股份有限公司的董事和控股股东，以及公司的实际控制人对公司债务承担清偿责任的，人民法院应依法予以支持。

公司未经依法清算即办理注销登记，股东或者第三人在公司登记机关办理注销登记时承诺对公司债务承担责任，债权人主张其对公司债务承担相应民事责任的，人民法院应依法予以支持。

【典型案例】

顺东公司诉某木器厂、袁某股东损害公司债权人利益责任纠纷案［裁判法院：北京市第三中级人民法院；案号：（2015）三中民终字第03573号］

裁判要旨：登记于公司登记机关的股东属于法律意义上的公司股东，其是对外承担股东责任的直接主体，代持股关系属于代持股人与被代持股人之间的合同法律关系，不能以此对抗债权人，债权人有权诉请登记于公司登记机关的股东承担清算责任。

十五、其他：涉股权代持对赌义务履行的审查要点和认定规则

（一）涉股权代持对赌义务主体的审查

【审查要点】

涉对赌案件中，“股权代持”事实通常是名义股东作为对赌义务方，主张其无需履行对赌协议项下回购或业绩补偿等义务所提出的抗辩，法院可通过下列规则予以审查认定：

1. 对赌协议属于合同，应按照合同案件的一般规则予以审查处理，原则上由签署对赌协议的名义股东承担对赌义务；

2. 名义股东经实际出资人授意签署对赌协议的，在承担对赌义务后，可依据其与实际出资人间的约定向隐名股东主张相应的权利；

3. 对赌协议约定由控股股东承担对赌义务，名义股东以其系代持股权为由否认自身控股股东的地位，该主张不能对抗对赌权利人；

4. 若对赌权利人对股权代持知情，缔约磋商系直接与实际出资人进行等，可参照间接代理相关规则，认定实际出资人为对赌义务方，但在涉及股权回购时，仍应考虑实际出资人回购股权所受的公司法限制，如股权对外转让需经其他股东过半数同意、其他股东享有优先购买权等。

【规范指引】

《中华人民共和国民法典》

第九百二十六条 受托人以自己的名义与第三人订立合同时，第三人不知道受托人与委托人之间的代理关系的，受托人因第三人的原因对委托人不履行义务，受托人应当向委托人披露第三人，委托人因此可以行使受托人对第三人的权利。但是，第三人与受托人订立合同时如果知道该委托人就不会订立合同的除外。

受托人因委托人的原因对第三人不履行义务，受托人应当向第三人披露委托人，第三人因此可以选择受托人或者委托人作为相对人主张其权利，但是第三人不得变更选定的相对人。

委托人行使受托人对第三人的权利的，第三人可以向委托人主张

其对受托人的抗辩。第三人选定委托人作为其相对人的，委托人可以向第三人主张其对受托人的抗辩以及受托人对第三人的抗辩。

【典型案例】

张某玮与云南凯威特投资有限公司、云南万家欢食品集团有限公司、杨某云等合同纠纷案［裁判法院：云南省高级人民法院；案号：（2020）云民终977号］

裁判要旨：名义股东股权代持行为与其自愿签署对赌协议参与股权回购本身并不存在绝对冲突，并不排斥各方约定以股权代持人作为履约主体又由实际股权所有人承担连带责任的意思自治行为。即使名义股东已经向对赌权利人披露股权代持事实，在对赌协议未明确名义股东无需承担责任的前提下，不能免除名义股东自愿约定的回购义务，责任的最终承担，可由名义股东在其与隐名股东的内部代持关系中予以解决。

（二）涉股权代持对赌义务内容的审查

【审查要点】

在数个对赌义务主体依照持股比例承担回购或业绩补偿义务的情形，应当按照登记显示的股权比例作出认定，名义股东以其系代持股权为由对回购义务承担的比例提出的异议，不能成立。

【规范指引】

《中华人民共和国公司法》

第五十六条　有限责任公司应当置备股东名册，记载下列事项：

（一）股东的姓名或者名称及住所；

（二）股东认缴和实缴的出资额、出资方式和出资日期；

（三）出资证明书编号；

（四）取得和丧失股东资格的日期。

记载于股东名册的股东，可以依股东名册主张行使股东权利。

人身保险合同类案办案要件指南

课题组成员

主持人：朱建国　上海市浦东新区人民法院副院长（上海市静安区人民法院原副院长）

执笔人：鲍陶然　上海市静安区人民法院金融审判庭副庭长

皮妍蓉　上海市静安区人民法院金融审判庭审判员

邱元超　上海市静安区人民法院金融审判庭审判员

兰方舟　上海市静安区人民法院金融审判庭法官助理

指导人员

董　庶　上海市高级人民法院金融审判庭团队负责人

▶ 精要导读

一、裁判理念

诚信原则、保险利益原则、损失填补原则以及近因原则是保险法上的四大基本原则，在审理人身保险合同纠纷案件时须予以遵循。但相较财产险，上述原则在人身保险合同纠纷案件中的适用有明显不同。

一方面，人身保险更加突出和强调诚信原则与保险利益原则。首先，保险法上的诚信原则，学理上也称最大诚信原则。所谓最大，就是在合理的范围内尽一切可能的善意。具体表现为投保人如实告知义务、保险人明确说明义务、失权期间、不可抗辩期间、禁反言等。相较财产险，在人身保险合同纠纷案件中诚信原则引发的争议类型更为多元，焦点更为突出，人民法院审查标准更严，适用范围更宽。其次，由于人身保险合同纠纷涉及人身权利与道德伦理，保险利益原则要求投保人对被保险人具有保险利益限于投保时，否则合同效力将被法律所否定，除非存在法定身份关系或征得被保险人的同意。同时，与财产险不同的是，人身保险保险利益审查，不待当事人主张，人民法院应依职权主动审查。

另一方面，应注意把握损失填补原则和近因原则在人身保险案件中的运用。一是损失填补原则更广泛应用于作为补偿性保险的财产保险中，但在人身保险的部分健康保险和意外伤害险产品中也有适用余地。保险人对被保险人所遭受的医疗、护理、丧葬等费用损失予以补偿，该类保险属于损失填补型保险，应当适用损失填补原则，保险人理赔后有权代位追偿；对于大部分的定额给付型人身保险，不适用该项原则，保险金请求权人可以重复获赔，故实践中应注意区分。二是

《最高人民法院关于适用〈中华人民共和国保险法〉的若干问题解释（三）》[以下简称《保险法司法解释（三）》]规定的比例原则由近因原则发展而来，虽不能完全取代近因原则，但却是人身保险领域中近因原则的有益补充和合理修正。当损害由承保风险和未承保风险或免责事由共同造成时，可按原因力作用比例确定保险责任。

二、重点问题

（一）《民法典》第四百九十六条有关重大利害关系条款的规定是否适用于格式保险合同引发的纠纷

格式保险合同中的免责条款应首先适用《中华人民共和国保险法》（以下简称《保险法》）第十七条的规定，对免责条款之外的其他“重大利害关系条款”可适用《民法典》第四百九十六条的规定，但对相关条款是否属于“重大利害关系条款”，应结合保险合同的具体特点，依法予以审慎认定。

主要理由如下：首先，从法律规范的适用范围来看，《民法典》为一般法，《保险法》是特别法，在特别法对某一法律适用没有规定而一般法对此有规定时，应适用一般法的规定。《保险法》未规定免责条款之外的其他“重大利害关系条款”且未提示说明的法律后果，《民法典》作为一般法应存在适用空间。其次，从法律规范的内容来看，《民法典》第四百九十六条和《保险法》第十七条均是格式条款的“订入规制”，两者相较，后者系对免责条款的特殊规定，且规定的提示说明义务比前者更为严苛，故对于格式保险合同中的免责条款应首先适用作为特别法的《保险法》。再次，人身保险格式合同中，核心条款主要包括责任免除条款和其他“重大利害关系条款”。在“订入规制”范围方面，《保险法》未对免责条款之外的其他“重大利害关系条款”作出明确规定，而《民法典》则明确规定格式条款提供方对于包括免责条款在内的与对方有重大利害关系的条款，均应作出提示并按照对方的要求予以说明，从保护投保人利益的角度出发，应当认为保险合同订立的要求不能低于普通合同，故对免责条款之外的其他“重大利害关系条款”应适用《民法典》第四百九十六条的规定。最后，不同领域和类型的合同在内容上存在较大差异，“重大利害关系条款”应根据合同类型及特点审慎认定。采用保险人提供的格式条款订立保险合同既是保险业经营惯例，也是缔结保险合同高效便利的实践要求。如果过于宽泛地认定格式保险合同中的“重大利害关系条款”，那么格式保险合同中大多数条款均需采用“足以引起对方注意”的方式对条款内容予以提示，否则可能导致需要特别提示说明的条款被保险消费者忽略，这既与立法本意相悖，也不符合保险行业的经营实际和发展需求，最终将损害保险消费者的权益。实践中，应结合保险行业和保险合同自身的特点，从严把握认定标准，审慎、合理认定格式保险合同中的“重大利害关系条款”，将其限制在“免除或者减轻其责任”或与其程度相当的范围内。如格式保险合同中关于保险范围的条款属于投保人订立保险合同的主要目的条款，一般不宜认定为需提示说明的“重大利害关系条款”。

（二）“既往症”条款是否有效

“既往症”条款不当然无效，应结合该条款的约定方式、询问内容、定义表述及范围界定的合理性等因素，依法认定其效力。

司法实践中应注重区分不同情况，对“既往症”条款约定内容的明确性和合理性加强审查。若保险人对“既往症”的定义不明确、不清晰，导致对合同条款有两种以上解释的，应依法作出有利于被保险人的解释。对于免除保险人责任的“既往症”条款，还应根据免责条款相关规则依法审查保险人是否尽到提示说明义务。保险实务中，保险人以是否承保既往症区分危险程度，厘定不同保险费率，进行差异化经营，既满足了高风险人群的投保需求，也满足了低风险人群低费率的保险需求。在审理相关案件时，亦应考虑不同承保条件下保险费及保险金额的对应关系，根据对价平衡原则进行处理。

（三）意外险中，保险人以被保险人职业类别变更为由拒赔应如何处理

保险人以被保险人职业类别不一致拒赔的具体类型主要包括：投保时职业类别与实际情况不符；保险期间职业类别发生变化；保险事故发生时从事职业属免赔情形等。

投保人未如实告知职业类别的，按照《保险法》“如实告知”审查规则，审查保险人的询问义务、投保人的主观考量（是否存在故意或重大过失）、对承保风险和保险费率的影响等。被保险人在保险期间职业类别变动的，保险合同约定属于“危险程度显著增加”情形的，可参照《保险法》规定的财产险“危险程度显著增加”规则审查。保险人对特定职业类别免责的，按照免责条款或重大利害关系条款相关规则审查。

（四）用人单位购买以员工及其近亲属为被保险人的团体人身保险产品，其中被保险人包括员工本人及其父母、子女和配偶，但实践中存在单位未取得员工家属同意的情况。对此，法院是否应当认定该近亲属与投保单位之间存在保险利益？是否允许该亲属事后同意投保

在无证据证明存在加害被保险人的情形下，因无所需防范的道德风险，故应允许家属事后追认保险利益，认定团体险合同有效。在认定“被保险人同意”方面，除了被保险人签署书面同意书外，若有证据证明员工近亲属知晓投保事实并主动提供投保材料，或者近亲属的其他行为可以推定其在投保时同意投保，也可以认定保险利益存在。从比较法上的角度借鉴，对于投保单位以福利形式交纳保费的利他性质团体保险，亦未对保险利益加以限制。但是，对于事故发生后被保险人作出追认意思表示可能存在道德风险，可结合具体情况从事实认定、保险原理、缔约过失责任等角度认定其追认的效力。

（五）依伤残等级按比例赔付条款是否属于责任免除条款

依伤残等级按比例赔付条款系确定保险人责任范围（理赔标准）

的条款，不属于责任免除条款。

保险责任条款和责任免除条款均属保险合同核心条款，系保险合同成立或生效的前提和基础。保险条款对于依伤残等级按比例赔付条款通常在保险责任部分载明，一般表述为保险人“按基本保险金额乘以伤残等级所对应的保险金给付比例给付意外伤残保险金”，并后附伤残等级与给付比例的对照表格。该条款实质是对伤残保险事故发生后，保险人应当承担的保险责任进行界定，而保险合同免责条款则属于在上述范围内反向排除，即在上述范围内确立例外情形进而免除或减轻标准责任。所以，保险条款中依伤残等级按比例赔付条款其性质属于确定保险人保险责任标准的条款，不属于免责条款。保险金请求权人以保险人对此未尽提示和明确说明义务致该条款不生效为由，主张按照全额保险金额赔付的诉请，人民法院不予支持。

（六）团体保险中的如实告知义务主体是否仅限于投保人

虽然团体险的特点和展业模式区别于一般的人身险，被保险人对自身健康状况等信息较投保人更为了解，保险人在实践中亦会以诸如向每名团体成员发放询问单或者由每名成员签署包含重要事项的个人健康声明等形式进行健康询问，了解和评估相关风险。但是，根据《保险法》第十六条的规定，履行如实告知义务的主体并不因团体险存在上述特点而有所改变，仍应限于投保人，不包括被保险人。因此，实务中应审查保险人是否存在以纯粹向投保单位发送健康状况单方承诺书并盖章等各种形式，将其法定的询问义务予以转嫁或者规避的行为，该类行为属于减轻或者未实际履行保险人的法定义务，不构成如实告知的前提。

（七）《保险法司法解释（三）》第十四条主要适用于保险合同中没有指定受益人等情形，那么该条能否适用于保险合同中指定受益人为“法定继承人”情形

保险合同中没有指定受益人时，被保险人死亡后，被保险人的继承人享有保险金请求权。持有保险单的部分继承人向保险人申请理赔时，保险人无需对被保险人全部继承人范围进行审查。否则，审查复杂的继承人范围、顺序等问题会严重影响理赔效率，增加保险人负担。对于未取得保险金的其他继承人可向取得保险金的继承人另行主张权利。与之不同的是，持有保险单的部分继承人以保险人为被告提起诉讼主张支付保险金的，出于避免诉累的目的，人民法院原则上应当通知其他继承人参加诉讼，并查明全部继承人范围及顺序。

然而，实践中，较为常见的情形为保险合同中指定受益人为“法定继承人”。此种情形下，持有保险单的部分继承人作为受益人向保险人申请理赔或提起诉讼，同样出于提高理赔效率或避免诉累的原因，可参照《保险法司法解释（三）》第十四条的精神按上述规则处理。

（八）格式合同中仲裁条款的效力如何认定

常适用《民事诉讼法解释》第三十一条，应进行形式和内容审查。首先，形式审查前置，对格式条款提供者信息披露义务的履行重点查明，未予合理提示的格式仲裁条款不属于合同内容，不产生订入效力；其次，内容审查则应对格式条款提供者是否通过该条款排除或限制合同相对方的程序权利予以查明，若格式条款提供方难以证明仲裁合意真实性，应视为限制了相对方在发生纠纷时选择争议解决方式的权利，从而构成排除缔约相对方主要权利的情形，不发生法律效力。

（九）人身保险合同纠纷案件的案由如何适用

人身保险合同纠纷案件多为主险与附加险叠加涉诉，使得案由适用复杂，且无统一适用标准，实务中普遍笼统适用人身保险合同纠纷案由。可通过诉请结合保险产品类型进行案由适用区分。

单一诉请时可通过锚定诉请并结合涉案保险产品类型确定案由。举例说明：人寿保险合同附加医疗保险，被保险人单独主张医疗费保险金，虽然主险为人寿险，但仍应锚定诉请根据附加医疗险承保风险范围确定案由为健康保险合同或意外伤害保险合同纠纷。多种诉请时则以诉请为原则、保险产品类型为补充的方式确定案由。多种诉请可竞合于同类保险产品项下时，则直接确定案由。举例说明：被保险人同时主张给付重疾保险金和医疗费，由于两者同属于健康保险合同项下，则直接确定案由为健康保险合同纠纷。同时主张跨类型保险产品的多种诉请时，如涉案保险产品主险叠加附加险、多个子类型保险综合险种，或合同系子类型保险以外的，则需适用上一级案由。举例说明：人寿保险合同附加医疗保险，受益人同时主张身故保险金与医疗费保险金，则因为两者分属人寿保险合同和健康保险合同或意外伤害保险合同项下，故应确定上级案由人身保险合同纠纷。

（十）人寿保险财产利益能否强制执行

根据《上海市高级人民法院关于建立被执行人人身保险产品财产利益协助执行机制的会议纪要》，人寿保险的现金价值、红利、生存金等保险权益均属于财产性权益。如果这些财产利益不属于维持生活所必需的费用，也不属于法律规定不得查封、扣押、冻结的对象，可以作为强制执行的对象，并对不同被执行人主体区分不同执行标的。冻结或扣划投保人（被执行人）的现金价值、红利等保单权益，投保人、被保险人或受益人均为被执行人同一人时，可直接冻结或扣划；投保人（被执行人）与被保险人或受益人不一致时，应秉承审慎原则，保障被保险人或受益人相关赎买保单的权益。此外，鉴于重大疾病保险、意外伤残保险、医疗费用保险等产品人身专属性较强、保单现金价值低，但潜在可能获得的保障大，人民法院应秉承比例原则，对该类特殊免除执行保单一般不作扣划。

第一部分　人身保险合同案件总体情况概述

扩面提质是国务院常务会议在部署人身保险业发展未来时提出的关键词。随着人民生活水平的不断提高和人口老龄化的不断加剧，健康保险、养老保险、年金保险等人身保险产品受到越来越多保险消费者的关注。中国保险保障基金发布的2020年中国保险消费者信心指数报告显示，我国人身险消费者信心指数为70，连续5年处于信心较强区间。互联网+保险的结合，使投保更加便利化，2021年4月正式上线的“沪惠保”商业补充医疗险，在短短20天的时间里，参保人数即突破500万人，更是让各界看到了人们对人身保险的需求以及行业发展的空间。与之形成鲜明对比的是，人身保险合同纠纷案件类型更为多元，审理难点主要包括争议事实查明难度大，争议焦点较为集中，以及专业性强、跨专业问题多等方面。

本指南旨在结合现有法律法规，总结上海法院实践经验，针对人身保险合同纠纷案件的审理思路与裁判要点进行梳理、提炼和总结，以期为提高人身保险合同纠纷适法统一，提供实用性的类案办案要件指南。

一、审理情况

2016年至2021年，上海法院共受理人身保险合同纠纷案件2795件，审结2695件，结收比总体保持在95%以上。其中，以判决方式结案的占比达37.74%，总调撤率约为58.63%。在案由适用方面，以人身保险合同纠纷作为结案案由的占比高达70.98%，意外伤害保险合同纠纷占比为17.96%，人寿保险合同纠纷占比约7.94%，健康保险合同纠纷占比仅为3.12%。此外，当事人的诉讼请求多为保险金给付请求，少数为退还保险费、对合同效力作出认定等。

二、审理特点

人身保险合同纠纷呈现出诸如产品更加多元、展业模式逐渐线上化以及保险代理人违规展业屡见不鲜等特征。其具体原因包括：第一，市场需求与自主能动催生保险产品日趋多元，导致案件争议类型越发多样化。最为典型的当属分红保险、投资连结保险、万能寿险等一批具有投资功能的新型寿险产品愈发受到关注，成为涉诉新类型案件。第二，互联网保险业蓬勃发展，蚂蚁金服、腾讯微保等互联网平台拓宽了各类线上保险产品的销售渠道。但与此同时，线上投保、核保等环节的不规范之处给法院在审查人身保险利益、如实告知义务履行、保险人责任免除条款效力认定等方面增加了难度。第三，保险代理人普遍"重业绩、轻合规"，导致误导销售、阻碍告知等现象时有发生，极易引发涉众诉讼乃至涉刑案件。第四，保险消费者对保险产品的认识误区，对保险条款的理解不足，也催生了相关纠纷。

三、审理理念

诚信原则、保险利益原则、损失填补原则以及近因原则是保险法上的四大基本原则，在审理人身保险合同纠纷案件时须予以遵循。但相较财产险，上述原则在人身保险合同纠纷案件中的适用有明显不同。

一方面，人身保险更加突出和强调诚信原则与保险利益原则。首先，保险法上的诚信原则，学理上也称最大诚信原则。所谓最大，就是在合理的范围内尽一切可能的善意。具体表现为投保人如实告知义务、保险人明确说明义务、失权期间、不可抗辩期间、禁反言等。相较财产险，在人身保险合同纠纷案件中诚信原则引发的争议类型更为多元，焦点更为突出，人民法院审查标准更严，适用范围更宽。其次，由于人身保险合同纠纷涉及人身权利与道德伦理，保险利益原则要求投保人对被保险人具有保险利益限于投保时，否则合同效力将被法律所否定，除非存在法定身份关系或征得被保险人的同意。同时，与财产险不同的是，人身保险保险利益审查，不待当事人主张，人民法院应依职权主动审查。

另一方面，应注意把握损失填补原则和近因原则在人身保险案件中的运用。一是损失填补原则更广泛应用于作为补偿性保险的财产保险中，但在人身保险的部分健康保险和意外伤害险产品中也有适用余地。保险人对被保险人所遭受的医疗、护理、丧葬等费用损失予以补偿，该类保险属于损失填补型保险，应当适用损失填补原则，保险人理赔后有权代位追偿；对于大部分的定额给付型人身保险，不适用该项原则，保险金请求权人可以重复获赔，故实践中应注意区分。二是《保险法司法解释（三）》规定的比例原则由近因原则发展而来，虽不能完全取代近因原则，但却是人身保险领域中近因原则的有益补充和合理修正。当损害由承保风险和未承保风险或免责事由共同造成时，可按原因力作用比例确定保险责任。

第二部分　立案审查

一、当事人资格的审查

【审查要点】

参见《上海法院类案办案要件指南》（第 3 册）“财产保险合同类案办案要件指南”。

【注意事项】

涉驾乘人员意外伤害保险时，驾乘人员需分别起诉。

立案后主体资格审查详见第三部分主体适格性审查的相关内容。

二、主管和管辖的审查

（一）主管范围的审查

【审查要点】

参见《上海法院类案办案要件指南》（第 3 册）“财产保险合同类案办案要件指南”。

【注意事项】

格式合同中的仲裁条款效力认定：应坚持形式和内容审查相结合。首先，形式审查前置，对格式条款提供方信息披露义务的履行重点查明，未予合理提示的格式仲裁条款不产生订入效力；其次，内容审查则应对格式条款提供方是否通过该条款排除或限制相对方的程序权利予以查明，未能证明仲裁合意真实性则属限制相对方选择争议解决方式的主要权利，不发生法律效力。

【规范指引】

《中华人民共和国民法典》

第四百九十六条 格式条款是当事人为了重复使用而预先拟定，并在订立合同时未与对方协商的条款。

采用格式条款订立合同的，提供格式条款的一方应当遵循公平原则确定当事人之间的权利和义务，并采取合理的方式提示对方注意免除或者减轻其责任等与对方有重大利害关系的条款，按照对方的要求，对该条款予以说明。提供格式条款的一方未履行提示或者说明义务，致使对方没有注意或者理解与其有重大利害关系的条款的，对方可以主张该条款不成为合同的内容。

第四百九十七条 有下列情形之一的，该格式条款无效：

（一）具有本法第一编第六章第三节和本法第五百零六条规定的无效情形；

（二）提供格式条款一方不合理地免除或者减轻其责任、加重对方责任、限制对方主要权利；

（三）提供格式条款一方排除对方主要权利。

《最高人民法院关于适用〈中华人民共和国民事诉讼法〉的解释》

第三十一条　经营者使用格式条款与消费者订立管辖协议，未采取合理方式提请消费者注意，消费者主张管辖协议无效的，人民法院应予支持。

【典型案例】

上海埃斯埃医疗技术有限公司与莱茵技术（上海）有限公司服务合同纠纷案，全国法院2021年度优秀案例分析二等奖［裁判法院：上海市第二中级人民法院，案号：（2020）沪02民终4718号］

裁判要旨：对于采用格式条款订立仲裁协议的，对其效力的审查应依据原《合同法》第三十九条、第四十条之规定，判断格式条款提供方是否已采取合理方式提示相对方注意以及有无限制或排除对方主要权利之情形。本案仲裁条款未经合理提示和说明，难以认定达成仲裁合意，不发生法律效力。

（二）协议管辖的审查

参见《上海法院类案办案要件指南》（第3册）“财产保险合同类案办案要件指南”。

（三）法定管辖的审查

【审查要点】

参见《上海法院类案办案要件指南》（第3册）“财产保险合同类案办案要件指南”。

【注意事项】

可以由被保险人住所地人民法院管辖。

【规范指引】

《最高人民法院关于适用〈中华人民共和国民事诉讼法〉的解释》

第二十一条第二款　因人身保险合同纠纷提起的诉讼，可以由被保险人住所地人民法院管辖。

三、案由适用的审查

人身保险合同纠纷案件多为主险与附加险叠加涉诉，使得案由适用复杂，且无统一适用标准。实务中普遍笼统适用人身保险合同纠纷案由，项下包含的人寿保险合同纠纷、意外伤害保险合同纠纷、健康保险合同纠纷三大子案由存在适用不均的情形。

人身保险合同纠纷案件中主要有以下诉讼请求：保险金给付型请求权、返还保单现金价值或退还保险费、解除或继续履行保险合同等。以最常见诉请为例，人寿保险主要涉及生存保险金、身故保险金、理财型保险损失赔偿，意外伤害保险主要涉及伤残保险金、身故保险金、医疗费，健康保险主要涉及重疾保险金、医疗费等。

单一诉请时可通过锚定诉请并结合涉案保险产品类型确定案由，多种诉请时则以诉请为原则、保险产品类型为补充的方式确定案由。多种诉请可竞合于同类保险产品项下时，则直接确定案由；同时主张跨类型保险产品的多种诉请时，则需适用上一级案由。

（一）单一诉请时案由适用的审查

【审查要点】

主张单一诉请时可通过涉案保险产品类型确定案由，根据不同保险产品类型所产生的保险责任对应的诉请确定具体案由。

【注意事项】

1. 单独主张给付生存保险金，适用人寿保险合同纠纷案由；

2. 单独主张给付重疾保险金，适用健康保险合同纠纷案由；

3. 单独主张给付伤残保险金，适用意外伤害保险合同纠纷案由；

4. 单独主张给付身故保险金，结合涉案保险产品类型，适用人寿保险合同纠纷、意外伤害保险合同纠纷案由；

5. 单独主张给付医疗费，结合涉案保险产品类型，适用意外伤害保险合同纠纷、健康保险合同纠纷案由；

6. 单独主张返还保单现金价值或退还保险费、解除或继续履行保险合同等，结合涉案保险产品类型确定案由；

7. 单独主张投资收益返还、分红、损失赔偿等，适用人寿保险合同纠纷，涉投资理财型保险产品虽兼具理财性质，但仍属人寿保险合同项下，应结合涉案保险产品类型确定案由。

（二）多种诉请时案由适用的审查

【审查要点】

主张多种诉请时则以诉请为原则、保险产品类型为补充的方式确定案由，需分两种情形：

1. 保险金给付型请求权与其他诉请交叉，应以保险金给付型请求权为标准，结合涉案保险产品类型确定案由。

2. 不同保险金给付型请求权交叉，若可竞合于同类保险产品项下时，则结合涉案保险产品类型确定案由；若为同时主张跨类型保险产品的多种诉请时，则适用上一级案由，如主险叠加附加险、同时涉及多个子类型保险，或合同系子类型保险以外的，均可适用人身保险合同纠纷案由。

【注意事项】

1. 保险金给付型请求权与其他诉请交叉

以保险金给付型请求权为确定标准，结合涉案保险产品类型确定案由。比如，生存保险金请求权与继续履行合同请求权交叉，则应以前者为准确定案由为人寿保险合同纠纷。

2. 不同保险金给付型请求权交叉

同时主张给付重疾保险金和医疗费，适用健康保险合同纠纷案由；

同时主张给付伤残保险金和医疗费，适用意外伤害保险合同纠纷案由；

同时主张给付身故保险金和医疗费，涉案保险产品类型为意外伤害保险时，适用意外伤害保险合同纠纷案由。

其他同时主张跨类型保险产品的多种诉请，涉案保险产品主险叠加附加险、多个子类型保险综合险种，或合同系子类型保险以外的，均可适用人身保险合同纠纷案由。比如，人寿保险合同附加医疗保险，受益人同时主张身故保险金与医疗费保险金，则因为两者分属人寿保险合同和健康保险合同项下，故应确定上一级案由人身保险合同纠纷。

此外，在新兴综合险种中不能一概以保险产品名称确定案由，需以具体诉请为标准确定案由。如涉外卖订餐平台为送餐员投保的骑手综合性保险产品中，该保险产品本身属于财产保险和人身保险的竞合，需根据诉请确定具体案由。若诉请为主张骑手配送过程中致第三者人身伤亡或财产损失的责任保险金，案由为责任保险合同纠纷，属财产保险合同纠纷；若诉请为主张骑手配送过程中导致自己人身受损的医疗费、伤残保险金等，案由为意外伤害保险合同纠纷，属人身保险合同纠纷。

第三部分　人身保险合同纠纷的一般审查规则

一、主体适格性审查

主体是否适格主要是指原告是否享有保险金请求权。人身保险合同中，享有保险金请求权的主体包括：被保险人、受益人、受让人和继承人。无论保险人是否抗辩，人民法院均应依职权主动审查主体适格性。

（一）被保险人的审查

【审查要点】

1. 被保险人是人身受保险合同保障，享有保险金请求权的人；

2. 投保人可以作为被保险人。

【注意事项】

投保人是与保险人订立保险合同，并按照合同约定负有支付保险费义务的人。投保人作为支付保险费义务人，并不必然享有保险金请求权。只有当投保人同时具有被保险人、受益人、受让人或继承人身份时，始得行使保险金请求权。因此，投保人与被保险人不是同一人，且非指定受益人或继承人，在投保人未取得权利人授权或受让保险金请求权的情况下，投保人作为原告诉请保险人支付保险金时，人民法院应当裁定驳回起诉。

【规范指引】

《中华人民共和国保险法》

第十条第一款、第二款 保险合同是投保人与保险人约定保险权利义务关系的协议。

投保人是指与保险人订立保险合同，并按照合同约定负有支付保险费义务的人。

第十二条第五款 被保险人是指其财产或者人身受保险合同保障，享有保险金请求权的人。投保人可以为被保险人。

《中华人民共和国民事诉讼法》

第一百二十二条第一项 起诉必须符合下列条件：

（一）原告是与本案有直接利害关系的公民、法人和其他组织。

《最高人民法院关于适用〈中华人民共和国民事诉讼法〉的解释》

第二百零八条第三款 立案后发现不符合起诉条件或者属于民事诉讼法第一百二十七条规定情形的，裁定驳回起诉。

【典型案例】

上海卢晶建筑劳务有限公司与永安财产保险股份有限公司江苏分公司等人身保险合同纠纷案［裁判法院：上海金融法院；案号：(2021)沪 74 民终 1523 号］

裁判要旨：案涉团体意外险系由案外人投保，上诉人并非案涉保险合同项下的被保险人及受益人，出险的被保险人亦未向法院作出同意将其保险金请求权转让于上诉人的意思表示，故其依据案涉保险合同主张权利并无事实及合同依据。上诉人对出险的被保险人全额赔付的行为系基于双方之间的劳务者受害责任纠纷，与本案人身保险合同不具有关联性。故上诉人与本案没有直接利害关系，非适格一审原告，不具有诉讼主体资格。

（二）受益人的审查

1. 指定受益人的审查

【审查要点】

（1）受益人是人身保险合同中由被保险人或者投保人指定的享有保险金请求权的人。

（2）投保人与被保险人不是同一人时，投保人指定须经被保险人同意。未经被保险人同意的，人民法院应认定指定行为无效。

（3）指定方式仅限保险合同中的指定，未通知保险人的，不得对抗保险人。

（4）视同指定受益人：受益人约定为“法定”或者“法定继承人”的，以《民法典》继承编规定的法定继承人确定受益人名单。

（5）视同指定明确：受益人仅约定为身份关系，投保人与被保险人为同一主体的，根据保险事故发生时与被保险人的身份关系确定受益人；投保人与被保险人为不同主体的，根据保险合同成立时与被保险人的身份关系确定受益人。

（6）投保人、被保险人可以作为受益人。

【注意事项】

被保险人是受损害对象，故我国《保险法》以被保险人利益保护为重心。由被保险人指定或同意指定受益人符合投保初衷，且有利于防范道德风险的发生。因此，指定受益人最终决定权归属于被保险人。但是，这并不意味着被保险人享有最终决定权就可以避免一切道德风险。比如，在用人单位作为投保人，劳动者作为被保险人的人身保险合同中，劳动者的同意权往往会受用人单位强势地位的影响，受益人的选定可能“言不由衷”。因此，劳动者指定或同意指定的受益人范围仅限本人及其近亲属。原则上，人民法院应当认定超出该范围指定或同意指定行为无效，但保险事故发生后，该范围以外的主体包括用人单位有权受让保险金请求权，取得原告主体资格。

有观点认为，被保险人的“同意权”仅局限于“事后承认”，但本指南认为，同样出于防止道德风险的目的，以及与受益人变更权保持逻辑上的一致性，受益人指定的同意权，应同时包括“事前同意”和“事后追认”，即事前同意的指定受益人，被保险人有权事后变更；事前未经同意的指定受益人，事后可为被保险人追认，未经追认或明确表示不同意的，该指定行为无效。至于被保险人同意权的方式，不以书面为限，当事人有充分证据证明被保险人口头允诺或事后同意的，亦可认定有效。

合同中的指定，是指被保险人或投保人在订立保险合同时，在合同中明确指定受益人，或在保险合同订立后，保险事故发生前，在合同中补充指定受益人。我国《保险法》规定指定受益人应包括姓名、名称和住所；变更受益人则须在保险单或其他保险凭证中批注或附贴批单。上述规定说明，我国在法律上仅承认合同中的指定或变更方式。非合同中的指定方式，比如遗嘱，在没有通知保险人以前，保险人将保险金作为遗产按照法定继承处理，应视为已按合同约定履行保险责任。

保险合同中未指定受益人，保险金应作为遗产处理，须按《民法典》继承编的规定首先用于清偿被保险人生前债务及所欠税款，剩余部分由法定继承人予以继承。保险合同约定受益人为“法定”或者“法定继承人”的，应视为按照《民法典》继承编规定的继承人范围及顺序确定受益人名单，同时就全部保险金按照《保险法》第四十条规定予以分配。由于“继承从被继承人死亡时开始”，故受益人名单以被保险人死亡时确定的法定继承人范围为准。同时，人身保险具有长期性，身份关系时常发生变化，受益人仅指定为身份关系，极易引发争议。因此，《保险法司法解释（三）》第九条第二款第三项为上述指定不明的情形提供指引，以探究最符合投保人或被保险人真意所在。投保人与被保险人为同一人时，仅考虑被保险人人身权的保护，以保险事故发生时的身份关系为准；投保人与被保险人非同一人时，兼顾投保人财产权与被保险人人身权的保护，以合同订立时的身份关系为准。投保人和被保险人对确定受益人另有约定可以消除争议的，不适用上述规则。

受益人未死亡、弃权或失权，非受益人作为原告诉请保险人支付保险金时，人民法院应当裁定驳回起诉。

【规范指引】

《中华人民共和国保险法》

第十八条第三款 受益人是指人身保险合同中由被保险人或者投保人指定的享有保险金请求权的人。投保人、被保险人可以为受益人。

第三十九条 人身保险的受益人由被保险人或者投保人指定。

投保人指定受益人时须经被保险人同意。投保人为与其有劳动关系的劳动者投保人身保险，不得指定被保险人及其近亲属以外的人为受益人。

被保险人为无民事行为能力人或者限制民事行为能力人的，可以由其监护人指定受益人。

《最高人民法院关于适用〈中华人民共和国保险法〉若干问题的解释（三）》

第九条 投保人指定受益人未经被保险人同意的，人民法院应认定指定行为无效。

当事人对保险合同约定的受益人存在争议，除投保人、被保险人在保险合同之外另有约定外，按以下情形分别处理：

（一）受益人约定为“法定”或者“法定继承人”的，以民法典规定的法定继承人为受益人；

（二）受益人仅约定为身份关系，投保人与被保险人为同一主体的，根据保险事故发生时与被保险人的身份关系确定受益人；投保人与被保险人为不同主体的，根据保险合同成立时与被保险人的身份关系确定受益人；

（三）约定的受益人包括姓名和身份关系，保险事故发生时身份关系发生变化的，认定为未指定受益人。

2. 受益人死亡、弃权及失权的受益份额分配规则

【审查要点】

（1）投保人或者被保险人指定数人为受益人，部分受益人在保险事故发生前死亡、放弃受益权或者依法丧失受益权的，该受益人应得的受益份额保险合同有约定从约定。

（2）保险合同没有约定或约定不明的分配规则：

①未约定受益顺序和受益份额的，由其他受益人平均享有。

②未约定受益顺序但约定受益份额的，由其他受益人按照相应比例享有。

③约定受益顺序但未约定受益份额的，由同顺序的其他受益人平均享有；同一顺序没有其他受益人的，由后一顺序的受益人平均享有。

④约定受益顺序和受益份额的，由同顺序的其他受益人按照相应比例享有；同一顺序没有其他受益人的，由后一顺序的受益人按照相应比例享有。

（3）全部受益人在保险事故发生前死亡、放弃受益权或者依法丧失受益权的，保险金作为遗产按照《民法典》继承编的规定处理。

【注意事项】

受益权是保险金请求权，在保险事故发生前，受益权尚未确定，且存在变更可能性，故受益权在保险事故发生前仅为期待利益，而非既得权利。因此，保险事故发生前，部分受益人死亡的，受益权作为期待利益不能发生继承，其应得份额应由其他受益人按照上述规则分配；没有其他受益人的，按照《民法典》继承编的规定处理。受益人故意造成被保险人死亡、伤残、疾病的，或者故意杀害被保险人未遂时，该受益人丧失受益权。需要注意的是，与“投保人故意”作为保险人法定免责事由不同，“受益人故意”仅导致该受益人丧失受益资格，保险人仍应根据保险合同约定确定被保险人死亡、伤残或疾病情形是否属于承保范围及免责情形，并按保险合同约定按上述规则向其他受益人支付保险金；没有其他受益人的，保险人应按《民法典》继承编的规定向该受益人（如

有继承关系继承权一并丧失）以外的继承人或遗赠人支付保险金。

受益人为数人时，出于查明案件事实的需要，一般应由同一顺序全体受益人作为共同原告向人民法院提起诉讼。只有个别受益人提起诉讼的，人民法院可以追加同一顺序其他受益人为第三人以查明收益份额；其他受益人提出独立诉请的，则将其作为有独立请求权第三人；其他受益人没有提出独立诉请的，人民法院应根据查明的事实支持原告相应份额的诉讼请求（保留其他未提出独立诉请受益人的份额）。后一顺序受益人提起诉讼的，人民法院可以追加前一顺序受益人作为第三人参加诉讼。前一顺序全部受益人于保险事故发生前死亡、放弃受益权或者依法丧失受益权的，应当支持原告诉请；前一顺序受益人未全部死亡、放弃受益权或者依法丧失受益权的，应当裁定驳回起诉。

【规范指引】

《中华人民共和国保险法》

第四十条 被保险人或者投保人可以指定一人或者数人为受益人。

受益人为数人的，被保险人或者投保人可以确定受益顺序和受益份额；未确定受益份额的，受益人按照相等份额享有受益权。

第四十三条 投保人故意造成被保险人死亡、伤残或者疾病的，保险人不承担给付保险金的责任。投保人已交足二年以上保险费的，保险人应当按照合同约定向其他权利人退还保险单的现金价值。

受益人故意造成被保险人死亡、伤残、疾病的，或者故意杀害被保险人未遂的，该受益人丧失受益权。

《最高人民法院关于适用〈中华人民共和国保险法〉若干问题的解释（三）》

第十二条 投保人或者被保险人指定数人为受益人，部分受益人在保险事故发生前死亡、放弃受益权或者依法丧失受益权的，该受益人应得的受益份额按照保险合同的约定处理；保险合同没有约定或者约定不明的，该受益人应得的受益份额按照以下情形分别处理：

（一）未约定受益顺序和受益份额的，由其他受益人平均享有；

（二）未约定受益顺序但约定受益份额的，由其他受益人按照相应比例享有；

（三）约定受益顺序但未约定受益份额的，由同顺序的其他受益人平均享有；同一顺序没有其他受益人的，由后一顺序的受益人平均享有；

（四）约定受益顺序和受益份额的，由同顺序的其他受益人按照相应比例享有；同一顺序没有其他受益人的，由后一顺序的受益人按照相应比例享有。

3. 变更受益人

【审查要点】

（1）被保险人或者投保人可以变更受益人并书面通知保险人，未通知的，不得对抗保险人；

（2）投保人与被保险人不是同一人时，投保人变更受益人须经被保险人同意。未经被保险人同意的，人民法院应认定变更行为无效；

（3）变更方式仅限保险合同中的变更，保险人收到变更通知后，应当在保险单或其他保险凭证上批注或者附贴批单；

（4）变更行为自意思表示发出时生效，但应于保险事故发生前发出。

【注意事项】

被保险人或投保人变更受益人属于单方法律行为，无需保险人同意，但未通知保险人的，保险人不受该意思表示的约束，保险人向原指定受益人给付保险金应视为已按合同约定履行保险责任。被保险人或者投保人对受益人变更，其权利应在保险事故发生之前行使。保险事故一旦发生，受益权即转化为现实既得权，被保险人不得再处分受益人对保险人之请求权。变更行为意思表示采发出主义，保险事故于变更意思表示发出后到达前发生的，仍然产生变更受益人的效力。此种情形，若以达到为生效要件，将使被保险人的真实意愿落空。

受益人发生变更的，原受益人作为原告诉请保险人支付保险金时，人民法院应当裁定驳回起诉。

【规范指引】

《中华人民共和国保险法》

第四十一条 被保险人或者投保人可以变更受益人并书面通知保险人。保险人收到变更受益人的书面通知后，应当在保险单或者其他保险凭证上批注或者附贴批单。

投保人变更受益人时须经被保险人同意。

《最高人民法院关于适用〈中华人民共和国保险法〉若干问题的解释（三）》

第十条 投保人或者被保险人变更受益人，当事人主张变更行为自变更意思表示发出时生效的，人民法院应予支持。

投保人或者被保险人变更受益人未通知保险人，保险人主张变更对其不发生效力的，人民法院应予支持。

投保人变更受益人未经被保险人同意的，人民法院应认定变更行为无效。

第十一条 投保人或者被保险人在保险事故发生后变更受益人，变更后的受益人请求保险人给付保险金的，人民法院不予支持。

（三）受让人的审查

【审查要点】

1. 保险事故发生后，保险金请求权始得转让；

2. 保险金请求权的转让限于本次保险事故所对应的部分；

3. 被保险人或受益人均有权转让保险金请求权；

4. 被保险人或受益人转让保险金请求权应当通知保险人，未经通知的，该转让行为对保险人不发生效力；

5. 根据合同性质、当事人约定或者法律规定不得转让的除外。

【注意事项】

人身保险虽然以被保险人的身体或生命为载体，但现代人身保险兼具保障、投资、储蓄和融资等功能，典型如投资理财型保险。禁止人身保险请求权转让，不符合保险市场实际需求。但需注意的是，保险事故发生前，被保险人或受益人享有的是尚不确定的期待利益，性质上并非确定的财产性权利，且依附于特定的人身关系，不能随意转让；只有保险事故发生后，被保险人或受益人享有的期待利益才转化为确定的保险金请求权，该权利具有财产性和确定性，与普通债权无异，可以自由转让。同样，在现代人身保险产品中，往往一张保险单集合多个不同承保范围的险种，被保险人或受益人只能转让本次保险事故所对应的保险金请求权。比如，以死亡为给付条件的人寿保险，附加以确诊特定重大疾病为给付条件的提前给付保险，当被保险人确诊特定重大疾病时，被保险人的期待利益即转化为重大疾病保险金请求权，该请求权可以转让；但被保险人尚未死亡前，受益人仅享有主险保险金所对应期待利益，该期待利益不得转让。

尽管《保险法》及其相关司法解释未明确规定人身保险金请求权转让的主体包括被保险人，但由于受益人的请求权来源于被保险人的人身权利及指定行为，举轻以明重，作为享有派生权利的受益人有权转让该请求权，那么被保险人在未指定受益人的情况下，当然享有转让之权利。同时，转让保险金请求权应按照《民法典》有关债权转让规则的规定进行，即被保险人或投保人转让保险金请求权应当通知保险人。但需注意的是，为防止资本大量涌入人身保险领域逐利引发社会化的道德风险，被保险人转让保险金请求权的效力应从严把握，重点审查转让动机，审慎判断是否存在有组织的欺诈骗保、强迫交易或非法经营犯罪情形。

保险金请求权依法转让并通知保险人的，被保险人或受益人作为原告诉请保险人支付保险金时，人民法院应当裁定驳回起诉。

【规范指引】

《最高人民法院关于适用〈中华人民共和国保险法〉若干问题的解释（三）》

第十三条 保险事故发生后，受益人将与本次保险事故相对应的全部或者部分保险金请求权转让给第三人，当事人主张该转让行为有效的，人民法院应予支持，但根据合同性质、当事人约定或者法律规定不得转让的除外。

【典型案例】

临客嘉物业经营管理（上海）有限公司与友邦保险股份有限公司上海分公司人身保险合同纠纷案［裁判法院：上海金融法院；案号：（2020）沪74民终6号］

裁判要旨：投保单位虽主张受益人已通过签订垫付协议的方式向其转让保险金请求权，但相关人民调解协议的内容难以推断包含此意，且投保单位并未向受益人实际履行人民调解协议约定的赔付款项，故不符合《保险法司法解释（三）》第十三条的情形，投保单位不具有请求给付保险金的诉讼主体资格。

（四）继承人的审查

【审查要点】

1. 被保险人死亡后，有下列情形之一的，保险金作为遗产处理：

（1）没有指定受益人，或者受益人指定不明无法确定的；

（2）受益人先于被保险人死亡，没有其他受益人的；

（3）受益人依法丧失受益权或者放弃受益权，没有其他受益人的。

2. 推定受益人在先死亡：受益人与被保险人在同一事件中死亡，且不能确定死亡先后顺序的；

3. 视同未指定受益人：受益人的约定包括姓名和身份关系，保险事故发生时身份关系发生变化的。

【注意事项】

《保险法》规定的推定受益人在先死亡与《民法典》继承编规定推定死亡顺序不完全一致，在受益人是晚辈，被保险人是长辈的情况下，结论就可能截然不同。原则上，应根据两者各自适用范围分别适用不同规则。在确定保险金归属时应根据《保险法》规定推定受益人先死亡，并根据《保险法司法解释（三）》第十二条来确定其受益份额归谁所有。有其他受益人时，该受益人的受益份额由其他受益人分配；没有其他受益人的，则保险金根据《民法典》继承编的规定对死亡顺序进行重新推定。

被保险人的继承人要求保险人给付保险金的基础法律关系为保险合同关系。因此，被保险人死亡后，持有保险单的部分继承人向保险人申请理赔时，保险人无需对被保险人全部继承人范围进行审查。否则，审查复杂的继承人范围、顺序等问题会严重影响理赔效率，增加保险人负担。对于未取得保险金的其他继承人可向取得保险金的继承人另行主张权利。与之不同的是，持有保险单的部分继承人以保险人为被告提起诉讼主张支付保险金的，出于避免诉累的目的，人民法院原则上应当通知其他继承人参加诉讼，并查明全部继承人范围及顺序。约定受益人为法定继承人的情形，持有保险单的部分继承人作为受益人向保险人申请理赔或提起诉讼，可参照上述规则处理。

指定姓名附加身份的方式，应当理解为特定自然人具有特定身份关系约定，在保险事故发生时，原合同约定的特定自然人已丧失特定身份或特定自然人与具有该“身份”所对应的人已非同一主体时，无论直接确定哪一个为受益人都难以说是对被保险人真意的完全尊重，故应视为未指定受益人，保险金应作为遗产处理。投保人和被保险人对确定受益人另有约定可以消除争议的，不适用上述规则。

非继承人或遗赠人作为原告诉请保险人支付保险金时，人民法院应当裁定驳回起诉。

【规范指引】

《中华人民共和国保险法》

第四十二条 被保险人死亡后，有下列情形之一的，保险金作为被保险人的遗产，由保险人依照《中华人民共和国继承法》的规定履行给付保险金的义务：

（一）没有指定受益人，或者受益人指定不明无法确定的；

（二）受益人先于被保险人死亡，没有其他受益人的；

（三）受益人依法丧失受益权或者放弃受益权，没有其他受益人的。

受益人与被保险人在同一事件中死亡，且不能确定死亡先后顺序的，推定受益人死亡在先。

《最高人民法院关于适用〈中华人民共和国保险法〉若干问题的解释（三）》

第十四条 保险金根据保险法第四十二条规定作为被保险人的遗产，被保险人的继承人要求保险人给付保险金，保险人以其已向持有保险单的被保险人的其他继承人给付保险金为由抗辩的，人民法院应予支持。

第十五条 受益人与被保险人存在继承关系，在同一事件中死亡且不能确定死亡先后顺序的，人民法院应根据保险法第四十二条第二款的规定推定受益人死亡在先，并按照保险法及本解释的相关规定确定保险金归属。

【典型案例】

王某崧、李某与众安在线财产保险股份有限公司意外伤害保险合同纠纷案，2020 年度上海法院金融商事审判十大案例［裁判法院：上海市黄浦区人民法院；案号：（2019）沪 0101 民初 25558 号］

裁判要旨：被保险人系养女，但未与收养人办理正式收养关系登记。保单中约定被保险人的身故受益人为《中华人民共和国继承法》规定的法定继承人。保险事故发生后，被保险人无其他继承人。法院根据相关法律规定并结合被保险人投保时的主观意愿、收养人对被保险人实际抚养的事实及公序良俗原则，认定收养人构成原《中华人民共和国继承法》第十四条中规定的对被继承人扶养较多的人，可以作为遗产继承人获得身故保险金。

二、合同效力的审查

与其他合同相比，人身保险合同的成立、生效以及变更有其特殊性。比如，保险利益的审查、以死亡为给付条件的保险合同例外及限制情形、效力中止及复效等。

（一）合同的成立

【审查要点】

1. 投保一般以投保单形式作出，性质上属于合同要约，投保单生效须满足要约的成立条件：内容具体确定（包括险种、保险金额等）。表明经保险人同意承保，即受该意思表示约束（支付保险费等）。

2. 承保意思表示形式多样，包括书面承保确认书、电子邮件、短信等，性质上属于合同承诺。

3. 视同承保：保险人接受投保单并预收保险费，但尚未作出承保意思表示前，发生保险事故，符合承保条件的，保险人应当承担保险责任。

4. 人身保险合同自承保意思表示到达投保人时成立。

5. 禁止情形及例外：投保人不得为无民事行为能力人投保以死亡为给付条件的人身保险，保险人也不得承保；父母（不包括其他监护人）为未成年子女投保的除外，但保险金额不得超过监管规定。

【注意事项】

投保单应经投保人或代理人亲自签字或盖章，由保险人或代理人代为签章的，对投保人不生效。但投保人已经交纳保险费的，应当视为对投保要约的追认。保险单或其他保险凭证仅为保险合同主要内容的证明，并非承保意思表示。向投保人及时签发保险单或其他保险凭证系保险合同成立后保险人的附随义务。

在保险营销中，保险人往往在投保人填写投保单证后，即预先收取保险费，从而降低投保人“退单”概率。然后，保险人根据投保单证上所填信息按照核保手册逐项审核，或安排体检等，最后视情作出承保决定。有观点认为，保险人预收保险费的行为应当视为同意承保的意思表示。然而，该观点变相剥夺了保险人的核保权利，与公平原则相悖；但完全否定该情形下保险人承担责任可能性，也不符合对价原则。因此，投保人预交保险费且符合承保条件的，保险人尚未作出承保意思表示前的“空白期”，应视同承保纳入保险期间，但保险人举证证明投保事项不符合承保条件的除外。比如，保险人举证证明被保险人投保前已罹患甲状腺癌等重大疾病。

为防范道德风险，防止无民事行为能力人成为保险获利工具，《保险法》禁止为无民事行为能力人投保死亡险，并对父母为未成年子女投保死亡险的保险金额加以限制。根据《中国保监会关于父母为其未成年子女投保以死亡为给付保险金条件人身保险有关问题的通知》的规定，被保险人不满10周岁的，保险金额不超过20万元；已满10周岁未满18周岁的，不超过50万元；航空意外死亡险、重大自然灾害意外死亡险等保险金额不计算在该限额内。

【规范指引】

《中华人民共和国保险法》

第十一条 订立保险合同，应当协商一致，遵循公平原则确定各方的权利和义务。

除法律、行政法规规定必须保险的外，保险合同自愿订立。

第十三条第一款、第二款 投保人提出保险要求，经保险人同意承保，保险合同成立。保险人应当及时向投保人签发保险单或者其他保险凭证。

保险单或者其他保险凭证应当载明当事人双方约定的合同内容。当事人也可以约定采用其他书面形式载明合同内容。

第三十三条 投保人不得为无民事行为能力人投保以死亡为给付保险金条件的人身保险，保险人也不得承保。

父母为其未成年子女投保的人身保险，不受前款规定限制。但是，因被保险人死亡给付的保险金总和不得超过国务院保险监督管理机构规定的限额。

《最高人民法院关于适用〈中华人民共和国保险法〉若干问题的解释（二）》

第三条 投保人或者投保人的代理人订立保险合同时没有亲自签字或者盖章，而由保险人或者保险人的代理人代为签字或者盖章的，对投保人不生效。但投保人已经交纳保险费的，视为其对代签字或者盖章行为的追认。

保险人或者保险人的代理人代为填写保险单证后经投保人签字或

者盖章确认的，代为填写的内容视为投保人的真实意思表示。但有证据证明保险人或者保险人的代理人存在保险法第一百一十六条、第一百三十一条相关规定情形的除外。

第四条　保险人接受了投保人提交的投保单并收取了保险费，尚未作出是否承保的意思表示，发生保险事故，被保险人或者受益人请求保险人按照保险合同承担赔偿或者给付保险金责任，符合承保条件的，人民法院应予支持；不符合承保条件的，保险人不承担保险责任，但应当退还已经收取的保险费。

保险人主张不符合承保条件的，应承担举证责任。

《最高人民法院关于适用〈中华人民共和国保险法〉若干问题的解释（三）》

第六条　未成年人父母之外的其他履行监护职责的人为未成年人订立以死亡为给付保险金条件的合同，当事人主张参照保险法第三十三条第二款、第三十四条第三款的规定认定该合同有效的，人民法院不予支持，但经未成年人父母同意的除外。

【典型案例】

金某锋与天安人寿保险股份有限公司上海分公司等人身保险合同纠纷案［裁判法院：上海金融法院；案号：（2019）沪74民终107号］

裁判要旨：案涉分红型年金险产品项下的关爱年金和生存保险金均为在合同约定时间点多次给付，而项下身故或身体全残保险金仅是保险合同终止后对保单价值的返还，该金额与投保人已交保费大致相当，投保人不能从该种保险金中获利，不属于《保险法》第三十四条"以死亡为给付保险金条件的合同"（出险时保险人给付的保险金远大于投保人支付的保费）。故投保人（父亲）以被保险人（儿子）未予认可为由要求确认保险合同无效的主张并无事实和法律依据。

（二）合同的效力

【审查要点】

1. 一般生效条件及例外：人身保险合同自成立时生效，当事人另有约定的除外。

2. 特殊生效条件及例外：以死亡为给付条件的保险合同，经被保险人同意并认可保险金额时生效。父母（不包括其他监护人）为未成年人子女投保的，不受此限。

3. 效力中止及复效条件：分期支付保险费情形下，投保人支付首期保险费后，逾期 60 日未支付当期保险费的，或经保险人催告之日起超过 30 日未支付的，合同效力中止；经保险人与投保人协商并达成协议，并补交保险费后，合同效力恢复。

4. 保险利益要求：投保人对被保险人应当具有保险利益，投保人对下列人员具有保险利益：本人；配偶、父母、子女；与投保人有抚养、赡养或者扶养关系的家庭其他成员、近亲属；与投保人有劳动关系的劳动者；被保险人同意，视为具有保险利益。

5. 无论保险人是否抗辩，人民法院均应依职权主动审查人身保险利益和被保险人同意。订立合同时，投保人对被保险人不具有保险利益的，或以死亡为给付条件的合同未经被保险人同意并认可保险金额的，合同无效。

6. 合同无效法律后果：保险人应当返还保险费。

7. 投保人和保险人可以对合同效力约定附条件或附期限。合同生效后，投保人按照约定交付保险费，保险人按照约定时间开始承担保险责任。

【注意事项】

人身保险合同生效条件当事人可以另作约定，比如约定支付保险费后生效。以死亡为给付条件的保险合同，被保险人同意形式不限于书面，可以于合同订立时作出，也可以事后追认。视为同意的情形包括：第一，被保险人明知他人代其签名表示同意而未表示异议；第二，被保险人同意投保人指定的受益人；第三，有证据足以认定被保险人同意投保人为其投保的其他情形。

效力中止是《保险法》创设的概念，是指保险合同形式上虽存在，未失效也未终止，但保险合同效力因投保人在宽限期届满后仍然欠付保险费而暂时停止；若保险事故发生于宽限期内，保险人仍应承担保险责任；投保人于宽限期内交付保险费的，效力不受影响；若保险事故发生于效力中止期间，保险人则免责。效力中止后，投保人或被保险人享有复效申请权，由保险人与之协商确定，并在补交保险费后复效；为保护投保人长期支付保险费的合理利益，防止保险人拖延复效或滥用同意权，保险人收到复效申请后，30日内未拒绝的，视为同意；保险人审查复效申请，有权就效力中止期间被保险人身体健康状况等危险程度变化情况向投保人提出明确而具体的询问，投保人应当如实告知；被保险人危险程度变化情况未达到“影响保险人决定是否同意承保或提高保险费率”程度的，保险人不得拒绝。效力自投保人或被保险人补交保险费之日起恢复。

保险利益又称可保利益，在人身险中，具体指投保人对被保险人具有法律上承认的利益。具体而言，投保人和被保险人存在法律规定的特定关系，即推定投保人对被保险人死亡将蒙受损失或者负有责任，《保险法》第三十一条对特定关系范围作了明确规定。无论是保险利益要求，还是死亡险中的被保险人同意，均是为了防范道德风险，避免他人为其投保而遭受伤害，关乎社会公共利益，直接影响合同效力。因此，在人身保险纠纷案件审理中，有关保险利益有无和被保险人是否同意，法院可以不待当事人主张即主动予以审查。在案件事实查明中，除引导当事人充分举证外，有必要还需主动调查收集证据，综合各方证据，认为保险利益、被保险人同意存在具有高度盖然性的，方可认定合同有效。人身保险合同无效法律后果是，保险人应当返还全部保险费，而非保单现金价值，这是保险合同无效和保险合同解除的重要区别。

需要注意的是，保险利益要求的重点在于对道德风险的事先防范，所以投保时具有保险利益即可，事后丧失保险利益不影响合同效力。同时，按照举重以明轻规则，《保险法司法解释（三）》明确规定以死亡为给付保险金条件的人身保险合同可通过被保险人事后追认的方式赋予保险合同法律效力，一般人身保险合同成立后被保险人追认同意的，保险合同也应溯及至合同订立时有效。但与财产保险要求保险事故发生时具有保险利益不同的是，人身保险利益要求的时间节点限于投保时，为了预防道德风险和逆向选择问题，事故发生时或以后的同意应被绝对禁止。

【规范指引】

《中华人民共和国保险法》

第十二条第一款、第三款、第六款 人身保险的投保人在保险合同订立时，对被保险人应当具有保险利益。

人身保险是以人的寿命和身体为保险标的的保险。

保险利益是指投保人或者被保险人对保险标的具有的法律上承认的利益。

第十三条第三款 依法成立的保险合同，自成立时生效。投保人和保险人可以对合同的效力约定附条件或者附期限。

第三十一条 投保人对下列人员具有保险利益：

（一）本人；

（二）配偶、子女、父母；

（三）前项以外与投保人有抚养、赡养或者扶养关系的家庭其他成员、近亲属；

（四）与投保人有劳动关系的劳动者。

除前款规定外，被保险人同意投保人为其订立合同的，视为投保人对被保险人具有保险利益。

订立合同时，投保人对被保险人不具有保险利益的，合同无效。

第三十三条 投保人不得为无民事行为能力人投保以死亡为给付保险金条件的人身保险，保险人也不得承保。

父母为其未成年子女投保的人身保险，不受前款规定限制。但是，因被保险人死亡给付的保险金总和不得超过国务院保险监督管理机构规定的限额。

第三十六条 合同约定分期支付保险费，投保人支付首期保险费后，除合同另有约定外，投保人自保险人催告之日起超过三十日未支付当期保险费，或者超过约定的期限六十日未支付当期保险费的，合同效力中止，或者由保险人按照合同约定的条件减少保险金额。

被保险人在前款规定期限内发生保险事故的，保险人应当按照合同约定给付保险金，但可以扣减欠交的保险费。

第三十七条 合同效力依照本法第三十六条规定中止的，经保险人与投保人协商并达成协议，在投保人补交保险费后，合同效力恢复。但是，自合同效力中止之日起满二年双方未达成协议的，保险人有权解除合同。

保险人依照前款规定解除合同的，应当按照合同约定退还保险单的现金价值。

《最高人民法院关于适用〈中华人民共和国保险法〉若干问题的解释（二）》

第二条 人身保险中，因投保人对被保险人不具有保险利益导致保险合同无效，投保人主张保险人退还扣减相应手续费后的保险费的，人民法院应予支持。

第三条 投保人或者投保人的代理人订立保险合同时没有亲自签字或者盖章，而由保险人或者保险人的代理人代为签字或者盖章的，对投保人不生效。但投保人已经交纳保险费的，视为其对代签字或者盖章行为的追认。

保险人或者保险人的代理人代为填写保险单证后经投保人签字或者盖章确认的，代为填写的内容视为投保人的真实意思表示。但有证据证明保险人或者保险人的代理人存在保险法第一百一十六条、第一百三十一条相关规定情形的除外。

第四条 保险人接受了投保人提交的投保单并收取了保险费，尚未作出是否承保的意思表示，发生保险事故，被保险人或者受益人请求保险人按照保险合同承担赔偿或者给付保险金责任，符合承保条件的，人民法院应予支持；不符合承保条件的，保险人不承担保险责任，但应当退还已经收取的保险费。

保险人主张不符合承保条件的，应承担举证责任。

《最高人民法院关于适用〈中华人民共和国保险法〉若干问题的解释（三）》

第一条 当事人订立以死亡为给付保险金条件的合同，根据保险法第三十四条的规定，“被保险人同意并认可保险金额”可以采取书面形式、口头形式或者其他形式；可以在合同订立时作出，也可以在合同订立后追认。

有下列情形之一的，应认定为被保险人同意投保人为其订立保险合同并认可保险金额：

（一）被保险人明知他人代其签名同意而未表示异议的；

（二）被保险人同意投保人指定的受益人的；

（三）有证据足以认定被保险人同意投保人为其投保的其他情形。

第三条 人民法院审理人身保险合同纠纷案件时，应主动审查投保人订立保险合同时是否具有保险利益，以及以死亡为给付保险金条件的合同是否经过被保险人同意并认可保险金额。

第四条 保险合同订立后，因投保人丧失对被保险人的保险利益，当事人主张保险合同无效的，人民法院不予支持。

第六条 未成年人父母之外的其他履行监护职责的人为未成年人订立以死亡为给付保险金条件的合同，当事人主张参照保险法第三十三条第二款、第三十四条第三款的规定认定该合同有效的，人民法院不予支持，但经未成年人父母同意的除外。

第八条 保险合同效力依照保险法第三十六条规定中止，投保人提出恢复效力申请并同意补交保险费，除被保险人的危险程度在中止期间显著增加外，保险人拒绝恢复效力的，人民法院不予支持。

保险人在收到恢复效力申请后，三十日内未明确拒绝的，应认定为同意恢复效力。

保险合同自投保人补交保险费之日恢复效力。保险人要求投保人补交相应利息的，人民法院应予支持。

【典型案例】

闫某梅与中美联泰大都会人寿保险有限公司人身保险合同纠纷案，2016年度上海法院“100篇优秀裁判文书”［裁判法院：上海市第二中级人民法院；案号：（2015）沪二中民六（商）终字第332号］

裁判要旨：合同的性质与类型应结合合同名称和约定的主要义务确定。涉案合同名为年金保险，是以被保险人生存为给付条件并约定的时间间隔分期给付生存保险金，符合年金保险的特征。合同约定的50岁前身故给付办法与以生命表为保费计算依据的死亡保险不同，其保障功能在于预防被保险人因寿命过长可能丧失收入来源或耗尽积蓄而进行的经济储备，有利于长寿者，后者则是为被保险人过早死亡而丧失的收入提供经济保障。本案合同效力的认定不应按以死亡为给付条件的人身保险合同论处，系争合同是以生存为给付条件的年金保险，是否经被保险人同意并认可保额，不影响其效力。

（三）合同的变更

【审查要点】

1. 变更主体为投保人和保险人，由双方协商确定。

2. 常见形式：批注或批单。

【注意事项】

保险合同变更常见于保险期间、保险费支付方式或免责事由排除等变化，涉及保险责任范围或保险金额等须被保险人同意事项，投保人和保险人不得随意变更。

【规范指引】

《中华人民共和国保险法》

第二十条 投保人和保险人可以协商变更合同内容。

变更保险合同的，应当由保险人在保险单或者其他保险凭证上批注或者附贴批单，或者由投保人和保险人订立变更的书面协议。

三、合同解除的审查

保险合同的解除包括投保人的任意解除权、保险人的法定解除权等，双方行使条件和限制、法律后果均有不同。尤其是投保人未尽如实告知义务时，保险人的解除权审查最为重要。

（一）投保人的解除权审查

【审查要点】

1. 投保人享有任意解除权，保险合同另有约定的除外；

2. 任意解除权属于形成权，于保险人收到解除通知时，即发生合同终止的效力；

3. 特殊情形：以死亡为给付条件的保险合同，被保险人撤销同意意思表示的，视为投保人行使任意解除权；

4. 限制情形：被保险人或者受益人已向投保人支付相当于保险单现金价值的款项并通知保险人的，投保人不得解除合同；

5. 法律后果：投保人享有保险单现金价值返还请求权，保险合同另有约定的除外。

【注意事项】

保险合同的主体是投保人和保险人，在投保人和被保险人为同一人时，被保险人享有任意解除权；当不是同一人时，由于被保险人并非人身保险合同关系的一方当事人，法律并未赋予其解除权。但是，在死亡险中，由于直接影响被保险人的生命，出于对人格利益的优先保障，故赋予被保险人撤销同意意思表示的权利，撤销限于书面形式，且须通知保险人和投保人。被保险人撤销同意的法律后果为视同投保人行使任意解除权，保险人应当返还投保人保单现金价值。

投保人与被保险人或受益人不是同一人的人身保险合同，属于为他人利益而订立的合同。此种情形下，投保人任意解除权的行使将导致本享有保险金请求权的主体不再可能行使，他人基于保险合同的期待利益落空。因此，《保险法司法解释（三）》规定，在利他人身保险合同中，在投保人行使任意解除权时，赋予被保险人或受益人赎买权，即基于期待利益之保护，赋予被保险人或受益人受让保险合同的权利，受让金额为保险合同解除后应予返还的保单现金价值。被保险人或受益人在支付投保人相应款项并通知保险人时，始得发生阻却投保人解除权的效力。

保险单现金价值的性质及确定详见第四部分特殊审查规则中人寿保险合同纠纷章节。

被保险人或受益人与投保人并非同一主体时，作为保险费支付义务人，只有投保人享有现金价值返还请求权，被保险人或受益人不得行使。此外，在长期人身保险合同中，经常设置“犹豫期”条款，保险人设定一定期限为犹豫期，自投保人签收合同之日起计算。在犹豫期内，投保人对保险合同内容持有异议，有权解除合同，并按合同约定主张全额返还保险费。

【规范指引】

《中华人民共和国保险法》

第十五条 除本法另有规定或者保险合同另有约定外，保险合同成立后，投保人可以解除合同，保险人不得解除合同。

第四十七条 投保人解除合同的，保险人应当自收到解除合同通知之日起三十日内，按照合同约定退还保险单的现金价值。

《最高人民法院关于适用〈中华人民共和国保险法〉若干问题的解释（三）》

第二条 被保险人以书面形式通知保险人和投保人撤销其依据保险法第三十四条第一款规定所作出的同意意思表示的，可认定为保险合同解除。

第十六条 保险合同解除时，投保人与被保险人、受益人为不同主体，被保险人或者受益人要求退还保险单的现金价值的，人民法院不予支持，但保险合同另有约定的除外。

投保人故意造成被保险人死亡、伤残或者疾病，保险人依照保险法第四十三条规定退还保险单的现金价值的，其他权利人按照被保险人、被保险人继承人的顺序确定。

第十七条 投保人解除保险合同，当事人以其解除合同未经被保险人或者受益人同意为由主张解除行为无效的，人民法院不予支持，但被保险人或者受益人已向投保人支付相当于保险单现金价值的款项并通知保险人的除外。

【典型案例】

莫某珠与中国人寿保险股份有限公司上海市分公司人身保险合同纠纷案［裁判法院：上海金融法院；案号：（2020）沪 74 民终 482 号］

裁判要旨：关于原告要求退回保费的诉讼请求，因案涉合同仍有效成立，支付保费系投保人合同项下的义务，且其已实际支付，未主张解除保险合同，亦未提供案涉合同符合解除合同法定或约定情形的相应证据，故该项上诉理由缺乏依据。

（二）保险人的解除权审查

【审查要点】

1. 保险人原则上不得解除保险合同。

2. 以下五种法定情形，保险人有权行使人身保险合同解除权：

（1）投保人未履行如实告知义务；

（2）被保险人或受益人谎称发生保险事故；

（3）投保人、被保险人故意制造保险事故；

（4）投保人申报的被保险人年龄不真实且真实年龄不符合合同约定年龄限制的；

（5）保险合同效力中止之日起满 2 年且双方未达成复效协议的。

3. 保险人解除权属于形成权，于投保人收到解除通知时，即发生合同终止的效力。

4. 法律后果包括：保险人返还保险单现金价值；免除保险人保险费返还义务；免除保险责任等。

【注意事项】

被保险人或受益人谎称发生保险事故的，保险人解除保险合同后，有权不退还保险费；投保人、被保险人故意制造保险事故的，解除保险合同后，保险人有权拒赔，并不退还保险费，但投保人已交足2年以上保险费的，保险人应当向其他权利人退还保险单现金价值，其他权利人按照被保险人、被保险人的继承人的顺序确定；投保人申报年龄不实，且实际年龄不符合合同限制的，解除保险合同后，保险人应当返还保单现金价值；保险合同效力中止满2年未达成复效协议的，解除保险合同后，保险人应当返还保单现金价值。其中，投保人申报年龄不实情形下，保险人解除权除斥期间适用“如实告知”解除权规则，同时适用“不可抗辩”期间。

保险人“如实告知”解除权详见下文。

【规范指引】

《中华人民共和国保险法》

第十六条第一款、第二款、第三款 订立保险合同，保险人就保险标的或者被保险人的有关情况提出询问的，投保人应当如实告知。

投保人故意或者因重大过失未履行前款规定的如实告知义务，足以影响保险人决定是否同意承保或者提高保险费率的，保险人有权解除合同。

前款规定的合同解除权，自保险人知道有解除事由之日起，超过三十日不行使而消灭。自合同成立之日起超过二年的，保险人不得解除合同；发生保险事故的，保险人应当承担赔偿或者给付保险金的责任。

第二十七条第一款、第二款 未发生保险事故，被保险人或者受益人谎称发生了保险事故，向保险人提出赔偿或者给付保险金请求的，保险人有权解除合同，并不退还保险费。

投保人、被保险人故意制造保险事故的，保险人有权解除合同，不承担赔偿或者给付保险金的责任；除本法第四十三条规定外，不退还保险费。

第三十二条第一款　投保人申报的被保险人年龄不真实，并且其真实年龄不符合合同约定的年龄限制的，保险人可以解除合同，并按照合同约定退还保险单的现金价值。保险人行使合同解除权，适用本法第十六条第三款、第六款的规定。

第三十七条　合同效力依照本法第三十六条规定中止的，经保险人与投保人协商并达成协议，在投保人补交保险费后，合同效力恢复。但是，自合同效力中止之日起满二年双方未达成协议的，保险人有权解除合同。

保险人依照前款规定解除合同的，应当按照合同约定退还保险单的现金价值。

《最高人民法院关于适用〈中华人民共和国保险法〉若干问题的解释（三）》

第十六条　保险合同解除时，投保人与被保险人、受益人为不同主体，被保险人或者受益人要求退还保险单的现金价值的，人民法院不予支持，但保险合同另有约定的除外。

投保人故意造成被保险人死亡、伤残或者疾病，保险人依照保险法第四十三条规定退还保险单的现金价值的，其他权利人按照被保险人、被保险人继承人的顺序确定。

【典型案例】

1. 陆某芳诉中国人寿保险股份有限公司太仓支公司保险合同纠纷案，《最高人民法院公报》2013年第11期［裁判法院：江苏省苏州市中级人民法院］

裁判要旨：人寿保险合同未约定具体的保费交纳方式，投保人与保险人之间长期形成较为固定的保费交纳方式的，应视为双方成就了特定的交易习惯。保险公司单方改变交易习惯，违反最大诚信原则，致使投保人未能及时交纳保费的，不应据此认定保单失效，保险公司无权中止合同效力并解除合同。

2. 李某宇与中国平安人寿保险股份有限公司等人身保险合同纠纷

案，2016 年度上海法院金融商事审判十大案例［裁判法院：上海市静安区人民法院；案号：（2015）静民四（商）初字第 6458 号］

裁判要旨：在保险人询问后，投保人故意隐瞒既往病史，提供虚假住院治疗单据，骗取保险金的，保险人不承担保险责任，并有权解除保险合同。本案保险人在投保书中对投保人是否患过肾病进行了明确的询问，而投保人隐瞒既往病史，未履行如实告知义务，违反最大诚信原则。投保人亦曾使用伪造资料申请理赔，虚构了与真实保险事故完全不同的另一个保险事故，构成了《保险法》规定的“谎称发生了保险事故”的行为，保险人依法有权解除保险合同。

（三）“如实告知”的解除权审查

【审查要点】

1. 告知义务人：投保人。

2. 客观要件：

（1）告知内容及范围：投保人明知的与被保险人有关的情况；限于保险人询问的范围和内容；

（2）询问要求：明确、具体、无歧义；

（3）重要事实标准：未告知的事项须足以影响保险人决定是否同意承保或者提高保险费率。

3. 主观要件：投保人故意或重大过失未如实告知上述重要事实。

4. 直接法律后果：保险人有权解除保险合同。

5. 间接法律后果：保险人解除保险合同的前提下，对于解除前发生的保险事故：

（1）投保人故意不履行如实告知义务的，保险人有权拒赔，并不退还保险费；

（2）投保人重大过失不履行如实告知义务的，未告知事项须对保险事故发生有重大影响时，保险人才有权拒赔，但须退还保险费。

6. 期限限制：

（1）除斥期间：解除权自保险人知道有解除事由之日起，超过 30

日不行使而消灭；

（2）“不可抗辩”期间：自合同成立之日起超过2年的，不得行使解除权，且应当履行保险责任。

7. 例外情形：

（1）禁反言：合同订立时，保险人已知投保人未如实告知或被保险人体检结果的，保险人不得解除合同；

（2）默示弃权：合同订立后，保险人知道或应当知道投保人未履行如实告知义务，仍然收取保险费的，保险人不得解除合同。

【注意事项】

1. 如实告知义务人为投保人，但在投保人和被保险人为不同主体的情况下，被保险人是否也需要承担如实告知义务，存在较大争议。投保人是人身保险合同一方当事人，而让被保险人承担告知义务不符合合同相对性原则；但被保险人确实比投保人更了解自身身体健康状况，让被保险人承担如实告知义务，更便于保险人评估风险。实践中，被保险人不承担如实告知义务，可能导致本不符合承保条件的被保险人，通过他人代为投保的方式规避如实告知义务，引发道德风险。鉴于现行《保险法》及相关司法解释并未扩张义务人范围，故在审理该类案件时应重点把握以下两个问题：第一，正确认定投保人明知的情形。投保人明知是告知范围的主观限制，并不包括投保人“应当知道”的情形。因此，人民法院不能仅以被保险人在投保前客观患有某种疾病而未告知即推定投保人明知；相反，人民法院应结合投保人和被保险人的关系、生活紧密程度、疾病类型、就诊经历、是否确诊以及疾病对生活的影响程度等因素综合加以判断。第二，保险人不能以对被保险人的询问代替对投保人的询问，不能要求投保人告知其向被保险人询问的内容；保险人同时向投保人和被保险人进行询问的，投保人或被保险人其中一人如实告知的，就可以视为投保人已履行如实告知义务。相反，投保人和被保险人均未如实告知的，仍应参照考虑上述因素综合判断投保人是否明知。

2. 客观要件方面，投保人如实告知范围限于保险人明确而具体的询问事项，保险人询问应当指向明确，没有歧义。保险人以缺乏具体内涵、外延难以界定的概括性条款询问的，视为没有询问，比如“其他疾病”“除此以外”等兜底式询问，或“身体是否健康”等抽象性询问，但概括性条款指向可以明确的除外，比如“CT 检查结果是否结果异常”等。具体询问事项及内容由保险人负举证责任，实践中保险人通常提交投保人签字确认的健康告知表证明其询问事项及投保人告知内容。一般而言，无论是投保人亲自填写，或是保险人及其代理代为填写，只要投保人签字确认，就应当视为保险人已作询问，以及相关告知系投保人真实意思表示。除非投保人有证据证明存在特殊情形，包括签字形成于代理人代为填写之前、代理人存在诱导、阻碍投保人如实告知等情形。同时，保险人未如实告知事项须满足重要事实标准。所谓重要事实是指，投保人未告知事项对保险人是否承保或费率具有决定性影响，比如是否有冠心病等；未告知一般性影响事项，保险人无权解除合同，比如身高、体重等。事实是否“重要”应以客观标准进行判断，只有大多数保险公司认为该事实是重要的，对保险人是否承保或费率具有决定性影响时，保险人才有权解除合同。

3. 主观要件方面，投保人未如实告知在主观上须具有过错，过错程度限于故意和重大过失。故意的表现形式主要是明知自身身体状况中的特定事项，而有意进行带病投保，即逆选择。比如，明知肾脏已有占位性病变而带病投保。重大过失的表现主要在于虽然明知某特定事项，但因重大过失不知该事实的重要性，或认为无需告知等，比如明知自身有甲状腺结节，却认为这不是病所以未告知。实践中，人民法院对投保人的过错认定应综合考虑以下因素：疾病种类、就诊经历、是否确诊、确诊与投保时间间隔、是否短时间内连续投保等。

4. 法律后果方面，第一，无论投保人是故意还是重大过失，保险人均有权解除合同；第二，保险人已经行使合同解除权是保险人行使拒赔权利的前提；第三，投保人故意未履行如实告知义务的，无论未如实告知事项对保险事故发生是否具有严重影响，合同解除后，对于解除前发生的保险事故，保险人均有权拒赔，且不退还保险费；第四，投保人重大过失未履行如实告知义务的，只有未如实告知事项对保险事故发生具有严重影响时，合同解除后，对于解除前发生的保险事故，保险人才有权拒赔，且应退还保险费。实践中，所谓未告知事项对保险事故发生具有严重影响，以健康险中 A/A、A/B 病的问题最为典型。投保人未告知的被保险人身体异常或疾病，属于被保险人最终确诊的重疾或死亡的主要或直接原因，抑或最终确诊重疾或死亡是该异常或疾病的必然或合理延续时，该未告知事项即对重大疾病的确诊或死亡有严重影响。比如，投保前患有甲状腺结节，投保后确诊甲状腺癌。在故意情形下，即使身体异常或疾病与确诊重疾或死亡并无直接关联，保险人基于诚信原则，也有权解除合同，拒绝赔偿。比如，投保前患有严重高血压病，投保后确诊皮肤癌。

5. 在期限限制方面，“不可抗辩”期间是指从合同成立之日起满一定期间，保险合同成为不可争议文件，保险人不得以投保人于投保时违反诚信原则而主张解除合同。然而，对于“不可抗辩”期间的适用，在实践中具有较大争议。比如，保险事故发生在保险合同成立后 2 年期间之内，但被保险人故意在 2 年后才申请理赔，并以可抗辩期间已过为由对抗保险人解除权，从而引发道德风险。对于这种情形，各地案例裁判尺度有异。对此，我们认为，《保险法》第十六条第三款有关“不可抗辩”期间的规定，并无解释空间。其立法原意在于保护被保险人在长期保险中的期待利益，文义上并无扩张余地。不可抗辩期间的严格适用，虽然会为投保人或被保险人风险套利提供规则“漏洞”，但也可促使保险人严格核保程序，改变目前普遍存在的“宽核保严理赔”的现象。

6. 关于体检程序和如实告知义务履行的关系，保险人安排被保险人体检主要是为帮助其筛选不适保人群的辅助手段，尤其常见于大额保险的核保流程。既然是一种辅助手段，就不能因此而免除投保人的法定告知义务。何况实践中，有些疾病在非发病期不易发现，或是可以通过药物暂时控制等，如果允许安排体检就可免除如实告知义务，将会引发更大的道德风险。因此，即使保险人安排被保险人体检，投保人仍应履行如实告知义务。但需说明的是，如果体检结果明显与投保人告知事项不符，且该事项构成重要事实，保险人仍接受承保的，应当视为保险人放弃行使解除权。另需注意的是，如果体检机构因过失未告知保险人结果异常的，保险人以为被保险人符合承保条件而承保，保险人不得据此抗辩，但所造成的保险金损失可以向体检机构追偿。

【规范指引】

《中华人民共和国保险法》

第十六条 订立保险合同，保险人就保险标的或者被保险人的有关情况提出询问的，投保人应当如实告知。

投保人故意或者因重大过失未履行前款规定的如实告知义务，足以影响保险人决定是否同意承保或者提高保险费率的，保险人有权解除合同。

前款规定的合同解除权，自保险人知道有解除事由之日起，超过三十日不行使而消灭。自合同成立之日起超过二年的，保险人不得解除合同；发生保险事故的，保险人应当承担赔偿或者给付保险金的责任。

投保人故意不履行如实告知义务的，保险人对于合同解除前发生的保险事故，不承担赔偿或者给付保险金的责任，并不退还保险费。

投保人因重大过失未履行如实告知义务，对保险事故的发生有严重影响的，保险人对于合同解除前发生的保险事故，不承担赔偿或者给付保险金的责任，但应当退还保险费。

保险人在合同订立时已经知道投保人未如实告知的情况的，保险人不得解除合同；发生保险事故的，保险人应当承担赔偿或者给付保险金的责任。

保险事故是指保险合同约定的保险责任范围内的事故。

《最高人民法院关于适用〈中华人民共和国保险法〉若干问题的解释（二）》

第三条 投保人或者投保人的代理人订立保险合同时没有亲自签字或者盖章，而由保险人或者保险人的代理人代为签字或者盖章的，对投保人不生效。但投保人已经交纳保险费的，视为其对代签字或者盖章行为的追认。

保险人或者保险人的代理人代为填写保险单证后经投保人签字或者盖章确认的，代为填写的内容视为投保人的真实意思表示。但有证据证明保险人或者保险人的代理人存在保险法第一百一十六条、第一百三十一条相关规定情形的除外。

第五条 保险合同订立时，投保人明知的与保险标的或者被保险人有关的情况，属于保险法第十六条第一款规定的投保人"应当如实告知"的内容。

第六条 投保人的告知义务限于保险人询问的范围和内容。当事人对询问范围及内容有争议的，保险人负举证责任。

保险人以投保人违反了对投保单询问表中所列概括性条款的如实告知义务为由请求解除合同的，人民法院不予支持。但该概括性条款有具体内容的除外。

第七条 保险人在保险合同成立后知道或者应当知道投保人未履行如实告知义务，仍然收取保险费，又依照保险法第十六条第二款的规定主张解除合同的，人民法院不予支持。

第八条 保险人未行使合同解除权，直接以存在保险法第十六条第四款、第五款规定的情形为由拒绝赔偿的，人民法院不予支持。但当事人就拒绝赔偿事宜及保险合同存续另行达成一致的情况除外。

《最高人民法院关于适用〈中华人民共和国保险法〉若干问题的解释（三）》

第五条 保险合同订立时，被保险人根据保险人的要求在指定医疗服务机构进行体检，当事人主张投保人如实告知义务免除的，人民法院不予支持。

保险人知道被保险人的体检结果，仍以投保人未就相关情况履行如实告知义务为由要求解除合同的，人民法院不予支持。

【典型案例】

1. 何某红诉中国人寿保险股份有限公司佛山市顺德支公司、中国人寿保险股份有限公司佛山分公司保险合同纠纷案，《最高人民法院公报》2008 年第 8 期［裁判法院：广东省佛山市中级人民法院］

裁判要旨：对于投保人故意隐瞒事实，不履行如实告知义务的，或者过失未履行如实告知义务，足以影响保险人决定是否同意承保或者提高保险费率的，保险人有权解除合同，并对于保险合同解除前发生的保险事故不承担赔偿或者给付保险的责任。如果保险人明知投保人未如实告知，仍与之订立保险合同，则应视为其主动放弃了抗辩权利，构成有法律约束力的弃权行为，故无权再以投保人违反如实告知义务为由解除保险合同，而应严格按照保险合同的约定承担保险责任。

2. 欧阳某菊与中国平安人寿保险股份有限公司上海分公司人身保险合同纠纷案，2019 年度上海法院金融商事审判十大案例［裁判法院：上海市崇明区人民法院；案号：（2018）沪 0151 民初 8478 号］

裁判要旨：《保险法》未明确投保人未如实告知使保险人有权解除合同的认定标准，实践中该标准应围绕危险构成要件，以保险合同载明的内容及保险人询问的内容为限。如询问过于笼统，应结合投保人的认知判断力、就医诊疗情况等综合分析，若投保人在投保时未认识到危险的严重性及其发生的必然性，不应认定其未履行如实告知义务。

3. 丁某萍与中国平安人寿保险股份有限公司、中国平安人寿保险股份有限公司上海分公司人身保险合同纠纷案，2019 年度上海法院金融商事审判十大案例［裁判法院：上海市静安区人民法院；案号：（2018）沪 0106 民初 33085 号］

裁判要旨：保险代理人不按照投保人真实意思表示代填保险单证的，属于保险代理人阻碍投保人履行如实告知义务，应视为投保人已经履行如实告知义务，保险人应予理赔。

4. 中国平安人寿保险股份有限公司上海分公司与邓某人身保险合同纠纷案［裁判法院：上海金融法院；案号：（2019）沪74民终1028号］

裁判要旨：投保人的告知义务以保险人的有效询问为前提。案涉电子投保单的勾选均由保险代理人代为填写，保险人对此未举证证明系在当面逐项询问后代为勾选，而微信聊天记录显示，保险代理人在代为勾选后将签单链接发送给投保人时，并未提示其阅看或确认其代为勾选的内容。故难以认定保险人就投保单上的健康询问事项对投保人进行了询问。且保险代理人提示投保人仅需告知病例中的信息，无需告知体检情况，而系争事实恰为对体检内容的告知，故保险代理人存在限缩告知内容的情形，属于《最高人民法院关于适用〈中华人民共和国保险法〉若干问题的解释（二）》［以下简称《保险法司法解释（二）》］第三条规定的除外情形，故代为填写的内容不应视为投保人的真实意思表示。

5. 吕某萍与中德安联人寿保险有限公司人身保险合同纠纷案［裁判法院：上海金融法院；案号：（2019）沪74民终70号］

裁判要旨：法律和司法解释并未限制保险人履行询问义务的方式，书面、口头或书面辅以口头均不违反法律规定。保险人是否进行询问，判断的关键在于保险人询问的意思能否到达投保人。本案投保单的告知事项虽系保险代理人在电脑中代为勾选，但该投保单由代理人交付投保人带回家与被保险人共同对投保单的内容签名确认，次日再交还代理人。即便口头询问未到位，但投保人及被保险人有充足时间阅看书面投保单，则保险人书面询问的意思已到达投保人。且保险人在投保单签名栏上方提示投保人签名的法律后果，因此，投保人和被保险人的签名应视为《保险法司法解释（二）》第三条第二款规定的对投保单告知事项的确认。

6. 钟某音与中国平安人寿保险股份有限公司上海分公司等人身保

险合同纠纷案［裁判法院：上海金融法院；案号：（2019）沪74民终559号］

裁判要旨：概括性条款是指缺乏具体内涵、外延难以界定的条款，一般以“其他”“除此之外”等兜底条款出现，如果范围足够明确具体，不应免除投保人的如实告知义务。案涉投保书的条款有明确的指向和范围，所涉询问事项不属于概括性条款。

7. 中宏人寿保险有限公司上海分公司与高某人身保险合同纠纷案［裁判法院：上海金融法院；案号：（2018）沪74民终90号］

裁判要旨：解除合同的效果系使合同自始消灭；不予复效在本案中的效果是使合同恢复至如同未曾复效的状态，即中止状态，并不产生自始消灭合同的效果。根据《保险法司法解释（二）》，按照《保险法》第十六条主张解除合同并拒赔，与按照该条规定单纯主张拒绝理赔，系两种不同的意思表示。本案保险人在发送给投保人的通知中仅主张不予复效与拒绝理赔，未行使合同解除权，故不得以带病投保未告知而径行拒赔。

四、格式条款的审查及认定

保险产品一般均以格式合同或条款的形式呈现，由保险人一方为重复使用而预先拟定，投保人选择投保须全部接受格式条款约束。但也有例外，比如实践中，用工单位投保的某些团体险，常常以双方签订《保险合作协议》的形式，经双方充分协商拟定承保范围、免责事项等。但需注意的是，格式条款的基本特征在于“预先拟定”和“未与对方协商”，保险人仅以首次使用或未实际重复使用为由主张不是格式条款的，人民法院不予支持。同时，保险人采用行业示范条款订立保险合同的，亦符合未经磋商而预先形成的事实，保险人据此抗辩，人民法院不予支持。此外，《民法典》和《保险法》关于格式条款的规定属于强制性规定，当事人不得排除其适用。

结合《民法典》和《保险法》及相关司法解释的规定，保险格式合同中纳入“订入规制”范围的条款主要分为两类：责任免除条款和其他重大利害关系条款。对于责任免除条款的认定、订入条件、提示和明确说明义务的履行标准应适用《保险法》的规定；对于其他重大利害关系条款，则适用《民法典》的规定。

（一）责任免除条款的认定及审查

【审查要点】

1. 责任免除条款应从形式、内容、与其他条款之间的逻辑关系等方面加以综合认定；

2. 除外情形：与保险合同解除相关的条款不属于责任免除条款；

3. 订入条件：保险人已尽提示和明确说明义务；

4. 提示义务履行：对保险合同中免除保险人责任的条款，以足以引起投保人注意的文字、字体、符号或其他明显标志作出提示；

5. 明确说明义务履行：对保险合同中免除保险人责任条款的概念、内容及其法律后果以书面或口头形式向投保人作出常人能够理解的解释说明。

【注意事项】

《保险法司法解释（二）》第九条是责任免除条款的认定依据，但是不能据此认为凡是具有免赔额、免赔率、比例赔付等字样的条款均是责任免除条款，人民法院还应结合条款所处位置、与其他条款之间的逻辑关系、具体内容等综合加以判断。需要注意的是，保险责任条款与责任免除条款的区别：保险责任条款具有唯一性，只有先确定保险人承担责任的范围才能在该范围内确定免除的部分。具体而言，逻辑顺序上先有前者，才有后者；性质上前者是正向界定，后者是反向排除；数量上前者具有唯一性，后者可多可少；表达上前者抽象描述，后者具体列举；解释论上前者宽容，后者严苛。同时，保险责任条款作为保险合同的核心目的条款，只要保险合同整体成立有效，保险责任条款就应豁免“订入规制”审查。

在逻辑上，提示是明确说明的前置性义务，保险人只有先履行提示义务，使投保人知悉免责条款存在，明确说明义务才有实际的对象。因此，提示义务具有独立性，保险人只有先证明其已尽提示义务，才能表明其有履行明确说明义务的可能。无论投保人是否知晓条款存在并理解其含义，只要保险人未尽提示或明确说明义务的，责任免除条款即不产生“订入”的法律效果。实践中，保险人对保险条款中的责任免除条款加粗加黑印刷，并将条款实际送达（包括电子或书面形式）投保人的，应予认定保险人已尽提示义务。

保险人将法律、行政法规中的禁止性规定情形作为保险合同免责事由的，保险人仅须履行提示义务，无须明确说明条款含义。保险人对其履行明确说明义务负举证责任，投保人在相关文书上签字、盖章或者以其他形式予以确认保险人已履行明确说明义务的，人民法院应当予以采信，但另有证据推翻的除外。保险人通过网络、电话等方式订立合同的，保险人可以网页、音频、视频等形式对责任免除条款予以提示和明确说明。传统展业模式下，投保单、电话投保录音、录像等涉及投保人确认保险人已对相关责任免除条款说明等内容的，可以认定保险人已尽明确说明义务。线上自主投保模式下，保险人提示和明确说明义务履行的认定详见第五部分互联网保险章节的阐述。

人民法院对保险人是否履行提示和明确说明义务应遵循抗辩式审查原则。只有当保险人依据特定责任免除条款主张减免保险责任，且被保险人或受益人明确主张该条款不成为合同内容时，人民法院才应当审查。但是，人民法院在保险人依据责任免除条款主张减免责任时，应当向被保险人或受益人充分释明系争条款的订入条件及法律后果。

【规范指引】

《中华人民共和国民法典》

第四百九十六条第一款 格式条款是当事人为了重复使用而预先拟定，并在订立合同时未与对方协商的条款。

《中华人民共和国保险法》

第十七条 订立保险合同，采用保险人提供的格式条款的，保险人向投保人提供的投保单应当附格式条款，保险人应当向投保人说明合同的内容。

对保险合同中免除保险人责任的条款，保险人在订立合同时应当在投保单、保险单或者其他保险凭证上作出足以引起投保人注意的提示，并对该条款内容以书面或者口头形式向投保人作出明确说明；未作提示或者明确说明的，该条款不产生效力。

《最高人民法院关于适用〈中华人民共和国民法典〉合同编通则若干问题的解释》

第九条 合同条款符合民法典第四百九十六条第一款规定的情形，当事人仅以合同系依据合同示范文本制作或者双方已经明确约定合同条款不属于格式条款为由主张该条款不是格式条款的，人民法院不予支持。

从事经营活动的当事人一方仅以未实际重复使用为由主张其预先拟定且未与对方协商的合同条款不是格式条款的，人民法院不予支持。但是，有证据证明该条款不是为了重复使用而预先拟定的除外。

《最高人民法院关于适用〈中华人民共和国保险法〉若干问题的解释（二）》

第九条 保险人提供的格式合同文本中的责任免除条款、免赔额、免赔率、比例赔付或者给付等免除或者减轻保险人责任的条款，可以认定为保险法第十七条第二款规定的“免除保险人责任的条款”。

保险人因投保人、被保险人违反法定或者约定义务，享有解除合同权利的条款，不属于保险法第十七条第二款规定的“免除保险人责任的条款”。

第十条 保险人将法律、行政法规中的禁止性规定情形作为保险合同免责条款的免责事由，保险人对该条款作出提示后，投保人、被保险人或者受益人以保险人未履行明确说明义务为由主张该条款不成为合同内容的，人民法院不予支持。

第十一条 保险合同订立时，保险人在投保单或者保险单等其他保险凭证上，对保险合同中免除保险人责任的条款，以足以引起投保人注意的文字、字体、符号或者其他明显标志作出提示的，人民法院应当认定其履行了保险法第十七条第二款规定的提示义务。

保险人对保险合同中有关免除保险人责任条款的概念、内容及其法律后果以书面或者口头形式向投保人作出常人能够理解的解释说明的，人民法院应当认定保险人履行了保险法第十七条第二款规定的明确说明义务。

第十二条 通过网络、电话等方式订立的保险合同，保险人以网页、音频、视频等形式对免除保险人责任条款予以提示和明确说明的，人民法院可以认定其履行了提示和明确说明义务。

第十三条 保险人对其履行了明确说明义务负举证责任。

投保人对保险人履行了符合本解释第十一条第二款要求的明确说明义务在相关文书上签字、盖章或者以其他形式予以确认的，应当认定保险人履行了该项义务。但另有证据证明保险人未履行明确说明义务的除外。

【典型案例】

李某与中国平安财产保险股份有限公司上海分公司、中国平安财产保险股份有限公司人身保险合同纠纷案，2019 年度上海法院“100 篇优秀裁判文书”［裁判法院：上海市静安区人民法院；案号：(2018) 沪 0106 民初 17415 号］

裁判要旨：责任免除条款应以保险人需要承担保险义务为条件，只有先确定义务承担范围才能在该范围内确定免除的部分。具体区别为：(1) 逻辑上的先后顺序，即先有前者，才会有后者。(2) 前者一般采用抽象性描述式表达；后者则采用具体的列举式表达。(3) 前者原则正向界定，后者反向排除。(4) 前者可作扩张解释，后者限于严格解释。(5) 前者数量唯一，后者可多可少。在效力上，保险人应对责任免除条款尽到提示和明确说明义务，而保险责任条款则无此要求。案涉条款中“可报销、必要、合理的医疗费”“超过100元按80%给付”具有原则性、抽象性，属于保险责任范围；“已赔不赔”“非医保不赔”属于“免除保险人责任的条款”。

（二）重大利害关系条款的认定及审查

【审查要点】

1. 订入条件：保险人已尽主动提示或被动说明义务；

2. 保险人未履行上述义务，但综合在案证据可以认定投保人已注意或理解与其有重大利害关系条款的，该条款仍产生订入的法律效果；

3. 提示或说明义务履行：同上。

【注意事项】

实践中，要防止过于宽泛地认定格式保险合同中的其他“重大利害关系条款”，避免出现保险合同文本“通篇加粗”等情形，确保法定提示义务的履行不流于形式。人民法院应结合保险行业和保险合同自身的特点，从严把握认定标准，审慎、合理认定格式保险合同中的其他“重大利害关系条款”，将其限制在与“免除或者减轻其责任”程度相当的“异常条款”范围内，比如具有一定合理性的“排除或限制对方权利”的异常条款。如格式保险合同中关于保险责任范围的条款，属于投保人订立保险合同的主要目的条款，一般不宜认定为需提示说明的与投保人有其他重大利害关系的“异常条款”。

对于上述条款，保险人应主动履行提示义务，或在投保人提出说明要求时，履行说明义务。对于提示义务的履行，一般以保险合同文本中特殊的文字、符号、字体等明显标识的方式进行，但需要达到“足以引起对方注意”的程度。实践中，保险合同中的特定条款虽然采用了特殊文字或符号标注，但实际上却有混淆或弱化的视觉效果，一般可以认定未适当完成提示义务。对于说明义务的履行，不限于书面或口头方式，往往可以网页、音视频、动画等数字化手段履行说明义务，但需达到“通常能够理解”的程度。

与责任免除条款不同的是，其他与投保人有重大利害关系的异常条款说明义务具有被动性，投保人未提出说明要求的，保险人没有说明义务。提示仍是说明的前置性义务，在经提示知晓条款的存在后，不理解条款含义及法律后果，投保人可要求保险人予以说明。原则上，是否提出说明要求的举证责任由投保人承担；是否尽到说明义务的举证责任由保险人承担。

保险人未尽主动提示或被动说明义务的，并不会必然导致“异常条款”未订入合同的法律后果。即使保险人未尽上述义务，但根据在案证据，并结合缔约过程、次数、理赔环节等因素能够认定投保人知道该条款存在并理解其含义的，投保人无权主张把该条款排除在合同之外。

与投保人有其他重大利害关系的“异常条款”能否订入合同，需投保人抗辩主张后，由人民法院进行审查；投保人未抗辩的，人民法院应视为系争条款已订入。

【规范指引】

《中华人民共和国民法典》

第四百九十六条第二款 采用格式条款订立合同的，提供格式条款的一方应当遵循公平原则确定当事人之间的权利和义务，并采取合理的方式提示对方注意免除或者减轻其责任等与对方有重大利害关系的条款，按照对方的要求，对该条款予以说明。提供格式条款的一方未履行提示或者说明义务，致使对方没有注意或者理解与其有重大利害关系的条款的，对方可以主张该条款不成为合同的内容。

《最高人民法院关于适用〈中华人民共和国民法典〉合同编通则若干问题的解释》

第十条第一款、第二款 提供格式条款的一方在合同订立时采用通常足以引起对方注意的文字、符号、字体等明显标识，提示对方注意免除或者减轻其责任、排除或者限制对方权利等与对方有重大利害关系的异常条款的，人民法院可以认定其已经履行民法典第四百九十六条第二款规定的提示义务。

提供格式条款的一方按照对方的要求，就与对方有重大利害关系的异常条款的概念、内容及其法律后果以书面或者口头形式向对方作出通常能够理解的解释说明的，人民法院可以认定其已经履行民法典第四百九十六条第二款规定的说明义务。

【典型案例】

中国人寿保险股份有限公司上海市分公司与张某人身保险合同纠纷案［裁判法院：上海金融法院；案号：（2020）沪74民终1237号］

裁判要旨：保险合同中载有保险范围为“二级以上（含二级）医院或本公司认可的其他医疗机构”“符合当地社会基本医疗保险支付范围”的格式条款限定了被保险人发生意外伤害后能够获得保险理赔的范围，对于投保人、被保险人而言具有重大利害关系，故无论该条款性质是否属于免责条款，根据《最高人民法院关于适用〈中华人民共和国民法典〉时间效力的若干规定》及《民法典》规定，保险人均应对该条款进行提示，否则该条款不能成为保险合同的内容。

（三）格式条款的效力审查

【审查要点】

1. 责任免除条款或其他重大利害关系条款订入合同后，人民法院仍须依职权审查上述条款内容是否有效，无需当事人主张，即依职权启动的“内容控制”审查；

2. 格式条款的“内容控制”审查需结合《民法典》第四百九十七条和《保险法》第十九条的规定进行。

【注意事项】

《民法典》第四百九十七条和《保险法》第十九条的规定是对格式条款内容效力的规制，保险人提供的格式条款即使符合订入规范，成为保险合同组成部分，但如存在上述法律规定情形的，该条款仍是无效的。逻辑关系是，相关格式条款只有在保险人已作提示或明确说明而订入合同后，才存在对其内容效力进行评价的问题。

结合《民法典》和《保险法》规定，格式条款符合民事法律行为无效一般规定情形的，当然无效，比如违反法律强制性规定。对于特殊情形，《民法典》和《保险法》的规定略有不同，《民法典》着眼于“不合理”免除、减轻等，《保险法》则强调免除、排除等“依法”承担的义务或享有的权利。简言之，保险人不得违反公平原则、诚信原则等不合理地免除或减轻其责任，不合理地加重投保人等一方责任、限制投保人等一方主要权利或直接排除投保人等一方主要权利。比如，保险费与免责事由之间的关系，责任免除条款的设置不得违反公平原则，责任免除事由排除了不可保风险或特殊风险，那么体现在保险费上一定得有所降低。保险费是每份保险的价格，保险费应当与风险程度相一致。如果免责事由的设置没有体现在保险费的降低上，那么这种减免责任就是不合理、不公平的。即使该责任免除条款通过“订入规制”审查成为合同组成部分，也将因无法通过“内容控制”审查而被人民法院宣布无效。

【规范指引】

《中华人民共和国民法典》

第四百九十七条 有下列情形之一的，该格式条款无效：

（一）具有本法第一编第六章第三节和本法第五百零六条规定的无效情形；

（二）提供格式条款一方不合理地免除或者减轻其责任、加重对方责任、限制对方主要权利；

（三）提供格式条款一方排除对方主要权利。

《中华人民共和国保险法》

第十九条 采用保险人提供的格式条款订立的保险合同中的下列条款无效：

（一）免除保险人依法应承担的义务或者加重投保人、被保险人责任的；

（二）排除投保人、被保险人或者受益人依法享有的权利的。

【典型案例】

王某国诉中国人寿保险股份有限公司淮安市楚州支公司保险合同纠纷案，《最高人民法院公报》2015 年第 12 期［裁判法院：江苏省淮安市中级人民法院］

裁判要旨：保险公司以保险合同格式条款限定被保险人患病时的治疗方式，既不符合医疗规律，也违背保险合同签订目的，该格式条款无效。被保险人有权根据自身病情选择最佳的治疗方式，而不必受保险合同关于治疗方式的限制。保险公司不能以被保险人没有选择合同指定的治疗方式而免除自己的保险责任。

（四）格式条款的解释规则

【注意事项】

通常理解：格式条款之间或格式条款与非格式条款之间存在冲突或当事人对格式条款有争议的，应当首先按照《保险法司法解释（二）》规定的冲突规则确定，或按《民法典》及其相关司法解释规定的解释方法，以词句的通常含义为基础，结合与其他条款的逻辑关系、条款性质和目的、保险行业习惯以及诚信原则，参考投保背景、投保过程、以往理赔流程等因素探寻通常理解。需要说明的是，格式条款的解释一般采客观主义立场，以词句的通常含义为基础，辅之以体系解释、目的解释、习惯解释等主观解释方法探寻条款的通常理解。

误载不害真意规则：当投保人或保险人能够提供证据证明保险合同文本中的词句系误载，而双方有不同于词句通常含义的其他共同理解时，人民法院可以确定该共同理解为真实意思表示。

不利解释规则：通过上述规则或方法，难以确定真实意思或通常理解，仍存两种以上不同理解的，应当作出有利于被保险人或受益人的解释。

其他参见《上海法院类案办案要件指南》（第 3 册）“财产保险合同类案办案要件指南”。

【规范指引】

《中华人民共和国民法典》

第一百四十二条第一款　有相对人的意思表示的解释，应当按照所使用的词句，结合相关条款、行为的性质和目的、习惯以及诚信原则，确定意思表示的含义。

第四百六十六条第一款　当事人对合同条款的理解有争议的，应当依据本法第一百四十二条第一款的规定，确定争议条款的含义。

《中华人民共和国保险法》

第三十条　采用保险人提供的格式条款订立的保险合同，保险人与投保人、被保险人或者受益人对合同条款有争议的，应当按照通常理解予以解释。对合同条款有两种以上解释的，人民法院或者仲裁机构应当作出有利于被保险人和受益人的解释。

《最高人民法院关于适用〈中华人民共和国民法典〉合同编通则若干问题的解释》

第一条第一款、第二款　人民法院依据民法典第一百四十二条第一款、第四百六十六条第一款的规定解释合同条款时，应当以词句的通常含义为基础，结合相关条款、合同的性质和目的、习惯以及诚信原则，参考缔约背景、磋商过程、履行行为等因素确定争议条款的含义。

有证据证明当事人之间对合同条款有不同于词句的通常含义的其他共同理解，一方主张按照词句的通常含义理解合同条款的，人民法院不予支持。

《最高人民法院关于适用〈中华人民共和国保险法〉若干问题的解释（二）》

第十四条　保险合同中记载的内容不一致的，按照下列规则认定：

（一）投保单与保险单或者其他保险凭证不一致的，以投保单为准。但不一致的情形系经保险人说明并经投保人同意的，以投保人签收的保险单或者其他保险凭证载明的内容为准；

（二）非格式条款与格式条款不一致的，以非格式条款为准；

（三）保险凭证记载的时间不同的，以形成时间在后的为准；

（四）保险凭证存在手写和打印两种方式的，以双方签字、盖章的手写部分的内容为准。

第十七条 保险人在其提供的保险合同格式条款中对非保险术语所作的解释符合专业意义，或者虽不符合专业意义，但有利于投保人、被保险人或者受益人的，人民法院应予认可。

【典型案例】

1. 曹某成、胡某兰、曹某建、曹某忠诉民生人寿保险股份有限公司江苏分公司保险合同纠纷案，《最高人民法院公报》2014 年第 10 期［裁判法院：江苏省南京市鼓楼区人民法院］

裁判要旨：本案系分红型两全保险的被保险人因交通事故意外死亡，继承人主张身故保险金，保险人以无证驾驶无证摩托车的免责事由拒赔的案件。在保险人责任免除条款以及保险条款释义中，没有对机动车的认定标准作出规定的情况下，基于轻便摩托车生产厂家说明书、产品检验合格证（均显示该车为助力车）的误导，以及被保险人客观上无法取得机动车号牌的事实，作出案涉车辆不属于免责条款中所规定的机动车之解释，符合一个普通车辆购买人和使用人的认知标准，应作出有利于被保险人的解释，案涉车辆应认定为不属于免责条款规定的机动车，被保险人在无驾驶证情况下驾驶案涉车辆，不属于免责条款规定的无证驾驶情形。

2. 国华人寿保险股份有限公司上海分公司与赖某人身保险合同纠纷案［裁判法院：上海金融法院；案号：（2021）沪 74 民终 709 号］

裁判要旨：保险条款关于“初次发生”的约定一处见“重大疾病保险金”条款，一处见“初次发生”释义条款。从行文表述看，前者指初次发生重大疾病，并以确诊时间为准；而释义条款却将其解释为“首次出现重大疾病或轻症疾病的前兆或异常的身体状况”，二者含义显然不一致，属于有两种以上解释，故对该系争格式条款应作不利解释。

3. 黄某敏等与建信人寿保险股份有限公司人身保险合同纠纷案［裁判法院：上海金融法院；案号:（2021）沪 74 民终 580 号］

裁判要旨：法医对被保险人的死因鉴定为系“生前与他人发生冲突时诱发冠心病急性发作致心源性猝死”，其中无论是“与他人发生冲突”还是“猝死”，二者按通常理解均明显符合保险合同的免责情形，并无不利解释规则的适用空间。

4. 俞某庆与友邦人寿保险有限公司保险合同纠纷案［裁判法院：上海金融法院；案号:（2020）沪 74 民终 1218 号］

裁判要旨：对于系争条款“付费年限终身”应如何理解，从文义上将其解释为投保人应终身缴付保险费，符合一般人的理解，而解释为保险金的给付年限终身则缺乏依据且不符常理；从体系解释上，案涉豁免保费条款的约定说明正常情况下投保人年满 60 周岁后仍需交纳保费，与“付费年限终身”应理解为终身缴付保险费可相互印证。故投保人要求保险人返还 60 周岁前所交保费、退还 60 周岁后扣收保费之主张，缺乏依据。

五、法定拒赔情形

法定拒赔情形是指由《保险法》直接规定出现特定情形，保险人无需解除合同，而直接享有拒赔的权利。实践中，保险人常常在保险合同中以责任免除条款的形式确认法定拒赔情形，但保险人未尽提示和明确说明义务时，保险人仍有权依法拒赔。主要包括被保险人故意犯罪、投保人等未及时通知、投保人故意、被保险人自杀、投保人等编造事故原因或夸大损失、效力中止期间发生保险事故六种情形。其中，编造事故原因或夸大损失，属于保险事故并未实际发生，保险人由此享有拒赔权利；其余五种均是保险事故已实际发生，基于法定特殊原因，保险人可依法免责。本节主要阐述后两种情形，其他情形在第四部分特殊审查规则中具体阐述。

（一）编造事故原因或夸大损失

【审查要点】

1. 行为主体：投保人、被保险人或受益人；

2. 行为时间：保险事故发生后；

3. 具体表现为以伪造、变造的有关证明、资料或者其他证据，编造虚假的事故原因或者夸大损失程度；

4. 法律后果：保险人对其虚报的部分不承担责任。

【注意事项】

实践中，编造事故原因常常表现为伪造或篡改死亡证明、就诊记录等，比如编造意外事故因素或疾病因素，意图使事故原因符合承保风险。夸大损失常常表现为伪造或篡改医疗费原始单据、伤残鉴定报告，意图增加损失程度或理赔标准。

【规范指引】

《中华人民共和国保险法》

第二十七条第三款 保险事故发生后，投保人、被保险人或者受益人以伪造、变造的有关证明、资料或者其他证据，编造虚假的事故原因或者夸大损失程度的，保险人对其虚报的部分不承担赔偿或者给付保险金的责任。

（二）效力中止期间发生保险事故

【审查要点】

1. 前提条件：分期支付保险费情形下，投保人逾期且未在宽限期内支付保险费，导致合同效力中止；

2. 免责期间：效力中止之日起至复效之日止；

3. 法律后果：在免责期间发生保险事故，保险人不承担责任。

【注意事项】

效力中止后的复效时间应重点把握。保险合同自投保人补交保险费之日即时复效，投保人补交保险费与保险合同效力恢复之间无缝衔接，无空档期。

被保险人在复效处理期间发生保险事故如何处理的问题，即如果被保险人在递交复效申请后，也补交了应缴保险费，但在保险人处理复效申请过程中发生保险事故。对于该问题，可参照《保险法司法解释（二）》第四条的精神处理。也就是说，效力中止期间，保险人已收到复效申请且已收取欠缴保费的，但尚未作出是否同意复效意思表示前，发生保险事故，被保险人身体健康状况等危险程度变化未达到“影响保险人决定是否同意承保或提高保险费率”程度，即符合复效条件的，保险人应当承担给付保险金责任；不符合复效条件的，保险人仍有权拒赔。

【规范指引】

《中华人民共和国保险法》

第三十六条 合同约定分期支付保险费，投保人支付首期保险费后，除合同另有约定外，投保人自保险人催告之日起超过三十日未支付当期保险费，或者超过约定的期限六十日未支付当期保险费的，合同效力中止，或者由保险人按照合同约定的条件减少保险金额。

被保险人在前款规定期限内发生保险事故的，保险人应当按照合同约定给付保险金，但可以扣减欠交的保险费。

第三十七条第一款 合同效力依照本法第三十六条规定中止的，经保险人与投保人协商并达成协议，在投保人补交保险费后，合同效力恢复。但是，自合同效力中止之日起满二年双方未达成协议的，保险人有权解除合同。

《最高人民法院关于适用〈中华人民共和国保险法〉若干问题的解释（三）》

第八条 保险合同效力依照保险法第三十六条规定中止，投保人提出恢复效力申请并同意补交保险费，除被保险人的危险程度在中止期间显著增加外，保险人拒绝恢复效力的，人民法院不予支持。

保险人在收到恢复效力申请后，三十日内未明确拒绝的，应认定为同意恢复效力。

保险合同自投保人补交保险费之日恢复效力。保险人要求投保人补交相应利息的，人民法院应予支持。

【典型案例】

韩某祥与中国太平洋人寿保险股份有限公司人身保险合同纠纷案［裁判法院：上海市黄浦区人民法院；案号：（2020）沪0101民初5314号］

裁判要旨：案涉重疾险因银行卡余额不足致保险人未能成功收取第二年保费，且已过60日宽限期，依《保险法》第三十六条规定，合同效力中止，保险人未催缴并非效力中止的阻却事由。合同复效亦不产生保险人需对中止期间发生的保险事故承保保险责任的法律后果，否则与保险射幸性特征相悖。

第四部分　人身保险合同纠纷的特殊审查规则

人身保险合同是以人的寿命和身体为保险标的的保险合同。根据人身保险合同所保障的风险不同，又可将其分为人寿保险合同、意外伤害保险合同和健康保险合同等类型。

一、人寿保险合同纠纷

人寿保险合同纠纷是以被保险人的寿命为保险标的，当被保险人的寿命发生保险事故时由保险人给付保险金的保险合同产生的纠纷。人寿保险合同以承保危险为标准，基本种类有死亡保险合同、生存保险合同和生死两全保险合同；也可以根据保险目的分为风险保障型和投资理财型，其中，风险保障型人寿保险又可以分为死亡保险、生存保险、生死两全保险、年金保险、简易人身保险，投资理财型人寿保险又可以分为分红保险、投资连结保险、万能人寿保险。

（一）保险事故的审查及认定

【审查要点】

1. 保险合同对生存、死亡等保险事故的发生进行了明确约定；

2. 发生了保险合同约定的保险事故；

3. 具体审查要点详见下文诉讼事由的审查及认定。

【注意事项】

与意外伤害保险、健康保险不同，风险保障型人寿保险的保险事故发生具有必然性，人民法院在审查时需注意合同约定的保险金支取时间和条件，以及保险金请求权人对保险事故发生的初步举证。投资理财型人寿保险具有一定投资属性，人民法院在审查时应结合保险人对投资风险的披露、投资者适当性等角度分析考量。

（二）诉讼事由的审查及认定

1. 投资理财型保险的损失赔偿

【审查要点】

（1）保险条款对投资收益的条件、方式、金额等有明确规定；

（2）投资收益的条件已经成就；

（3）保险人是否履行适当性义务。

【注意事项】

投资理财型保险兼具保障和理财的双重性质，投保人往往对于收益存有预期，当实际收益不及预期易引发投保人要求退还保费或赔偿损失纠纷。

（1）投保人损失的认定。投保人对其损失范围应承担举证责任。对于金融消费者因购买高风险等级金融产品或者为参与高风险投资活动接受服务，以卖方机构存在欺诈为由主张赔偿损失，不以《中华人民共和国消费者权益保护法》规定承担惩罚性赔偿责任。金融消费者实际损失为损失的本金和利息，利息按照中国人民银行发布的同期同类存款基准利率计算。保险合同没有关于预期收益率、业绩比较基准或类似表述的，按照全国银行间同业拆借中心公布的贷款市场报价利率计算。

（2）保险人适当性义务的履行。对于高风险等级的保险投资产品，金融机构在推介、销售高风险金融产品时应履行了解客户、了解产品、将适当的产品（或者服务）销售（或者提供）给适合的金融消费者等义务。

其中，告知说明义务的履行是金融消费者能够真正了解各类高风险等级金融产品或者高风险等级投资活动的投资风险和收益的关键，人民法院应当根据产品、投资活动的风险和金融消费者的实际情况，综合理性人能够理解的客观标准和金融消费者能够理解的主观标准来确定卖方机构是否已经履行了告知说明义务。同时，在保险合同履行过程中，人民法院还应审查保险公司是否按约对分红保险业务经营情况、红利来源、具体收益等向投保人进行定期信息披露。此外，对保险代理人在销售相关保险产品时是否存在欺诈、虚假宣传等违约情形亦应进行考量。

关于举证责任，金融消费者应当对购买产品、遭受的损失等事实承担举证责任。保险公司应当对是否履行适当性义务承担举证责任，如已建立金融产品或服务的风险评估及相应管理制度、向金融消费者告知产品的收益和主要风险因素等，否则承担举证不能的后果。但卖方机构简单地以金融消费者手写了诸如“本人明确知悉可能存在本金损失风险”等内容主张其已经履行了告知说明义务，不能提供其他相关证据的，人民法院对其抗辩理由不予支持。

【典型案例】

黄某芬与中国平安人寿保险股份有限公司、中国平安人寿保险股份有限公司上海分公司人身保险合同纠纷案，2015 年度上海法院金融商事审判十大案例［裁判法院：上海市第二中级人民法院；案号：（2015）沪二中民六（商）终字第 220 号］

裁判要旨：分红人身保险属于人身保险领域中的新类型产品，兼具人身保障功能和投资功能。保险人应当就分红人身保险红利的不确定性风险和红利分配的相关信息履行信息披露义务。就保险人披露信息的内容，在法律尚无规定的情况下，法院可以参照监管部门的相关规章加以判断。

2. 被保险人自杀

“被保险人自杀”是《保险法》直接规定的六种法定拒赔情形之一，出现该情形，保险事故已实际发生，但保险人无需解除合同，而直接享有依法免责的权利。

【审查要点】

（1）保险事故：损害结果系被保险人自杀导致；

（2）法律后果：保险人不承担给付保险金的责任，但应按照合同约定退还保险单的现金价值；

（3）除外情形：被保险人自合同成立或合同效力恢复之日起 2 年后自杀，被保险人自杀时为无民事行为能力人。

【注意事项】

（1）若被保险人自保险合同成立或者合同效力恢复之日起 2 年内自杀的，保险人不承担给付保险金的责任。被保险人自杀，其性质属于被保险人故意制造保险事故，不属于保险赔偿范围。但“二年”缓冲期的设定，则基于缓冲期后基本排除被保险人为了不当获得保险金而订立保险合同且自杀的可能性，缓冲期 2 年之后的自杀事件仍可视为“特殊的意外事件”，保险人应承担保险责任。

（2）保险人因被保险人在缓冲期内自杀而免除保险责任的，该保险单现金价值应当按照合同约定予以退还，否则构成保险人的不当得利。保险合同未约定现金价值退还事项的，考虑到保险单的现金价值来源于投保人交纳的保险费，现金价值应当退还投保人。

（3）被保险人自杀时为无民事行为能力人的，保险人不得以此免责。无民事行为能力人由于不能准确判断自己行为的性质和后果，其结束自己生命的行为不属于自杀而属于意外事件，保险人均应承担给付保险金的责任。受益人或者被保险人的继承人以被保险人自杀时无民事行为能力为由抗辩的，由其承担举证责任。

【规范指引】

《中华人民共和国保险法》

第四十四条　以被保险人死亡为给付保险金条件的合同，自合同成立或者合同效力恢复之日起二年内，被保险人自杀的，保险人不承担给付保险金的责任，但被保险人自杀时为无民事行为能力人的除外。

保险人依照前款规定不承担给付保险金责任的，应当按照合同约定退还保险单的现金价值。

3. 保单现金价值的返还

【审查要点】

（1）保险条款对现金价值返还条件、方式、金额等有明确约定；

（2）现金价值支付条件已经成就。

【注意事项】

（1）保单现金价值的性质

在期限较长的人身险中，保险人并非按照死亡或疾病成本收取对应的自然保险费，而是采用趸交保险费或者均衡保险费的方式。因此，保险人前期收取的保险费数额大于死亡或疾病成本，后期收取的费用则小于成本，故前期多收取的保险费用于支付未来的保险金，从而形成风险准备金。

人身保险尤其是长期寿险，兼有储蓄和投资的性质。寿险中的保险费由两部分组成：一是危险保险费，二是储蓄保险费。危险保险费是根据每年的危险保险金额计算出来的自然保险费；储蓄保险费则是投保人的储金，积存起来用于责任准备金。作为责任保险金的这部分保险费就是保险单的现金价值，它相当于投保人放在保险人处的储蓄存款，最后会以保险金的形式给付受益人。在人身保险合同解除后，合同效力虽然不存在，但在投保人长期支付保险费基础上积累起来的现金价值却不因此消失，保险人不能据为己有，应当退还投保人。

（2）保单现金价值金额的确定

保单年度现金价值一般会在保险单中载明。计算公式为：现金价

值 = 责任准备金 – 退保手续费（各类经营成本）。保险合同无效时，保险人返还的是保险费；保险合同解除（如投保人行使任意解除权）或保险人依法不承担保险责任（如投保人故意造成被保险人死亡）时，保险人返还的是保单现金价值。人身保险合同中“现金价值表”可作为现金价值金额确定的主要依据，但人民法院在具体认定时仍应考虑保险人是否明确说明“价值表”含义等，并结合保险人实际经营成本等因素加以综合判定；而在合同无效时，扣减手续费金额的确定应由保险人承担举证证明责任，并按双方过错程度合理确定。

【典型案例】

陈某芳与中国人寿保险股份有限公司上海市分公司人身保险合同纠纷案［裁判法院：上海金融法院；案号：（2019）沪 74 民终 824 号］

裁判要旨：投保人购买年金险、万能险产品时，本人签署保险合同、投保提示书等文件，电话回访中亦明确收到保险条款，确认投保前已阅读产品说明书和投保提示内容，了解合同履行期间停止交保费或退保的损失（含现金价值的计算时点）。现投保人以保险代理人误导销售、不知晓合同内容为由，主张受欺诈并行使撤销权，人民法院无法认定存在可撤销情形。投保人另主张投保产品与理财养老目的不符，系缔约的背后动机，亦不能作为认定合同存在可撤销事由的依据。

4. 被保险人年龄不真实

人身保险合同中，被保险人的年龄对于保险人是否同意承保及确定保险费率具有重要意义。保险公司根据所承保的人身保险险种，按照概率计算确定承保年龄的最高上限，同时计算出死亡概率，确定被保险人在不同年龄段投保时应交纳保险费的费率。

【审查要点】

（1）保险合同对被保险人年龄范围进行了明确约定；

（2）投保人申报的被保险人年龄是否真实。

【注意事项】

（1）投保人申报的被保险人的年龄不真实且真实年龄不符合合同

约定的年龄限制的，保险人有权解除保险合同，但是该解除权的行使适用不可抗辩期间。即自保险人知道解除事由起30日不行使则解除权消灭；或合同成立之日起超过2年不得解除；或保险人在订立合同时已经知道的，不得解除。保险人以此行使解除权并不考察投保人主观上存在故意或过失的情形。保险合同解除后，应按合同约定退还保险单的现金价值。

（2）投保人申报的被保险人的年龄不真实且致使投保人支付保险费少于应付保险费。保险人有权选择，更正并要求投保人补交保险费，或者在给付保险金时按照实付保险费与应付保险费的比例支付。根据比例原则，按查明事实真相后的应然保险费，于保险事故发生后按相应比例调整保险人应当给付的保险金额。保险人应当举证证明实付保险费与应付保险费之间存在差额。

（3）投保人申报的被保险人的年龄不真实且致使投保人支付的保险费多于应付保险费。根据对价平衡原则，保险人应当将多收的保险费退还投保人。

【规范指引】

《中华人民共和国保险法》

第三十二条 投保人申报的被保险人年龄不真实，并且其真实年龄不符合合同约定的年龄限制的，保险人可以解除合同，并按照合同约定退还保险单的现金价值。保险人行使合同解除权，适用本法第十六条第三款、第六款的规定。

投保人申报的被保险人年龄不真实，致使投保人支付的保险费少于应付保险费的，保险人有权更正并要求投保人补交保险费，或者在给付保险金时按照实付保险费与应付保险费的比例支付。

投保人申报的被保险人年龄不真实，致使投保人支付的保险费多于应付保险费的，保险人应当将多收的保险费退还投保人。

5. 诉讼时效

【审查要点】

（1）当事人对起诉超过诉讼时效提出抗辩；

（2）被保险人或者受益人知道或者应当知道保险事故发生的时间；

（3）是否存在时效中止、中断的法定情形；

（4）是否超过相应的诉讼时效。

【注意事项】

按照“特别法优于一般法”的原则，人寿保险诉讼时效适用《保险法》5年的规定。

【规范指引】

《中华人民共和国保险法》

第二十六条第二款　人寿保险的被保险人或者受益人向保险人请求给付保险金的诉讼时效期间为五年，自其知道或者应当知道保险事故发生之日起计算。

《中华人民共和国民法典》

第一百八十八条第一款　向人民法院请求保护民事权利的诉讼时效期间为三年。法律另有规定的，依照其规定。

（三）理赔范围的审查及认定

1. 生存保险金

【审查要点】

（1）保险合同对生存保险金有明确约定；

（2）被保险人符合“生存”赔付条件。

【注意事项】

在保险合同某保单周年日期间，被保险人每年到达保单周年日仍生存，则保险公司按照保险合同约定数额或比例给付生存保险金。

2. 期满生存保险金

【审查要点】

（1）保险合同对期满生存保险金有明确约定；

（2）被保险人符合“期满生存”赔付条件。

【注意事项】

被保险人于保险合同保险期满时仍生存，保险公司按期满时保险合同的基本保险金额给付期满生存保险金，保险合同终止。

3. 身故保险金

【审查要点】

（1）保险合同对身故保险金有明确约定；

（2）被保险人符合“身故”赔付条件。

【注意事项】

被保险人身故，保险公司按保险合同所交保险费给付身故保险金，保险合同终止。

4. 红利及其他

【审查要点】

（1）保险合同对红收、收益等有明确约定；

（2）被保险人符合支取红利及收益的约定条件。

【典型案例】

秦某琴与新华人寿保险股份有限公司上海分公司人身保险合同纠纷案［裁判法院：上海金融法院；案号：（2021）沪74民终177号］

裁判要旨：案涉分红型两全保险条款约定根据分红保险业务的实际经营状况进行红利分配，投保人提供的系争年度《分红通知书》公布了根据该年分红保险经营情况所确定的红利。投保人主张以所交保费为基数并按70%计付分配红利数额缺乏合同依据。至于案涉万能险，因投保人系提前退保，并已签字确认《退保补贴协议》载明的退保金额，故其主张保险人还应支付利息并按照10倍赔偿亦缺乏依据。

（四）其他问题

人寿保险财产利益的强制执行。

【审查要点】

1. 人寿保险财产利益不属于不得强制执行的对象；

2. 区分不同被执行人主体：投保人、被保险人、受益人；

3. 是否属于免除执行保单类型。

【注意事项】

1. 人寿保险的现金价值、红利、生存金等保险权益均属于财产性权益。如果这些财产利益不属于维持生活所必需的费用，也不属于法律规定不得查封、扣押、冻结的对象，可以作为强制执行的对象。

2. 不同被执行人主体区分不同执行标的。被执行人为投保人的，可冻结或扣划归属于投保人的现金价值、红利等保单权益；被执行人为被保险人的，可冻结或扣划归属于被保险人的生存金等保险权益；被执行人为受益人的，可冻结或扣划归属于受益人的生存金等保险权益。

3. 原则与程序。投保人、被保险人或受益人均为被执行人同一人时，可直接冻结或扣划；投保人（被执行人）与被保险人或受益人不一致时，人民法院冻结后，应给予不少于 15 日赎买期限。赎买期届满后无人赎买或者被保险人、受益人明确表示不赎买的，人民法院可以强制执行投保人对该保单的现金价值、红利等权益。

人民法院要求协助执行的金额，小于投保人的保单现金价值的，保险机构可按规定对保单作减保处理，协助法院扣划相应现金价值；若保险机构无法对该保单作减保处理的，应作出说明，并在协助扣划保单全部现金价值后一并交由人民法院处理。

4. 特殊免除执行的类型。鉴于重大疾病保险、意外伤残保险、医疗费用保险等产品人身专属性较强、保单现金价值低，但潜在可能获得的保障大，人民法院应秉承比例原则，对该类特殊免除执行保单一般不作扣划。

二、意外伤害保险合同纠纷

意外伤害保险合同纠纷是以被保险人遭受意外伤害及由此致残或者死亡为保险标的，保险事故发生时，保险人向被保险人或受益人给付保险金的保险合同产生的纠纷。

（一）保险事故的审查及认定

【审查要点】

1. 保险合同对被保险人遭受意外伤害及由此致残或者死亡的保险事故有明确约定；

2. 被保险人实际遭受合同约定的意外伤害，并产生合同约定的医疗、致残、死亡等后果；

3. 具体审查要点详见下文诉讼事由的审查及认定。

【注意事项】

1. “意外伤害”包含以下特征：一是偶然性，即当事人不可预知、不可抗拒的事故；二是外来性，即事故发生不是来源于体内，而是身体外部的原因引起的；三是急剧性，即从事故开始到结果的发生时间是很短的。

保险合同条款也对“意外伤害”作出了界定，为遭受外来的、突发的、非本意的、非疾病的使身体受到伤害的客观事件。“外来的”客观事件一般考虑外部条件、外部力量等方面，可以从被保险人所处的环境是否特殊或改变、被保险人是否遭受外部打击等审查，同时对于“外来的”因素还需要考察其与伤害后果的关联性；“突发的”客观事件一般考虑事发的时间有无持续性；“非本意的”客观事件主要排除被保险人的故意行为，如自杀、故意犯罪等；“非疾病的”的客观事件主要排除被保险人的损伤后果系因其自身疾病所导致。

2. 举证责任分配原则。

保险金请求权人对保险事故的发生承担举证责任，应当向保险人提供其所能提供的与确认保险事故的性质、原因、损失程度等有关的证明和资料。如果根据这些证据能够初步得出事故发生在保险责任范围内的结论，即完成了证明保险事故发生的初步举证责任。保险金请求权人若因故意或重大过失而不提供相关证据，如拒绝鉴定等，则不能视为初步举证责任完成。

保险金请求权人的初步举证责任完成后，举证责任转移给保险人，保险人拒赔的，应当证明：该事故不属于保险责任范围；该事故虽然属于保险责任范围，但属于法律规定或者合同约定的责任免除情形等。

司法实践中，保险金请求权人通过证明事故符合上述四个要件完成初步举证责任，如提供事发视频或监控、相关部门调查笔录、鉴定意见、现场证人证言、被保险人日常生活和身体健康状况等。其中，对于“非本意的”“非疾病的”等消极事实的证明，从证据规则的公平原则和诚信原则出发，综合当事人举证能力等因素，通常由保险人提出反证，证明被保险人存在本意为之或疾病因素导致等情形。因对“意外伤害”的事实查明局限于多种因素，人民法院应在审查证据链和举证责任不断交替的过程中，明晰举证不能的不利后果承担主体。

【规范指引】

《中华人民共和国保险法》

第二十二条第一款 保险事故发生后，按照保险合同请求保险人赔偿或者给付保险金时，投保人、被保险人或者受益人应当向保险人提供其所能提供的与确认保险事故的性质、原因、损失程度等有关的证明和资料。

【典型案例】

1. 赵某、朱某芳诉中美联泰大都会人寿保险有限公司意外伤害保险合同纠纷案，《最高人民法院公报》2017 年第 9 期［裁判法院：江苏省南京市鼓楼区人民法院］

裁判要旨：饮酒过量有害身体属生活常识，被保险人作为完全民事行为能力人，对此完全可控、可避免，由此导致身体损害不是基于外来的、突发的和非本意的因素，不属于意外伤害保险赔偿范围。

2. 唐某树与中国人民财产保险股份有限公司上海市分公司人身保险合同纠纷案，2018 年度上海法院金融商事审判十大案例［裁判法院：上海市黄浦区人民法院；案号：（2018）0101 民初 60 号］

裁判要旨：鉴定机构对人身保险案件中伤者出具的伤残鉴定意见是界定保险公司理赔范围的重要凭证。法院应综合考量委托情况、相对人异议情况、与事实相符程度等因素决定是否采纳鉴定意见。如鉴定意见有明显错误的，依法不予采纳。

（二）诉讼事由的审查及认定

1.“自杀”

“自杀”属于保险合同约定的免责情形。对约定免责情形的审查首先应确定免责条款的生效，详见第三部分中责任免除条款的认定及审查。在免责条款不生效的情况下，无需审查保险事故是否符合免责情形。

需要区分的是，与“人寿保险合同纠纷”章节阐述的“被保险人自杀”法定免责情形不同，意外伤害保险合同中“自杀”免责约定通常无 2 年缓冲期的除外限制。

【审查要点】

（1）保险合同免责条款对“自杀”免责情形有明确约定，常见约定包括被保险人自杀时为无民事行为能力的除外情形；

（2）“自杀”免责条款具有法律效力；

（3）保险人举证能够证明被保险人死亡系“自杀”。

【注意事项】

（1）被保险人自杀，是指其在精神状态自由的情形下，自主决定结束自己生命的行为。无民事行为能力人或限制民事行为能力人结束自己生命的行为不属于保险法意义上的“自杀”，应当属于意外事件。行为人因受他人胁迫而不得已结束生命的行为也不属于自杀。

（2）举证责任。保险人关于“自杀”免责的抗辩是针对意外伤害四要素的“非本意”，实际上排除了“故意行为”。保险金请求权人在完成被保险人死亡且死于意外伤害的事实举证证明责任之后，保险人以被保险人自杀为免责抗辩的，应就其所主张的“被保险人自杀”事实承担举证证明责任。但是，如果保险金请求权人仅能证明被保险人死亡的事实，无其他证据初步证明存在意外事故因素的，则不能视为保险金请求权人完成了法律规定的初步举证责任。此时不宜无条件地将其死因推定为意外伤害，保险人在此情形下因举证责任未转移，无需证明被保险人死于自杀。

保险金请求权人初步排除“自杀”的举证责任完成后，证明“自杀”的举证责任转移至保险人。保险人对于被保险人自杀的举证证明责任，属于本证的证明活动，应当达到使法官形成“被保险人高度可能死于自杀”之心证程度，即达到“高度盖然性”的证明标准。此时，举证责任再次发生转移，由保险金请求权人承担举证责任，对其应当采取“使待证事实陷于真伪不明即可”的反证标准，以打消或者逆转已经初步形成的有关被保险人死于自杀的法官心证。

（3）证据优势。以“自杀”作为抗辩事由多见于被保险人因溺水、高坠等情形导致死亡的事故中。应当综合审查案件全部证据，确定各份证据证明力的大小或者有无，以尽力探求被保险人死亡前的生活状态和精神状态，探求其死亡是否具有明显的“意外”情节，探求其是否具有自杀的动机；并且运用经验法则和逻辑推理，采用事实推定的心证形成方法，认定被保险人是否死于自杀。例如，走访记录被保险人近亲属、邻居以查明其生前生活状态，调查被保险人死亡事发经过、报警记录、医疗机构证明、公安机关笔录、现场的人证及物证等以查明事发状态。

【规范指引】

《最高人民法院关于适用〈中华人民共和国保险法〉若干问题的解释（三）》

第二十一条　保险人以被保险人自杀为由拒绝给付保险金的，由保险人承担举证责任。

受益人或者被保险人的继承人以被保险人自杀时无民事行为能力为由抗辩的，由其承担举证责任。

【典型案例】

中国人寿财产保险股份有限公司上海市分公司与李某英意外伤害保险纠纷案［裁判法院：上海金融法院；案号：（2020）沪 74 民终 250 号］

裁判要旨：保险人仅将燃气管道泄漏作为意外伤害的原因，限缩了合同对意外伤害约定的范围，被保险人烧炭致使一氧化碳中毒属于保险范围。保险人提供的证据不足以证明被保险人一氧化碳中毒死亡系自杀所致，以及被保险人系受其主观意志所支配而为的自致伤害或自杀，故保险人不能依据案涉条款免责。

2.“猝死”

“猝死”属于保险合同约定的免责情形。对约定免责情形的审查首先应确定免责条款的生效前提，详见第三部分中责任免除条款的认定及审查。在免责条款不生效的情况下，无需审查保险事故是否符合免责情形。

【审查要点】

（1）保险合同免责条款对“猝死”免责情形有明确约定；

（2）“猝死”免责条款具有法律效力；

（3）保险人举证能够证明被保险人死亡系“猝死”。

【注意事项】

（1）“猝死”的医学解读

从法医学著作和权威辞书上对“猝死”的定义可知，引发猝死的诱因有多种，“猝死”并不等同于疾病死亡，也可能是非疾病的意外事故。猝死的原因不仅包括疾病，还包括病理性以外的其他因素，不能将猝死等同于疾病死亡。造成猝死可以有某些诱因，如精神过度紧张、暴饮暴食、轻微外伤、冷热刺激、过度疲劳等，也可以无明显诱因。

（2）保险条款对“猝死”免责的约定

不同保险条款对“猝死”免责的约定并不相同，审理中应当根据条款的具体内容认定。保险条款关于“猝死”免责主要有以下几种订立模式：

其一，在免责条款中明确约定：“下列情形之一导致被保险人身故、伤残的，不承担给付保险金的责任：……猝死……”释义部分对“猝死”解释为“貌似健康的人因潜在疾病、机能障碍或其他原因在出险症状后 24 小时内发生的非暴力性突然死亡”，对“猝死”判定标准约定为“如有司法机关的法律文件、医疗机构的诊断书等，则以上述法律文件、诊断书等为准”。

其二，在对“意外事故”进行定义时，明确排除了“猝死”。意外事故指外来的、突发的、非本意的、非疾病的使身体受到伤害的客观事件，以下情形属于疾病范畴，非本条款所指意外身故：……猝死：指由潜在疾病、身体机能障碍或其他非外来性原因所导致的、在出现急性症状后发生的突然死亡，以医院的诊断或公安、司法机关的鉴定为准。

其三，在附加猝死条款中，对猝死定义为：突然发生急性疾病，且在疾病发生 6 小时内死亡。该急性疾病是被保险人在保险合同生效之前未曾接受诊疗且在保险合同的有效期间内突然发生的。

根据上述条款约定，“猝死”的解释，一般会有外表健康这一要素，因而，对于保险事故是否属于“猝死”情形，首先应结合医疗机构或公安机关的认定。医疗机构出具的诊断书或公安机关出具的死亡证明显示被保险人死因为“猝死”，还应结合事故发生考察多种因素参与，判定是否存在意外因素，如被保险人的“猝死”系因周围环境的明显改变，或有明显外来因素的介入，被保险人在死亡前发生过跌倒、吸入特殊气体、进入高原环境等。

保险条款没有明确约定“猝死”的免责情形，但免责条款约定：“被保险人既有疾病的急性发作”不承担保险责任。该情形下，若保险人以被保险人“猝死”为由拒赔，则应证明“猝死”系因疾病导致的死亡发生。保险合同未直接约定“猝死”属于承保范围或是免责范围，所以对保险人的责任应根据被保险人的死亡是否属于所承保意外伤害或免责条款中所约定的“既有疾病的急性发作”加以认定。

（3）举证责任

该类案件的审理焦点是厘清“猝死”与意外事件的关系。当事人通常提供医疗机构或公安机关出具的载明“猝死”的书面证据，但因不同机构对“猝死”认定的外延和内涵可能不同，仅凭相关机构出具的仅载明死亡原因为“猝死”的证明，无法确定是否属于保险法意义上的意外事件。还应结合保险条款的约定、现场情况、被保险人健康状态等证据综合判断“猝死”与意外的关联。

保险金请求权人应当首先完成被保险人的“猝死”属于意外事件的初步证明，提供被保险人生前病史资料，初步排除被保险人基础疾病，完成初步证明被保险人死因非疾病所导致的举证责任，并达到“高度盖然性”的证明标准。保险人以被保险人“猝死”系意外导致的，应就其所主张的被保险人“疾病”或“意外”之事实承担举证证明责任，才能适用相关责任免除条款。但是，如果保险金请求权人只能证明被保险人死亡的事实，但是无法证明系意外事件，此时不宜无条件地将其死因推定为意外伤害。

3. 被保险人故意犯罪

“被保险人故意犯罪”是《保险法》直接规定的六种法定拒赔情形之一，出现该情形，保险事故已实际发生，但保险人无需解除合同，而直接享有依法免责的权利。

【审查要点】

（1）事实查明：被保险人存在故意犯罪情形或抗拒依法采取的刑事强制措施；

（2）因果关系：被保险人的伤残或死亡因前述情形所导致；

（3）法律后果：现金价值的处理。

【注意事项】

（1）“故意犯罪”的认定标准，应当以刑事侦查机关、检察机关和审判机关的生效法律文书或者其他结论性意见为依据。被保险人因过失犯罪或者一般性违法行为导致其自身伤残或者死亡的，保险人不能免除给付保险金的责任。

“刑事强制措施”的认定标准。根据《刑事诉讼法》，刑事强制措施包括拘传、取保候审、监视居住、拘留和逮捕。

（2）“故意犯罪”与被保险人伤残及死亡后果之间应有直接的、必然的因果关系。保险人对伤残、死亡结果与其事实的行为之间的因果关系承担证明责任。实践中这种因果关系可能存在以下几种情况：被保险人所实施的犯罪行为，由于具有高度危险性，直接造成其死亡、伤残结果的发生；被保险人实施犯罪行为，被害人正当防卫，将被保险人致死或者致残；被保险人因犯罪被判处并执行死刑。

（3）保险条款约定与法律规定的关系。“故意犯罪”免责内容一般在保险条款中会有约定，但表述存在差异。如《平安附加意外伤害医疗保险（A）条款》将“被保险人故意自伤、故意犯罪或者抗拒依法采取的刑事强制措施”列为免责范围。

保险条款中有关故意犯罪或抗拒依法采取的刑事强制措施导致其伤残或死亡的免责内容，属于保险合同重述法定免责条款，无论保险人有无履行提示和明确说明义务，均当然发生法律效力。但对于保险合同中超出法条约定的免责内容，仍应按照免责条款的适用规则进行处理。

（4）保险单现金价值的处理。保险人因被保险人故意犯罪或者抗拒依法采取的刑事强制措施而不承担保险责任的情形下，对于已交足2年以上保险费的，仍要按照保险合同约定退还保险单的现金价值。如果保险合同没有约定现金价值的退还，鉴于现金价值来源于投保人交纳的保险费，应当将现金价值退还给投保人。投保人兼被保险人已经死亡的，保险人应当将保险单的现金价值退还给投保人的继承人。

【规范指引】

《中华人民共和国保险法》

第四十五条 因被保险人故意犯罪或者抗拒依法采取的刑事强制措施导致其伤残或者死亡的，保险人不承担给付保险金的责任。投保人已交足二年以上保险费的，保险人应当按照合同约定退还保险单的现金价值。

《最高人民法院关于适用〈中华人民共和国保险法〉若干问题的解释（三）》

第二十二条 保险法第四十五条规定的“被保险人故意犯罪”的认

定，应当以刑事侦查机关、检察机关和审判机关的生效法律文书或者其他结论性意见为依据。

4. 投保人故意

"投保人故意"是《保险法》直接规定的六种法定拒赔情形之一，出现该情形，保险事故已实际发生，但保险人无需解除合同，而直接享有依法免责的权利。

【审查要点】

（1）主观状态：投保人存在故意行为或违法行为；

（2）因果关系：投保人上述行为造成被保险人死亡、伤残或疾病；

（3）行为目的：是否以非法获取保险金为目的。

【注意事项】

（1）投保人的行为是故意行为，不是过失行为。投保人的过失行为，如驾驶机动车发生交通事故，保险人不得免除保险责任。

（2）投保人的行为是违法行为，而不属于符合公共政策、社会正义的行为。如投保人为避免另一重大利益损失而采取紧急避险措施，医生、消防员等具备特定职责人群为社会公共利益所为的行为等。

（3）投保人故意行为导致保险人拒赔，其立法本意在于防止保险欺诈的道德风险。对于投保人的故意行为，从保障被保险人的利益出发，应当进一步进行区分。投保人不以骗取保险金为目的的故意制造保险事故，对被保险人而言，保险事故符合不可预测、不可防范的特征，保险公司应当承担给付保险金的责任。此时，如果投保人兼具受益人的身份，应当按照《保险法》第四十三条第二款，认定该受益人丧失受益权。

【规范指引】

《中华人民共和国保险法》

第四十三条 投保人故意造成被保险人死亡、伤残或者疾病的，保险人不承担给付保险金的责任。投保人已交足二年以上保险费的，保险人应当按照合同约定向其他权利人退还保险单的现金价值。

受益人故意造成被保险人死亡、伤残、疾病的，或者故意杀害被保险人未遂的，该受益人丧失受益权。

5. 投保人等未及时通知

“投保人等未及时通知”是《保险法》直接规定的六种法定拒赔情形之一，出现该情形，保险事故已实际发生，但保险人无需解除合同，而直接享有依法免责的权利。

【审查要点】

（1）通知主体：投保人、被保险人、受益人；

（2）通知期限：以客观标准认定及时通知；

（3）通知方式：口头、书面均可；

（4）法律后果：未通知的主观方面、对确定保险事故的影响大小、保险人存在承担责任的例外情形。

【注意事项】

（1）出险通知义务要求投保人、被保险人及受益人应当对其知道的保险事故发生进行通知。这里“知道”作扩大解释，包括“应当知道”的情形。同时，通知的时间期限应当“及时”，关于如何认定“及时”，按照客观标准进行认定，也称为结果标准，应当以通知义务的履行是否导致保险事故的性质、原因、损失程度难以确定作为判断标准。

（2）保险人以违反出险通知义务拒赔，仍需满足以下条件：首先，通知义务人未通知的主观方面限于故意或重大过失；其次，通知义务人未通知，只有造成保险事故的性质、原因、损失程度难以确定，保险人才有权拒赔；最后，保险人仅对不能确定的部分不承担保险责任，对能确定的部分仍应承担保险责任。比如，被保险人多次意外伤害造成的损伤中，对无法确定的伤残等级、不能确定发生时间的医疗费，保险人无法认定保险事故造成的损失，可以对该部分免责。

（3）保险人承担保险责任的例外情形。出险通知义务的立法目的是便于进行查勘定损、收集证据材料、理算和确定损失数额。当现有证据能够充分证明事故发生的成因、性质、结果等，或保险人通过其他途径已经知道或者应当知道保险事故发生的，保险人仍应承担保险责任。

（4）通知义务人未及时通知致保险人未行“尸检”的审查。“尸检”并不是保险金请求权人的法定义务，亦非查明事实的唯一必要手段，当未行“尸检”致使事故由承保事故或者非承保事故、免责事由造成无法查清的情形下，应按结合多因一果、比例原则（详见多因一果与比例原则章节）等进行处理为宜。

【规范指引】

《中华人民共和国保险法》

第二十一条 投保人、被保险人或者受益人知道保险事故发生后，应当及时通知保险人。故意或者因重大过失未及时通知，致使保险事故的性质、原因、损失程度等难以确定的，保险人对无法确定的部分，不承担赔偿或者给付保险金的责任，但保险人通过其他途径已经及时知道或者应当及时知道保险事故发生的除外。

【典型案例】

中国平安人寿保险股份有限公司等与曹某玲等人身保险合同纠纷案［裁判法院：上海金融法院；案号：（2021）沪74民终1273号］

裁判要旨：案涉《道路交通事故证明》《司法鉴定意见书》《居民死亡证明书》已足以证明被保险人发生交通事故且当日送医不治身亡的事实，交通事故与被保险人死亡存在直接关联，符合合同关于意外伤害的情形。保险合同未约定被保险人继承人或家属是否有尸检的义务，保险人亦未在被保险人家属报案至遗体火化的十余日内告知其需要尸检。保险人以未尸检为由，主张被保险人非因交通事故死亡，因其未能提供相反证据证明，故法院对其主张不予支持。

6. 被保险人职业类别变更

【审查要点】

（1）保险人以被保险人职业类别不一致拒赔的具体类型：投保时职业类别与实际情况不符；保险期间职业类别发生变化；保险事故发

生时从事职业属免赔情形等。

（2）投保人未如实告知职业类别的，按照《保险法》“如实告知”审查规则，审查保险人的询问义务、投保人的主观考量（故意或重大过失）、对承保风险和保险费率的影响等。

（3）被保险人在保险期间职业类别变动，保险合同约定属于“危险程度显著增加”情形的，可参照《保险法》规定的财产险“危险程度显著增加”规则审查。

（4）保险人对特定职业类别免责的，按照免责条款或重大利害关系条款相关规则审查。

【注意事项】

意外伤害保险合同纠纷中，保险人对被保险人职业类别变更的抗辩类型不一，是否可以拒赔应根据具体情况予以认定：

（1）投保人对被保险人职业类别未如实告知

意外伤害保险中，被保险人的职业或工种对保险费厘定有重大意义，属于《保险法》中规定的“足以影响保险人决定是否同意承保或者提高保险费率”情形，应当按照《保险法》如实告知相关规定进行审查。

保险人的询问义务应建立在投保时是否给出全面的职业分类类型标准基础上。在投保人自行申报和填报职业的情形下，人民法院不但需要严格审查保险人的询问是否具体且明确，还应当审查保险人有无就职业分类的内容、类型、等级和标准，以及承保风险进行针对性的提示和说明。根据保险人的询问，投保人应当就职业类别进行如实告知。因投保人故意或者重大过失未履行如实告知义务，致使保险事故发生时被保险人职业类别与投保时不一致的，对足以影响承保风险和保险费率的情形，保险人有权解除合同。保险人对合同解除前已发生的事故是否理赔，详见第三部分“如实告知”的解除权审查。

（2）保险合同生效后被保险人发生职业变更

被保险人职业变更，性质上属于“危险程度增加”，虽然《保险法》仅在财产保险合同一节中设置了“危险程度显著增加”的法律规定，但在人身保险合同中约定“职业变更通知”条款，并不被法律所禁止，亦可参照“危险程度显著增加”理论。被保险人职业变更时，应当按照合同约定及时通知保险人，被保险人未履行通知义务的，因变更后的职业类别危险程度显著增加而发生的保险事故，保险人不承担赔偿责任。此类情形下，人民法院应审查变更后的职业是否超出了保险合同约定的承保范围，以及保险人是否对“职业变动通知”条款尽到提示说明义务，根据不同情况依法认定免赔条款的效力。

（3）承保风险范围内特定职业免赔

责任免除条款的本质是在承保风险范围内确定免除的部分，那么在明确承保的职业类别范围内，确定特定职业免赔，属于责任免除条款。人民法院应当根据免责事由审查规则，审查免责条款的效力以及免责情形是否存在，以此认定保险人是否免责。

【规范指引】

《中华人民共和国保险法》

第十六条第一款、第二款、第四款、第五款 订立保险合同，保险人就保险标的或者被保险人的有关情况提出询问的，投保人应当如实告知。

投保人故意或者因重大过失未履行前款规定的如实告知义务，足以影响保险人决定是否同意承保或者提高保险费率的，保险人有权解除合同。

投保人故意不履行如实告知义务的，保险人对于合同解除前发生的保险事故，不承担赔偿或者给付保险金的责任，并不退还保险费。

投保人因重大过失未履行如实告知义务，对保险事故的发生有严重影响的，保险人对于合同解除前发生的保险事故，不承担赔偿或者给付保险金的责任，但应当退还保险费。

第十七条 订立保险合同，采用保险人提供的格式条款的，保险人向投保人提供的投保单应当附格式条款，保险人应当向投保人说明合同的内容。

对保险合同中免除保险人责任的条款，保险人在订立合同时应当在投保单、保险单或者其他保险凭证上作出足以引起投保人注意的提示，并对该条款的内容以书面或者口头形式向投保人作出明确说明；未作提示或者明确说明的，该条款不产生效力。

第五十二条 在合同有效期内，保险标的的危险程度显著增加的，被保险人应当按照合同约定及时通知保险人，保险人可以按照合同约定增加保险费或者解除合同。保险人解除合同的，应当将已收取的保险费，按照合同约定扣除自保险责任开始之日起至合同解除之日止应收的部分后，退还投保人。

被保险人未履行前款规定的通知义务的，因保险标的的危险程度显著增加而发生的保险事故，保险人不承担赔偿保险金的责任。

【典型案例】

1. 中国大地财产保险股份有限公司上海分公司与韩某圣人身保险合同纠纷案［裁判法院：上海金融法院；案号：（2019）沪74民终1022号］

裁判要旨：保险人是否可以被保险人职业变更或工种危险增加的保险条款主张拒赔。首先，应由保险人举证证明被保险人实际从事的工作内容和范围较投保填报的工种发生了保险合同约定的变更；其次，即便工种确实变更导致危险程度增加，根据条款约定，保险人应按实交保费与变更后的职业或工种所对应保险费的比例给付保险金，而非直接拒赔。

2. 安心财产保险有限责任公司与陈某生意外伤害保险合同纠纷案［裁判法院：上海金融法院；案号：（2020）沪74民终895号］

裁判要旨：保险人以被保险人出险时从事的工作超出了保单特别约定的承保职业类别，故以不属于保险范围为由拒赔的，因该约定内容系限制或减轻了保险人保险责任范围的免责条款，保险人未对此履行提示和明确说明义务的，该条款不产生效力。保险人亦未证明被保险人从事了条款约定赔付职业类别以外的专业工作，导致不可预见的危险程度显著增加。

7. 宣告死亡的相关问题

【审查要点】

（1）被保险人被宣告死亡；

（2）被宣告死亡的时间。

【注意事项】

人寿保险中的死亡应当包括自然死亡与宣告死亡，此无争议；对意外伤害保险中的死亡界定，存在争议。我们认为，在意外伤害保险合同未将被保险人因意外伤害事故被宣告死亡作为除外责任的情况下，保险人应当承担被保险人因意外伤害事故被宣告死亡的保险责任。

（1）宣告死亡认定的死亡时间与保险期间。投保人为被保险人订立的以死亡为给付保险金条件的保险合同，被保险人被宣告死亡后，当事人要求保险人按照保险合同约定给付保险金的，应予支持。但是，宣告死亡的被保险人下落不明之日与宣告死亡之日之间存在一定时间差。所以，被保险人被宣告死亡之日在保险责任期间之外，但有证据证明下落不明之日在保险责任期间之内，当事人要求保险人按照保险合同约定给付保险金的，人民法院应予支持。

（2）保险条款与法律对宣告死亡的不同规定。《保险法司法解释（三）》关于宣告死亡的规定解决了宣告死亡是否构成人身保险事故中的"死亡"，其所确立的规则属于绝对强制规定，不得变更。《保险法》第二条规定，人身保险为"当被保险人死亡、伤残、疾病或者达到合同约定的年龄、期限等条件时承担给付保险金责任的商业保险行为"。《保险法》作为特别法，未对"死亡"特别规定，应当适用上位法的规定。故该条中的"死亡"应当理解为包括自然死亡与宣告死亡。保险人不得通过格式条款限缩法律对受益人权利的规定，将宣告死亡排除在《保险法》的"死亡"范围内。否则，根据《保险法》第十九条，保险人采用约定的方式排除该义务的，应当认定无效。

（3）被保险人被撤销宣告死亡的法律后果。得利人没有法律根据取得不当利益的，受损失的人可以请求得利人返还取得的利益之规定，被保险人被撤销宣告死亡后受益人或者被保险人的继承人所取得的死亡保险金构成了不当得利，保险人有权请求其返还。

【规范指引】

《最高人民法院关于适用〈中华人民共和国保险法〉若干问题的解释（三）》

第二十四条　投保人为被保险人订立以死亡为给付保险金条件的保险合同，被保险人被宣告死亡后，当事人要求保险人按照保险合同约定给付保险金的，人民法院应予支持。

被保险人被宣告死亡之日在保险责任期间之外，但有证据证明下落不明之日在保险责任期间之内，当事人要求保险人按照保险合同约定给付保险金的，人民法院应予支持。

8. 诉讼时效

【审查要点】

详见人寿保险合同纠纷部分诉讼时效的审查要点。

【注意事项】

《民法典》规定的普通诉讼时效为 3 年。《保险法》与《民法典》对于诉讼时效的规定存在冲突时，按照“新法优于旧法”及“特别法优于一般法”的原则，意外伤害保险诉讼时效适用《民法典》3 年的规定。

【规范指引】

《中华人民共和国保险法》

第二十六条第一款　人寿保险以外的其他保险的被保险人或者受益人，向保险人请求赔偿或者给付保险金的诉讼时效期间为二年，自其知道或者应当知道保险事故发生之日起计算。

《中华人民共和国民法典》

第一百八十八条第一款　向人民法院请求保护民事权利的诉讼时效

期间为三年。法律另有规定的，依照其规定。

（三）理赔范围的审查及认定

1. 身故保险金

【审查要点】

（1）保险条款对身故保险金有明确约定；

（2）被保险人因意外伤害身故。

2. 伤残保险金

【审查要点】

（1）保险条款对伤残保险金金额或计算方式有明确约定；

（2）被保险人伤残等级已经确定。

【注意事项】

（1）伤残等级鉴定标准

不宜轻易否定合同中有关按伤残等级和比例赔付的条款效力。当事人的伤残等级应当根据合同约定的标准确定，并根据约定的比例进行赔付。

保险条款一般约定以《人身保险伤残评定标准》（标准编号为 JR/T 0083-2013）（以下简称《人身伤残标准》）评定伤残等级。《人身伤残标准》系 2013 年 6 月 8 日由中国保险行业协会、中国法医学会联合发布的《伤残评定标准》（行业标准），该标准建立了保险行业人身保险伤残评定和保险金给付比例的基础，适用于意外险产品或包括意外责任的保险产品中的伤残保障，用于评定由于意外伤害因素引起的伤残程度；该标准对功能和残疾进行了分类和分级，将人身保险伤残程度划分为一至十级，最重为第一级，最轻为第十级；与人身保险伤残程度等级相对应的保险金给付比例为十档，伤残程度第一级对应的保险金给付比例为 100%，伤残程度第十级对应的保险金给付比例为 10%，每级相差 10%。

保险合同约定《人身伤残标准》的目的在于双方事先约定将来计算保险金的方式和标准。其与《道路交通事故受伤人员伤残评定》或者《职工工伤与职业病致残程度鉴定标准》在适用对象、残疾分类、等级评定标准等方面不完全一致。当法律规定或合同约定在某些特定纠纷中必须适用某一特定标准确定伤残等级时，这些标准不能相互替代。比如，道路交通事故纠纷案的受害人要求法院按有利于自己的“2014 比例表”确定伤残等级的，显然法院不应采纳。同理，人身保险合同的被保险人要求根据合同约定以外的其他标准确定伤残等级和赔付比例的，法院也不应认可。

（2）伤残等级与赔付比例

保险条款通常约定保险人根据被保险人伤残等级按照对应的比例金额赔付，对于伤残等级赔付标准条款是否属于免责条款，存在争议。我们认为，依伤残等级按比例赔付条款系确定保险人责任范围（理赔标准）的条款，不属于责任免除条款。

保险责任条款和责任免除条款均属保险合同核心条款，系保险合同成立或生效的前提和基础。保险法意义上的“保险责任”系保险人在保险事故发生后依据保险合同约定所承担的赔偿或给付保险金的责任。“免除保险人责任的条款”应以保险人需要承担保险责任为前提，只有先确定保险人承担责任的范围才能在该范围内确定免除的部分，故保险责任条款与责任免除条款的区别亦即“确定保险人责任范围的条款”与“免除保险人责任的条款”的区别。

保险条款对于依伤残等级按比例赔付条款通常在保险责任部分载明，一般表述为保险人“按基本保险金额乘以伤残等级所对应的保险金给付比例给付意外伤残保险金”，并后附伤残等级与给付比例的对照表格。该条款实质是对伤残保险事故发生后，保险人应当承担的保险责任标准进行正向界定，而保险合同免责条款则属于在上述范围内反向排除，即在上述范围内确立例外情形进而免除或减轻标准责任。所以，保险条款中依伤残等级按比例赔付条款其性质属于确定保险人保险责任的条款，不属于免责条款。保险金请求权人以保险人对此未尽提示和明确说明义务致该条款不生效为由，主张按照全额保险金额赔付的诉请，人民法院不应支持。

【典型案例】

谢某胜与中国人民健康保险股份有限公司上海分公司意外伤害保险合同纠纷案［裁判法院：上海金融法院；案号：（2020）沪74民终1047号］

裁判要旨：保险条款明确列明意外伤残保险金以该保险金额为限，按伤残等级对应的给付比例予以核定。该条款属于保险责任条款范畴，目的在于明确被保险人因合同约定的保险事故导致身故或不同等级伤残情形下，作为保险人分别应理赔的保险金额；性质上不属于免除或减轻保险人责任的条款，不以保险人是否已明确说明为生效前提要件。本案投保人委托案外人对保险卡进行了激活，确认阅读、知晓保险条款内容并予以同意，故上述条款对保险合同双方具有约束力，应予适用。

3. 医疗费保险金

详见健康保险合同纠纷部分医疗费保险金章节。

（四）其他问题

1. 多因一果与比例原则

【审查要点】

（1）被保险人的损失系由承保事故或者非承保事故、免责事由多种原因造成；

（2）保险事故各原因力大小能否确定。

【注意事项】

（1）保险人按比例赔付的前提条件

保险法四大原则之一近因原则探求“全有或全无”。但现实中，存在多因中各自的原因力大小不明，或是任何一种因素的原因力都难以构成近因，或是根本无法查明损害结果发生的原因等情形。实践中逐渐发展出比例原则，《保险法司法解释（三）》亦有规定，被保险人的损失系由承保事故或者非承保事故、免责事由造成难以确定，当事人请求保险人给付保险金的，人民法院可以按照相应比例予以支持。但比例原则并不能完全取代近因原则，只有当损害由承保风险和未承保风险或免责事由共同造成时，才有适用余地。人民法院审理该类案件应判断具体事件中承保危险对承保损失的发生在原因力上占多大比例，并根据该比例决定保险人的赔偿责任；当各因素原因力难以查明时，可直接行使自由裁量权，判决由保险人承担相应比例的保险责任。比例原则是近因原则的有益补充和合理修正。

（2）按比例赔付的举证责任

保险人按比例支付保险金，并不免除保险金请求权人对保险事故发生以及保险人对免责事由存在的举证责任。保险金请求权人完成初步举证证明义务标准须同时满足两个条件：第一，在证据范围上，将“应当且能够”提供的原始资料全部提供；第二，在证明标准上，足以证明存在承保事故因素。保险金请求权人完成初步证明责任后，对于被保险人的损失由多种原因力造成的举证责任转移至保险人承担。在保险人举证证明保险事故存在非承保因素等原因力的情形下，人民法院才能适用按比例赔付条款确定理赔金额。

【规范指引】

《最高人民法院关于适用〈中华人民共和国保险法〉若干问题的解释（三）》

第二十五条　被保险人的损失系由承保事故或者非承保事故、免责事由造成难以确定，当事人请求保险人给付保险金的，人民法院可以按照相应比例予以支持。

【典型案例】

吴某帮等与平安养老保险股份有限公司上海分公司等人身保险合同纠纷案，全国法院系统 2021 年度优秀案例分析三等奖［裁判法院：上海市静安区人民法院；案号：（2020）沪 0106 民初 40529 号］

裁判要旨：投保人、被保险人或受益人对保险事故发生的性质、原因及损失程度等具有初步举证证明义务，“初步”以应当且能够提供的原始资料范围为限。投保人等未完成初步举证证明义务的，不得适用近因原则或比例原则确定保险责任，而应由投保人等承担举证不能的不利后果。

2. 意外伤害保险与工伤保险

当被保险人遭受意外伤害并同时认定为工伤，且其同时受意外伤害保险与工伤保险保障的情况下，不同保险金赔付可能存在竞合。

【审查要点】

（1）保险合同对意外伤害保险与其他保险并存的处理有明确约定；

（2）被保险人同时受意外伤害保险与工伤保险保障；

（3）被保险人因遭受意外伤害已获赔工伤保险金；

（4）保险人主张扣减已获赔的工伤保险金。

【注意事项】

被保险人已从工伤保险获取保险金的，已经获赔的部分能否在意外伤害险中予以扣除，应当根据保险合同约定处理。如条款约定保险责任的范围不得交叉涵盖其他保险范围，或对已投保工伤保险的情形另行约定限制性责任，或对已从第三方处获赔金额予以扣除等。

保险合同未对此进行约定的，如果保险人提出扣减保险金主张，人民法院应当审查合同约定的保险金性质区分不同情况。身故保险金、伤残保险金、定额给付型医疗费保险金应按照合同约定的数额给付保险金，可以重复给付。费用补偿型医疗费保险应根据被保险人的实际费用支出进行赔付，属于人身保险中具有财产补偿性质的保险理赔项目，应当适用损失填补原则，不得重复给付。

【典型案例】

（1）安某重、兰某姣诉深圳市水湾远洋渔业有限公司工伤保险待遇纠纷案，《最高人民法院公报》2017 年第 12 期［裁判法院：广东省高级人民法院］

裁判要旨：用人单位为职工购买商业性人身意外伤害保险的，不因此免除其为职员工购买工伤保险的法定义务。职工获得用人单位为其购买的人身意外伤害保险赔付后，仍有权向用人单位主张工伤保险待遇。

（2）国元农业保险股份有限公司上海分公司与张某等意外伤害保险合同纠纷案［裁判法院：上海金融法院；案号：（2020）沪 74 民终 858 号］

裁判要旨：保险条款以特别约定的形式明确工伤鉴定的标准根据国家《劳动能力鉴定职工工伤与职业病致残等级》（GB/T 16180-2014）执行，保险人出具的《承保证明》亦明确被保险人发生工伤残疾应由当地工伤鉴定所参照上述国家工伤保险标准执行。本案被保险人在发生意外事故后由当地人社局认定工伤，再由当地劳动能力鉴定委员会根据上述标准鉴定得出因工致残程度十级的鉴定结论，符合保险合同约定。保险人主张适用的鉴定标准应为《人身伤残标准》缺乏法律以及合同依据。

三、健康保险合同纠纷

健康保险合同又称疾病保险合同，健康保险合同纠纷是以被保险人患病、分娩及因此而引起的残疾或者死亡为保险标的，当被保险人遭受前述疾病方面的保险事故时由保险人向被保险人或受益人给付保险金的保险合同产生的纠纷。

（一）保险事故的审查及认定

【审查要点】

1. 保险条款对疾病的分类及定义有明确约定；

2. 保险条款对承保疾病的赔付标准有明确约定；

3. 保险金请求权人提供符合保险合同约定的相关疾病确诊证明；

4. 具体审查要点详见下文诉讼事由的审查及认定。

【注意事项】

1. 2020 年，中国保险行业协会与中国医师协会共同对《重大疾病保险的疾病定义使用规范》进行了修订，调整了保险合同“轻度疾病”“中症疾病”“重大疾病”的认定依据。在原 2007 版的基础上，主要有三类变化：一是细化定义了六种核心重疾；二是首次定义三种核心轻症，并统一规范理赔比例：轻度恶性肿瘤、较轻急性心肌梗死、轻度脑中风后遗症，赔付比例不高于 30% 重疾保额，将前三种发病率高的重疾按严重程度划分重症和轻症，而且要求带轻症责任的产品必须含有这三种轻症，一定程度上保障消费者利益；三是新增三种重度疾病：严重慢性呼吸功能衰竭、严重克罗恩病、严重溃疡性结肠炎。重疾标准进行更新。同时规定，自 2021 年 2 月 1 日起签订的保险期间主要为 18 周岁及以上成年人阶段的重大疾病保险合同按照该规范执行，之前已生效的重大疾病保险合同，仍按合同约定执行。

2. 认定是否达到理赔标准，应当按照各类疾病的定义及解释规则，并根据保险合同约定的确诊标准认定。实践中，当病理学检查与出院小结记载不一致时，为了确定保险事故是否发生，应进一步通过向主治医生调查、查明报告出具时间、分析各报告之间的层级效力等方式明确疾病性质和类型。

（二）诉讼事由的审查及认定

1. “等待期”

【审查要点】

（1）“等待期”条款作为免责条款具有法律效力；

（2）保险合同对“等待期”条款的具体内容约定；

（3）被保险人在“等待期”被确诊承保疾病。

【注意事项】

（1）关于“等待期”条款的性质

“等待期”条款的设立初衷是防止带病投保。实际上降低了投保人投保时能够预见到的保险事故发生后被保险人可获得的保险金，将保险有效期内的一段时间排除于保险人承担合同约定的保险责任范围之外，减轻了保险人在“等待期”内的赔付责任，属于免责条款。保险人应当根据免责条款生效规定，作出足以引起投保人注意的提示，并对该条款的内容以书面或者口头形式向投保人作出明确说明，否则

"等待期"条款不生效。

（2）关于"等待期"条款的内容

保险合同通常约定，等待期内"经医院确诊"为合同约定的疾病，还有的约定在等待期内"发生疾病"。对于"医院确诊"或"发生疾病"的理解，确诊的对象指向为"疾病"而非"症状或体征"，则等待期内需满足指向"疾病"的条件而非出现症状，保险人才能以此拒赔。且对于等待期之后确诊的疾病，一般不回溯到等待期内发生。保险人作为提供格式条款的一方，亦应对其提供的格式条款作出严格解释，不得随意扩张。因此，在"等待期"内出现相关症状、就医、体检等情形并不当然触发保险公司依据"等待期"条款拒赔，应严格按照条款约定，在"等待期"中确诊疾病才能构成免责事由。

【规范指引】

《中华人民共和国保险法》

第十七条 订立保险合同，采用保险人提供的格式条款的，保险人向投保人提供的投保单应当附格式条款，保险人应当向投保人说明合同的内容。

对保险合同中免除保险人责任的条款，保险人在订立合同时应当在投保单、保险单或者其他保险凭证上作出足以引起投保人注意的提示，并对该条款的内容以书面或者口头形式向投保人作出明确说明；未作提示或者明确说明的，该条款不产生效力。

【典型案例】

（1）王某与中国平安人寿保险股份有限公司、中国平安人寿保险股份有限公司上海分公司人身保险合同纠纷案，2017年度上海法院"100篇优秀裁判文书"［裁判法院：上海市静安区人民法院；案号：（2017）沪0106民初2590号］

裁判要旨：等待期条款属免责条款，保险人需作出足以引起投保人注意的提示并明确说明才可生效。本案中保障计划、投保书及提示书等保险凭证载明保险人已对等待期等责任免除条款作出说明，投保人也手书清楚了解，故系争条款生效。双方对“就诊”一词存在争议，格式条款需严格解释，其理解争议按通常理解解释。本案“就诊”以准确界定“疾病”为前提，通常理解应为“从本附加险合同生效（或最后生效）之日起 90 日内，因导致‘重大疾病’或‘特定轻度重疾’的（已经确诊的）相关疾病接受进一步诊断、检查或接受治疗”。本案 90 日内确诊患病，但就该疾病进一步检查是在 90 日后，不符合等待期约定情形。

（2）新华人寿保险股份有限公司上海分公司与韩某人身保险合同纠纷案［裁判法院：上海金融法院；案号:（2019）沪 74 民终 350 号］

裁判要旨：免除保险人责任的条款应视具体条款内容和性质而定，不能仅依据其在格式保险条款中章节位置及所属条款名称而定。等待期条款大幅降低（部分等待期条款甚至免除）了投保人投保时能够预见到的保险事故发生后被保险人可获得的保险金，将保险有效期内的一段时间排除于保险人承担合同约定的保险责任范围之外，当属免除保险人责任的条款。

2.“既往症”

【审查要点】

（1）“既往症”条款的法律效力审查；

（2）保险合同对“既往症”条款的具体内容约定；

（3）被保险人被确诊疾病属于“既往症”条款约定疾病。

【注意事项】

（1）“既往症”条款不当然无效，不能仅因合同条款出现“既往症”的表述即认为相关条款无效，应结合该条款的约定方式、询问内容、定义表述及范围界定的合理性等因素，依法认定其效力。

首先，“既往症”条款的设置不违背《保险法》的基本原理。根据保险法基本原理，保险合同属于射幸合同，即给付保险金必须取决于不确定发生的事件。“既往症”条款主要存在于医疗费用补充保险、健康保险（医疗费用定额给付型）等人身保险险种中，如果被保险人在投保前已发生保险合同明确约定排除的既有疾病，则与保险合同的射幸性质相悖。其次，保险监管部门对“既往症”条款并不持完全否定的态度。在国内保险业的长期实践中，保险监管部门核准的条款中常有“既往症”条款。从司法理念与监管态度相契合的角度出发，不宜一概认定“既往症”条款无效。

（2）对“既往症”条款内容的审查。

保险人关于“既往症”条款的约定内容和询问方式存在较大差异，并无统一模式。大部分保险合同以“责任免除＋名词释义”方式，排除对既往症引发的事故承担保险赔偿责任，如免责条款约定“被保险人所患既往症及保险单中特别约定的除外疾病引起的相关费用”；有的保险合同在承保危险范围条款中直接约定，如“保险期间内，在保险单载明的等待期届满后（续保者自续保生效后），被保险人初次确诊罹患本保险合同释义规定并在合同中载明的重大疾病”；还有的保险合同在特约条款中加以约定，如在保险合同之外，以特约条款列明既往症免责。因此，在“既往症”条款并不当然无效的前提下，司法实践中应注重区分不同情况，对“既往症”条款约定内容的明确性和合理性加强审查。

“既往症”既非法律概念，也非医学概念，“病＋症”的概括表述使此种条款内涵模糊、外延无限扩大，给予格式条款提供方巨大的解释空间。人民法院应当从定义明晰、合理的角度对“既往症”条款予以规制，若保险人对既往症的定义不明确、不清晰，导致对合同条款有两种以上解释的，人民法院应依法作出有利于被保险人的解释。此外，对于免除保险人责任的“既往症”条款，人民法院还应根据免责条款相关规则依法审查保险人是否尽到提示说明义务。

（3）“既往症”作为除外免责事由是保险业的经营惯例，此类合同根据投保人的身体健康状况进行保费定价，部分保险产品明确承保既往症，也有保险公司提供既往症附加险对“既往症”予以承保。保险人以此区分危险程度，厘定不同保险费率，进行差异化经营，既满足了高风险人群的投保需求，也满足了低风险人群低费率的保险需求。

人民法院在审理相关案件时，亦应考虑不同承保条件下保险费及保险金额的对应关系，根据对价平衡原则进行处理。

【规范指引】

《中华人民共和国保险法》

第十七条 订立保险合同，采用保险人提供的格式条款的，保险人向投保人提供的投保单应当附格式条款，保险人应当向投保人说明合同的内容。

对保险合同中免除保险人责任的条款，保险人在订立合同时应当在投保单、保险单或者其他保险凭证上作出足以引起投保人注意的提示，并对该条款的内容以书面或者口头形式向投保人作出明确说明；未作提示或者明确说明的，该条款不产生效力。

【典型案例】

中国大地财产保险股份有限公司上海分公司与徐某人寿保险合同纠纷案［裁判法院：上海金融法院；案号：(2020) 沪 74 民终 465 号］

裁判要旨：保险人未举证证明在涉案保险合同签订过程中，其就既往症在内的免责条款进行了充分提示和说明。根据保险合同中对“既往症”的定义，被保险人不存在接受诊断、医学咨询或者治疗、服药等情况，其仅概括描述“出现腰背部及双侧臀部酸胀不适”，如将曾经出现的各类不适均理解为后续确诊疾病的有关症状，则将不适当地缩小保险人的责任范围，损害被保险人的合法权利。

3. 保险期限届满后续保

【审查要点】

(1) 保险条款对续保事项有明确约定；

(2) 投保人在保险期限届满后继续交纳保费；

(3) 续保保险产品与原保险产品有无变化。

【注意事项】

(1) 保险期限届满后续保事项约定及规定

保险期限届满是否自动续保，应依合同约定分情况审查，大致有以下两类约定：一是约定“保证续保条款”，是指在前一保险期间届满前，投保人提出续保申请，保险人必须按照原条款和约定费率继续承保的合同约定。二是约定“不保证续保条款”，如“本产品保险期间为一年（或不超过一年）。保险期间届满，投保人需要重新向保险公司申请投保本产品，并经保险人同意，交纳保险费，获得新的保险合同”。保险条款表述众多，对于续保事项表述较为模糊的情形，人民法院应当从条款文本、结构、续保条款特征等方面判定是否约定“保证续保”。

根据原中国银行保险监督管理委员会的规定，短期健康保险（团体保险业务除外）不得约定保证续保条款。短期健康保险，是指保险人向个人销售的保险期间为1年及1年以下的健康保险。短期健康保险产品中包含续保责任的，应当在保险条款中明确表述为“不保证续保”条款；且保险人不得在短期健康保险产品条款、宣传材料中使用“自动续保”“承诺续保”“终身限额”等易与长期健康保险混淆的词句。

（2）保险期限届满后续保的不同情形

约定“保证续保条款”情形下，保险人在保险期间届满后在保证续保周期内承担续保的义务，保险人须按照原条款和原费率继续承保。若保险公司未按约续保，视为违反合同约定。投保人有权主张继续履行合同或承担违约责任。

需要注意的是，原保险产品在保证续保周期内停止销售的，保险合同已经丧失按原条款及费率履行的客观条件。投保人主张保险人承担期待利益损失的，人民法院应从以下方面具体审查：首先，保险产品停售的原因。实践中一般存在因监管机构规定而停售、保险人主动停售、保险人因产品设计存在违法违规等问题被监管机构责令停售等情况。保险人被监管机构责令停售的情形，保险人存在过错可能。其次，保险人在保险产品停售后的跟进措施。根据监管规定，保险人应当在保险产品停售后及时披露停售原因、时间、后续服务等相关信息，并为已购买产品的保险消费者在保险期间内继续提供保障服务，同时在保险期间届满时提供转保建议。最后，投保人对其期待利益损失进行举证证明，如同时期同类产品的比较、被保险人保险事故发生后的可能理赔情况等。

约定“不保证续保条款”情形下，保险期间届满后，投保人可申请续保，保险人亦有审核是否同意续保的权利，条款并未约定附加险期满后保险人必须同意续保及强制缔结下一年保险的义务，因此保险人没有强制续保义务。

【典型案例】

何某与中德安联人寿保险有限公司人身保险合同纠纷案［裁判法院：上海金融法院；案号：（2020）沪74民终297号］

裁判要旨：案涉保险的主险与附加险为两个独立险种，保单计划书明确投保人可根据自身需要选择是否投保附加险以及投保何种附加险，故二者并非合并组成固定保费。附加险条款亦明确其保险期限为1年，期满后投保人可申请续保，保险人可同意续保，故无法得出保险人必须同意续保的意思。由于续签保险合同实质为缔结新的保险合同，自当以双方合意为前提，保险人并不负有强制缔约下一年度保险的义务。

4. 相关疾病未如实告知的抗辩审查

以甲状腺结节为例，分析未如实告知义务的司法认定。

【审查要点】

（1）被保险人在投保时有甲状腺结节情形；

（2）被保险人在投保人未对甲状腺结节履行如实告知义务；

（3）被保险人发生合同约定的保险事故。

【注意事项】

未如实告知甲状腺结节，而后罹患甲状腺癌，保险人是否有权拒赔，法院判决理由、结果不一。是否违反如实告知义务，需要综合疾病诊断标准、投保人的认知能力、发现和治疗过程等因素，审慎判断。首先，是否足以影响保险人决定是否同意承保或者提高保险费率。根据《国际疾病分类（ICD-10）应用指导手册》，证明“甲状腺结节”属于内分泌、营养和代谢疾病的一种。根据《保险法》第十六条第二款之规定，投保人故意或者因重大过失未履行前款规定的如实告知义务，足以影响保险人决定是否同意承保或者提高保险费率的，保险人有权解除合同。可见，只有当投保人隐瞒的事项对保险人是否与之订立合同存在相当的客观影响时，保险人才享有合同解除权。其次，投保人的主观故意或过失。对甲状腺结节是否属于疾病的认知，与投保人经济能力、教育背景、职业背景等相关。投保人在就医、体检过程中发现结节，医生已经口头、书面提示需随访、就诊、定期复查的，可以作为认定其知道或者应当自己患有疾病的重要依据。可以根据从客观到主观的判定原则，细致查明投保人就诊过程和投保过程，两者交叉连贯的行为反应投保人的主观心理状态，从而判定原告的主观恶性出于故意是否具有高度盖然性。

【典型案例】

匡某玲与中国平安人寿保险股份有限公司等人身保险合同纠纷案［裁判法院：上海市静安区人民法院；案号：（2018）沪0106民初19369号］

裁判要旨：从被保险人数次检查甲状腺并确诊甲状腺结节（恶性待排）后极短时间投保，到其后半年余频繁就诊且入院治疗的连贯行为来看，其具有极为明显的“带病投保”主观倾向，在投保时对既往病史（甲状腺结节）存在“明知而有意隐瞒”的主观心理状态，投保人主观过错形式为故意具有高度盖然性，且足以影响保险人决定是否同意承保或者提高保险费率。故保险人有权解除保险合同并拒绝给付保险金。

5. 诉讼时效

【审查要点】

详见人寿保险合同纠纷部分诉讼时效的审查要点。

【注意事项】

《民法典》规定的普通诉讼时效为3年。《保险法》与《民法典》

对于诉讼时效的规定存在冲突时，按照“新法优于旧法”及“特别法优于一般法”的原则，健康保险诉讼时效适用《民法典》3年的规定。

【规范指引】

《中华人民共和国保险法》

第二十六条第一款 人寿保险以外的其他保险的被保险人或者受益人，向保险人请求赔偿或者给付保险金的诉讼时效期间为二年，自其知道或者应当知道保险事故发生之日起计算。

《中华人民共和国民法典》

第一百八十八条第一款 向人民法院请求保护民事权利的诉讼时效期间为三年。法律另有规定的，依照其规定。

（三）理赔范围的审查与认定

1. 重大疾病保险金

【审查要点】

（1）保险合同对重大疾病定义及赔付金额有明确约定；

（2）保险合同对“中度”和“轻度”疾病赔付标准有明确约定；

（3）保险合同对于疾病多次赔付有明确约定。

【注意事项】

2020年新修订的《重大疾病保险的疾病定义使用规范》将在2007版规范中属于除外责任不予赔付的部分早期恶性肿瘤，纳入了新规范“恶性肿瘤——轻度”。这一突破基于多种考量：根据医学实践，科学划分疾病等级，合理区分重度疾病与轻度疾病，将使保险赔付更加精准合理；对特定轻度疾病过高的理赔额，最终还是会转移到消费者身上，这将削弱重疾险“低保费、高保障”的杠杆效用；将特定重疾变更为轻症是国际趋势，利于重疾险多样化发展，用合理的成本提供更具有针对性、区别性的保障。

据此，人民法院在审理“轻度”和“中度”疾病保险赔付纠纷中，除了仍应按照《保险法》规则认定赔付标准，还应从保险实务和医学实践对新增“轻度”疾病赔付标准进行价值考量，充分考虑保险主体的利益平衡。

2. 医疗费保险金

【审查要点】

（1）保险合同对医疗费的赔付金额及计算方式有明确约定；

（2）被保险人发生保险责任范围内的医疗费损失；

（3）保险人已赔付及未赔付具体项目及金额。

【注意事项】

（1）医疗费保险金的损失填补原则

健康险下的医疗保险按照保险金的给付性质分为费用补偿型医疗保险、定额给付型医疗保险。费用补偿型医疗保险指根据被保险人实际发生的医疗费用支出，按照约定的标准确定保险金数额的医疗保险，不得超过被保险人实际发生的医疗费用金额。定额给付型医疗保险指按照约定的数额给付保险金的医疗保险。定额给付型医疗费用保险按照约定的数额给付保险金，故可以在公费医疗、社会医疗保险之外重复给付。而费用补偿型医疗保险应根据被保险人的实际医疗费用支出按照约定的标准进行赔付，属于人身保险中具有财产补偿性质的保险理赔项目，应当适用损失填补原则，不得重复获赔。

（2）主张扣除已从公费医疗或社会医疗保险获得的赔偿金额

保险人在费用补偿型医疗保险产品中，须区分被保险人是否拥有公费医疗、基本医疗保险、其他费用补偿型医疗保险等不同情况，在保险条款、费率或者赔付金额等方面予以区别对待。对于有公费医疗、社会医疗保险的被保险人，仅在公费医疗、社会医疗保险范围外赔偿，保险费相对较低；而对于没有公费医疗、社会医疗保险的被保险人可以获得全部赔偿，保险费较高。

因此，保险人给付费用补偿型的医疗费用保险金时，主张扣减被保险人从公费医疗或者社会医疗保险取得的赔偿金额的，应当由保险人证明该保险产品在厘定医疗费用保险费率时已经将公费医疗或者社会医疗保险部分相应扣除，并按照扣减后的标准收取保险费。如果保险产品在设计时扣除了公费医疗或社会医疗保险部分，但实际上是按照未扣除的保险产品费率收取保险费，则可能存在销售误导的可能，保险人在医保范围内免责的主张不能得到支持。非医保被保险人要求支付医保部分实际支付的医疗费主张，人民法院应予支持。对于定额给付型医疗保险，不适用损失填补原则，保险人主张扣减被保险人从公费医疗或社会医疗保险取得的赔偿金额的，人民法院不予支持。

投保人为被保险人在多家保险公司投保商业医疗保险的情况下，首先仍应区分医疗保险是费用补偿型还是定额给付型，在费用补偿型医疗保险产品中，适用损失补偿原则；反之则不适用。

（3）医保标准条款的审查

为控制经营风险，商业保险产品往往会引入医保标准条款，即保险公司对被保险人或第三人支出的医疗费用，按照当地基本医疗保险的标准核定医疗费用。保险合同约定保险人按照基本医疗保险的标准核定医疗费用，保险人以医疗支出超出基本医疗保险范围为由全部拒赔的，人民法院不予支持；保险人有证据证明被保险人支出的费用超过基本医疗保险同类医疗费用标准，要求对超出部分拒赔的，人民法院应予支持。实践中，被保险人支出的医疗费用在基本医疗保险范围内的同类医疗费用标准可能难以确定。我们认为，该事项举证责任应由保险人承担，保险人如不能举证证明与被保险人实际支出相对应的同类医疗费用标准的，则对其拒赔主张，法院可以不予支持。

医保标准条款虽非无效条款，但实际上减轻或者免除了保险人的部分赔付义务，属于限制保险公司赔偿责任的条款，符合免责条款的特征。应当根据《保险法》对于免责条款的提示和明确说明义务的规定判断其是否生效。

“超出基本医疗保险范围”与“超过基本医疗保险同类医疗费用标准”。根据司法解释规定，对于基本医疗保险范围外的医疗项目支出，保险人应当按照基本医疗保险范围内的同类医疗费用标准赔付，如使用了医保范围外的药品，而医保范围中有同种类或者同功能可使用的药品，则应按照医保范围内同种类或者同功能药品的标准予以赔付。对于医保范围内存在同种类或者同功能可使用药品的举证责任，分配给保险人，保险人不能提供相关证据的，应当承担不利法律后果。

（4）非指定医疗机构就诊的审查

保险人指定定点医院，是将其经营活动的某一环节交由具备专门技术的单位协助把关。当保险合同对此有明确约定，且保险人已尽到提示和明确说明义务的，应当认定该条款有效。保险人以未在保险合同指定的医疗服务机构接受治疗而对违反约定产生的费用拒赔，人民法院应予支持，但是被保险人因情况紧急必须立即实施必要的医疗救护的除外。被保险人须就其因紧急情况未能在约定的医疗机构进行就诊这一事实承担举证责任。被保险人可以通过提供急诊证明及其他能够证明情况紧急必须立即就医的情形。对于被保险人先到定点医院就诊之后根据患者病情转院的，应认定被保险人已经依约到指定医院进行医疗，保险人应承担给付保险金责任。

（5）医疗费保险金的保险人代位求偿

医疗费用保险可以分为费用补偿型医疗保险和定额给付型医疗保险（非补偿型）。补偿性医疗保险适用损失填补原则和保险代位制度，非补偿性医疗保险不适用损失填补原则和保险代位制度。人民法院应根据保险合同的约定，确定系争保险是否属于补偿型医疗保险。

保险合同明确约定为费用补偿型医疗保险，或"以实际支出医疗费作为赔付依据"等内容的，保险人在向被保险人支付保险赔偿金后，有权向第三者行使保险人代位求偿权；保险合同明确约定为定额给付型保险或不适用损失填补原则等内容的，保险人在向被保险人支付保险赔偿金后，无权向第三者行使保险人代位求偿权；保险合同未作约定或约定不明的，视为非补偿型医疗保险，保险人无权向第三者行使保险人代位求偿权。

当被保险人有多项损失，而保险人依据保险合同的约定仅就其中部分项目的损失予以赔付的，保险人则只能就已经给付保险赔偿金的损失项目行使保险人代位求偿权。比如在补偿型医疗费用保险中，被保险人因受侵害产生医疗费用、误工费、护理费等损失，保险人仅就医疗费用损失承担保险赔偿责任后，被保险人可以就其他损失继续向侵权人主张赔偿请求权，保险人则只能就医疗费用行使保险人代位求偿权。

【规范指引】

《最高人民法院关于适用〈中华人民共和国保险法〉若干问题的解释（三）》

第十八条 保险人给付费用补偿型的医疗费用保险金时，主张扣减被保险人从公费医疗或者社会医疗保险取得的赔偿金额的，应当证明该保险产品在厘定医疗费用保险费率时已经将公费医疗或者社会医疗保险部分相应扣除，并按照扣减后的标准收取保险费。

第十九条 保险合同约定按照基本医疗保险的标准核定医疗费用，保险人以被保险人的医疗支出超出基本医疗保险范围为由拒绝给付保险金的，人民法院不予支持；保险人有证据证明被保险人支出的费用超过基本医疗保险同类医疗费用标准，要求对超出部分拒绝给付保险金的，人民法院应予支持。

第二十条 保险人以被保险人未在保险合同约定的医疗服务机构接受治疗为由拒绝给付保险金的，人民法院应予支持，但被保险人因情况紧急必须立即就医的除外。

【典型案例】

马某欣与中国太平洋人寿保险股份有限公司人身保险合同纠纷案［裁判法院：上海市浦东新区人民法院；案号:（2020）沪0115民初4682号］

裁判要旨：医疗保险与一般人寿保险性质不同，它是依照保险合同约定支付医疗保险金弥补其经济损失的保险，是一种损失补偿性质的保险，因而不能重复获赔。人的生命与健康固然无价，但医疗费用是伤者的经济损失，性质与财产损失相同，应适用补偿原则，否则将出现过度治疗、额外获利的情形。

第五部分　其他

一、互联网保险的审查及认定

《互联网保险业务监管办法》将互联网保险业务定义为保险机构依托互联网订立保险合同、提供保险服务的保险经营活动；将互联网保险产品定义为保险机构通过互联网销售的保险产品。因此，本节所涉“互联网保险”不包括保险代理人于线下通过互联网媒介销售保险产品等展业模式的情形。

（一）互联网保险合同的成立、生效与保险责任期间

【审查要点】

参见《上海法院类案办案要件指南》（第 3 册）“财产保险合同类案办案要件指南”。

【注意事项】

1. 并非全部电子投保都要求投保人在投保时一并交纳保险费，且收取保险费是保险人在保险合同成立之后的权利，交纳保险费也是投保人在合同成立之后的义务，因此，保险费收取与否并非互联网保险合同成立的判断标准。

2. 互联网保险的保险人完成核保后作出承保意思表示的判断，以生成电子保单的时间为宜，该数据信息实时记载，亦可以电子保单生成作为判定互联网保险合同成立和生效的参考和依据。

3. 人身保险具有较强的人身专属性和射幸性，特别是在非接触式的虚拟环境下，为防范冒名投保等恶意行为带来的潜在道德风险，应审查保险人在投保环节是否通过人脸识别、手机验证码核验等技术保障投保人、被保险人等主体身份的确定与可识别，防止保险合同投保人与实际操作人员身份不一致的情形。

【规范指引】

《中华人民共和国保险法》

第十三条　投保人提出保险要求，经保险人同意承保，保险合同成立。保险人应当及时向投保人签发保险单或者其他保险凭证。

保险单或者其他保险凭证应当载明当事人双方约定的合同内容。当事人也可以约定采用其他书面形式载明合同内容。

依法成立的保险合同，自成立时生效。投保人和保险人可以对合同的效力约定附条件或者附期限。

（二）互联网保险的如实告知询问及履行

【审查要点】

详见第三部分如实告知审查的相关内容。

【注意事项】

1. 互联网技术在保险领域应用的初衷应当是使保险合同各方主体权利义务更明晰、保险人展业更规范以及保险消费者权益得到更充分的保护，而非保险人借电子化投保规避其应当履行的法定义务或者降低其履行法定义务的标准。

2. 保险人询问投保人健康事项时，应提供电子健康告知单的询问事项及未如实告知法律后果等的强制浏览时间，以体现保险人履行法定健康询问义务的过程。同时，应提倡以逐项勾选加之在线人工答疑的询问模式取代以强制一键勾选“否”或“无”等作为缔约前置条件的简易化询问模式。

（三）互联网保险的保险人提示和明确说明义务的履行

【审查要点】

1. 详见第三部分保险人提示和明确说明义务审查的相关内容；

2. 保险人以网页、音频、视频等形式对免除保险人责任的条款予以提示和明确说明的，可以认定其履行了提示和明确说明义务。

【注意事项】

1. 保险人以投保人在电子投保单等保险凭证声明处签章为由，主张其已履行明确说明义务的，人民法院应当根据声明的具体内容进行判断。（1）声明的内容中明确记载保险人已经进行了明确说明，即使未表述说明的具体方式，也应当认定保险人已经履行了明确说明义务，但投保人、被保险人、受益人提供其他证据证明保险人未履行明确说明义务的除外。（2）声明的内容未记载保险人已经进行了说明，即使载明投保人对免责条款已经充分理解的，也不能仅据此声明认定保险人已经履行了明确说明义务。

2. 免除保险人责任的条款应在电子投保界面中主动弹出、全文显示内容，同时设置合理的强制阅读时间，辅以有效的在线人工咨询服务。部分保险人仅提供相关条款的链接，便引导投保人勾选其已阅读并了解且同意各项免责事由等内容的声明，以此作为继续投保的前置程序，在该情形下，投保人主动点击链接才能看到条款，与保险人根据投保人的请求提供格式条款无异，不符合《保险法》要求保险人主动履行上述义务的规定，不应认定保险人已履行了提示和明确说明义务。实务中，大量存在互联网保险产品由保险公司业务员、保险代理人等以线下营销与线上自主投保相结合的方式完成投保与承保的情形。审查该类纠纷，如果保险人仅以存在勾选、弹窗等方式证明其已履行提示或者明确说明义务的，人民法院可以将上述人员追加为第三人或者作为证人参与诉讼以查明缔约过程，并根据在案证据佐证线上、线下投保全过程综合加以判定。

3.《互联网保险业务监管办法》《中国银保监会关于规范互联网保险销售行为可回溯管理的通知》《中国银保监会办公厅关于推广人身保险电子化回访工作的通知》等规范性文件从监管层面对互联网保险中保险人履行提示和明确说明义务提出了要求，可以作为人民法院在审理相关案件时认定保险人是否履行该项义务以及分配举证责任的参考。同时，上海等地区已对保险消费者在购买超过 1 年的人身保险产品（含保险期间不超过 1 年但保证续保的产品）时要求保险人通过录音 + 录像的“双录”方式记录保险销售过程，有助于人民法院固定证据、查明案件事实。

【规范指引】

《最高人民法院关于适用〈中华人民共和国民法典〉合同编通则若干问题的解释》

第十条第三款　提供格式条款的一方对其已经尽到提示义务或者说明义务承担举证责任。对于通过互联网等信息网络订立的电子合同，提供格式条款的一方仅以采取了设置勾选、弹窗等方式为由主张其已经履行提示义务或者说明义务的，人民法院不予支持，但是其举证符合前两款规定的除外。

《最高人民法院关于适用〈中华人民共和国保险法〉若干问题的解释（二）》

第十二条　通过网络、电话等方式订立的保险合同，保险人以网页、音频、视频等形式对免除保险人责任条款予以提示和明确说明的，人民法院可以认定其履行了提示和明确说明义务。

（四）涉互联网保险的电子证据认定

【审查要点】

1. 以电子数据作为证据的，应当提供原件或者可视为电子数据原件的副本或其他输出介质。

2. 判断电子数据的真实性，应结合其生成、存储、传输的计算机系统环境；其保存、传输、提取的完整性、方法及主体；其形成、存储的背景原因等方面对其完整性和可靠性进行综合判断；必要时可借助鉴定或者勘验等方法。

3. 以下情形可以推定电子数据的真实性：（1）当事人提交或者保管的于己不利的电子数据；（2）中立第三方平台提供或者确认的由其记录和保存的电子数据；（3）正常业务活动中形成的电子数据；（4）以档案管理方式保管的电子数据；（5）以当事人约定的方式保存、传输、提取的电子数据。电子数据的内容经公证机关公证的，该证据真实性应予确认。上述情形电子数据的真实性均可被足以反驳或推翻的相反证据否定。

【注意事项】

1. 电子证据在涉互联网人身险案件中较为常见，该类证据即《民事诉讼法》证据种类中的电子数据。《民事诉讼法解释》将电子数据解释为通过电子邮件、电子数据交换、网上聊天记录、博客、微博客、手机短信、电子签名、域名等形成或者存储在电子介质中的信息。目前关于电子证据的认定规则主要集中于《最高人民法院关于民事诉讼证据的若干规定》和《最高人民法院关于互联网法院审理案件若干问题的规定》。

2. 应规范电子证据的“三性”认定，最大限度还原电子投保的真实过程，从严把握当事人仅以截图照片等方式呈现电子数据的证据效力认定，防止电子数据被截取、修改、刻意删除、伪造等情形的发生，对于电子数据原件审查的具体要求详见《最高人民法院关于民事诉讼证据的若干规定》第十五条第二款。

3. 对于是否可视为原件的电子数据副本的判断，可视情综合以下方面审查:（1）当事人双方对电子副本的原始性均未提出异议;（2）经公证机关有效公证的电子副本;（3）该副本可准确反映原始数据内容的输出物或显示物，并可供完整取用;（4）附加可靠电子签名或其他安全程序保障的电子副本等。

4. 对于电子数据的真实性判断要求详见《最高人民法院关于民事诉讼证据的若干规定》第九十三条，同时，亦可参考《最高人民法院关于互联网法院审理案件若干问题的规定》第十一条关于电子数据真实性的审查规则，结合质证情况，若能通过电子签名、可信时间戳、哈希值校验、区块链等证据收集、固定和防篡改的技术手段或者通过电子取证存证平台认证电子数据真实性的，应当予以确认。

5. 对于电子数据真实性的判断，还可通过当事人自认、适格的专业技术人员具结证明、附有电子签名或采用类似安全保障手段的电子书证、经公证机关公证等方式加以确认，但应注意是否存在反证。对于推定电子数据真实性的具体情形详见《最高人民法院关于民事诉讼证据的若干规定》第九十四条第一款，对方当事人提供反驳证据经审查足以推翻上述推定时除外；若对方当事人主张推定真实的电子数据在完整性、可靠性方面存疑的，应按电子数据真实性的判断要求加以审查。

6. 人民法院也可结合数字金融服务模式下保险案件电子数据的特征，依托互联网技术，将日益成熟的电子移动终端接入审判法庭，探索在庭审中直接演示投保全流程、直接出示电子数据进行举证、质证与认证的“电子数据举证新模式”。

【规范指引】

《最高人民法院关于民事诉讼证据的若干规定》

第十四条 电子数据包括下列信息、电子文件：

（一）网页、博客、微博客等网络平台发布的信息；

（二）手机短信、电子邮件、即时通信、通讯群组等网络应用服务的通信信息；

（三）用户注册信息、身份认证信息、电子交易记录、通信记录、登录日志等信息；

（四）文档、图片、音频、视频、数字证书、计算机程序等电子文件；

（五）其他以数字化形式存储、处理、传输的能够证明案件事实的信息。

第十五条第二款 当事人以电子数据作为证据的，应当提供原件。电子数据的制作者制作的与原件一致的副本，或者直接来源于电子数据的打印件或其他可以显示、识别的输出介质，视为电子数据的原件。

第九十三条 人民法院对于电子数据的真实性，应当结合下列因素综合判断：

（一）电子数据的生成、存储、传输所依赖的计算机系统的硬件、软件环境是否完整、可靠；

（二）电子数据的生成、存储、传输所依赖的计算机系统的硬件、软件环境是否处于正常运行状态，或者不处于正常运行状态时对电子数据的生成、存储、传输是否有影响；

（三）电子数据的生成、存储、传输所依赖的计算机系统的硬件、软件环境是否具备有效的防止出错的监测、核查手段；

（四）电子数据是否被完整地保存、传输、提取，保存、传输、提取的方法是否可靠；

（五）电子数据是否在正常的往来活动中形成和存储；

（六）保存、传输、提取电子数据的主体是否适当；

（七）影响电子数据完整性和可靠性的其他因素。

人民法院认为有必要的，可以通过鉴定或者勘验等方法，审查判断电子数据的真实性。

第九十四条 电子数据存在下列情形的，人民法院可以确认其真实性，但有足以反驳的相反证据的除外：

（一）由当事人提交或者保管的于己不利的电子数据；

（二）由记录和保存电子数据的中立第三方平台提供或者确认的；

（三）在正常业务活动中形成的；

（四）以档案管理方式保管的；

（五）以当事人约定的方式保存、传输、提取的。

电子数据的内容经公证机关公证的，人民法院应当确认其真实性，但有相反证据足以推翻的除外。

《最高人民法院关于互联网法院审理案件若干问题的规定》

第十一条 当事人对电子数据真实性提出异议的，互联网法院应当结合质证情况，审查判断电子数据生成、收集、存储、传输过程的真实性，并着重审查以下内容：

（一）电子数据生成、收集、存储、传输所依赖的计算机系统等硬件、软件环境是否安全、可靠；

（二）电子数据的生成主体和时间是否明确，表现内容是否清晰、客观、准确；

（三）电子数据的存储、保管介质是否明确，保管方式和手段是否妥当；

（四）电子数据提取和固定的主体、工具和方式是否可靠，提取过程是否可以重现；

（五）电子数据的内容是否存在增加、删除、修改及不完整等情形；

（六）电子数据是否可以通过特定形式得到验证。

当事人提交的电子数据，通过电子签名、可信时间戳、哈希值校验、区块链等证据收集、固定和防篡改的技术手段或者通过电子取证存证平台认证，能够证明其真实性的，互联网法院应当确认。

当事人可以申请具有专门知识的人就电子数据技术问题提出意见。互联网法院可以根据当事人申请或者依职权，委托鉴定电子数据的真实性或者调取其他相关证据进行核对。

【典型案例】

1. 周某华与平安健康保险股份有限公司上海分公司等人身保险合同纠纷案［裁判法院：上海金融法院；案号：（2020）沪74民终1084号］

裁判要旨：案涉互联网保险产品的名称、条款等内容的修改均在操作平台上留有电子记录。保险人提供了上述后台审批记录、投保视频等证据，可以证明阅读健康告知条款并作“确认以上无问题”或“有部分问题”的勾选是完成投保的必经步骤。因此，被保险人以保险人未进行健康询问、还原的投保流程不真实为由认为其未违反如实告知义务与事实不符。

2. 郑某平与同方全球人寿保险有限公司人寿保险合同纠纷案［裁判法院：上海金融法院；案号：（2019）沪74民终831号］

裁判要旨：保险人提供的保险合同电子送达书及电子保单均系单方自行制作且未经公证，案涉保险产品也从淘宝网下架，系统后台无法还原投保时填写的健康告知事项等信息并自动生成保单的数据记录，从保险人App中亦无法查询到案涉电子送达书及电子保单，且投保人、被保险人否认收到过该保单，故对上述证据的真实性不予确认，保险人未能证明其已就健康告知事项向投保人进行询问。

3. 黄某祥等与中国平安人寿保险股份有限公司等人身保险合同纠纷案［裁判法院：上海金融法院；案号：（2021）沪74民终285号］

裁判要旨：投保人在电子投保过程中对系争保险人的询问事项通过点击勾选“否”并签字确认。保险人提供的《投保提示书》《投保书》的电子签名验证报告可以证明投保人签名的真实性，且该电子签名时间从未改动，故投保人主张保险人利用技术手段复制签字到《投保书》上的抗辩不能成立，其作为完全民事行为能力人，无论是否亲自勾选，其通过签字的方式对《投保书》的内容进行确认，应当认定投保人已知晓《投保书》的内容。

（五）卡式保险业务

卡式保险业务，又称自助保险卡业务、卡式业务，是指以购买自助保险卡为前提，凭该保险卡上的账号及密码在保险人网站或拨打电话方式自助激活，在激活过程中按要求填写相关信息，成功激活后生成电子保单的一种保险业务。

【审查要点】

参见《上海法院类案办案要件指南》（第3册）“财产保险合同类案办案要件指南”。

【注意事项】

1. 应注意实践中有的卡式保险允许投保人自由选择生效日期，应尊重当事人意思自治。对于含有诸如“激活次日零时生效”声明的保险卡，其“生效”的含义应包括合同生效的时间以及保险人开始承担保险责任的起算时点。

2. 购卡是预付保费的行为，购卡人并非在所有情形下都是投保人。

3. 认定代为激活行为法律效力时应区分代为激活人的身份，并视不同法律关系对代为激活的法效果作出认定。投保人委托代激活的方式可以是书面，也可以是口头。保险卡一般均载明须由持卡人本人激活，若保险人或其代理人接受投保人代为激活委托的，应视为双方当事人对保险合同内容的合意变更，但保险人应尽的法定义务不因代激活的委托关系而减免，因保险人或其代理人在代激活过程中未履行法定义务所导致的人身保险合同纠纷，应由保险人承担相应法律责任。

4. 根据卡式保险的激活方式，若持卡人通过保险人网站进行激活的，因保险合同订立过程系借助互联网，相关询问义务、提示和明确说明义务的审查要点及注意事项均应参照互联网保险的相关审查要求执行。

【规范指引】

《中华人民共和国保险法》

第十条第二款　投保人是指与保险人订立保险合同，并按照合同约定负有支付保险费义务的人。

【典型案例】

1. 韩某梅等诉阳光人寿保险股份有限公司江苏分公司保险合同纠纷案，《最高人民法院公报》2010 年第 5 期［裁判法院：江苏省南京市鼓楼区人民法院］

裁判要旨：保险人或其委托的代理人出售“自助式保险卡”未尽说明义务，又未对相关事项向投保人提出询问，自行代替投保人激活保险卡形成数据电文形式的电子保险单，在保险合同生效后，保险人以电子保险单内容不准确，投保人违反如实告知义务为由主张解除保险合同的，人民法院不予支持。

2. 霍某玲与天安财产保险股份有限公司意外伤害保险合同纠纷案［裁判法院：上海金融法院；案号：（2019）沪 74 民终 530 号］

裁判要旨：案涉免赔额和给付比例条款属于免除保险人责任的条款，保险人对此负有提示和明确说明义务，但《移动终端保险凭证》背面载明的明示告知（字体加粗）内容为“1. 本保险凭证的具体保险责任、免责条款等相关事宜以条款为准，被保险人可通过本公司网站或拨打热线电话查阅或索取相关条款及其他资料。本公司已在相关条款中就免责条款进行了详细解释和明确说明，请仔细阅读。2. 被保险人已阅知并理解相关保险条款尤其是保险责任、责任免除等规定，且无异议，同意投保。”保险人未举证证明已向投保人履行了上述义务，故系争条款不发生法律效力。

二、团体人身保险的审查及认定

团体人身保险，是指投保人为特定团体成员投保，由保险人以一份保险合同向团体成员提供保险保障的一种承保方式。

（一）团体险诉讼主体审查

【审查要点】

1. 团体险的适格诉讼主体包括投保人、保险人、被保险人、受益人或其他有保险利益的主体（如继承人）等。

2. 团体险保险金请求权的适格主体应为被保险人或者受益人等，在未获权利转让的情况下不包括投保人。

3. 团体险投保人指定受益人须经被保险人同意；当被保险人系与投保人有劳动关系的劳动者时，投保人不得指定被保险人及其近亲属以外的人为受益人。

【注意事项】

团体险的投保人应为与保险人订立团体保险合同，并按合同约定负有支付保险费义务的法人或非法人组织，其作为合同当事方，具有依据保险合同提起诉讼的权利。实际承担团体险保费的主体与保险合同约定不一致的，根据合同相对性原则，不影响依据保险合同的约定所确定的团体险投保人的主体身份。

被保险人或者受益人是团体险保险金请求权的适格主体，投保人并不享有相应保险给付利益。实务中，存在将团体人身保险与雇主责任保险混淆的情况，若团体险投保人在未受让保险金请求权的情况下提起保险金给付之诉，人民法院应当裁定驳回起诉。

当存在《保险法》第四十二条的情形时，此时保险金作为被保险人的遗产，除非根据合同性质、当事人约定或者法律规定不得转让，被保险人的继承人可以将其保险金请求权进行转让。

当团体险投保人指定受益人不符合《保险法》第三十九条第二款规定时，因违反法律禁止性规定，该指定行为应认定无效。此时应视为没有指定受益人，按《保险法》第四十二条的规定处理。

【规范指引】

《中华人民共和国保险法》

第十条 保险合同是投保人与保险人约定保险权利义务关系的协议。

投保人是指与保险人订立保险合同，并按照合同约定负有支付保险费义务的人。

保险人是指与投保人订立保险合同，并按照合同约定承担赔偿或者给付保险金责任的保险公司。

第十二条第五款 被保险人是指其财产或者人身受保险合同保障，享有保险金请求权的人。投保人可以为被保险人。

第十八条第三款 受益人是指人身保险合同中由被保险人或者投保人指定的享有保险金请求权的人。投保人、被保险人可以为受益人。

第三十九条第二款 投保人指定受益人时须经被保险人同意。投保人为与其有劳动关系的劳动者投保人身保险，不得指定被保险人及其近亲属以外的人为受益人。

第四十二条 被保险人死亡后，有下列情形之一的，保险金作为被保险人的遗产，由保险人依照《中华人民共和国继承法》的规定履行给付保险金的义务：

（一）没有指定受益人，或者受益人指定不明无法确定的；

（二）受益人先于被保险人死亡，没有其他受益人的；

（三）受益人依法丧失受益权或者放弃受益权，没有其他受益人的。

受益人与被保险人在同一事件中死亡，且不能确定死亡先后顺序的，推定受益人死亡在先。

《最高人民法院关于适用〈中华人民共和国保险法〉若干问题的解释（三）》

第十三条 保险事故发生后，受益人将与本次保险事故相对应的全部或者部分保险金请求权转让给第三人，当事人主张该转让行为有效的，人民法院应予支持，但根据合同性质、当事人约定或者法律规定不得转让的除外。

【典型案例】

1. 上海万通出租汽车有限公司与中国人寿保险股份有限公司上海市分公司意外伤害保险合同纠纷案［裁判法院：上海金融法院；案号：（2019）沪74民终372号］

裁判要旨：出租汽车乘客意外伤害保险性质上属于意外伤害险，乘客理应是被保险人，出租车公司根据客运合同向受害乘客的继承人进行赔偿，并未因此取得受益人资格，且合同条款对受益人无明确约定，故出租车公司并非被保险人或者受益人，其关于给付保险金的诉讼请求无事实与法律依据。

2. 众安在线财产保险股份有限公司与福建长源仁信文化传媒有限公司等人身保险合同纠纷案［裁判法院：上海金融法院；案号：（2020）沪74民终100号］

裁判要旨：团体险投保人作为保险合同的一方当事人，当然具有依据保险合同提起诉讼的权利。其诉请系保险人向被保险人的法定继承人支付保险金，且作为第三人参加诉讼的继承人的请求与投保人一致，故该请求符合事实和法律规定。

（二）团体险被保险人的确定方式

【审查要点】

1. 团体险被保险人通常以被保险人名册（单）记载加以确定；

2. 不记名承保的团体险被保险人的确定，应结合保险合同的内容审查其是否具有团体成员身份；

3. 变更的团体险被保险人的确定，有约定从约定，无约定则审查保险合同双方是否就变更协商一致。

【注意事项】

一般情况下，团体险保险人和投保人都会明确以被保险人名册（单）等所载人员作为双方确认的团体险被保险人。根据《中国保监会关于促进团体保险健康发展有关问题的通知》，特定团体成员的配偶、子女、父母可以作为团体险的被保险人。

实务中，不记名承保的团体险由于投保时因客观原因无法确定被保险人，或承保后被保险人变动频繁，如建筑工程意外险、乘客意外伤害保险、游客意外伤害保险等，但仍可通过客观条件明确区分被保险人，针对该类团体险被保险人的确定，可将具有团体成员身份等符合合同约定者确定为被保险人。

对于团体险被保险人的变更，即加减保，保险合同通常会对变更的通知方式、时间要求、是否需保险人审核同意、保费承担、变更后的保险责任起止时间、保险金给付标准等事项作出约定。在约定有效的情况下，应尊重当事人的意思自治。在无约定的情况下，可依据《民法典》第五百一十条的规定合理确定当事人就被保险人变更是否协商一致，以符合《保险法》第二十条的规定确定被保险人。

【规范指引】

《中华人民共和国保险法》

第十八条第一款第二项 保险合同应当包括下列事项：

（二）投保人、被保险人的姓名或者名称、住所，以及人身保险的受益人的姓名或者名称、住所；

第二十条 投保人和保险人可以协商变更合同内容。

变更保险合同的，应当由保险人在保险单或者其他保险凭证上批注或者附贴批单，或者由投保人和保险人订立变更的书面协议。

《中华人民共和国民法典》

第五百一十条 合同生效后，当事人就质量、价款或者报酬、履行地点等内容没有约定或者约定不明确的，可以协议补充；不能达成补充协议的，按照合同相关条款或者交易习惯确定。

第五百四十三条　当事人协商一致，可以变更合同。

（三）团体险保险利益审查

【审查要点】

1. 团体险投保人对与其有劳动关系的劳动者具有保险利益；

2. 团体险被保险人同意投保人为其订立合同的，视为团体险投保人对被保险人具有保险利益。

【注意事项】

企业可以依据劳动关系直接为其员工投保团体险。对于除劳动关系以外的其他团体险的保险利益认定，应依照《保险法》第三十一条第二款的规定进行审查。

人民法院应主动审查团体险投保人在订立保险合同时对被保险人是否具有保险利益，对不具有保险利益的，应认定合同无效。但是团体险中对保险利益的审查不宜过于严格。实务中，用人单位购买以员工及其近亲属为被保险人的团体人身险产品，其中被保险人包括员工本人及其父母、子女和配偶，但常有投保单位未取得员工家属同意的情况发生，此时员工家属嗣后同意不应一概不予允许。首先，在保费由员工自行承担的情形下，根据隐名代理相关理论，可认为是员工为其近亲属投保，依法具有保险利益；若用人单位支付保费为员工近亲属投保，除被保险人明确作出追认表示外，员工近亲属知晓并且主动提供投保材料、本人申请理赔，或者根据近亲属的其他行为可推定其"同意"的，应视为投保人对被保险人具有保险利益。其次，要求投保人对被保险人具有保险利益的目的是防范道德风险，而以福利形式交纳保费的团体险具有利他性质，一般不存在上述道德风险。最后，可根据被保险人追认的时间认定其追认效力。出险前被保险人追认的，因不存在道德风险，应认可被保险人追认的效力；出险后被保险人作出追认意思表示可能存在道德风险的，可结合具体情况从事实认定、保险原理、缔约过失责任等角度认定其追认的效力，而非一概不允许被保险人追认。

【规范指引】

《中华人民共和国保险法》

第十二条第一款　人身保险的投保人在保险合同订立时，对被保险人应当具有保险利益。

第三十一条第一款第四项、第二款、第三款　投保人对下列人员具有保险利益：

（四）与投保人有劳动关系的劳动者。

除前款规定外，被保险人同意投保人为其订立合同的，视为投保人对被保险人具有保险利益。

订立合同时，投保人对被保险人不具有保险利益的，合同无效。

《最高人民法院关于适用〈中华人民共和国保险法〉若干问题的解释（三）》

第三条　人民法院审理人身保险合同纠纷案件时，应主动审查投保人订立保险合同时是否具有保险利益，以及以死亡为给付保险金条件的合同是否经过被保险人同意并认可保险金额。

【典型案例】

和谐健康保险股份有限公司上海分公司与王某杰健康保险合同纠纷案［裁判法院：上海金融法院；案号：（2021）沪74民终1015号］

裁判要旨：本案被保险人已明确同意投保人为其投保团体险，应依法认定视为投保人对被保险人具有保险利益。

（四）团体险保险责任范围的审查

【审查要点】

详见其他各部分中关于承保范围的审查要点。

【注意事项】

团体险中，保险人发放的《服务手册》《说明手册》等材料一般均未约定为团体险合同的组成部分，其目的系作为投保的指南、保险基本情况的介绍或者理赔须知的说明，并不涉及保险合同的实质性内容，故不应作为确定合同当事人权利义务的依据。

【规范指引】

《中华人民共和国保险法》

第十四条 保险合同成立后，投保人按照约定交付保险费，保险人按照约定的时间开始承担保险责任。

第十八条第一款第五项 保险合同应当包括下列事项：

（五）保险期间和保险责任开始时间。

【典型案例】

陈某南与建信人寿保险股份有限公司上海分公司健康保险合同纠纷案［裁判法院：上海金融法院；案号：（2020）沪74民终758号］

裁判要旨：案涉《员工服务说明手册》未载明投保人与保险人通过协商约定将该手册作为保险合同组成部分，且该手册的主要内容为保险人对被保险人保险利益的告知及售后服务的说明，故难以将其认定为案涉合同的组成部分，并作为确定合同双方权利义务的依据。

（五）团体险如实告知询问及履行方式的审查

【审查要点】

详见第三部分如实告知审查的相关内容。

【注意事项】

虽然团体险的特点和展业模式区别于一般的人身险，被保险人对自身健康状况等信息较投保人更为了解，保险人在实践中亦会以诸如向每名团体成员发放询问单或者由每名成员签署包含重要事项的个人健康声明等形式进行健康询问，了解和评估相关风险。但是，《保险法》明确，履行如实告知义务的主体并不因团体险存在上述特点而有所改变，仍应限于投保人，不包括被保险人。因此，在有限告知主义和询问告知方式下，投保人履行告知义务的范围限于保险人询问的事项，保险人应就影响决定是否同意承保或者提高保险费率的事项进行询问，并使询问的内容具体、明确、便于理解，避免进行概括性询问。同时，保险人不得以纯粹向投保单位发送健康状况单方承诺书并盖章等形式，将其法定的询问义务予以转嫁或者规避，该类行为属于减轻或者未实际履行其法定义务，不构成如实告知的前提。

【规范指引】

《最高人民法院关于适用〈中华人民共和国保险法〉若干问题的解释（二）》

第六条 投保人的告知义务限于保险人询问的范围和内容。当事人对询问范围及内容有争议的，保险人负举证责任。

保险人以投保人违反了对投保单询问表中所列概括性条款的如实告知义务为由请求解除合同的，人民法院不予支持。但该概括性条款有具体内容的除外。

（六）团体险保险人提示和明确说明义务履行的审查

【审查要点】

详见第三部分保险人提示和明确说明义务审查的相关内容。

【注意事项】

部分团体险合同的订立系基于当事人之间的合作项目，即投保人与保险人以签订保险合作协议等形式确定团体险的主要合同内容，再辅以保险条款对未尽事宜进行补充，同时明确当该类协议与保险条款的内容发生冲突时，以合作协议的双方合意为准。例如，银行信用卡中心为办理车主信用卡的客户赠送的驾乘人员团体意外伤害险；外卖订餐平台为送餐员投保的骑手意外险产品等。该类保险合同的主要内容由投保人与保险人经充分协商后确定，应认为相关免除保险人责任的条款已在缔约磋商过程中由保险人进行了明确说明，具有法律效力。

【典型案例】

周某争与平安养老保险股份有限公司上海分公司人身保险合同纠纷案［裁判法院：上海金融法院；案号：（2021）沪 74 民终 101 号］

裁判要旨：投保人银行信用卡中心已与保险人签订了《保险项目

合作协议》，该协议明确约定主被保险人超载驾驶属于免赔事项，且该免责约定在保险条款中亦予载明，投保人在《投保单》上签章确认保险人已就免责条款明确说明。上述内容意思清晰明确，能够证明保险人履行了相关提示和明确说明义务。故保险人有权对该案的超载情形拒赔。

执行程序中不动产处置案件办案要件指南

课题组成员

主持人：汤黎明　上海市第一中级人民法院原副院长

执笔人：徐玉弟　上海市闵行区人民法院副院长

毛译宇　上海市黄浦区人民法院副院长

马卓君　上海市闵行区人民法院执行局副局长

徐昺灏　上海市闵行区人民法院行政及执行裁判庭副庭长

周青松　上海市闵行区人民法院执行局审判员

叶煜楠　上海市第一中级人民法院民事审判庭法官助理

指导人员

汤兵生　上海市高级人民法院执行局原局长

蒋　宏　上海市高级人民法院执行局副局长

金殿军　上海市金融法院执行局副局长

史小峰　上海市虹口区人民法院立案庭庭长

张丽利　上海市第三中级人民法院破产审判庭法官助理

▶ 精要导读

一、执行理念

（一）依法高效处置不动产，及时兑现胜诉当事人合法权益

一个时期以来，执行程序规则较原则性，执行的规范化和精细化有所欠缺。近年来，最高人民法院不断完善执行规则，从财产处置参考价、处置流程、执行异议等各方面进行了细化和完善。不动产价值巨大、涉及主体多元、处置周期较长，在不动产处置过程中，尤其要注意程序的规范化，充分保障各方合法权益。在规范化的前提下，要注重不动产处置的高效化。债权人的权利尽可能迅速并完全地得到实现，是强制执行制度应该力争的最基本目的。在不动产处置过程中，应该严格按照法律规定的时限要求，及时启动各个环节。除非出现法律明确规定的停止执行情形以外，执行程序应该不间断推进，直至处置完毕，防止拖延情形。

（二）坚持审执分离原则，充分保障各方权益

不动产处置过程中，涉及利益主体广泛，需要保障各方主体的不同权益。对被执行人而言，需要保障其执行异议权、知情权、居住权益；对承租人而言，需要保障其合法的租赁权；对抵押权人而言，需要保障其优先受偿权；对共有人而言，需要保障因共有权而产生的优先购买权等系列合法权益。在居住房屋处置过程中，需要重点关注财产权和生存权的冲突问题，要通过申请执行人提供住房或者预留租金的方式，合理保障被执行人的居住权益。处理各种不同的权益，需要按照不同的程序，坚持审执分离原则，充分保障当事人、利害关系人的异议权。及时通过执行异议、执行复议、执行异议之诉等程序解决执行过程中衍生的涉执行裁判问题，同时避免以执代审与以审代执。

（三）执行权与行政权相协调，执行法规与行政政策相结合

不动产种类繁多，涉及不动产管理的政策法规众多。在处置不动产过程中，要注意执行权与行政权的协调。执行权着力于控制和变价不动产，财产查控和变价的程序属于执行权范畴。不动产本身及转让所涉及的规则则属于行政权的范畴，不因进入执行程序而有所改变，执行程序应该予以尊重。要合理处理不动产处置与交易限购政策、土地规划政策、产业政策、国家改革等方面的关系。在涉及划拨土地、集体土地、宅基地、保障性住房等不动产执行过程中，要加强与相关职能部门的沟通协调，妥善推进执行程序。

二、重点问题

（一）不动产无益拍卖的认定及适用

涉案不动产不具有处置价值的，视为无益拍卖，原则上不予启动司法处置程序。具体包括两种情形：一是执行法院认为处置涉案不动产，申请执行人应当垫付委托评估费用或网络询价费用，申请执行人明确拒绝的；二是涉案不动产上有其他人的抵押权等优先受偿权，该不动产未经专业估价，执行法院根据同类型不动产的交易价值，初步估算优先受偿金额明显大于或接近于不动产价值的。

执行人员应加强对申请执行人的引导。除明确要求其特定情况预先交付委托评估费用外，对申请执行人不接受以物抵债方案的，告知《最高人民法院关于人民法院民事执行中查封、扣押、冻结财产的规定》第二十八条第三项规定，减少申请执行人对明显不具有市场价值的不动产要求处置的情形。

（二）不动产司法拍卖与所有权转移登记的相应程序

《最高人民法院关于人民法院网络司法拍卖若干问题的规定》（以下简称《网拍规定》）第二条确立了“网络司法拍卖为原则、委托拍卖为例外”的司法拍卖原则，采用司法委托拍卖方式的，需经分管执行工作的院领导审批通过。申请执行人有权选择网络拍卖平台，未选择

或多个申请执行人选择不一致的，由执行法院指定。执行法院可通过指定程序随机确定拍卖辅助机构并办理委托手续。执行法院制作的拍卖公告应对拍卖财产的基本情况、税费承担、拍卖保留价和竞买后可能产生的风险等信息进行充分披露，公示信息中不得载明“不负责腾退交付”等内容。拍卖公告应于法定期限内发布并通知相关当事人。

拍卖成交后，买受人应当在支付价款后 10 日内向执行法院提交房地产交易中心出具的具备购房资格的《房屋交易审核情况通知书》，人民法院在审核确认后依法制作拍卖成交裁定书。买受人应该具备购房资格而无购房资格的，不得制作拍卖成交裁定书；不符合撤销拍卖条件的，应依法承担悔拍等法律后果。拍卖出现流拍等无法正常处置情形，不具备购房资格的申请执行人等当事人请求以该房抵债的，人民法院不予支持；不动产经网络司法拍卖两次拍卖均流拍的，可以进行网络司法变卖。

（三）“唯一居住房屋”处置中如何保障被执行人居住权

唯一居住用房处置的前提是要保障被执行人及其所扶养家属的居住权益。保障居住权益有两个方式，一是申请执行人按照当地廉租住房保障面积标准为被执行人及所扶养家属提供居住房屋。二是参照当地房屋租赁市场平均租金标准从该房屋的变价款中扣除 5 年至 8 年租金。计算方法：租金（元）= 被执行人及所扶养家属的人数（人）× 当地廉租住房保障人均面积（平方米 / 人）× 当地房屋租赁市场的月平均租金（元 / 平方米 / 月）×12（月）× 租金年数（年）。

（四）共有不动产如何处置

被执行人有个人所有财产时，一般先执行个人所有财产，再执行共有财产，但是该财产无益拍卖、不便于处置的除外。按份共有不动产，在执行共有财产前，共有人愿意支付被执行人应有份额部分对应的价款申请排除执行，债权人和债务人对此予以认可的，人民法院可以准许。如果案外人不同意或虽然同意但在合理期限内没有实际行动的，则可以对共有份额进行变价。被执行人与他人按份共有不动产的，可以整体变价共有不动产，变价后执行被执行人份额所对应的变价款；但是申请人同意仅拍卖份额的除外。

被执行人基于继承、合伙等关系而与案外人共同共有不动产时，应该先确定各个共有人之间的份额，将共同共有关系转化为按份共有关系，然后按照按份共有不动产的处置规则进行处置。

登记在被执行人一方名下，但是通过购买于夫妻关系存续期间等足以推定为夫妻共同共有的不动产或者登记在双方名下并登记为共同共有的不动产，人民法院可以直接处置，原则上执行处置款的二分之一；登记在双方名下并登记为按份共有的，按照登记份额执行处置款。人民法院根据案外人异议的审理情况进行处置。登记在被执行人配偶名下的不动产，如果是夫妻关系存续期间取得，则推定为夫妻共同财产，可以查封；但应在执行裁定书中载明夫妻关系存续期间、取得财产的时间等说理性内容。如果被执行人配偶认为查封的不动产属于个人财产而要求排除执行的，可以通过案外人异议的程序予以救济。如果配偶没有提出异议，人民法院可以直接处置，原则上执行处置款的二分之一。

（五）预查封不动产如何处置

预查封不动产一般不可以处置，但是具备下列条件的可以处置。一是购房款已经付清，开发商同意拍卖。二是被执行人符合《最高人民法院关于人民法院办理执行异议和复议案件若干问题的规定》（以下简称《执行异议和复议规定》）第二十八条、第二十九条规定的情形，此时被执行人对不动产享有的物权期待权在一定程度上已经具有物权的排他效力。三是政府基于城市规划、土地开发等原因，进行城市道路建设和其他公共设施建设项目而安置给被拆迁人或承租人居住使用的房屋。处置的方式包括直接拍卖房屋和拍卖预售合同债权等形式。

（六）划拨土地使用权及其地上建筑物、附着物是否可以处置

符合下列条件的，经市、县人民政府土地管理部门和房产管理部门批准，划拨土地使用权和地上建筑物、其他附着物所有权可以处置：（1）土地使用者为公司、企业、其他经济组织和个人；（2）领有国有土地使用证；（3）具有地上建筑物、其他附着物合法的产权证明；（4）依照《中华人民共和国城镇国有土地使用权出让和转让暂行条例》（2020修订）第二章的规定签订土地使用权出让合同，向当地市、县人民政府补交土地使用权出让金或者以处置所获收益抵交土地使用权出让金。如果上述不动产已经设定了抵押权，则无需办理审批手续。但是，应当从拍卖所得的价款中缴纳相当于应缴纳的土地使用权出让金的款额后，抵押权人方可优先受偿。

（七）无证不动产是否可以处置及如何处置

无证建筑物包括违法建筑和历史遗留问题导致的证件不全的建筑物。被执行人虽然不能取得违法建筑所有权，但具有临时可用性，在被行政主管部门拆除、没收或支配人自行拆除前，从经济学角度看仍具有财产的用益属性，应视为被执行人的具有临时使用价值的可供执行财产。历史遗留问题导致的证件不全的建筑物，行政机关征收土地和房屋时应给予补偿安置，亦具有价值属性。执行程序中，人民法院可以对无证建筑物按照现状予以处置，但并不意味着对违法建筑的合法化，同时也要防止将违法建筑合法化。人民法院在出具拍卖成交裁定时，为避免代替行政机关认定违法建筑和权属认定，可于主文中载明“某某未办理不动产登记的建筑物交付买受人”，不宜出现“某某无证建筑物的所有权归买受人所有”“违章建筑”“违法建筑”等字样。

（八）对迟延处置不动产等消极执行行为的异议能否作为执行行为异议审查

当事人、利害关系人认为执行法院迟延处置不动产并对此提出执行异议的，对该种消极执行行为能否作为执行行为异议按《民事诉讼法》第二百三十六条进行审查，存在争议。

虽然上海市高级人民法院对不动产执行的相关流程节点有所规定，但该规定系法院内部管理考核规定，不应作为审查执行行为是否违法的适法依据。因此，对于此类情况的异议，应当以没有具体可供审查的执行行为裁定不予受理或驳回申请。

但如果法院执行部门正式作出书面执行决定，不予处置相关不动产的，当事人、利害关系人可以对该决定提出异议，法院应当按照执行行为异议的相应程序予以审查。

（九）案外人作为借名买房的实际权利人提出排除执行异议的一般处理标准

案外人借被执行人名义购买不动产，并登记在被执行人名下，但案外人为实际购买人，支付了全部购房款并实际占有使用系争不动产。此种情形下，案外人的对系争不动产的权利是否足以排除执行，实践中存在分歧。

本指南认为，基于物权公示原则，物权的设立或变更，应当以法律规定的方式进行，才以此拥有对抗不特定第三人的效力。借名买房的约定只在缔约双方之间产生约束力即内部效力，认定其对外仍能约束包括申请执行人在内的不特定第三人，缺乏正当性。故案外人在该种情形下，一般不能排除对系争不动产的执行。

（十）案外人作为以物抵债的权利人提出排除执行异议的一般处理标准

案外人作为以物抵债的权利人，主张其对被执行人有其他合法金钱债权（案外人以其他法院作出的业已生效的以物抵债裁定主张权利的情况不在此列），而就涉案不动产其已和被执行人达成协议充抵该债权，故提出排除执行的异议。实践中，该类异议的表面情形可能与不动产买卖关系近似，例如案外人提交书面的房屋买卖合同以证明其系涉案不动产的买受人，但购房款已经通过其他债权折抵并视为支付。

针对该类异议，债权人与债务人合意以物抵债的目的是消灭旧债，是对金钱债权履行方式的约定，但其本质上仍然是金钱之债，在法律性质上属于旧债新偿而非债务更新。因此，不能将该类异议的案外人等同于房屋买卖合同的买受人而适用《执行异议和复议规定》第二十八条或第二十九条予以审查，案外人的债权也不应优先于申请执行人的权利，对案外人的异议一般不予支持。

第一部分　执行程序中不动产处置的总体概述

不动产处置，一方面按照程序不同，可以分为民事执行的处置程序和刑事涉财产执行的处置程序。在民事执行程序中，规范较为完善，形成了完整的查封、评估、处置等各个环节的处置程序。在刑事涉财产执行程序中，规范较少，需要参照民事执行程序进行。另一方面按照处置的标的物不同，可以分为房屋等建筑物、构筑物，森林、林木，建设用地，宅基地，海域等，由于篇幅和经验所限，本指南主要涉及常见的不动产处置内容。

一、不动产处置的基本情况

（一）拍卖数量

2019 年，上海市共上拍 2340 套不动产，其中住宅 1466 套、商业性不动产 788 套、工业性不动产 53 套，其他不动产 33 套。2020 年共上拍 2834 套不动产，其中住宅 1768 套、商业性不动产 905 套、工业性不动产 59 套，其他不动产 102 套。2021 年共上拍 2874 套不动产，其中住宅 1569 套、商业性不动产 1086 套、工业性不动产 55 套，其他不动产 164 套。在所有处置财产中，不动产的拍卖数据占比也较大，不动产处置在执行程序中具有重要意义。

（二）财产价值

2019 年，处置不动产成交 1834 套，成交总金额 129 亿元，平均成交金额 706 万元。2020 年，处置不动产成交 2232 套，成交总金额 165 亿元，平均成交金额 741 万元。2021 年，处置不动产成交 2154 套，成交总金额 237 亿元，平均成交金额 1100 万元。由此可见，不动产处置涉及的价值巨大，对当事人权益影响重大。

（三）成交情况

2019 年，处置不动产的平均成交率为 78.38%，其中住宅成交率为 85.88%，商业性不动产成交率为 65.61%，工业性不动产成交率为 64.15%，其他不动产成交率为 72.73%。2020 年，处置不动产的平均成交率为 78.76%，其中住宅成交率为 88.80%，商业性不动产成交率为 58.45%，工业性不动产成交率为 71.19%，其他不动产成交率为 89.22%。2021 年，处置不动产的平均成交率为 74.95%，其中住宅成交率为 86.62%，商业性不动产成交率为 55.99%，工业性不动产成交率为 74.55%，其他不动产成交率为 89.02%。

从成交阶段来看，2019 年，一拍成交套数为 1422 套，二拍成交套数为 387 套，变卖成交套数为 25 套。2020 年，一拍成交套数为 1730 套，二拍成交套数为 456 套，变卖成交套数为 46 套。2021 年，一拍成交套数为 1672 套，二拍成交套数为 430 套，变卖成交套数为 52 套。

（四）拍卖耗时

2019 年处置的不动产中，平均用时（自然日）101 天，住宅用时 95 天，商业性不动产用时 117 天，工业性不动产用时 119 天，其他不动产用时 92 天。2020 年处置的不动产中，平均用时（自然日）126 天，住宅用时 116 天，商业性不动产用时 152 天，工业性不动产用时 158 天，其他不动产用时 138 天。2021 年处置的不动产中，平均用时（自然日）159 天，住宅用时 133.3 天，商业性不动产用时 197.5 天，工业性不动产用时 162.7 天，其他不动产用时 237.2 天。

二、不动产处置的特点

（一）财产价值巨大

上海市的不动产单套成交价值均价在 700 万元以上，是执行处置中常见的、价值巨大的财产。在大标的额案件执行中，往往都涉及不动产的处置。不动产价值巨大，对当事人的利益影响重大，在处置过程中需要规范执行程序，以免造成严重后果。

（二）衍生争议繁多

不动产处置过程中，执行异议和执行异议之诉相互缠绕，这些异议涉及的利益广、认定处理难，为不动产处置工作带来不少难度，也增加了程序的复杂性。在这些异议中，真实权利人、虚假权利人相互交错，处理不当，要么会纵容违法者，要么会伤及无辜者。

（三）牵扯主体、利益广泛

不动产是社会生活中重要的财产形态，与人民的基本生活密切相关，衍生出的经济活动也非常普遍和活跃。在处置不动产过程中，会牵涉承租人、案外共有人（特别是配偶）、买受人等多个不同主体，而这背后涉及不同的利益诉求。租赁权、抵押权、买受人期待权等不同权利之间的冲突和对抗，在不动产处置过程中表现得淋漓尽致。

（四）处置频率较高

执行处置的财产中，最为广泛的可谓不动产。一方面，不动产是重要的担保物，在社会经济活动中，以不动产作为抵押物的情况非常普遍；另一方面，不动产价值巨大，对实现债权人利益具有重要意义。而且，从执行规范角度而言，不动产处置是变价程序的“范本”，其他财产处置大多可参照不动产处置进行。

三、不动产处置的难点

（一）被执行人拒不配合执行

不动产价值巨大，在不动产处置过程中，被执行人往往通过各种方式抗拒执行、阻碍执行，其中既有明目张胆、暴力抗拒房屋腾退交接的行为，也有以虚构租赁、虚构抵押等方式阻碍处置程序。这些软对抗、硬对抗，给执行工作带来了巨大阻力。

（二）待处置房产清场难

处置不动产过程中，房屋清场腾退一直是“老大难”问题，具有比较明显的强制性、对抗性的特点。处置不动产，除非是具有合法租赁关系等依法占有的情况，否则都需要办理腾退交接手续。腾退清场过程中，往往涉及被执行人、居住人的居住权益保障问题，还涉及较多物品，清理交接的难度大。

（三）不动产处置种类多样

不动产概念的外延非常广泛，既包括房屋、厂房、商铺，也包括宅基地、建设用地等。房屋中，又有动迁房、共有产权保障房等。不同的不动产涉及不同的政策，处置过程中的注意要点也并不相同。

（四）不动产处置中的政策性强

不动产涉及土地政策，而土地是政策性非常强的领域。在划拨用地、集体用地等领域，在不动产建设、出让等环节，都受到政府政策影响。在宅基地、集体土地使用权等领域，正处于不断改革探索之中，也为不动产处置带来了不少困难。

四、不动产处置的原则

（一）规范高效原则

不动产处置过程的利益巨大，牵涉不同的利益主体，在处置过程中，就要依法保障各个权利主体的合法权益。严格遵守法定程序，保障各个主体在执行中的权益，做到程序规范高效，在推进执行程序和保障合法权益之间实现平衡。

（二）权益保障原则

不动产处置过程中，涉及利益主体广泛，在不动产处置过程中，需要保障各方主体的不同权益。对被执行人而言，需要保障其执行异议权、知情权、居住权益；对承租人而言，需要保障其合法的租赁权；对抵押权人而言，需要保障其优先受偿权；对共有人而言，需要保障因共有权而产生的优先购买权等系列合法权益。

（三）财产权与生存权平衡原则

虽然不动产的种类多种多样，但在不动产处置中，居住房屋的处置是最为广泛而普遍的。在住房处置过程中，财产权和生存权的冲突非常激烈，尤其是在唯一居住房屋处置过程中。按照现行的法律规定，唯一住房可以执行，但是需要保障被执行人及其所扶养的家属的居住权益。在居住房屋处置过程中，要通过申请执行人提供住房或者预留租金的方式，合理保障被执行人的居住权益。

（四）法律与政策相结合原则

不动产处置的政策性强，在执行过程中要加强与政府部门的沟通，积极把握相关政策。要合理处理不动产处置与交易限购政策、土地规划政策、产业政策、国家改革等方面的关系。在涉及划拨土地、集体土地等不动产执行过程中，要加强与相关职能部门的沟通协调，妥善推进执行程序。

第二部分　不动产处置的一般流程①

一、不动产处置权的取得与启动条件的判断

（一）查封不动产

1. 查封的方式及期限

【执行要点】

（1）查封被执行人名下不动产，执行法院应向该不动产所在地的不动产登记机构送达协助执行通知书及查封裁定。查封效力同时及于房屋和该地上建筑物使用范围内的土地使用权，但房屋所有权和土地使用权分属于被执行人和第三人的除外。

（2）登记在第三人名下的不动产，第三人书面确认该财产属于被执行人的，人民法院可以查封。

（3）查封尚未进行权属登记的不动产，执行法院应当通知其管理人或者实际占有人，并在显著位置张贴公告或封条。

① 不动产处置的一般流程图详见第524页图1。

（4）查封不动产，包括竣工工程及在建无证建筑物，应当张贴封条或公告，并可以提取保存有关财产权证照。

（5）查封不动产的期限不得超过3年，续行查封期限亦不得超过3年。

【注意事项】

在建工程因其价值特殊，根据善意文明执行理念，查封时应充分贯彻物尽其用理念。（1）执行法院查封在建工程，应至在建工程现场进行实地查封，张贴查封公告。原则上应当允许被执行人继续建设。已经取得预售许可证、具备分户处理基础的在建工程，应结合当地房价对每个小产权房进行估值，得到总价值后确定查封标的；不具备分户处理条件的，房地一体查封。（2）在建工程为被执行人所有且仍在正常建设的，应积极促成执行案件当事人达成执行和解协议，待工程建设完毕后再行变价；无法达成和解协议，被执行人提供相应担保并承诺在合理期限内完成建设的，可以暂缓采取变价措施。（3）在建工程为被执行人所有，但已经停止建设，且被执行人已丧失或基本丧失复工续建能力的，可协调政府有关部门及执行当事人，通过委托第三方代建等方式予以复工建设，或者经申请执行人同意，或者融资款足以清偿所有执行债务，准许被执行人申请用查封的在建工程融资清偿债务，促进该建设项目尽快竣工，实现其价值最大化。（4）已经取得预售许可证的在建商品房，在当地监管商品房销售的政府机关配合下，控制被执行人销售房款账户，可以准许被执行人按照备案价格自行销售房屋，但应当明确具体的时间节点，避免期限过长影响执行效率，损害执行债权人合法权益。

【规范指引】

《最高人民法院关于人民法院民事执行中查封、扣押、冻结财产的规定》

第二条　人民法院可以查封、扣押、冻结被执行人占有的动产、登记在被执行人名下的不动产、特定动产及其他财产权。

未登记的建筑物和土地使用权，依据土地使用权的审批文件和其他相关证据确定权属。

对于第三人占有的动产或者登记在第三人名下的不动产、特定动产及其他财产权，第三人书面确认该财产属于被执行人的，人民法院可以查封、扣押、冻结。

第七条 查封不动产的，人民法院应当张贴封条或者公告，并可以提取保存有关财产权证照。

查封、扣押、冻结已登记的不动产、特定动产及其他财产权，应当通知有关登记机关办理登记手续。未办理登记手续的，不得对抗其他已经办理了登记手续的查封、扣押、冻结行为。

第八条 查封尚未进行权属登记的建筑物时，人民法院应当通知其管理人或者该建筑物的实际占有人，并在显著位置张贴公告。

第二十一条 查封地上建筑物的效力及于该地上建筑物使用范围内的土地使用权，查封土地使用权的效力及于地上建筑物，但土地使用权与地上建筑物的所有权分属被执行人与他人的除外。

地上建筑物和土地使用权的登记机关不是同一机关的，应当分别办理查封登记。

《最高人民法院关于适用〈中华人民共和国民事诉讼法〉的解释》

第四百八十五条 人民法院冻结被执行人的银行存款的期限不得超过一年，查封、扣押动产的期限不得超过两年，查封不动产、冻结其他财产权的期限不得超过三年。

申请执行人申请延长期限的，人民法院应当在查封、扣押、冻结期限届满前办理续行查封、扣押、冻结手续，续行期限不得超过前款规定的期限。

人民法院也可以依职权办理续行查封、扣押、冻结手续。

《最高人民法院关于在执行工作中进一步强化善意文明执行理念的意见》

5. 灵活采取查封措施。对能“活封”的财产，尽量不进行“死封”，使查封财产能够物尽其用，避免社会资源浪费。查封被执行企业厂房、机器设备等生产资料的，被执行人继续使用对该财产价值无重大影响的，可以允许其使用。对资金周转困难、暂时无力偿还债务的房地产开发企业，人民法院应按照下列情形分别处理：

（1）查封在建工程后，原则上应当允许被执行人继续建设。

（2）查封在建工程后，对其采取强制变价措施虽能实现执行债权人债权，但会明显贬损财产价值、对被执行人显失公平的，应积极促成双方当事人达成暂缓执行的和解协议，待工程完工后再行变价；无法达成和解协议，但被执行人提供相应担保并承诺在合理期限内完成建设的，可以暂缓采取强制变价措施。

（3）查封在建商品房或现房后，在确保能够控制相应价款的前提下，可以监督被执行人在一定期限内按照合理价格自行销售房屋。人民法院在确定期限时，应当明确具体的时间节点，避免期限过长影响执行效率、损害执行债权人合法权益。

2. 查封的效力

【执行要点】

（1）执行法院应在协助执行通知书上注明，不动产查封期间禁止办理抵押、转让等手续。被执行人就已经查封的不动产所作的移转、设定权利负担或者其他有碍执行的行为，不得对抗申请执行人。

（2）查封行为未经公示，不得对抗善意第三人。

（3）查封不动产的效力及于该不动产的从物和天然孳息。查封的不动产灭失或者毁损的，查封的效力及于该不动产的替代物、赔偿款；人民法院应当及时作出查封、冻结该替代物、赔偿款的裁定。

【规范指引】

《最高人民法院关于人民法院民事执行中查封、扣押、冻结财产的规定》

第二十条　查封、扣押的效力及于查封、扣押物的从物和天然孳息。

第二十二条　查封、扣押、冻结的财产灭失或者毁损的，查封、扣押、冻结的效力及于该财产的替代物、赔偿款。人民法院应当及时作出查封、扣押、冻结该替代物、赔偿款的裁定。

第二十四条 被执行人就已经查封、扣押、冻结的财产所作的移转、设定权利负担或者其他有碍执行的行为，不得对抗申请执行人。

第三人未经人民法院准许占有查封、扣押、冻结的财产或者实施其他有碍执行的行为的，人民法院可以依据申请执行人的申请或者依职权解除其占有或者排除其妨害。

人民法院的查封、扣押、冻结没有公示的，其效力不得对抗善意第三人。

3. 当事人及利害关系人知情权保障

【执行要点】

（1）查封完成后，及时向申请执行人送达查封裁定、财产查控告知书，列明查封不动产的位置、权利范围、期限及起止日期，提示当事人于到期日前及时向执行法院提起续封申请。考虑到办理续封亦需时间，执行法院可将申请执行人申请续封的时间定为早于到期日前30日。为保障被执行人的知情权和异议权，执行法院应当同时向其送达查封裁定及财产查封清单，列明事项同上。

（2）查封被执行人与其他人共有的不动产的，人民法院应当及时通知共有人。

（3）查封的不动产上设定最高额抵押的，查封后应及时通知抵押权人。抵押权人受抵押担保的债权数额自收到人民法院通知时起不再增加。

【规范指引】

《最高人民法院关于人民法院民事执行中查封、扣押、冻结财产的规定》

第十二条 对被执行人与其他人共有的财产，人民法院可以查封、扣押、冻结，并及时通知共有人。

共有人协议分割共有财产，并经债权人认可的，人民法院可以认定有效。查封、扣押、冻结的效力及于协议分割后被执行人享有份额内的财产；对其他共有人享有份额内的财产的查封、扣押、冻结，人民法院应当裁定予以解除。

共有人提起析产诉讼或者申请执行人代位提起析产诉讼的，人民法院应当准许。诉讼期间中止对该财产的执行。

第二十五条 人民法院查封、扣押被执行人设定最高额抵押权的抵押物的，应当通知抵押权人。抵押权人受抵押担保的债权数额自收到人民法院通知时起不再增加。

人民法院虽然没有通知抵押权人，但有证据证明抵押权人知道或者应当知道查封、扣押事实的，受抵押担保的债权数额从其知道或者应当知道该事实时起不再增加。

4. 超标的查封的禁止与例外

【执行要点】

查封的不动产整体价值明显超出执行标的额且可以分割查封的，应当分割查封，并在协助执行通知书上明确所查封的具体部位。无法分割查封的，应当一体查封，此时不属于超标的查封。

【规范指引】

《最高人民法院关于人民法院民事执行中查封、扣押、冻结财产的规定》

第十九条 查封、扣押、冻结被执行人的财产，以其价额足以清偿法律文书确定的债权额及执行费用为限，不得明显超标的额查封、扣押、冻结。

发现超标的额查封、扣押、冻结的，人民法院应当根据被执行人的申请或者依职权，及时解除对超标的额部分财产的查封、扣押、冻结，但该财产为不可分物且被执行人无其他可供执行的财产或者其他财产不足以清偿债务的除外。

（二）确定执行法院依法享有处置权

1. 处置权移送原则和条件

【执行要点】

若执行法院的查封位于首位，则该执行法院享有查封不动产的处置权。

若执行法院的查封属于轮候查封，在满足下列条件的情况下，可以要求首封法院移送处置权。

（1）优先债权法院商请移送

申请执行人对涉案不动产享有抵押权等优先受偿权，首先查封法院自不动产查封之日起 60 日内未就涉案标的发布拍卖公告或者进入变卖程序的，轮候法院可依法向首封法院发函要求其移送处置权。

查封不动产上存在多个优先受偿权的，受偿顺位在首先查封债权之前但在其他优先债权之后的优先债权执行法院，亦可商请首封法院移送不动产处置权。具体移送原则和条件同上。

（2）普通债权法院商请移送

首先查封债权系普通债权，其他普通债权执行法院可以商请首先查封法院将查封不动产移送执行。移送条件为：自首封法院执行查封之日、查封系保全查封并已经进入执行程序的自执行立案之日起超过 6 个月，或者查封系保全查封但尚未进入执行程序的自查封之日起超过 1 年，就查封不动产财产尚未发布拍卖公告或进入变卖程序，其他普通债权执行法院处置查封不动产不属于无益拍卖。

首先查封债权系优先受偿权，受偿顺位在后的其他执行法院，不论为普通债权或优先债权，如不属于无益拍卖的，均可商请首先查封法院将查封不动产移送执行。具体移送原则和条件同上。

（3）向保全法院商请移送

保全法院在首先采取查封、扣押、冻结措施后超过 1 年未对被保全财产进行处分的，除被保全财产系争议标的外，在先轮候查封、扣押、冻结的执行法院可以商请保全法院将被保全财产移送执行。

【规范指引】

《最高人民法院关于人民法院办理财产保全案件若干问题的规定》

第二十一条　保全法院在首先采取查封、扣押、冻结措施后超过一年未对被保全财产进行处分的，除被保全财产系争议标的外，在先轮候查封、扣押、冻结的执行法院可以商请保全法院将被保全财产移送执行。但司法解释另有特别规定的，适用其规定。

保全法院与在先轮候查封、扣押、冻结的执行法院就移送被保全财产发生争议的，可以逐级报请共同的上级法院指定该财产的执行法院。

共同的上级法院应当根据被保全财产的种类及所在地、各债权数额与被保全财产价值之间的关系等案件具体情况指定执行法院，并督促其在指定期限内处分被保全财产。

《上海市高级人民法院关于首先查封不动产移送执行有关问题的解答》

3. 查封不动产上存在多个优先受偿权的，受偿顺位在首先查封债权之前但在其他优先债权之后的优先债权执行法院能否商请首先查封法院将查封不动产移送执行?

首先查封法院自查封之日起超过六十日就查封不动产财产尚未发布拍卖公告或进入变卖程序，受偿顺位在首先查封债权之前但在其他优先债权之后的优先债权执行法院在处置查封不动产不属于无益拍卖的情形下，可以商请首先查封法院将查封不动产移送执行。

首先查封法院在函复商请法院前，又收到受偿顺位在商请法院执行债权之前的其他优先债权执行法院商请移送函的，应当将查封不动产移送给受偿顺位在先的其他优先债权执行法院执行。

4. 首先查封债权系优先受偿债权，受偿顺位在后的其他债权执行法院能否商请首先查封法院将查封不动产移送执行?

首先查封法院自执行查封之日、查封系保全查封并已经进入执行程序的自执行立案之日起超过六个月，或者查封系保全查封但尚未进入执行程序的自查封之日起超过一年，就查封不动产财产尚未发布拍卖公告或进入变卖程序，受偿顺位在后的其他债权执行法院在处置查封不动产不属于无益拍卖的情形下，可以商请首先查封法院将查封不动产移送执行。

首先查封法院在函复商请法院前，又收到其他执行法院商请移送函的，分别按照下列方式进行处理：

（1）商请法院执行债权属于同一受偿顺位的，首先查封法院应当将查封不动产移送给轮候查封在先的商请法院执行。

（2）商请法院执行债权不属于同一受偿顺位的，首先查封法院应当将查封不动产移送给受偿顺位在先的商请法院执行。

5. 首先查封债权系普通债权，其他普通债权执行法院能否商请首先查封法院将查封不动产移送执行？

首先查封法院自执行查封之日、查封系保全查封并已经进入执行程序的自执行立案之日起超过六个月，或者查封系保全查封但尚未进入执行程序的自查封之日起超过一年，就查封不动产财产尚未发布拍卖公告或进入变卖程序，其他普通债权执行法院在处置查封不动产不属于无益拍卖的情形下，可以商请首先查封法院将查封不动产移送执行。

首先查封法院在函复商请法院前，又收到轮候查封在先的其他普通债权执行法院商请移送函的，应当将查封不动产移送给轮候查封在先的商请法院执行。

2. 处置权移送期限、方式、范围及内容

【执行要点】

（1）首先查封法院自收到有关执行法院商请移送函之日起 15 日内，应当函复是否同意移送。同意移送的，应当将对不动产的续封、变价、分配和解封等权限一并移送，并告知相关当事人。距查封期限届满不足 1 个月的，首封法院应当先行办理续封手续再予移送。不予移送的，书面说明相关理由。

（2）首先查封法院涉及的案件仍在诉讼过程中或尚未申请执行的，

商请移送法院应与首先查封法院的审理部门联系，由其办理移送执行手续。如审理部门在收到商请移送函后15个工作日内没有回复的，可联系首先查封法院的执行部门出面协商，首先查封法院的执行部门应当予以协助。

（3）移送执行函具体内容参考《上海市高级人民法院关于首先查封不动产移送执行有关问题的解答》第十二条。移送执行，原则上通过执行指挥中心平台线上进行，存在特殊情况的，可以线下方式移送。

【规范指引】

《上海市高级人民法院关于首先查封不动产移送执行有关问题的解答》

8. 首先查封法院对有关执行法院商请移送查封不动产的，移送期限如何确定？

首先查封法院认为符合移送执行条件的，应当自收到有关执行法院商请移送函之日起15个工作日内出具移送执行函；首先查封法院认为不符合移送执行条件或存在不予移送执行情形的，应当自收到有关执行法院商请移送函之日起15个工作日内函复商请法院，书面说明不予移送的理由。

9. 首先查封法院的案件尚未进入执行程序，在符合司法解释和本解答规定的情形下有关执行法院商请移送的，应当由哪个部门负责办理查封不动产移送执行手续？

首先查封法院涉及的案件仍在诉讼过程中或尚未申请执行的，商请移送法院应与首先查封法院的审理部门联系，由其办理移送执行手续。如审理部门在收到商请移送函后15个工作日内没有回复的，可联系首先查封法院的执行部门出面协商，首先查封法院的执行部门应当予以协助。

10. 查封不动产移送执行的方式有哪些？

为了做到全程留痕，查封不动产移送执行的，原则上采用线上方式进行，通过执行指挥中心平台市内委托系统，以委托送达的形式送达商请移送函、复函等相关材料。但存在情况紧急等特殊情形的，可以采用线下方式移送执行。

12. 首先查封法院移送执行函应当载明哪些内容?

首先查封法院移送执行函应当载明以下内容:

(1)明确将查封不动产的续封、变价、分配、解封等权限移送商请法院处理;

(2)有关查封不动产的查封情况,包括首先查封案件的执行案号(保全案件的案号)、执行标的额(保全标的额)、查封期限等;

(3)有关查封不动产的调查、评估和剩余债权等情况;

(4)首先查封案件当事人的基本信息、联系人及联系方式、承办法官的姓名及联系方式等;

(5)其他必要的案件情况。

3. 移送争议解决

【执行要点】

首封法院与有关执行法院就逾期未函复、是否移送、移送后逾期未处置等问题产生争议的,提请共同的上级法院协调处理。

【规范指引】

《最高人民法院关于首先查封法院与优先债权执行法院处分查封财产有关问题的批复》

一、执行过程中,应当由首先查封、扣押、冻结(以下简称查封)法院负责处分查封财产。但已进入其他法院执行程序的债权对查封财产有顺位在先的担保物权、优先权(该债权以下简称优先债权),自首先查封之日起已超过60日,且首先查封法院就该查封财产尚未发布拍卖公告或者进入变卖程序的,优先债权执行法院可以要求将该查封财产移送执行。

《上海市高级人民法院关于首先查封不动产移送执行有关问题的解答》

16. 首先查封法院与有关执行法院在移送执行中产生争议应如何处理?

符合下列情形之一的,首先查封法院与有关执行法院可以提请共同的上级法院予以协调处理：

（1）首先查封法院收到商请移送函后逾期未回函的；

（2）商请移送执行法院认为首先查封法院不予移送无正当理由的；

（3）受移送法院无正当理由逾期未处置且未退回处置权的；

（4）其他需要协调的情形。

（三）判断涉案不动产是否具有处置价值

判断涉案不动产具有处置价值，是法院启动司法处置程序的必要条件。不具有处置价值的，视为无益拍卖，不予启动司法处置程序。

【执行要点】

无益拍卖的判断标准。包括两种情形：一是执行法院认为处置涉案不动产，申请执行人应当垫付委托评估费用或网络询价费用，申请执行人明确拒绝的；二是涉案不动产上有其他人的抵押权等优先受偿权，该不动产未经专业估价，执行法院根据同类型不动产的交易价值，初步估算优先受偿金额明显大于或接近于不动产价值的。上述情形均可视为涉案不动产无处置价值，原则上不予启动对该不动产的司法处置程序。

【注意事项】

执行过程中，申请执行人申请对被执行人所有的不动产进行拍卖或变卖的，执行人员应加强法律引导。除明确要求特定情况预先交付委托评估费用外，对申请执行人不接受以物抵债方案的，告知《最高人民法院关于人民法院民事执行中查封、扣押、冻结财产的规定》第二十八条第三项规定，减少申请执行人对明显不具有市场价值的不动产要求处置的情形。

对于申请执行人不愿意接受流拍后的抵债方案但愿意垫付相关费用的，人民法院按不动产评估价值，经初步估算在优先支付委托评估费、拍卖辅助费、执行费用后，申请执行人无法受偿或受偿金额过少，应当将相关情况通知申请执行人。申请执行人于收到通知后5日内申请继续拍卖的，执行法院应当准许，但应当重新确定保留价；重新确定的保留价应当大于该优先债权及强制执行费用的总额。流拍后，拍卖费用由申请执行人负担。

【规范指引】

《最高人民法院关于人民法院确定财产处置参考价若干问题的规定》

第十条 采取网络询价方式确定参考价的，人民法院应当同时向名单库中的全部司法网络询价平台发出网络询价委托书。网络询价委托书应当载明财产名称、物理特征、规格数量、目的要求、完成期限以及其他需要明确的内容等。

《最高人民法院关于人民法院民事执行中拍卖、变卖财产的规定》

第六条 保留价确定后，依据本次拍卖保留价计算，拍卖所得价款在清偿优先债权和强制执行费用后无剩余可能的，应当在实施拍卖前将有关情况通知申请执行人。申请执行人于收到通知后五日内申请继续拍卖的，人民法院应当准许，但应当重新确定保留价；重新确定的保留价应当大于该优先债权及强制执行费用的总额。

依照前款规定流拍的，拍卖费用由申请执行人负担。

二、不动产状况查明

（一）查明状况范围

【执行要点】

1. 不动产的权属状况。主要包括不动产的面积、结构、权利人及共有情况。土地使用权还应注意其种类、取得方式、土地用途（含用地性质）等情况。

2. 不动产的权利负担。主要是指不动产抵押登记、预告登记、用益物权（居住权、地役权等）、查封登记等情况。对于土地，查明其上有无建筑物及建造情况。

3. 占有使用情况。包括是否存在租赁、实际占有使用人等情况。

4. 应缴税费情况。主要包括不动产变价和办理所有权转移登记过程中需要缴纳的税费种类及金额。土地使用权为划拨取得的，还应了解过户时应补缴的土地出让金总额或计算方法。土地来源登记为“转让”字样的，需结合相关文件查明土地的取得方式，进而确认土地出让金的缴纳情况。

5. 质量瑕疵情况。包括不动产实物现状与登记情况是否一致、有无改建拆除、内部装修装饰是否完好、部分或全部属于无证房产等瑕疵情况。

6. 政策限制情况。对于房屋，主要涉及住宅类限购政策；土地主要涉及转让限制、买受人资格限制、产业政策等情况，如工业用地是否属于“标准地”及竞买条件，划拨取得的土地使用权、集体土地使用权的处置限制等。

【规范指引】

《最高人民法院关于人民法院司法拍卖房产竞买人资格若干问题的规定》

第一条　人民法院组织的司法拍卖房产活动，受房产所在地限购政策约束的竞买人申请参与竞拍的，人民法院不予准许。

第二条　人民法院组织司法拍卖房产活动时，发布的拍卖公告载明竞买人必须具备购房资格及其相应法律后果等内容，竞买人申请参与竞拍的，应当承诺具备购房资格及自愿承担法律后果。

（二）查明的方式和范围

【执行要点】

1. 不动产登记机构调取不动产登记簿等资料。未办理初始登记的房屋，应向不动产登记机构征询能否办理不动产所有权登记。

2. 现场勘查，并向物业、居（村）委会开展调查。了解不动产的内、外部实际状况，占有使用等情况，并通过笔录、图片、视频等形式记录在案。

3. 向政府有关部门发函了解。涉及土地用途、土地使用权、权属情况、应缴税费等，执行法院应及时向有关的国土资源部门、不动产登记机构、税务机构等部门发函了解详情。

4. 评估机构详细调查。执行法院可委托专业机构在评估阶段进行详细调查。

【注意事项】

对于所有权有瑕疵的不动产，如双产证房、违章建筑，或因政府行政行为导致登记内容与现状不一致的不动产，如土地使用权规划调整，执行法院应遵循“充分查明、及时披露”的原则，对不动产的公示内容和现状进行详细调查，并就不动产司法处置事宜函询政府有关部门，将函询结果及时披露于拍卖公告中。

【规范指引】

《上海市高级人民法院关于进一步规范不动产司法拍卖中有关事项的指导意见》

一、关于不动产现状的查明

根据《最高人民法院关于人民法院民事执行中拍卖、变卖财产的规定》第十条、《最高人民法院关于人民法院网络司法拍卖若干问题的规定》第六条和《最高人民法院关于人民法院确定财产处置参考价若干问题的规定》第三条，执行法院在依法确定不动产拍卖的参考价之前，应当查明不动产的权属、权利负担、占有使用、应缴税费、质量瑕疵等事项。

其中，权属情况主要包括不动产的权利人及其共有人、共有形式和共有份额，是否存在不动产异议登记、涉及诉讼等权属争议，是否存在国有划拨土地使用权、集体土地使用权等限制转让、买受人资格限制等。权利负担情况主要包括不动产抵押登记、不动产预告登记、不动产查封登记、用益物权负担等。占有使用情况主要包括不动产占有使用人、是否合法占有使用等。应缴税费情况主要包括不动产变价和办理所有权转移登记过程中需要缴纳的营业税、契税、印花税等。质量瑕疵情况主要包括不动产实物现状与登记情况不一致、存在违章建筑等。

执行法院应当通过赴不动产所在地进行现场调查，由国土部门、不动产登记部门、税务部门等有关部门进行协助调查，委托不动产所在地法院进行事项调查，委托司法拍卖辅助机构、审计机构、鉴定机构进行辅助调查、审计、鉴定等方式查明上述情况。对于查明的情况，应当制作不动产现状的调查笔录或者收集其他有关资料，并在拍卖公告中告知竞买人。如不动产存在已知瑕疵，权利负担，法律、行政法规和司法解释对买受人资格或者条件有特殊规定等需要引起竞买人重视的情形的，还应当根据《最高人民法院关于人民法院网络司法拍卖若干问题的规定》第十四条在拍卖公告发布当日通过网络司法拍卖平台予以特别提示。

三、不动产占有与负担的审查与处理

（一）腾退公告

【执行要点】

1. 执行法院裁定拍卖、变卖不动产之后，提起询价或委托评估之前，应当在涉案不动产上张贴腾退公告。

2. 腾退公告应当载明腾退的原因，指定腾退期限，对被执行人、利害关系人享有的异议救济途径及逾期未主动搬迁的法律后果给予充分说明。

3. 执行人员拟定腾退公告后，经执行部门领导审核通过，交由院长签发并加盖院印。

4. 腾退公告张贴时应通知被执行人或其成年家属、法定代表人、主要负责人到场；上述人员下落不明或拒绝到场的，请基层组织代表到场见证并记明笔录；基层组织拒绝到场的，以执法记录仪全程记录内容为准。

5. 采用“活封”措施的在建工程，无须张贴腾退公告。

【注意事项】

对于腾退公告中的宽限时间，法律无明确规定。《上海市高级人民法院关于在执行程序中审查和处理房屋租赁权有关问题的解答（试行)》第一条规定，为保障当事人、承租人的合法权益，规定被执行人以及占有房屋的案外人应当自公告之日起15日内迁出房屋。《最高人民法院关于人民法院民事执行中拍卖、变卖财产的规定》(以下简称《拍卖变卖规定》)第二十七条对于拍卖成交或流拍后以物抵债的不动产，亦规定了15日的交付期限。腾退公告中的迁出期限可以参照适用，实践中确定15日搬离期限比较合适。

被执行人及其所扶养家属居住的房屋，是房屋腾退执行中的特殊情况。自《最高人民法院关于人民法院执行设定抵押的房屋的规定》失效后，目前对该类房屋的腾退期限无明确规定。仅《执行异议和复议规定》第二十条中有涉及，其规定:“执行依据确定被执行人交付居住的房屋，自执行通知送达之日起，已经给予三个月的宽限期，被执行人以该房屋系本人及所扶养家属维持生活的必需品为由提出异议的，人民法院不予支持。”由此反推，被执行人名下只有一套居住用房的，为保障其基本生存权，贯彻落实善意文明执行理念，可以给予其3个月的腾退期限。

【规范指引】

《最高人民法院关于人民法院民事执行中拍卖、变卖财产的规定》

第二十七条 人民法院裁定拍卖成交或者以流拍的财产抵债后，除有依法不能移交的情形外，应当于裁定送达后十五日内，将拍卖的财产移交买受人或者承受人。被执行人或者第三人占有拍卖财产应当移交而拒不移交的，强制执行。

《最高人民法院关于人民法院办理执行异议和复议案件若干问题的规定》

第二十条 金钱债权执行中，符合下列情形之一，被执行人以执行标的系本人及所扶养家属维持生活必需的居住房屋为由提出异议的，人民法院不予支持:

(一)对被执行人有扶养义务的人名下有其他能够维持生活必需的居住房屋的;

（二）执行依据生效后，被执行人为逃避债务转让其名下其他房屋的；

（三）申请执行人按照当地廉租住房保障面积标准为被执行人及所扶养家属提供居住房屋，或者同意参照当地房屋租赁市场平均租金标准从该房屋的变价款中扣除五至八年租金的。

执行依据确定被执行人交付居住的房屋，自执行通知送达之日起，已经给予三个月的宽限期，被执行人以该房屋系本人及所扶养家属维持生活的必需品为由提出异议的，人民法院不予支持。

《中华人民共和国民事诉讼法》

第二百六十一条 强制迁出房屋或者强制退出土地，由院长签发公告，责令被执行人在指定期间履行。被执行人逾期不履行的，由执行员强制执行。

强制执行时，被执行人是公民的，应当通知被执行人或者他的成年家属到场；被执行人是法人或者其他组织的，应当通知其法定代表人或者主要负责人到场。拒不到场的，不影响执行。被执行人是公民的，其工作单位或者房屋、土地所在地的基层组织应当派人参加。执行员应当将强制执行情况记入笔录，由在场人签名或者盖章。

强制迁出房屋被搬出的财物，由人民法院派人运至指定处所，交给被执行人。被执行人是公民的，也可以交给他的成年家属。因拒绝接收而造成的损失，由被执行人承担。

（二）占有人异议处理

1. 租赁关系真实性审查

【执行要点】

租赁关系是否真实，关系到后续不动产处置是否负担租赁权，对拍卖成交产生直接影响。租赁关系的审查，关键是对租赁行为真实性的认定，可以从如下方面入手：

（1）租赁协议签订时间。协议签订时间应早于查封时间、抵押权等优先受偿权设立时间，否则不能对抗执行。

（2）涉案房屋占有情况。租赁权公示以占有为主要表现形式。案外人主张其实际占有涉案不动产的，一是应当提供其按期缴纳水电煤、物业费等居住必须费用以及装修协议等证据，二是提供证明其于抵押权设定之前或法院查封之前已实际占有房屋。

（3）房屋租金支付情况。一是案外人应当提供租金转账凭证；二是案外人主张租金抵债的，需证明基础债务关系存在的真实性，并证明该基础债权债务关系发生在法院向其送达冻结租金文书之前。

（4）租赁协议内容。主要包括：一是租赁期限是否合理。虚假租赁协议一般约定的承租期较长，多为《民法典》规定的最长期限 20 年或接近 20 年；二是租金是否合理。

【规范指引】

《中华人民共和国民法典》

第七百零五条 租赁期限不得超过二十年。超过二十年的，超过部分无效。

租赁期限届满，当事人可以续订租赁合同；但是，约定的租赁期限自续订之日起不得超过二十年。

2. 非基于租赁关系的占有

【执行要点】

占有人主张其为无偿占有、抵债占有、买卖占有的，应当向法院提供有效证据材料，证明其与被执行人约定无偿占有或借款、买卖等基础法律行为发生的时间，早于执行法院的查封时间或抵押权等优先受偿权的登记时间。

（三）拍卖与租赁

是否保留待拍卖不动产上的租赁权，执行法院应当区分两种情形：一是租赁权产生于法院查封之前且真实存在，原则上予以保留；二是租赁权产生于法院查封之后，判断其存在是否会对债权实现产生障碍。

1. 涤除租赁权拍卖

【执行要点】

下列情形下，执行法院应当按照房屋不负担租赁权的状态对其进行委托评估、拍卖、变卖。

（1）执行法院经形式审查，认为案外人构成虚假租赁或无权占有、案外人未提出执行异议或异议主张经审理裁定不予支持。

（2）被执行人就已经查封的不动产设定租赁权或交由他人占有，不得对抗执行。

（3）签订租赁协议和占有房屋均发生在执行法院查封之前，但签订租赁协议或者占有房屋发生在担保物权或者其他优先受偿权设立之后且对在先的担保物权或者其他优先受偿权实现有影响的。

【注意事项】

执行法院应当以裁定形式认定涉案不动产以不负担租赁权的状态进行司法处置，不宜直接认定租赁合同无效或者解除租赁合同。

【规范指引】

《最高人民法院关于人民法院办理执行异议和复议案件若干问题的规定》

第三十一条 承租人请求在租赁期内阻止向受让人移交占有被执行的不动产，在人民法院查封之前已签订合法有效的书面租赁合同并占有使用该不动产的，人民法院应予支持。

承租人与被执行人恶意串通，以明显不合理的低价承租被执行的不动产或者伪造交付租金证据的，对其提出的阻止移交占有的请求，人民法院不予支持。

《最高人民法院关于人民法院民事执行中拍卖、变卖财产的规定》

第二十八条第二款 拍卖财产上原有的租赁权及其他用益物权，不因拍卖而消灭，但该权利继续存在于拍卖财产上，对在先的担保物权或者其他优先受偿权的实现有影响的，人民法院应当依法将其除去后进行拍卖。

2. 保留租赁关系拍卖

【执行要点】

下列情况，案外人所提出的对房屋享有租赁权且可以对抗申请执行人的异议成立的，执行法院应当在房屋负担租赁权的状态下对其予以变现：

（1）案外人主张继续承租的。

（2）租赁权真实存在但案外人要求解除租赁关系，经执行当事人和有关债权人同意，可以在房屋的变价款中优先清偿案外人已经预先支付但尚未实际承租期间的部分租金和出租人因解除租赁关系而应当承担的违约责任，且执行当事人和有关债权人就优先清偿的内容无法达成一致的。

【规范指引】

《上海市高级人民法院关于在执行程序中审查和处理房屋租赁权有关问题的解答（试行）》

8. 案外人所提出的对房屋享有租赁权且可以对抗申请执行人的异议成立的，执行法院应当如何变现房屋？

答：执行法院可以根据不同情形分别作出处理：

（一）案外人要求继续承租的，执行法院应当在房屋负担租赁权的状态下对其予以变现。

（二）案外人要求解除租赁关系的，经执行当事人和有关债权人同意，可以在房屋的变价款中优先清偿案外人已经预先支付但尚未实际承租期间的部分租金和出租人因解除租赁关系而应当承担的违约责任。执行当事人和有关债权人就优先清偿的内容无法达成一致的，执行法院应当在房屋负担租赁权的状态下对其予以变现。

（四）拍卖与权利负担

【执行要点】

1. 拍卖不动产上原有的用益物权，如居住权、相邻权、通行权、地役权等，不因拍卖而消灭。一般情况下，权利负担对债权实现不产生影响的，执行法院应当对负担真实有效的用益物权进行评估、拍卖、变卖。

2. 用益物权的拍卖保留对在先的担保物权或者其他优先受偿权的实现有影响的，人民法院应当依法将其除去后进行拍卖。

【规范指引】

《最高人民法院关于人民法院民事执行中拍卖、变卖财产的规定》

第二十八条　拍卖财产上原有的担保物权及其他优先受偿权，因拍卖而消灭，拍卖所得价款，应当优先清偿担保物权人及其他优先受偿权人的债权，但当事人另有约定的除外。

拍卖财产上原有的租赁权及其他用益物权，不因拍卖而消灭，但该权利继续存在于拍卖财产上，对在先的担保物权或者其他优先受偿权的实现有影响的，人民法院应当依法将其除去后进行拍卖。

（五）不动产腾退

1. 拍卖前强制腾退的情形

【执行要点】

涉案不动产评估拍卖启动前，被执行人未按照法院确定的期限迁出或案外人无合法理由占有，执行法院可依法对被执行人或案外人采取强制措施予以腾退。

【注意事项】

腾退公告的张贴，一是明确被执行人或其他占有人的腾退期限及异议权等救济途径；二是树立执行威慑，促进被执行人按期履行偿还义务，或与申请执行人达成和解。《最高人民法院关于进一步完善执行权制约机制加强执行监督的意见》第十八条规定，被执行人或他人无权占用涉案不动产的，人民法院应当依法负责腾退，但未明确规定必须于拍卖前进行。执行法院可根据实际情况选择拍卖前强制腾退或待拍卖成交后负责清场。

对于被执行人提出具体和解方案并经申请执行人同意暂缓腾退，或确因客观困难需延长腾退期并书面承诺延长期内搬离完毕的，执行法院可适当延长腾退期并于拍卖公告中披露。申请执行人和被执行人未就和解方案最终达成合意、拍卖程序继续推进的，被执行人或实际占有人需书面承诺搬离期。未按约搬离的，由执行法院负责强制清场。

【规范指引】

《上海市高级人民法院关于加强和规范强制腾退类案件执行若干问题的解答》

1. 强制腾退类执行案件的范围是什么？

答：强制腾退类执行案件，是指在评估拍卖、解除房屋租赁合同、排除妨害等情形下，因被执行人未按照法院确定的期限迁出或案外人无合法理由占有，法院决定采取强制措施将被执行人或案外人予以腾退的案件。

2. 可以不腾退的情形

【执行要点】

案外人基于租赁权、居住权等合法事由占有房屋，且经法院审查认定的，执行法院应当继续保留其居住权利直至租赁期满或居住权消灭。

【注意事项】

案外人非基于租赁关系合法占有房屋，且书面承诺拍卖成交后主动腾退的，执行法院经审查许可的，拍卖成交前可以允许案外人继续占有使用。拍卖成交后执行法院应及时督促案外人按约腾退，案外人违反承诺的，执行法院予以强制腾退。

【规范指引】

《中华人民共和国民法典》

第三百七十条　居住权期限届满或者居住权人死亡的，居住权消灭。居住权消灭的，应当及时办理注销登记。

第七百二十五条　租赁物在承租人按照租赁合同占有期限内发生所有权变动的，不影响租赁合同的效力。

四、确定不动产处置参考价

（一）确定参考价的方式及选择

【执行要点】

1. 人民法院查封不动产后，对需要拍卖、变卖的不动产，应当在30日内启动确定财产处置参考价程序。

2. 人民法院确定财产处置参考价，原则上按照当事人议价、定向询价、网络询价、委托评估的方式顺序进行。

3. 例外情形：一是尊重当事人意思自治；二是定向询价或网络询价不能或不成；三是法律、行政法规规定必须委托评估。

【规范指引】

《最高人民法院关于人民法院确定财产处置参考价若干问题的规定》

第一条　人民法院查封、扣押、冻结财产后，对需要拍卖、变卖的财产，应当在三十日内启动确定财产处置参考价程序。

第二条　人民法院确定财产处置参考价，可以采取当事人议价、定向询价、网络询价、委托评估等方式。

（二）当事人议价

1. 适用范围

【执行要点】

双方当事人一致同意议价且根据案情自主议价不会损害第三人利益的前提下，依照当事人的申请，执行法院可采用议价方式。

2. 议价流程与效力

【执行要点】

组织双方当事人进行协商，指定期限提交议价结果。指定期限内议价不成的，法院可自行确定采用其他方式确定处置参考价。当事人提交价格一致且未有利害关系人就议价提出异议的，法院将以议价结果作为参考价。

【规范指引】

《最高人民法院关于人民法院确定财产处置参考价若干问题的规定》

第四条　采取当事人议价方式确定参考价的，除一方当事人拒绝议价或者下落不明外，人民法院应当以适当的方式通知或者组织当事人进行协商，当事人应当在指定期限内提交议价结果。

双方当事人提交的议价结果一致，且不损害他人合法权益的，议价结果为参考价。

（三）定向询价

1. 适用范围

【执行要点】

涉案不动产价值具有计税基准价、政府定价或者政府指导价的，在当事人不具有议价可能，或一致要求直接进行定向询价的情况下，执行法院可采用定向询价方式。

2. 询价机构

【执行要点】

执行法院应当向不动产所在地的有关机构出具询价函，实践中多为税务局。询价函应当载明询价要求、完成期限等内容。

【注意事项】

上海法院可通过全国法院询价评估系统，线上向指定部门发送定向询价函。

3. 询价结果

【执行要点】

（1）接受定向询价的机构在指定期限内出具的询价结果为参考价。

（2）定向询价结果严重偏离市场价格的，执行法院可以进行适当修正。

（3）当事人、利害关系人对定向询价提出异议的，人民法院不予受理。

【规范指引】

《最高人民法院关于在执行工作中进一步强化善意文明执行理念的意见》

8.合理确定财产处置参考价。执行过程中，人民法院应当按照《最高人民法院关于人民法院确定财产处置参考价若干问题的规定》合理确定财产处置参考价。要在不损害第三人合法权益的情况下，积极促成双方当事人就参考价达成一致意见，以进一步提高确定参考价效率，避免后续产生争议。财产有计税基准价、政府定价或政府指导价，当事人议价不能、不成或者双方当事人一致要求定向询价的，人民法院应当积极协调有关机构办理询价事宜。定向询价结果严重偏离市场价格的，可以进行适当修正。实践证明，网络询价不仅效率高，而且绝大多数询价结果基本能够反映市场真实价格，对于财产无需由专业人员现场勘验或鉴定的，人民法院应积极引导当事人通过网络询价确定参考价，并对询价报告进行审查。

经委托评估确定参考价，被执行人认为评估价严重背离市场价格并提起异议的，为提高工作效率，人民法院可以以评估价为基准，先促成双方当事人就参考价达成一致意见。无法快速达成一致意见的，依法提交评估机构予以书面说明。评估机构逾期未做说明或者被执行人仍有异议的，应及时提交相关行业协会组织专业技术评审。在确定财产处置参考价过程中，人民法院应当依法履行监督职责，发现当事人、竞拍人与相关机构、人员恶意串通压低参考价的，应当及时查处和纠正。

《最高人民法院关于人民法院确定财产处置参考价若干问题的规定》

第五条 当事人议价不能或者不成，且财产有计税基准价、政府定价或者政府指导价的，人民法院应当向确定参考价时财产所在地的有关机构进行定向询价。

双方当事人一致要求直接进行定向询价，且财产有计税基准价、政府定价或者政府指导价的，人民法院应当准许。

第六条 采取定向询价方式确定参考价的，人民法院应当向有关机构出具询价函，询价函应当载明询价要求、完成期限等内容。

接受定向询价的机构在指定期限内出具的询价结果为参考价。

第二十四条 当事人、利害关系人未在本规定第二十二条、第二十三条规定的期限内提出异议或者对网络询价平台、评估机构、行业协会按照本规定第二十二条、第二十三条所作的补正说明、专业技术评审结论提出异议的，人民法院不予受理。

当事人、利害关系人对议价或者定向询价提出异议的，人民法院不予受理。

（四）网络询价

1. 适用范围

【执行要点】

（1）定向询价不能或者不成，不动产处置参考价值确定具备网络询价条件的，或双方当事人一致要求或者同意直接进行网络询价。

（2）全国法院询价评估系统只支持住宅用房和商业用房进行网络询价。

【注意事项】

为更好提高网络询价的效率，上海市高级人民法院出台《关于试行网拍辅助机构承担拍卖标的前期网络询价要素调查的通知》，推行由网拍辅助机构承担上海市法院拟拍卖处置的本市住宅的基本要素的采集工作。各法院收到辅助机构的反馈后，对符合录入询价系统条件的，应当在3个工作日内完成网络询价系统录入工作。具体操作流程参见上述通知。

2. 网络询价平台

【执行要点】

（1）采取网络询价方式确定参考价的，执行法院应当同时向名单库中的全部司法网络询价平台发出网络询价委托书。

（2）全国法院询价评估系统目前共有3个网络询价平台：淘宝（中

国）软件有限公司、中国工商银行股份有限公司、江苏京东信息技术有限公司。

【注意事项】

上海法院执行流程管理系统已与最高人民法院建设的全国法院询价评估系统实现对接。采用网络询价、定向询价的，承办法官均可通过上海法院执行流程管理系统中“全国询价评估”功能进入。具体操作说明参考《上海市高级人民法院关于启用全国法院询价评估系统的通知》。

3. 询价结果处理

【执行要点】

（1）人民法院应当对网络询价报告进行审查。网络询价报告存在财产基本信息错误、超出财产范围或者遗漏财产等情形的，应当通知出具瑕疵报告的司法网络询价平台在3日内予以补正。

（2）司法网络询价平台在法院限定期限内出具询价结果或者补正结果的，执行法院以该全部或部分询价平台出具结果的平均值为参考价。

（3）当事人、利害关系人依据《最高人民法院关于人民法院确定财产处置参考价若干问题的规定》第二十二条规定，对全部网络询价报告均提出异议，且所提异议被驳回或者司法网络询价平台已作出补正的，执行法院应当以异议被驳回或者已作出补正的各司法网络询价平台出具结果的平均值为参考价；仅对部分网络询价报告提出异议的，执行法院应当以网络询价报告未被提出异议的各司法网络询价平台出具结果的平均值为参考价。

【规范指引】

《最高人民法院关于人民法院确定财产处置参考价若干问题的规定》

第十二条 人民法院应当对网络询价报告进行审查。网络询价报告均存在财产基本信息错误、超出财产范围或者遗漏财产等情形的，应当通知司法网络询价平台在三日内予以补正；部分网络询价报告不存在上述情形的，无需通知其他司法网络询价平台补正。

第十三条 全部司法网络询价平台均在期限内出具询价结果或者补

正结果的，人民法院应当以全部司法网络询价平台出具结果的平均值为参考价；部分司法网络询价平台在期限内出具询价结果或者补正结果的，人民法院应当以该部分司法网络询价平台出具结果的平均值为参考价。

当事人、利害关系人依据本规定第二十二条的规定对全部网络询价报告均提出异议，且所提异议被驳回或者司法网络询价平台已作出补正的，人民法院应当以异议被驳回或者已作出补正的各司法网络询价平台出具结果的平均值为参考价；对部分网络询价报告提出异议的，人民法院应当以网络询价报告未被提出异议的各司法网络询价平台出具结果的平均值为参考价。

（五）委托评估

1. 适用范围

【执行要点】

（1）法律、行政法规明确规定必须委托评估；

（2）双方当事人合意选择；

（3）网络询价不能或不成的。

2. 委托评估的机构选定和实施

【执行要点】

（1）当事人意思自治为首选。

（2）法院指定委托为补充。协商不能或不成的，执行法院采取摇号方式从人民法院司法评估机构名单库中随机指定。执行人员须通过司法委托中介管理系统对不动产评估提出申请。

（3）执行法院应对配对选中的司法评估机构出具评估委托函。

【规范指引】

《最高人民法院关于人民法院确定财产处置参考价若干问题的规定》

第十四条 法律、行政法规规定必须委托评估、双方当事人要求委托评估或者网络询价不能或不成的，人民法院应当委托评估机构进行评估。

第十五条 最高人民法院根据全国性评估行业协会推荐的评估机构名单建立人民法院司法评估机构名单库。按评估专业领域和评估机构的执业范围建立名单分库，在分库下根据行政区划设省、市两级名单子库。

评估机构无正当理由拒绝进行司法评估或者存在弄虚作假等情形的，最高人民法院可以商全国性评估行业协会将其从名单库中除名；除名后五年内不得被纳入名单库。

第十六条 采取委托评估方式确定参考价的，人民法院应当通知双方当事人在指定期限内从名单分库中协商确定三家评估机构以及顺序；双方当事人在指定期限内协商不成或者一方当事人下落不明的，采取摇号方式在名单分库或者财产所在地的名单子库中随机确定三家评估机构以及顺序。双方当事人一致要求在同一名单子库中随机确定的，人民法院应当准许。

第十七条 人民法院应当向顺序在先的评估机构出具评估委托书，评估委托书应当载明财产名称、物理特征、规格数量、目的要求、完成期限以及其他需要明确的内容等，同时应当将查明的财产情况及相关材料一并移交给评估机构。

评估机构应当出具评估报告，评估报告应当载明评估财产的基本情况、评估方法、评估标准、评估结果及有效期等内容。

2. 委托评估的时限

（1）评估机构应当在 30 日内出具评估报告。人民法院决定暂缓或者裁定中止执行的期间，应当从前述期限中扣除。

（2）评估机构不能在期限内出具评估报告的，应当在期限届满 5 日前书面向人民法院申请延长期限。人民法院决定延长期限的，延期次数不超过两次，每次不超过 15 日。

（3）评估机构未按上述规定出具报告或申请延长期限的，人民法院应当通知该评估机构 3 日内将委托评估时移交的材料退回，另行委托下一顺序的评估机构重新进行评估。

【规范指引】

《最高人民法院关于人民法院确定财产处置参考价若干问题的规定》

第十九条 评估机构应当在三十日内出具评估报告。人民法院决定暂缓或者裁定中止执行的期间，应当从前述期限中扣除。

评估机构不能在期限内出具评估报告的，应当在期限届满五日前书面向人民法院申请延长期限。人民法院决定延长期限的，延期次数不超过两次，每次不超过十五日。

评估机构未在期限内出具评估报告、补正说明，且未按照规定申请延长期限的，人民法院应当通知该评估机构三日内将人民法院委托评估时移交的材料退回，另行委托下一顺序的评估机构重新进行评估。

人民法院未在评估结果有效期内发布一拍拍卖公告或者直接进入变卖程序的，应当通知原评估机构在十五日内重新出具评估报告。

（六）报告送达

1. 送达时间

【执行要点】

人民法院收到定向询价、网络询价、委托评估、说明补正等报告后，应当在 3 日内发送给当事人及利害关系人，并给予 5 日的异议期。

2. 送达方式

【执行要点】

（1）当事人、利害关系人已提供有效送达地址的，人民法院应当将报告以直接送达、留置送达、委托送达、邮寄送达或者电子送达的方式送达；

（2）无有效送达地址的，应当在中国执行信息公开网上予以公示，公示满 15 日即视为收到。

【规范指引】

《最高人民法院关于人民法院确定财产处置参考价若干问题的规定》

第二十一条 人民法院收到定向询价、网络询价、委托评估、说明补正等报告后，应当在三日内发送给当事人及利害关系人。

当事人、利害关系人已提供有效送达地址的，人民法院应当将报告以直接送达、留置送达、委托送达、邮寄送达或者电子送达的方式送达；当事人、利害关系人下落不明或者无法获取其有效送达地址，人民法院无法按照前述规定送达的，应当在中国执行信息公开网上予以公示，公示满十五日即视为收到。

（七）暂缓网络询价或者委托评估

【执行要点】

1. 案件暂缓执行或者中止执行；

2. 评估材料与事实严重不符，可能影响评估结果，需要重新调查核实；

3. 执行法院认为应当暂缓的其他情形。

【规范指引】

《最高人民法院关于人民法院确定财产处置参考价若干问题的规定》

第二十八条　具有下列情形之一的，人民法院应当决定暂缓网络询价或者委托评估：

（一）案件暂缓执行或者中止执行；

（二）评估材料与事实严重不符，可能影响评估结果，需要重新调查核实；

（三）人民法院认为应当暂缓的其他情形。

（八）参考价有效期

1. 期限长度

【执行要点】

（1）司法网络询价平台、评估机构应当确定网络询价或者委托评估结果的有效期，有效期最长不得超过1年。

（2）当事人议价的，自行确定有效期，但不得超过1年。

（3）定向询价的，参照网络询价、委托评估的结果有效期规定。

2. 超过有效期的处理

【执行要点】

（1）人民法院未在评估结果有效期内发布一拍拍卖公告或者直接进入变卖程序的，应当通知原评估机构在15日内重新出具评估报告。

（2）在结果有效期内发布一拍拍卖公告或者进入直接进入变卖程序，但拍卖、变卖时已超过有效期6个月的，执行法院需重新确定参考价。

【规范指引】

《最高人民法院关于人民法院确定财产处置参考价若干问题的规定》

第十九条 评估机构应当在三十日内出具评估报告。人民法院决定暂缓或者裁定中止执行的期间，应当从前述期限中扣除。

评估机构不能在期限内出具评估报告的，应当在期限届满五日前书面向人民法院申请延长期限。人民法院决定延长期限的，延期次数不超过两次，每次不超过十五日。

评估机构未在期限内出具评估报告、补正说明，且未按照规定申请延长期限的，人民法院应当通知该评估机构三日内将人民法院委托评估时移交的材料退回，另行委托下一顺序的评估机构重新进行评估。

人民法院未在评估结果有效期内发布一拍拍卖公告或者直接进入变卖程序的，应当通知原评估机构在十五日内重新出具评估报告。

第二十七条 司法网络询价平台、评估机构应当确定网络询价或者委托评估结果的有效期，有效期最长不得超过一年。

当事人议价的，可以自行协商确定议价结果的有效期，但不得超过前款规定的期限；定向询价结果的有效期，参照前款规定确定。

人民法院在议价、询价、评估结果有效期内发布一拍拍卖公告或者直接进入变卖程序，拍卖、变卖时未超过有效期六个月的，无需重新确定参考价，但法律、行政法规、司法解释另有规定的除外。

（九）费用

【执行要点】

1. 定向询价与当事人议价的，不产生询价或议价费用。

2. 网络询价的，原则上由申请执行人先行垫付网络询价费，被执行人实际负担。

3. 委托评估的，同网络询价费用承担规定。

4. 申请执行人可通过签订保险合同的方式垫付网络询价费或者委托评估费，并由保险人向执行法院出具担保书。

【注意事项】

申请执行人是否必须垫付网络询价费或委托评估费，执行法院可以根据案情自行决定。

实践中，大部分不动产成交可能性较高。出于提高执行效率和维护申请执行人利益的考虑，对此类不动产，执行法院倾向于处置前无需申请执行人垫付网络询价费或委托评估费。待不动产成交后，从变现款中直接扣除上述费用发还相关询价平台或评估机构；以物抵债的，申请执行人先行支付相关费用，再向被执行人追偿。但部分案件中，如土地拍卖涉及在建工程、共有房屋涉及份额拍卖的，此类财产处置较为复杂，成交率不确定，执行法院为衡平评估机构或询价机构之利益，可以依法要求申请执行人于处置启动前先行垫付。根据《人民法院委托评估工作规范》第三十一条，由评估机构出具预估评估费交纳通知书，执行法院按照预估评估费用的50%通知申请执行人垫付。

【规范指引】

《最高人民法院关于人民法院确定财产处置参考价若干问题的规定》

第三十三条 网络询价费及委托评估费由申请执行人先行垫付，由被执行人负担。

申请执行人通过签订保险合同的方式垫付网络询价费或者委托评估费的，保险人应当向人民法院出具担保书。担保书应当载明因申请执行人未垫付网络询价费或者委托评估费由保险人支付等内容，并附相关证据材料。

五、不动产司法拍卖

《网拍规定》第二条确立了“网络司法拍卖为原则、委托拍卖为例外”的司法拍卖原则。无特殊规定的，司法委托拍卖程序应当参照《网拍规定》。

（一）拍卖启动

1. 拍卖启动的期限

【执行要点】

处置参考价确定后，执行法院应当于10日内启动财产变价程序，并参照参考价确定起拍价或直接变卖价。

【规范指引】

《最高人民法院关于人民法院确定财产处置参考价若干问题的规定》

第三十条 人民法院应当在参考价确定后十日内启动财产变价程序。拍卖的，参照参考价确定起拍价；直接变卖的，参照参考价确定变卖价。

2. 拍卖方式的选择

【执行要点】

1. 执行程序中以拍卖方式处置不动产的，应当采取网络司法拍卖方式。

2. 采用司法委托拍卖方式的，需经分管执行工作的院领导审批通过。

【注意事项】

刑事涉财产执行案件中，待处置不动产系涉案财物，执行法院穷尽网络变现方式后，均流拍或变卖不成，且被害人或财政部门不同意抵债或实物收缴的，应当选择委托拍卖方式进行不动产处置。委托拍卖次数不设限，直至不动产变现成功，所得价款充抵罚金或退赔被害人。

【规范指引】

《最高人民法院关于人民法院网络司法拍卖若干问题的规定》

第二条　人民法院以拍卖方式处置财产的，应当采取网络司法拍卖方式，但法律、行政法规和司法解释规定必须通过其他途径处置，或者不宜采用网络拍卖方式处置的除外。

《最高人民法院关于刑事裁判涉财产部分执行的若干规定》

第十二条　被执行财产需要变价的，人民法院执行机构应当依法采取拍卖、变卖等变价措施。

涉案财物最后一次拍卖未能成交，需要上缴国库的，人民法院应当通知有关财政机关以该次拍卖保留价予以接收；有关财政机关要求继续变价的，可以进行无保留价拍卖。需要退赔被害人的，以该次拍卖保留价以物退赔；被害人不同意以物退赔的，可以进行无保留价拍卖。

（二）选定网络拍卖平台

【执行要点】

1. 根据最高人民法院建立的全国性司法拍卖网络服务提供者名单库，目前可供选择的网络服务提供者共 7 家，分别为：淘宝网、京东网、人民法院诉讼资产网、公拍网、中国拍卖行业协会网、工商银行融 e 购、北京产权交易所。

2. 拍卖平台由申请执行人自行选择，未选择或多个申请执行人选择不一致的，由执行法院指定。

【规范指引】

《最高人民法院关于司法拍卖网络服务提供者名单库的公告》

为进一步规范网络司法拍卖行为，维护当事人合法权益，我院出台了《最高人民法院关于人民法院网络司法拍卖若干问题的规定》和《最高人民法院关于建立和管理网络服务提供者名单库的办法》，对全国性网络服务提供者名单库的建立和管理进行规范。根据上述规定，网络服务提供者入库采取自愿申请的方式，经公告，截止 2016 年 9 月 30 日，共有 48 家网络服务提供者递交了申请材料。最高人民法院司法拍卖网络服务提供者名单库评审委员会通过委托第三方评估机构评估方式对全部申报材料进行评审，根据评审和投票结果，以下网络服务提供者提供的网络司法拍卖平台纳入名单库（排名不分先后）：

一、淘宝网，网址为 www.taobao.com；

二、京东网，网址为 www.jd.com；

三、人民法院诉讼资产网，网址为 www.rmfysszc.gov.cn；

四、公拍网，网址为 www.gpai.net；

五、中国拍卖行业协会网，网址为 www.caa123.org.cn。

特此公告

《最高人民法院关于司法拍卖网络服务提供者名单库新增入库公告》

为进一步扩大网络司法拍卖的影响力、活跃网络司法拍卖市场、提高财产变现效率、维护当事人合法权益，我院根据《最高人民法院关于人民法院网络司法拍卖若干问题的规定》和《最高人民法院关于建立和管理网络服务提供者名单库的办法》下发公告，有意愿加入名单库的网络服务提供者可向我院提交申报材料申请入库。

截至材料提交期限，共有 25 家网络服务提供者递交了申请材料。我院成立第二届司法拍卖网络服务提供者名单库评审委员会，并委托第三方评估机构对全部申报材料进行评估。经评审委员会评审、投票，工商银行融 e 购（mall.icbc.com.cn）和北京产权交易所（www.cbex.com.cn）新增纳入最高法院司法拍卖网络服务提供者名单库。

特此公告

《最高人民法院关于人民法院网络司法拍卖若干问题的规定》

第五条 网络服务提供者由申请执行人从名单库中选择；未选择或者多个申请执行人的选择不一致的，由人民法院指定。

（三）确定拍卖辅助机构

1. 拍卖辅助机构确定方式

【执行要点】

（1）上海各级法院在执行过程中需要委托拍卖辅助工作的，由本院执行局通过司法委托中介管理系统提出，转本院立案庭（网拍办）移送高院立案庭（网拍办）。司法委托中介管理系统中应详细填写当事人信息、拍卖标的物情况，选择是否拆分标的拍卖。

（2）上海高院立案庭（网拍办）定期通过随机方式确定辅助机构并办理委托手续。

（3）采用传统线下方式拍卖的，执行人员应当先行填写审批表，经由部门领导、分管院领导签字同意后，再通过司法委托中介管理系统委托拍卖辅助工作。

【规范指引】

《上海法院网络司法拍卖辅助工作管理办法（试行）》

第六条　各级法院在执行过程中需要委托拍卖辅助工作的，由本院执行局提出，转本院立案庭（网拍办）移送高院立案庭（网拍办）。高院立案庭（网拍办）定期、公开通过随机方式确定辅助机构并办理委托手续。

2. 拍卖辅助机构职责与费用

【执行要点】

（1）拍卖辅助机构应当根据法律法规和执行法院委托事项，对拍卖标的开展尽职调查、展示宣传、协助拍卖等工作。

（2）收费标准以单件拍卖不动产成交价为基数，采用差额定率累进计算方式。具体计算方式详见《上海市高级人民法院关于调整网络司法拍卖辅助工作费用收费标准的通知》。最高收费限价为 25 万元。

（3）拍辅费用在拍卖标的成交后由执行法院从拍卖成交款中支付。

（4）委托拍卖标的成交的佣金、两次流拍后标的变卖成交的辅助工作费用，收费标准参照上述规定。

【注意事项】

同一执行案件中，针对多套不动产一并打包拍卖的情形，拍辅费用如何计算未有规定。执行法院应综合考量拍辅机构的工作量，减少被执行人不必要的费用支出。执行法院可根据案件具体情况，将打包拍卖的多套不动产视为同一标的，采用最高收费标准 25 万元统一支付拍辅费用，或与拍辅机构协商合理确定拍辅费用。

【规范指引】

《上海法院网络司法拍卖辅助工作管理办法（试行）》

第四条 网络司法拍卖过程中，执行法院可以将下列拍卖辅助工作委托辅助机构：

（1）查询拍卖标的产权登记信息；

（2）查询户籍及物业费、公用事业费缴纳情况；

（3）查询拍卖标的涉及的工商、税务等信息；

（4）实地斟察，查明拍卖标的实际占有使用状况、权利负担等；

（5）制作拍卖财产的方案说明及视频或者照片等资料；

（6）展示拍卖财产，接受咨询，引领查看，封存样品等；

（7）拍卖标的仓储、保管、运输等；

（8）协助办理拍卖标的交付及产权过户、完税等手续；

（9）其他可以委托的拍卖辅助工作。

第七条 辅助机构应当严格遵守法律法规，遵照工作流程，规范高效完成下列辅助工作：

（一）开展标的尽职调查，包括但不限于拍卖财产现状、权属、瑕疵、税费负担等事项；

（二）及时送达法律文书，按时刊登、张贴拍卖公告；

（三）展示、宣传、推介、招商拍卖财产，接受咨询看样，提供 24 小时电话热线、网络在线服务；

（四）协助或者指导竞买人完成网络拍卖平台注册、报名、保证金支付、竞拍等流程；

（五）为有需要的竞买人提供网络竞价场所、协助金融贷款等服务；

（六）协助买受人办理尾款结算、税费缴纳、产权过户、物业交割、物流运输等事项；

（七）整理归档，上交结案报告；

（八）与拍卖工作相关的其他辅助工作。

（四）制作拍卖公告

1. 拍卖公告内容

【执行要点】

（1）拍卖公告的内容应当包括拍卖财产的基本情况、价格、保证金、竞买人条件、相关权利义务、拍卖时间和网络平台等信息。执行法院对于拍卖财产已知瑕疵和竞买后可能产生的风险要进行充分披露。

（2）除案外人合法占有使用外，拍卖公告应当明确执行法院依法负责清场，不得在公示信息中载明“不负责腾退交付”等信息。

【规范指引】

《最高人民法院关于人民法院网络司法拍卖若干问题的规定》

第十二条 网络司法拍卖应当先期公告，拍卖公告除通过法定途径发布外，还应同时在网络司法拍卖平台发布。拍卖动产的，应当在拍卖十五日前公告；拍卖不动产或者其他财产权的，应当在拍卖三十日前公告。

拍卖公告应当包括拍卖财产、价格、保证金、竞买人条件、拍卖财产已知瑕疵、相关权利义务、法律责任、拍卖时间、网络平台和拍卖法院等信息。

《最高人民法院关于进一步完善执行权制约机制加强执行监督的意见》

18. 坚持网络拍卖优先原则。人民法院以拍卖方式处置财产的，应当采取网络司法拍卖方式，但法律、行政法规和司法解释规定必须通过其他途径处置，或者不宜采用网络司法拍卖方式处置的除外。

各级人民法院不得在最高人民法院司法拍卖网络服务提供者名单库中进一步限定网络司法拍卖平台，不得干预、替代申请执行人进行选择。

拍卖财产为不动产且被执行人或者他人无权占用的，人民法院应当依法负责腾退，不得在公示信息中载明“不负责腾退交付”等信息。

严格贯彻落实《最高人民法院关于加强对司法拍卖辅助工作管理

的通知》，由高级人民法院制定拍卖辅助机构管理办法，建立名单库并规范委托拍卖辅助机构开展拍卖辅助工作。

2. 税费金额及承担

【执行要点】

（1）不动产拍卖公告和特别提示中关于税费承担的内容应当仅针对因拍卖本身而形成的税费。

（2）不动产变价、过户过程中所产生的税费，依照法律、法规规定，由买受人和被执行人各自承担。没有规定或规定不明的，执行法院可以根据法律原则和案件实际情况确定税费承担主体，并在拍卖公告和特别提示中予以载明。

（3）原权利人应当负担的税费部分可由买受人先行垫付，垫付后及时持相关付款凭证至执行法院申报退款。

（4）被执行人的历史欠缴税费，由税务部门自行负责追缴或依法向执行法院申请参与分配，拍卖公告中无需特别提示。

（5）被执行人欠缴费用，如物业费、水电煤费用等，拍卖公告中可明确由买受人承担，但应明确具体金额。

【注意事项】

不动产拍卖本身形成的税费，常见的包括契税、营业税、增值税、土地增值税、个人所得税等。根据《中华人民共和国印花税暂行条例》第一条、《中华人民共和国契税暂行条例》第一条、《中华人民共和国营业税暂行条例》第一条、《中华人民共和国土地增值税暂行条例》第二条和《中华人民共和国个人所得税法》第八条规定，契税应由买受人承担，增值税、营业税、土地增值税、个人所得税、教育费附加税、地方教育附加税应由出卖人承担。

【规范指引】

《最高人民法院关于人民法院网络司法拍卖若干问题的规定》

第三十条 因网络司法拍卖本身形成的税费，应当依照相关法律、行政法规的规定，由相应主体承担；没有规定或者规定不明的，人民法院可以根据法律原则和案件实际情况确定税费承担的相关主体、数额。

《上海市高级人民法院关于进一步规范不动产司法拍卖中有关事项的指导意见》

四、关于不动产变价过程中的税费承担

根据《最高人民法院关于人民法院网络司法拍卖若干问题的规定》第三十条和沪高法执〔2018〕9号《上海市高级人民法院执行局、上海市国家税务局政策法规处和上海市地方税务局政策法规处关于落实本市人民法院与税务部门衔接机制建设相关问题的意见》，执行法院在不动产拍卖公告和特别提示中关于税费承担的内容应当仅针对因拍卖本身而形成的税费（目前为增值税、土地增值税、个人所得税和契税），对于被执行人历史欠缴税费由税务部门负责追缴或者依法申请受偿，执行法院不应在拍卖公告和特别提示中作出规定，也不应载明由买受人承担。对于拍卖本身而形成的税费，相关法律、行政法规规定承担主体的，由相应主体承担（目前增值税、土地增值税和个人所得税由被执行人承担，契税由买受人承担），执行法院不应在拍卖公告和特别提示中作出变更，只有当相关法律、行政法规没有规定或者规定不明的，执行法院才可以根据法律原则和案件实际情况确定税费承担的相关主体并在拍卖公告和特别提示中予以载明。对于不动产可能涉及水、电、气、物业服务等欠缴费用的，可以在拍卖公告和特别提示中规定由买受人承担。

3. 买受人资格限制

【执行要点】

待处置不动产涉及购买资格或转让限制的，执行法院应当于查明后如实在拍卖公告中予以披露，并明确相关法律后果。

（1）资格确认。竞买人应当于参与拍卖前自行确定具备不动产购买资格或符合受让标准。具体可通过不动产登记中心咨询确认。

（2）资格限制。涉案不动产出现流拍等无法正常处置情形，不具备购房资格的申请执行人等当事人请求以该房抵债的，人民法院不予支持。

（3）法律后果。因资格受限导致不动产拍卖成交后无法过户的，买受人将依法承担悔拍等法律后果。

【规范指引】

《最高人民法院关于人民法院司法拍卖房产竞买人资格若干问题的规定》

第二条 人民法院组织司法拍卖房产活动时，发布的拍卖公告载明竞买人必须具备购房资格及其相应法律后果等内容，竞买人申请参与竞拍的，应当承诺具备购房资格及自愿承担法律后果。

第五条 司法拍卖房产出现流拍等无法正常处置情形，不具备购房资格的申请执行人等当事人请求以该房抵债的，人民法院不予支持。

【典型案例】

郑某娟申请执行郭某建等民间借贷纠纷案［裁判法院：上海市静安区人民法院；案号：（2020）沪0106执恢1174号］

执行要旨：拍卖成交后，竞买人应当履行两项主要义务：一是按时全额付款，二是按时提交材料证明其有购房资格，任何一项义务未能完全履行的，均构成“悔拍”的法律后果。竞买人应当在竞拍前即获得购房资格，确因行政审批等客观原因无法在拍卖公告规定时限内提交购买资格证明材料的，人民法院可根据申请酌情延长提交时限。

4. 拍卖保留价及增加幅度

【执行要点】

（1）拍卖保留价由人民法院组成合议庭参照财产处置参考价评议确定。第一次拍卖时，不得低于处置参考价的70%，第二次拍卖的起拍价降价幅度不得超过前次起拍价的20%。

（2）未作评估的，参照市价确定，并征询当事人意见，但不得低于市价的70%。

（3）竞价增价幅度由人民法院组成合议庭根据《最高人民法院关于

进一步规范人民法院网络司法拍卖工作的通知》第三条规定予以确定。

（4）涉案不动产涉及无益拍卖的，重新确定的保留价应当大于该优先债权及强制执行费用的总额。

【注意事项】

采用不动产司法委托拍卖的，起拍价由人民法院参照评估价确定。如果出现流拍，再行拍卖时，可以酌情降低保留价，但每次降低的数额不得超过前次保留价的20%。

竞价增价幅度可参考网拍增价规则。

【规范指引】

《最高人民法院关于人民法院网络司法拍卖若干问题的规定》

第十条 网络司法拍卖应当确定保留价，拍卖保留价即为起拍价。

起拍价由人民法院参照评估价确定；未作评估的，参照市价确定，并征询当事人意见。起拍价不得低于评估价或者市价的百分之七十。

第二十六条 网络司法拍卖竞价期间无人出价的，本次拍卖流拍。流拍后应当在三十日内在同一网络司法拍卖平台再次拍卖，拍卖动产的应当在拍卖七日前公告；拍卖不动产或者其他财产权的应当在拍卖十五日前公告。再次拍卖的起拍价降价幅度不得超过前次起拍价的百分之二十。

再次拍卖流拍的，可以依法在同一网络司法拍卖平台变卖。

第二十七条 起拍价及其降价幅度、竞价增价幅度、保证金数额和优先购买权人竞买资格及其顺序等事项，应当由人民法院依法组成合议庭评议确定。

《最高人民法院关于进一步规范人民法院网络司法拍卖工作的通知》

三、关于加价幅度如何确定问题。司法解释要求加价幅度应经过合议庭合议后确定，但实践中部分法院认为较难把握，加价幅度的确定也较为混乱，存在过低或过高的问题。加价幅度可参考以下原则确定：起拍价为10万元以下（含10万元）的标的物，加价幅度不宜超过起拍价的2%；起拍价为10万元至100万元（含100万元）的标的物，加价幅度不宜超过起拍价的1%；起拍价为100万元的标的物，加价幅度不宜超过起拍价的0.5%。

《最高人民法院关于人民法院民事执行中拍卖、变卖财产的规定》

第五条 拍卖应当确定保留价。

拍卖财产经过评估的，评估价即为第一次拍卖的保留价；未作评估的，保留价由人民法院参照市价确定，并应当征询有关当事人的意见。

如果出现流拍，再行拍卖时，可以酌情降低保留价，但每次降低的数额不得超过前次保留价的百分之二十。

第六条 保留价确定后，依据本次拍卖保留价计算，拍卖所得价款在清偿优先债权和强制执行费用后无剩余可能的，应当在实施拍卖前将有关情况通知申请执行人。申请执行人于收到通知后五日内申请继续拍卖的，人民法院应当准许，但应当重新确定保留价；重新确定的保留价应当大于该优先债权及强制执行费用的总额。

依照前款规定流拍的，拍卖费用由申请执行人负担。

【典型案例】

HARTAWAN HOLDING LIMITED申请执行上海富杰企业投资有限公司房屋租赁合同纠纷案［裁判法院：上海市虹口区人民法院；案号：（2021）沪0109执1662号］

执行要旨：因被执行人未完成征收及开发工作，案涉不动产成为历史遗留“毛地”，评估价值为负值。执行法院根据毛地性质、有待征收房屋的现状及《评估报告》中对房屋征收成本的估算，结合扣除房屋征收成本后地块总价为负值的情况，确定以政府出让该地块时的价值作为起拍价。

5. 保证金确定

【执行要点】

（1）保证金数额由人民法院组成合议庭在起拍价的5%至20%范围内确定。

（2）除申请执行人，其他所有竞买人都必须于参加拍卖前实名足额交纳保证金。申请执行人债权数额小于保证金数额的，按差额部分交纳。

（3）竞买人在拍卖竞价结束前交纳保证金的，经执行法院或网络服务提供者确认后，取得竞买资格。

【规范指引】

《最高人民法院关于人民法院网络司法拍卖若干问题的规定》

第十七条 保证金数额由人民法院在起拍价的百分之五至百分之二十范围内确定。

竞买人应当在参加拍卖前以实名交纳保证金，未交纳的，不得参加竞买。申请执行人参加竞买的，可以不交保证金；但债权数额小于保证金数额的按差额部分交纳。

交纳保证金，竞买人可以向人民法院指定的账户交纳，也可以由网络服务提供者在其提供的支付系统中对竞买人的相应款项予以冻结。

第十八条 竞买人在拍卖竞价程序结束前交纳保证金经人民法院或者网络服务提供者确认后，取得竞买资格。网络服务提供者应当向取得资格的竞买人赋予竞买代码、参拍密码；竞买人以该代码参与竞买。

网络司法拍卖竞价程序结束前，人民法院及网络服务提供者对竞买人以及其他能够确认竞买人真实身份的信息、密码等，应当予以保密。

6. 特别告知事项

【执行要点】

实施网络司法拍卖的，执行法院应当在拍卖公告发布当日通过网络司法拍卖平台对特别事项予以提示，具体包括以下几类：

（1）竞买人资格确认；

（2）不动产瑕疵披露和买受人风险承担；

（3）悔拍的法律后果。

【规范指引】

《最高人民法院关于人民法院网络司法拍卖若干问题的规定》

第十四条 实施网络司法拍卖的，人民法院应当在拍卖公告发布当日通过网络司法拍卖平台对下列事项予以特别提示：

（一）竞买人应当具备完全民事行为能力，法律、行政法规和司法解释对买受人资格或者条件有特殊规定的，竞买人应当具备规定的资格或者条件；

（二）委托他人代为竞买的，应当在竞价程序开始前经人民法院确认，并通知网络服务提供者；

（三）拍卖财产已知瑕疵和权利负担；

（四）拍卖财产以实物现状为准，竞买人可以申请实地看样；

（五）竞买人决定参与竞买的，视为对拍卖财产完全了解，并接受拍卖财产一切已知和未知瑕疵；

（六）载明买受人真实身份的拍卖成交确认书在网络司法拍卖平台上公示；

（七）买受人悔拍后保证金不予退还。

（五）发布拍卖公告及通知

【执行要点】

1. 发布期限。网络司法拍卖应当先期公告。拍卖不动产的，应当在拍卖 30 日前公告。

2. 发布途径。拍卖公告除通过法定途径发布外，还应同时在网络司法拍卖平台发布。拍卖公告需张贴于案涉不动产显著位置。

3. 发送主体和时间。采用网络司法拍卖的，执行法院应当在拍卖公告发布 3 日前，将网络司法拍卖事宜以书面或其他能够确认收悉的合理方式，通知当事人和利害关系人，利害关系人包括优先购买权人、占有使用人等。实践中通常做法为将拍卖公告送达当事人和利害关系人，无法送达的，应当在网络司法拍卖平台公示并说明无法通知的理由，公示满 5 日视为已经通知。

采用司法委托拍卖的，人民法院应当在拍卖5日前以书面或者其他能够确认收悉的适当方式，通知共有人于拍卖日到场。

【注意事项】

根据最高人民法院执行局法官会议纪要意见，《网拍规定》第十二条第一款规定“法定途径”发布，主要考虑的是股权等特殊财产的拍卖。对此类财产拍卖前，人民法院除通过网络司法拍卖平台发布拍卖公告外，还应通过报纸等“法定途径”发布。拍卖不动产，非属特殊财产，则人民法院除通过网络司法拍卖平台发布拍卖公告外，无须同时另行通过报纸等“法定途径”发布。

【规范指引】

《最高人民法院关于人民法院网络司法拍卖若干问题的规定》

第十二条 网络司法拍卖应当先期公告，拍卖公告除通过法定途径发布外，还应同时在网络司法拍卖平台发布。拍卖动产的，应当在拍卖十五日前公告；拍卖不动产或者其他财产权的，应当在拍卖三十日前公告。

拍卖公告应当包括拍卖财产、价格、保证金、竞买人条件、拍卖财产已知瑕疵、相关权利义务、法律责任、拍卖时间、网络平台和拍卖法院等信息。

第十六条 网络司法拍卖的事项应当在拍卖公告发布三日前以书面或者其他能够确认收悉的合理方式，通知当事人、已知优先购买权人。权利人书面明确放弃权利的，可以不通知。无法通知的，应当在网络司法拍卖平台公示并说明无法通知的理由，公示满五日视为已经通知。

优先购买权人经通知未参与竞买的，视为放弃优先购买权。

《最高人民法院关于人民法院民事执行中拍卖、变卖财产的规定》

第十一条 人民法院应当在拍卖五日前以书面或者其他能够确认收悉的适当方式，通知当事人和已知的担保物权人、优先购买权人或者其他优先权人于拍卖日到场。

优先购买权人经通知未到场的，视为放弃优先购买权。

（六）竞价及成交

1. 竞价规则

【执行要点】

网络司法拍卖从起拍价开始以递增出价方式竞价，增价幅度由人民法院组成合议庭在拍卖启动前确定。竞买人以低于起拍价出价的无效。

2. 成交的认定

【执行要点】

（1）网络司法拍卖的竞价时间应当不少于24小时。竞价程序结束前5分钟内无人出价的，最后出价即为成交价；有出价的，竞价时间自该出价时点顺延5分钟。

（2）一人参与竞拍的，出价不低于起拍价，拍卖成交。

（3）优先购买权人参与竞买并和一般竞买人出价相同，没有更高出价的，拍卖不动产由优先购买权人竞得。

（4）多名优先购买权人以相同价格出价，优先顺序不同的，顺序在先的优先购买权人竞得；顺序相同的，出价在先的竞得。

3. 优先购买权的行使

【执行要点】

（1）不动产优先购买权人，包括共有人和承租人。

（2）优先购买权人经通知未参与竞买的，视为放弃优先购买权。

（3）优先购买人有意向参与竞买的，应当提前向法院申请资格确认。经确认获得优先竞买资格及优先竞买代码、参拍密码。未经确认，不得以优先购买权人身份参加竞买。

【注意事项】

对于优先购买权人的资格确认申请期限，未有法条明确规定。为避免争议，应当在拍卖公告中明确具体截止日期，一般以拍卖日前3日为宜。

【典型案例】

梁某胜诉葛某峰、济南农村商业银行股份有限公司金融借款合同纠

纷执行案［裁判法院：最高人民法院；案号：（2018）最高法执监394号］

执行要旨：关于未通知房屋承租人可否成为撤销司法拍卖事由的问题。一般法理认为，房屋承租人的优先购买权属于债权性质的优先购买权。参照《最高人民法院关于审理城镇房屋租赁合同纠纷案件具体应用法律若干问题的解释》第二十一条规定精神，在执行程序中，房屋承租人仅以没有接到司法拍卖通知导致其优先购买权受侵害为由，主张拍卖程序无效或要求撤销拍卖的，不应予以支持。

4. 流拍处理

【执行要点】

（1）网络司法拍卖竞价期间无人出价的，本次拍卖流拍。流拍后应当在30日内在同一网络司法拍卖平台再次拍卖，拍卖不动产的应当在拍卖15日前公告。再次拍卖的起拍价降价幅度不得超过前次起拍价的20%。

（2）涉案不动产涉及无益拍卖，但申请执行人申请继续拍卖的，第一次网络司法拍卖流拍后，执行法院不予启动第二次拍卖。

（3）涉案不动产采用司法委托方式拍卖的，前两次拍卖均流拍且申请执行人拒绝接受或者依法不能交付其以物抵债的，执行法院应当进行第三次拍卖。两次重新拍卖均应在60日内启动。

【注意事项】

司法网络拍卖第一次流拍后，申请执行人是否可以申请以物抵债，《网拍规定》未有明确。但其第三十七条第三款规定“本规定对网络司法拍卖行为没有规定的，适用其他有关司法拍卖的规定”。结合《拍卖变卖规定》第十六条第一款规定，从执行效率和利益平衡的角度考虑，网拍第一次流拍后，执行法院可以依据申请执行人的申请，以一拍起拍价裁定以物抵债。

以物抵债无需被执行人或抵押权人同意，但申请执行人应当优先支付抵押债权金额。应受清偿的债权数额低于抵债财产价值的，申请执行人还需补交差额。

【规范指引】

《最高人民法院关于人民法院民事执行中拍卖、变卖财产的规定》

第二十三条 拍卖时无人竞买或者竞买人的最高应价低于保留价，到场的申请执行人或者其他执行债权人不申请以该次拍卖所定的保留价抵债的，应当在六十日内再行拍卖。

第二十五条 对于第二次拍卖仍流拍的不动产或者其他财产权，人民法院可以依照本规定第十六条的规定将其作价交申请执行人或者其他执行债权人抵债。申请执行人或者其他执行债权人拒绝接受或者依法不能交付其抵债的，应当在六十日内进行第三次拍卖。

第三次拍卖流拍且申请执行人或者其他执行债权人拒绝接受或者依法不能接受该不动产或者其他财产权抵债的，人民法院应当于第三次拍卖终结之日起七日内发出变卖公告。自公告之日起六十日内没有买受人愿意以第三次拍卖的保留价买受该财产，且申请执行人、其他执行债权人仍不表示接受该财产抵债的，应当解除查封、冻结，将该财产退还被执行人，但对该财产可以采取其他执行措施的除外。

【典型案例】

鲍某申请执行戴某、上海某置业发展有限公司公证债权文书纠纷案［裁判法院：上海市高级人民法院；案号：（2018）沪执监52号］

执行要旨：网络司法拍卖第一次拍卖流拍后，申请执行人申请以物抵债的，执行法院可以一拍起拍价作出以物抵债裁定。此时以物抵债无需被执行人同意。

5. 款项支付

【执行要点】

拍卖成交后，买受人交纳的保证金可以充抵价款。买受人应当在拍卖公告确定的期限内将剩余价款交付至执行法院账户。

【注意事项】

（1）申请执行人买受涉案不动产，是否可以免交价款，目前法律没有明确规定。执行法院应当综合申请执行人的受偿顺位和债权情况，结合案件实际区分考量。若申请执行人享有第一顺位优先受偿权，且执行标的已完全覆盖不动产拍卖款，从执行效率的角度出发，可以免除其支付价款的义务。若申请执行人仅享有普通债权，考虑到该案存有参与分配的可能，执行法院可以要求申请执行人根据拍卖公告按时向法院账户支付竞买款项。

（2）案外共有人竞买成功的，可以仅支付被执行人所占份额的价款，无需全额支付成交价款，但该不动产整体设定了抵押权的除外。因此时案外共有人亦属于抵押人，需共同清偿抵押债务，拍卖价款供抵押权人优先清偿以后，剩余价款才按照共有比例确定案外共有人的数额。通常情况下，抵押权金额在拍卖时无法确定，难以事先确定案外共有人的责任范围，所以就需要案外共有人先全额支付拍卖款，待结算清楚以后，再行退还剩余价款。

（3）剩余价款支付期限，目前无明确规定。实践中各级法院根据不动产拍卖价款、具体案情可自行确定，但一般不宜超过成交后30日。

【规范指引】

《最高人民法院关于人民法院网络司法拍卖若干问题的规定》

第十九条 优先购买权人经人民法院确认后，取得优先竞买资格以及优先竞买代码、参拍密码，并以优先竞买代码参与竞买；未经确认的，不得以优先购买权人身份参与竞买。

顺序不同的优先购买权人申请参与竞买的，人民法院应当确认其顺序，赋予不同顺序的优先竞买代码。

第二十一条 优先购买权人参与竞买的，可以与其他竞买人以相同的价格出价，没有更高出价的，拍卖财产由优先购买权人竞得。

顺序不同的优先购买权人以相同价格出价的，拍卖财产由顺序在先的优先购买权人竞得。

顺序相同的优先购买权人以相同价格出价的，拍卖财产由出价在先的优先购买权人竞得。

第二十三条 拍卖成交后，买受人交纳的保证金可以充抵价款；其他竞买人交纳的保证金应当在竞价程序结束后二十四小时内退还或者解冻。拍卖未成交的，竞买人交纳的保证金应当在竞价程序结束后二十四小时内退还或者解冻。

第二十六条　网络司法拍卖竞价期间无人出价的，本次拍卖流拍。流拍后应当在三十日内在同一网络司法拍卖平台再次拍卖，拍卖动产的应当在拍卖七日前公告；拍卖不动产或者其他财产权的应当在拍卖十五日前公告。再次拍卖的起拍价降价幅度不得超过前次起拍价的百分之二十。

再次拍卖流拍的，可以依法在同一网络司法拍卖平台变卖。

（七）悔拍

1. 悔拍的情形

【执行要点】

（1）拍卖成交后，买受人向执行法院书面明确表示放弃对不动产的购买。

（2）拍卖成交后，买受人未在指定支付期限内将剩余款项交付至执行法院指定账户。

2. 悔拍的后果

【执行要点】

（1）交纳的保证金不予退还。依次用于支付拍卖产生的费用损失、弥补重新拍卖价款低于原拍卖价款的差价、冲抵本案被执行人的债务以及与拍卖财产相关的被执行人的债务。

（2）悔拍后重新拍卖的，原买受人不得参加竞买。

【规范指引】

《最高人民法院关于人民法院网络司法拍卖若干问题的规定》

第二十四条　拍卖成交后买受人悔拍的，交纳的保证金不予退还，依次用于支付拍卖产生的费用损失、弥补重新拍卖价款低于原拍卖价款的差价、冲抵本案被执行人的债务以及与拍卖财产相关的被执行人的债务。

悔拍后重新拍卖的，原买受人不得参加竞买。

（八）网络司法拍卖的撤销

1. 撤销情形

【执行要点】

（1）特定情形下，买受人产生重大误解，购买目的无法实现的；

（2）信息技术原因致使拍卖结果错误，严重损害当事人或其他竞买人利益的；

（3）恶意串通损害当事人或其他竞买人利益的；

（4）买受人不具备竞买资格的；

（5）违法限制竞买人参与竞买的；

（6）其他严重违反网络司法拍卖程序且损害当事人或者竞买人利益的情形。

【注意事项】

当事人、利害关系人书面请求撤销涉案不动产的拍卖、变卖的，对于采用网络司法拍卖或司法委托拍卖两种变现形式的，应当分别适用《网拍规定》第三十一条或《执行异议和复议规定》第二十一条。

实践中，拍卖撤销与悔拍易产生交叉审查的情况，部分竞买人以提起执行异议的形式掩盖悔拍事实，但二者发生的法律原因有本质区别，执行法院应对拍卖不能成交的原因、竞买人的主观过错等进行审慎审查，防止竞买人滥用撤销异议权。对于拍卖公告已对拍卖标的的基本情况、政策限制等进行了详细公示的，应视为执行法院已充分履行披露义务。买受人明知或明显可预见自己不具备竞买资格而参加竞拍，事后因过户不能拒绝支付尾款的，应当认定其属于悔拍，承担悔拍的法律后果；买受人在竞拍前享有购买资格，竞拍成功后因政策变化等客观原因丧失竞买资格的，其可申请撤销本次网拍。

【规范指引】

《最高人民法院关于人民法院网络司法拍卖若干问题的规定》

第三十一条 当事人、利害关系人提出异议请求撤销网络司法拍卖，符合下列情形之一的，人民法院应当支持：

（一）由于拍卖财产的文字说明、视频或者照片展示以及瑕疵说明严重失实，致使买受人产生重大误解，购买目的无法实现的，但拍卖时的技术水平不能发现或者已经就相关瑕疵以及责任承担予以公示说明的除外；

（二）由于系统故障、病毒入侵、黑客攻击、数据错误等原因致使拍卖结果错误，严重损害当事人或者其他竞买人利益的；

（三）竞买人之间，竞买人与网络司法拍卖服务提供者之间恶意串通，损害当事人或者其他竞买人利益的；

（四）买受人不具备法律、行政法规和司法解释规定的竞买资格的；

（五）违法限制竞买人参加竞买或者对享有同等权利的竞买人规定不同竞买条件的；

（六）其他严重违反网络司法拍卖程序且损害当事人或者竞买人利益的情形。

【典型案例】

杨某燕申请撤销网络司法拍卖执行异议案［裁判法院：上海市奉贤区人民法院；案号：（2019）沪0120执异32号］

执行要旨：执行法院依法对拍卖不动产的必要内容进行了公示，应视为法院履行了披露责任。竞买人在竞买前应注意将自我购买意向与拍卖财产状况进行比较，以便决定是否参与竞买及参与程度等。因竞买人未尽谨慎注意义务导致悔拍的，责任由竞买人自行承担。

2. 撤销的程序

【执行要点】

（1）执行法院可依审查权裁定撤销拍卖。当事人、利害关系人认为网络司法拍卖存在上述情形并向执行法院提出异议的，执行实施部门应当依法进行审查。符合《网拍规定》第三十一条规定情形的，裁定支持异议，并撤销本次网络司法拍卖。执行实施部门未予处理或当事人、利害关系人对审查结果持有异议，其可通过执行异议程序进行救济。

（2）执行法院应当对拍卖程序及拍卖结果的合法性进行审查。包括网络司法拍卖程序有无重大瑕疵、当事人或竞买人的利益受损与拍卖程序瑕疵是否存在直接因果关系。

3. 撤销的后果

【执行要点】

（1）网络司法拍卖被撤销，当事人、利害关系人、案外人认为执行法院拍卖行为违法致使其合法权益受损的，可以依法申请国家赔偿；认为其他主体的行为违法致使其合法权益受损的，可以另行提起诉讼。

（2）执行法院经审查认定因当事人、买受人、利害关系人行为违法致使拍卖撤销的，可以根据《民事诉讼法》第一百一十四规定，以妨害司法行为追究相关人员责任。

（3）网络服务者存在《网拍规定》第三十五条规定违法情形的，因其具有协助法院进行拍卖财产变价的义务，执行法院可以依照《民事诉讼法》第一百一十七条规定予以处理。

【规范指引】

《最高人民法院关于人民法院网络司法拍卖若干问题的规定》

第三十二条　网络司法拍卖被人民法院撤销，当事人、利害关系人、案外人认为人民法院的拍卖行为违法致使其合法权益遭受损害的，可以依法申请国家赔偿；认为其他主体的行为违法致使其合法权益遭受损害的，可以另行提起诉讼。

第三十三条　当事人、利害关系人、案外人认为网络司法拍卖服务提供者的行为违法致使其合法权益遭受损害的，可以另行提起诉讼；理由成立的，人民法院应当支持，但具有法定免责事由的除外。

《最高人民法院关于审理涉执行司法赔偿案件适用法律若干问题的解释》

第二条　公民、法人和其他组织认为有下列错误执行行为造成损害申请赔偿的，人民法院应当依法受理：

（一）执行未生效法律文书，或者明显超出生效法律文书确定的数额和范围执行的；

（二）发现被执行人有可供执行的财产，但故意拖延执行、不执行，或者应当依法恢复执行而不恢复的；

（三）违法执行案外人财产，或者违法将案件执行款物交付给其他当事人、案外人的；

（四）对抵押、质押、留置、保留所有权等财产采取执行措施，未依法保护上述权利人优先受偿权等合法权益的；

（五）对其他人民法院已经依法采取保全或者执行措施的财产违法执行的；

（六）对执行中查封、扣押、冻结的财产故意不履行或者怠于履行监管职责的；

（七）对不宜长期保存或者易贬值的财产采取执行措施，未及时处理或者违法处理的；

（八）违法拍卖、变卖、以物抵债，或者依法应当评估而未评估，依法应当拍卖而未拍卖的；

（九）违法撤销拍卖、变卖或者以物抵债的；

（十）违法采取纳入失信被执行人名单、限制消费、限制出境等措施的；

（十一）因违法或者过错采取执行措施或者强制措施的其他行为。

第十三条 属于下列情形之一的，人民法院不承担赔偿责任：

（一）申请执行人提供财产线索错误的；

（二）执行措施系根据依法提供的担保而采取或者解除的；

（三）人民法院工作人员实施与行使职权无关的个人行为的；

（四）评估或者拍卖机构实施违法行为造成损害的；

（五）因不可抗力、正当防卫或者紧急避险造成损害的；

（六）依法不应由人民法院承担赔偿责任的其他情形。

前款情形中，人民法院有错误执行行为的，应当根据其在损害发生过程和结果中所起的作用承担相应的赔偿责任。

六、不动产自行变卖

根据最高人民法院善意文明执行理念的指导，被执行人在符合条件的情况下有权对涉案不动产自行变卖，不仅有利于缩短财产变价流程和时间，提高变现价值，也能最大限度减轻对被执行人权益影响，减少清场纠纷和执行矛盾。

（一）自行变卖的前提条件

【执行要点】

1. 自行变卖依被执行人申请启动，法院无权依职权启动。

2. 执行法院确保能够控制不动产变现款，包括但不限于要求被执行人将变现款汇入执行法院账户、冻结被执行人账户等措施，是准许自行变卖的前提。

（二）自行变卖的注意事项

【执行要点】

1. 被执行人认为网络询价或评估价过低，可以申请以不低于网络询价或评估价自行变卖查封不动产。

2. 执行法院需审查是否存在被执行人与他人恶意串通低价处置财产的情形。

3. 执行法院准许自行变卖的，被执行人又依照《最高人民法院关于确定财产处置参考价若干问题的规定》第二十二条、第二十三条规定提起异议的，法院不予受理；被执行人就网络询价或评估价提起异议后，又依照上述规定申请自行变卖的，不应准许。

（三）自行变卖的期限

【执行要点】

1. 期限确定。变卖期限由执行法院根据不动产实际情况、市场行情等因素确定，最长不超过 60 日，并将确定的期限记入谈话笔录。

2. 超期后果。被执行人未在指定期限就涉案不动产变卖成功的，应当直接启动网络司法拍卖程序。

（四）自行变卖的监督

【执行要点】

执行法院准许被执行人自行变卖的，可以监督被执行人在一定期限内进行变卖。

1. 监督内容。限定时间内，监督被执行人有无积极推介涉案不动产、有无意向购买人并达成购买协议、不动产出售价格是否合理、买受人是否及时支付购房款。

2. 监督方式。自行变卖期内，执行法院可以要求被执行人定期书面汇报不动产变价进展，口头汇报的，应当记入执行工作记录。

【规范指引】

《最高人民法院关于在执行工作中进一步强化善意文明执行理念的意见》

9. 适当增加财产变卖程序适用情形。要在坚持网络司法拍卖优先原则的基础上，综合考虑变价财产实际情况、是否损害执行债权人、第三人或社会公共利益等因素，适当采取直接变卖或强制变卖等措施。

（1）被执行人申请自行变卖查封财产清偿债务的，在确保能够控制相应价款的前提下，可以监督其在一定期限内按照合理价格变卖。变卖期限由人民法院根据财产实际情况、市场行情等因素确定，但最长不得超过60日。

（2）被执行人申请对查封财产不经拍卖直接变卖的，经执行债权人同意或者变卖款足以清偿所有执行债务的，人民法院可以不经拍卖直接变卖。

（3）被执行人认为网络询价或评估价过低，申请以不低于网络询价或评估价自行变卖查封财产清偿债务的，人民法院经审查认为不存在被执行人与他人恶意串通低价处置财产情形的，可以监督其在一定期限内进行变卖。

（4）财产经拍卖后流拍且执行债权人不接受抵债，第三人申请以流拍价购买的，可以准许。

（5）网络司法拍卖第二次流拍后，被执行人提出以流拍价融资的，人民法院应结合拍卖财产基本情况、流拍价与市场价差异程度以及融资期限等因素，酌情予以考虑。准许融资的，暂不启动以物抵债或强制变卖程序。

被执行人依照9（3）规定申请自行变卖，经人民法院准许后，又依照《最高人民法院关于人民法院确定财产处置参考价若干问题的规定》第二十二、二十三条规定向人民法院提起异议的，不予受理；被执行人就网络询价或评估价提起异议后，又依照9（3）规定申请自行变卖的，不应准许。

【典型案例】

王某申请执行朱某某民间借贷纠纷案［裁判法院：上海市浦东新区人民法院；案号：（2021）沪0115执5129号］

执行要旨：人民法院在坚持网络司法拍卖优先原则的基础上，可综合考虑变价财产实际情况、是否损害执行债权人、第三人或社会公共利益等因素，适当采取直接变卖或强制变卖等措施。被执行人申请自行变卖查封财产清偿债务的，在确保能够控制相应价款的前提下，可以监督其在一定期限内按照合理价格变卖。符合条件的小微企业股权处置可以采取当事人自行变卖方式。

七、不动产司法变卖

不动产经网络司法拍卖两次拍卖均流拍的，可以进行网络司法变卖。

（一）网络司法变卖平台选择

【执行要点】

网络司法拍卖二拍流拍后，法院采取网络司法变卖方式处置财产的，应当在最高人民法院确定的网络服务提供者名单库中的平台上实施。原则上沿用网拍程序适用的平台，但申请执行人在网拍二拍流拍后10日内书面要求更换到名单库中的其他平台上实施的，法院应当准许。

【规范指引】

《最高人民法院关于认真做好网络司法拍卖与网络司法变卖衔接工作的通知》

一、关于网络司法变卖平台选择的问题。网络司法拍卖二拍流拍后，人民法院采取网络司法变卖方式处置财产的，应当在最高人民法院确定的网络服务提供者名单库中的平台上实施。原则上沿用网拍程序适用的平台，但申请执行人在网拍二拍流拍后10日内书面要求更换到名单库中的其他平台上实施的，执行法院应当准许。

（二）发布网络司法变卖公告期限

【执行要点】

网拍二拍流拍后，人民法院应当于10日内询问申请执行人或其他执行债权人是否接受以物抵债。不接受以物抵债的，法院应当于网拍二拍流拍之日起15日内发布网络司法变卖公告。

【规范指引】

《最高人民法院关于认真做好网络司法拍卖与网络司法变卖衔接工作的通知》

二、关于发布网络司法变卖公告期限的问题。网拍二拍流拍后，人民法院应当于10日内询问申请执行人或其他执行债权人是否接受以物抵债。不接受以物抵债的，人民法院应当于网拍二拍流拍之日起15日内发布网络司法变卖公告。

（三）网络司法变卖公告期、变卖期

【执行要点】

网络司法变卖期为60天，法院应当在公告中确定变卖期的开始时间。变卖不动产或者其他财产权的，应当在变卖期开始15日前公告。变卖公告应当包括但不限于变卖财产、变卖价、变卖期、变卖期开始时间、变卖流程、保证金数额、加价幅度等内容，应当特别提示变卖成交后不交纳尾款的，保证金不予退还。

【规范指引】

《最高人民法院关于认真做好网络司法拍卖与网络司法变卖衔接工作的通知》

三、关于网络司法变卖公告期、变卖期的问题。网络司法变卖期为60天，人民法院应当在公告中确定变卖期的开始时间。变卖动产的，应当在变卖期开始7日前公告；变卖不动产或者其他财产权的，应当在变卖期开始15日前公告。变卖公告应当包括但不限于变卖财产、变卖价、变卖期、变卖期开始时间、变卖流程、保证金数额、加价幅度等内容，应当特别提示变卖成交后不交纳尾款的，保证金不予退还。

（四）变卖价确定

【执行要点】

网络司法变卖的变卖价为网络司法拍卖二拍流拍价。

【规范指引】

《最高人民法院关于认真做好网络司法拍卖与网络司法变卖衔接工作的通知》

四、关于变卖价确定的问题。网络司法变卖的变卖价为网络司法拍卖二拍流拍价。各级人民法院应当认真领会《网拍规定》关于确定一拍、二拍起拍价的精神，在评估价（或市场价）基础上按《网络规定》进行降价拍卖。

（五）竞买人资格确定

【执行要点】

竞买人交齐变卖价全款后，取得竞买资格。竞买人可以向法院指定的账户交纳，也可以在变卖平台上在线报名并交纳。竞买人向法院指定账户交纳的，法院应当及时通过操作系统录入并推送给确定的变卖平台。

【规范指引】

《最高人民法院关于认真做好网络司法拍卖与网络司法变卖衔接工作的通知》

五、关于竞买人资格确定的问题。竞买人交齐变卖价全款后，取得竞买资格。竞买人可以向法院指定的账户交纳，也可以在变卖平台上在线报名并交纳。竞买人向法院指定账户交纳的，人民法院应当及时通过操作系统录入并推送给确定的变卖平台。

（六）网络司法变卖流程

【执行要点】

1. 变卖期开始后，取得竞买资格的竞买人即可以出价。自第一次出价开始进入 24 小时竞价程序，其他取得竞买资格的竞买人可在竞价程序内以递增出价方式参与竞买。竞价程序参照《网拍规定》第二十条规定进行，加价幅度参照最高人民法院法明传（2017）第 253 号通知要求进行设置，也就是与拍卖程序一样。

2. 竞价程序内无其他人出价的，变卖财产由第一次出价的竞买人竞得；竞价程序内有其他人出价的，变卖财产由竞价程序结束时最高出价者竞得。变卖成交的，竞价程序结束时变卖期结束。

【规范指引】

《最高人民法院关于认真做好网络司法拍卖与网络司法变卖衔接工作的通知》

六、关于网络司法拍卖变卖流程问题。变卖期开始后，取得竞买资格的竞买人即可以出价。自第一次出价开始进入 24 小时竞价程序，其他取得竞买资格的竞买人可在竞价程序内以递增出价方式参与竞买。竞价程序参照《网拍规定》第二十条规定进行，加价幅度参照我院法明传（2017）第 253 号通知要求进行设置。竞价程序内无其他人出价的，变卖财产由第一次出价的竞买人竞得；竞价程序内有其他人出价的，变卖财产由竞价程序结束时最高出价者竞得。变卖成交的，竞价程序结束时变卖期结束。

《最高人民法院关于人民法院网络司法拍卖若干问题的规定》

第二十条 网络司法拍卖从起拍价开始以递增出价方式竞价，增价幅度由人民法院确定。竞买人以低于起拍价出价的无效。

网络司法拍卖的竞价时间应当不少于二十四小时。竞价程序结束前五分钟内无人出价的，最后出价即为成交价；有出价的，竞价时间自该出价时点顺延五分钟。竞买人的出价时间以进入网络司法拍卖平台服务系统的时间为准。竞买代码及其出价信息应当在网络竞买页面实时显示，并储存、显示竞价全程。

《最高人民法院关于进一步规范人民法院网络司法拍卖工作的通知》

三、关于加价幅度如何确定问题。司法解释要求加价幅度应经过合议庭合议后确定，但实践中部分法院认为较难把握，加价幅度的确定也较为混乱，存在过低或过高的问题。加价幅度可参考以下原则确定：起拍价为10万元以下（含10万元）的标的物，加价幅度不宜超过起拍价的2%；起拍价为10万元至100万元（含100万元）的标的物，加价幅度不宜超过起拍价的1%；起拍价为100万元的标的物，加价幅度不宜超过起拍价的0.5%。

（七）网络司法变卖结束后相关事宜处理

【执行要点】

变卖成交的，由平台以买受人的真实身份自动生成确认书并公示；变卖期内无人出价的，变卖期结束时变卖程序结束，相关财产按相关司法解释和规范性文件依法处置。

【规范指引】

《最高人民法院关于认真做好网络司法拍卖与网络司法变卖衔接工作的通知》

七、关于网络司法变卖结束后相关事宜处理的问题。变卖成交的，由平台以买受人的真实身份自动生成确认书并公示；变卖期内无人出价的，变卖期结束时变卖程序结束，相关财产按相关司法解释和规范性文件依法处置。

（八）变卖成交后买受人不交纳尾款如何处理

【执行要点】

经过竞价变卖成交后，买受人反悔不交纳尾款的，从所交纳变卖价款中扣留变卖公告中所确定的保证金不予退还，扣留的保证金参照《网拍规定》第二十四条处理，买受人反悔不交纳尾款导致人民法院重新变卖的，原买受人不得再次参与竞买。

【规范指引】

《最高人民法院关于认真做好网络司法拍卖与网络司法变卖衔接工作的通知》

八、关于变卖成交后买受人不交纳尾款如何处理的问题。经过竞价变卖成交后，买受人反悔不交纳尾款的，从所交纳变卖价款中扣留变卖公告中所确定的保证金不予退还，扣留的保证金参照《网络规定》第二十四条处理，买受人反悔不交纳尾款导致人民法院重新变卖的，原买受人不得再次参与竞买。

《最高人民法院关于人民法院网络司法拍卖若干问题的规定》

第二十四条　拍卖成交后买受人悔拍的，交纳的保证金不予退还，依次用于支付拍卖产生的费用损失、弥补重新拍卖价款低于原拍卖价款的差价、冲抵本案被执行人的债务以及与拍卖财产相关的被执行人的债务。

悔拍后重新拍卖的，原买受人不得参加竞买。

（九）未经拍卖直接变卖财产如何处置

【执行要点】

当事人双方及有关权利人均同意直接变卖不动产的，可以变卖。未经拍卖直接变卖的财产，按照《拍卖变卖规定》进行变卖。

【规范指引】

《最高人民法院关于人民法院民事执行中拍卖、变卖财产的规定》

第三十一条　对查封、扣押、冻结的财产，当事人双方及有关权利人同意变卖的，可以变卖。

金银及其制品、当地市场有公开交易价格的动产、易腐烂变质的物品、季节性商品、保管困难或者保管费用过高的物品，人民法院可以决定变卖。

（十）传统变卖的特殊规则

【执行要点】

1. 当事人双方及有关权利人对变卖财产的价格有约定的，按照其约定价格变卖；无约定价格但有市价的，变卖价格不得低于市价；无市价但价值较大、价格不易确定的，应当委托评估机构进行评估，并按照评估价格进行变卖。

2. 按照评估价格变卖不成的，可以降低价格变卖，但最低的变卖价不得低于评估价的二分之一。

3. 变卖的财产无人应买的，可以将该财产交申请执行人或者其他执行债权人抵债，抵债规则适用下文“八、不动产拍卖、变卖不成的处理”。申请执行人或者其他执行债权人拒绝接受或者依法不能交付其抵债，且又不接受强制管理或者不宜强制管理的，法院应当解除查封、扣押，并将该财产退还被执行人。

【规范指引】

《最高人民法院关于人民法院民事执行中拍卖、变卖财产的规定》

第三十二条　当事人双方及有关权利人对变卖财产的价格有约定的，按照其约定价格变卖；无约定价格但有市价的，变卖价格不得低于市价；无市价但价值较大、价格不易确定的，应当委托评估机构进行评估，并按照评估价格进行变卖。

按照评估价格变卖不成的，可以降低价格变卖，但最低的变卖价不得低于评估价的二分之一。

变卖的财产无人应买的，适用本规定第十六条的规定将该财产交申请执行人或者其他执行债权人抵债；申请执行人或者其他执行债权人拒绝接受或者依法不能交付其抵债的，人民法院应当解除查封、扣押，并将该财产退还被执行人。

八、不动产拍卖、变卖不成的处理

（一）以物抵债

【执行要点】

1. 不动产经拍卖、变卖均未处置成功的，可以征询申请执行人或者其他执行债权人意见，申请执行人或者其他执行债权人申请或者同意以最后一次拍卖或变卖所定的保留价接受拍卖财产的，应当将该财产交其抵债。

2. 有两个以上执行债权人申请以拍卖财产抵债的，由法定受偿顺位在先的债权人优先承受；受偿顺位相同的，以抽签方式决定承受人。承受人应受清偿的债权额低于抵债财产的价额的，法院应当责令其在指定的期间内补交差额。

【注意事项】

在有多个执行债权人且无优先债权的情形下，如依法应当启动执行财产分配程序的，应当令承受人交纳抵债财产全部价额，并将该全额按照分配程序予以分配，否则承受抵债财产的债权人等同于变相优先受偿了债权。

以物抵债的债权人应当具备当地的购房资格，否则法院不予支持。

【规范指引】

《最高人民法院关于人民法院民事执行中拍卖、变卖财产的规定》

第十六条 拍卖时无人竞买或者竞买人的最高应价低于保留价，到场的申请执行人或者其他执行债权人申请或者同意以该次拍卖所定的保留价接受拍卖财产的，应当将该财产交其抵债。

有两个以上执行债权人申请以拍卖财产抵债的，由法定受偿顺位在先的债权人优先承受；受偿顺位相同的，以抽签方式决定承受人。承受人应受清偿的债权额低于抵债财产的价额的，人民法院应当责令其在指定的期间内补交差额。

《最高人民法院关于人民法院司法拍卖房产竞买人资格若干问题的规定》

第五条 司法拍卖房产出现流拍等无法正常处置情形，不具备购房资格的申请执行人等当事人请求以该房抵债的，人民法院不予支持。

（二）强制管理

【执行要点】

被执行人的财产不能或者不宜拍卖、变卖，或者被执行人的财产经法定程序拍卖、变卖未成交，申请执行人不接受抵债或者依法不能交付其抵债的，经申请执行人申请或者同意，且不损害其他债权人合法权益和社会公共利益，法院可以将适宜管理的被执行人财产交付申请执行人管理，以所得收益清偿债务。

【规范指引】

《最高人民法院关于适用〈中华人民共和国民事诉讼法〉的解释》

第四百九十条　被执行人的财产无法拍卖或者变卖的，经申请执行人同意，且不损害其他债权人合法权益和社会公共利益的，人民法院可以将该项财产作价后交付申请执行人抵偿债务，或者交付申请执行人管理；申请执行人拒绝接收或者管理的，退回被执行人。

（三）解除查封

【执行要点】

经过拍卖、变卖未成交，申请执行人或者其他执行债权人拒绝接受或者依法不能交付其抵债，而且申请执行人不接受强制管理或者不宜强制管理的，法院应当解除查封、扣押，并将财产退还被执行人。

【规范指引】

《最高人民法院关于适用〈中华人民共和国民事诉讼法〉的解释》

第四百九十条　被执行人的财产无法拍卖或者变卖的，经申请执行人同意，且不损害其他债权人合法权益和社会公共利益的，人民法院可以将该项财产作价后交付申请执行人抵偿债务，或者交付申请执行人管理；申请执行人拒绝接收或者管理的，退回被执行人。

九、所有权转移及交付

（一）所有权转移登记与限购政策衔接

【执行要点】

1. 司法拍卖不动产应该尊重限购政策的规定，竞买人是否符合限购政策，按照不动产所在地的规定执行。

2. 竞买人竞买上海市商品住房，应当具备上海市购房资格。拍卖成交后，买受人应当在支付价款后10日内向执行法院提交房地产交易中心出具的具备购房资格的《房屋交易审核情况通知书》，人民法院在审核确认后依法制作拍卖成交裁定书。

3. 买受人应该具备购房资格而无购房资格的，不得制作拍卖成交裁定书，不符合撤销拍卖条件的，应依法承担悔拍等法律后果。拍卖出现流拍等无法正常处置情形，不具备购房资格的申请执行人等当事人请求以该房抵债的，人民法院不予支持。

【注意事项】

在拍卖公告中，需要对限购政策问题以及不具备购房资格所应当承担的后果进行充分披露。

【规范指引】

《最高人民法院关于人民法院司法拍卖房产竞买人资格若干问题的规定》

第一条 人民法院组织的司法拍卖房产活动，受房产所在地限购政策约束的竞买人申请参与竞拍的，人民法院不予准许。

第二条 人民法院组织司法拍卖房产活动时，发布的拍卖公告载明竞买人必须具备购房资格及其相应法律后果等内容，竞买人申请参与竞拍的，应当承诺具备购房资格及自愿承担法律后果。

第三条 人民法院在司法拍卖房产成交后、向买受人出具成交裁定书前，应当审核买受人提交的自其申请参与竞拍到成交裁定书出具时具备购房资格的证明材料；经审核买受人不符合持续具备购房资格条件，买受人请求出具拍卖成交裁定书的，人民法院不予准许。

第五条 司法拍卖房产出现流拍等无法正常处置情形，不具备购房资格的申请执行人等当事人请求以该房抵债的，人民法院不予支持。

（二）所有权转移

【执行要点】

1. 拍卖、变卖成交或者以流拍的财产抵债的，人民法院应当作出裁定，并于价款或者需要补交的差价全额交付、提交具备购房资格的

《房屋交易审核情况通知书》后10日内，送达买受人或者承受人。

2. 拍卖、变卖成交或者依法定程序裁定以物抵债的，标的物所有权自拍卖、变卖成交裁定或者抵债裁定送达买受人或者接受抵债物的债权人时转移。

【规范指引】

《最高人民法院关于适用〈中华人民共和国民事诉讼法〉的解释》

第四百九十一条　拍卖成交或者依法定程序裁定以物抵债的，标的物所有权自拍卖成交裁定或者抵债裁定送达买受人或者接受抵债物的债权人时转移。

《最高人民法院关于人民法院民事执行中拍卖、变卖财产的规定》

第二十条　拍卖成交或者以流拍的财产抵债的，人民法院应当作出裁定，并于价款或者需要补交的差价全额交付后十日内，送达买受人或者承受人。

第二十六条　不动产、动产或者其他财产权拍卖成交或者抵债后，该不动产、动产的所有权、其他财产权自拍卖成交或者抵债裁定送达买受人或者承受人时起转移。

（三）权利负担的处理

【执行要点】

1. 拍卖财产上原有的担保物权及其他优先受偿权，因拍卖而消灭，拍卖所得价款，应当优先清偿担保物权人及其他优先受偿权人的债权，但当事人另有约定的除外。

2. 拍卖财产上原有的租赁权及其他用益物权，不因拍卖而消灭，但该权利继续存在于拍卖财产上，对在先的担保物权或者其他优先受偿权的实现有影响的，人民法院应当依法将其除去后进行拍卖。

【注意事项】

虽然《民法典》规定了财产可以附带抵押权转让，但是在执行程序中，采取涂销主义还是承受主义存在一定争议，在此情况下，按照司法解释的规定处理为宜。

【规范指引】

《最高人民法院关于人民法院民事执行中拍卖、变卖财产的规定》

第二十八条 拍卖财产上原有的担保物权及其他优先受偿权，因拍卖而消灭，拍卖所得价款，应当优先清偿担保物权人及其他优先受偿权人的债权，但当事人另有约定的除外。

拍卖财产上原有的租赁权及其他用益物权，不因拍卖而消灭，但该权利继续存在于拍卖财产上，对在先的担保物权或者其他优先受偿权的实现有影响的，人民法院应当依法将其除去后进行拍卖。

（四）办理过户手续

【执行要点】

1. 拍卖的不动产，一般都需要办理财产产权证照转移手续。人民法院在出具成交或者抵债裁定后，还应当协助办理变更登记手续，向不动产登记机构出具转移登记的《协助执行通知书》。办理转移登记时，涂销抵押登记，不动产上的查封和轮候查封消灭。

2. 处置不动产不具备登记条件的，参见后文第三部分“九、无证不动产处置”章节。

【规范指引】

《中华人民共和国民事诉讼法》

第二百五十五条 被执行人未按执行通知履行法律文书确定的义务，人民法院有权查封、扣押、冻结、拍卖、变卖被执行人应当履行义务部分的财产。但应当保留被执行人及其所扶养家属的生活必需品。

采取前款措施，人民法院应当作出裁定。

《最高人民法院关于查封法院全部处分标的物后轮候查封的效力问题的批复》

根据《最高人民法院关于人民法院民事执行中查封、扣押、冻结财产的规定》（法释〔2004〕15号）第二十八条第一款的规定，轮候查封、扣押、冻结自在先的查封、扣押、冻结解除时自动生效，故人民法院对已查封、扣押、冻结的全部财产进行处分后，该财产上的轮候查封自始未产生查封、扣押、冻结的效力。同时，根据上述司法解释第三十条的规定，人民法院对已查封、扣押、冻结的财产进行拍卖、变卖或抵债的，原查封、扣押、冻结的效力消灭，人民法院无需先行解除该财产上的查封、扣押、冻结，可直接进行处分，有关单位应当协助办理有关财产权证照转移手续。

（五）不动产交付

【执行要点】

1. 人民法院裁定拍卖、变卖成交或者以流拍的不动产抵债后，除有依法不能移交的情形外，应当于裁定送达后 15 日内，将拍卖的不动产移交买受人或者承受人。依法不能移交主要包括以下情形：

（1）执行标的物存在合法有效的租赁关系，且不属于出租前已经设立抵押权或出租前已被人民法院依法查封情况，承租人主张买卖不破租赁，人民法院负担该租赁拍卖；

（2）拍卖、变卖执行不动产共有份额或以不动产共有份额抵债，且不动产不可以分割使用；

（3）其他法律和司法解释规定不移交的情形。

不清场移交的，应在拍卖公告中特别提示并说明原因。

2. 被执行人或者第三人占有拍卖不动产应当移交而拒不移交的，强制执行。

【注意事项】

本条参考了《广东省高级人民法院关于进一步规范司法拍卖不动产移交工作的指导意见（试行）》第十条。该条规定：“符合下列情形的不予清场移交：（1）执行标的物存在合法有效的租赁关系，且不属于出租前已经设立抵押权或出租前已被人民法院依法查封情况，承租人主张买卖不破租赁的；（2）拍卖、变卖执行标的物共有份额或以执行标的物共有份额抵债，且共有物不可以分割使用的；（3）案件情况特殊，实际清场客观有困难，申请人与被执行人协商一致要求不清场拍卖，且不损害第三人合法权益的；（4）其他法律和司法解释规定不移交的。”

【规范指引】

《最高人民法院关于人民法院民事执行中拍卖、变卖财产的规定》

第二十七条 人民法院裁定拍卖成交或者以流拍的财产抵债后，除有依法不能移交的情形外，应当于裁定送达后十五日内，将拍卖的财产移交买受人或者承受人。被执行人或者第三人占有拍卖财产应当移交而拒不移交的，强制执行。

十、拍卖的暂缓、中止

【执行要点】

1. 暂缓、中止拍卖的情形如下：

（1）网络司法拍卖竞价程序中，有依法应当暂缓、中止执行等情形的，人民法院应当决定暂缓或者裁定中止拍卖。

（2）当事人、利害关系人对网络司法拍卖行为提出异议的，异议、复议期间，人民法院可以决定暂缓拍卖。案外人对网络司法拍卖的标的提出异议的，人民法院应决定暂缓拍卖。

（3）网络服务提供者发现系统故障、安全隐患等紧急情况的，可以先行暂缓拍卖，并立即报告人民法院。

2. 人民法院可以自行或者通知网络服务提供者停止拍卖。暂缓或者中止拍卖的，应当及时在网络司法拍卖平台公告原因或者理由。

3. 暂缓拍卖期限届满或者中止拍卖的事由消失后，需要继续拍卖的，应当在5日内恢复拍卖。

【注意事项】

应当中止执行的情形内容比较广泛，主要包括如下情形：（1）申请执行人表示可以延期执行的；（2）案外人对执行标的提出确有理由的异议的；（3）作为一方当事人的公民死亡，需要等待继承人继承权利或者承担义务的；（4）作为一方当事人的法人或者其他组织终止，尚未确定权利义务承受人的；（5）人民法院已受理以被执行人为债务人的破产申请的，或者依据《民事诉讼法解释》第五百一十一条规定，将案件移送破产审查的;（6）执行的标的物是法院或者仲裁机构正在审理的案件所争议的标的物，需要等待该案件审理终结确定权属的;（7）一方当事人申请执行仲裁裁决，另一方当事人申请撤销仲裁裁决的;（8）仲裁裁决的被申请人向人民法院提出不予执行请求，并提供适当担保的;（9）执行依据按审判监督程序决定再审的，但追索赡养费、扶养费、抚育费、抚恤金、医疗费用、劳动报酬等案件，可以不中止执行的除外;（10）执行过程中发现有非法集资犯罪嫌疑的，或者执行标的物属于公安机关、人民检察院、人民法院侦查、起诉、审理非法集资刑事案件的涉案财物的;（11）人民法院认为应当中止执行的其他情形。

可以中止执行的情形包括:（1）人民法院受理第三人撤销之诉案件后，该第三人提供相应担保，请求中止原生效判决、裁定、调解书执行的;（2）申请执行人与被执行人达成和解协议后请求中止执行的。

有下列情形之一的，经当事人或者其他利害关系人申请，人民法院可以决定暂缓执行:（1）执行措施或者执行程序违反法律规定的;（2）执行标的物存在权属争议的;（3）被执行人对申请执行人享有抵销权的。

有下列情形之一的，人民法院可以依职权决定暂缓执行:（1）上级人民法院已经受理执行争议案件并正在处理的;（2）人民法院发现据以执行的生效法律文书确有错误，并正在按照审判监督程序进行审查的;（3）当事人、利害关系人对网络司法拍卖行为提出异议的，异议、复议期间，人民法院可以决定暂缓拍卖。案外人对网络司法拍卖的标的提出异议的，人民法院应决定暂缓拍卖。

【规范指引】

《中华人民共和国民事诉讼法》

第二百六十条 法律文书指定交付的财物或者票证，由执行员传唤双方当事人当面交付，或者由执行员转交，并由被交付人签收。

有关单位持有该项财物或者票证的，应当根据人民法院的协助执行通知书转交，并由被交付人签收。

有关公民持有该项财物或者票证的，人民法院通知其交出。拒不交出的，强制执行。

《中华人民共和国企业破产法》

第十九条 人民法院受理破产申请后，有关债务人财产的保全措施应当解除，执行程序应当中止。

《最高人民法院关于人民法院网络司法拍卖若干问题的规定》

第二十八条 网络司法拍卖竞价程序中，有依法应当暂缓、中止执行等情形的，人民法院应当决定暂缓或者裁定中止拍卖；人民法院可以自行或者通知网络服务提供者停止拍卖。

网络服务提供者发现系统故障、安全隐患等紧急情况的，可以先行暂缓拍卖，并立即报告人民法院。

暂缓或者中止拍卖的，应当及时在网络司法拍卖平台公告原因或者理由。

暂缓拍卖期限届满或者中止拍卖的事由消失后，需要继续拍卖的，应当在五日内恢复拍卖。

第三十六条 当事人、利害关系人认为网络司法拍卖行为违法侵害其合法权益的，可以提出执行异议。异议、复议期间，人民法院可以决定暂缓或者裁定中止拍卖。

案外人对网络司法拍卖的标的提出异议的，人民法院应当依据《中华人民共和国民事诉讼法》第二百二十七条①及相关司法解释的规定处理，并决定暂缓或者裁定中止拍卖。

《最高人民法院关于人民法院执行工作若干问题的规定（试行）》

59. 按照审判监督程序提审或再审的案件，执行机构根据上级法院或本院作出的中止执行裁定书中止执行。

《最高人民法院关于适用〈中华人民共和国民事诉讼法〉的解释》

第三百九十四条 人民法院对已经发生法律效力的判决、裁定、调

① 现为2023年修正的《民事诉讼法》第二百三十八条。

解书依法决定再审，依照民事诉讼法第二百一十三条[①]规定，需要中止执行的，应当在再审裁定中同时写明中止原判决、裁定、调解书的执行；情况紧急的，可以将中止执行裁定口头通知负责执行的人民法院，并在通知后十日内发出裁定书。

第五百一十一条 在执行中，作为被执行人的企业法人符合企业破产法第二条第一款规定情形的，执行法院经申请执行人之一或者被执行人同意，应当裁定中止对该被执行人的执行，将执行案件相关材料移送被执行人住所地人民法院。

《最高人民法院关于人民法院办理仲裁裁决执行案件若干问题的规定》

第七条 被执行人申请撤销仲裁裁决并已由人民法院受理的，或者被执行人、案外人对仲裁裁决执行案件提出不予执行申请并提供适当担保的，执行法院应当裁定中止执行。中止执行期间，人民法院应当停止处分性措施，但申请执行人提供充分、有效的担保请求继续执行的除外；执行标的查封、扣押、冻结期限届满前，人民法院可以根据当事人申请或者依职权办理续行查封、扣押、冻结手续。

申请撤销仲裁裁决、不予执行仲裁裁决案件司法审查期间，当事人、案外人申请对已查封、扣押、冻结之外的财产采取保全措施的，负责审查的人民法院参照民事诉讼法第一百条[②]的规定处理。司法审查后仍需继续执行的，保全措施自动转为执行中的查封、扣押、冻结措施；采取保全措施的人民法院与执行法院不一致的，应当将保全手续移送执行法院，保全裁定视为执行法院作出的裁定。

《最高人民法院、最高人民检察院、公安部关于办理非法集资刑事案件适用法律若干问题的意见》

七、关于涉及民事案件的处理问题

对于公安机关、人民检察院、人民法院正在侦查、起诉、审理的非法集资刑事案件，有关单位或者个人就同一事实向人民法院提起民

① 现为2023年修正的《民事诉讼法》第二百一十七条。
② 现为2023年修正的《民事诉讼法》第一百零三条。

事诉讼或者申请执行涉案财物的，人民法院应当不予受理，并将有关材料移送公安机关或者检察机关。

人民法院在审理民事案件或者执行过程中，发现有非法集资犯罪嫌疑的，应当裁定驳回起诉或者中止执行，并及时将有关材料移送公安机关或者检察机关。

公安机关、人民检察院、人民法院在侦查、起诉、审理非法集资刑事案件中，发现与人民法院正在审理的民事案件属同一事实，或者被申请执行的财物属于涉案财物的，应当及时通报相关人民法院。人民法院经审查认为确属涉嫌犯罪的，依照前款规定处理。

《最高人民法院关于正确适用暂缓执行措施若干问题的规定》

第三条 有下列情形之一的，经当事人或者其他利害关系人申请，人民法院可以决定暂缓执行：

（一）执行措施或者执行程序违反法律规定的；

（二）执行标的物存在权属争议的；

（三）被执行人对申请执行人享有抵销权的。

第七条 有下列情形之一的，人民法院可以依职权决定暂缓执行：

（一）上级人民法院已经受理执行争议案件并正在处理的；

（二）人民法院发现据以执行的生效法律文书确有错误，并正在按照审判监督程序进行审查的。

人民法院依照前款规定决定暂缓执行的，一般应由申请执行人或者被执行人提供相应的担保。

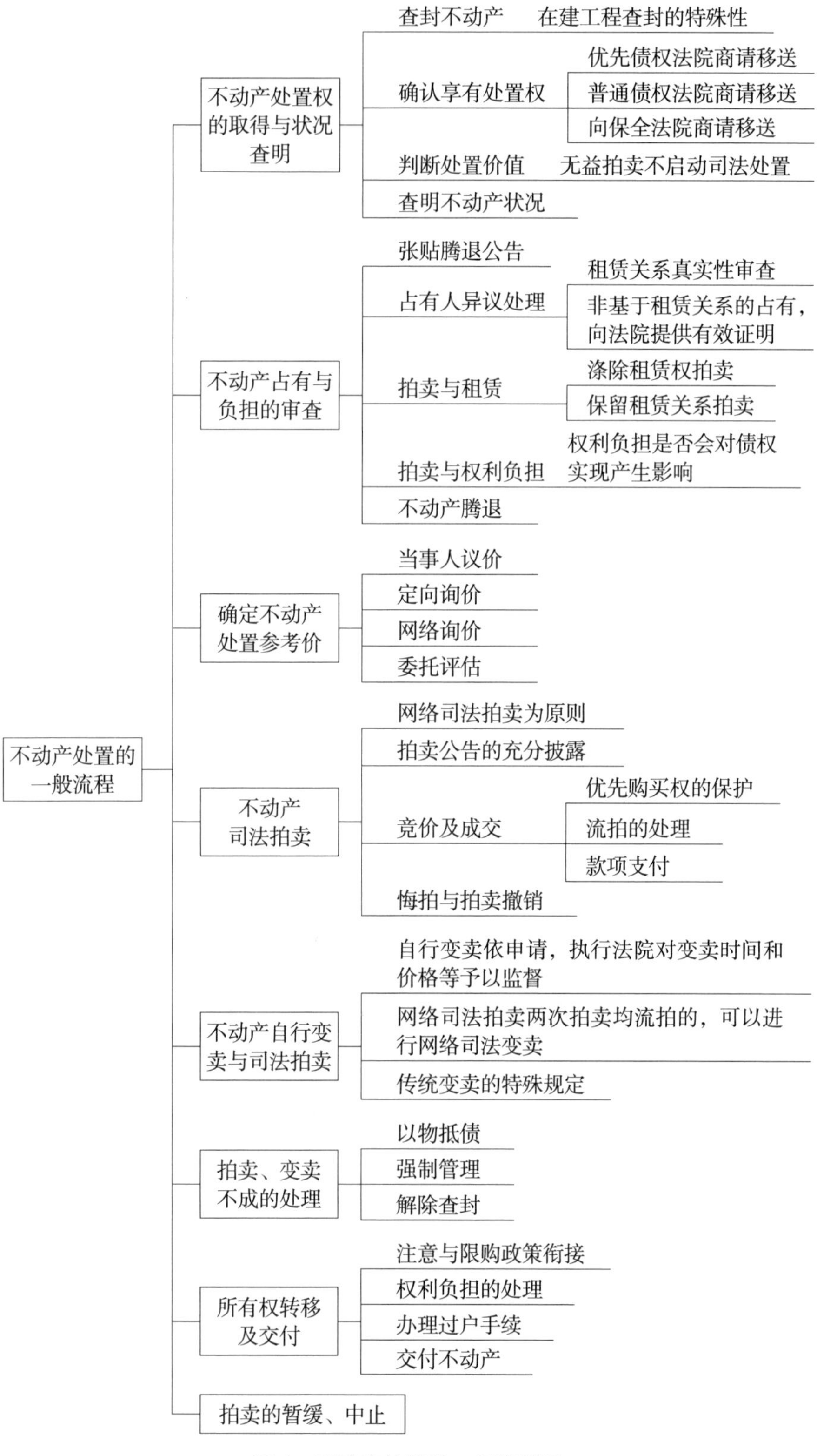

图 1　不动产处置的一般流程图

第三部分　特殊不动产处置中的注意事项

一、“唯一居住房屋”的处置

（一）“唯一居住房屋”处置的前提

【执行要点】

金钱债权执行中，符合下列情形之一的，可以对被执行人本人及所扶养家属维持生活必需的居住房屋（俗称“唯一居住房屋”）进行处置：

1. 对被执行人有扶养义务的人名下有其他能够维持生活必需的居住房屋；

2. 执行依据生效后，被执行人为逃避债务转让其名下其他房屋；

3. 申请执行人按照当地廉租住房保障面积标准为被执行人及所扶养家属提供居住房屋，或者同意参照当地房屋租赁市场平均租金标准从该房屋的变价款中扣除 5 年至 8 年租金。

【注意事项】

1. 关于“对被执行人有扶养义务的人”、提供居住房屋的标准以及 5 年至 8 年租金的标准和认定问题，详见下文。

2. 在“对被执行人有扶养义务的人名下有其他能够维持生活必需的居住房屋”认定中，执行被扶养人的住房，并不以扶养义务人名下的住房将来有可能发生的变化以及扶养义务人及其共同居住人是否同意作为限定条件。

【规范指引】

《最高人民法院关于人民法院办理执行异议和复议案件若干问题的规定》

第二十条第一款　金钱债权执行中，符合下列情形之一，被执行人以执行标的系本人及所扶养家属维持生活必需的居住房屋为由提出异议的，人民法院不予支持：

（一）对被执行人有扶养义务的人名下有其他能够维持生活必需的居住房屋的；

（二）执行依据生效后，被执行人为逃避债务转让其名下其他房屋的；

（三）申请执行人按照当地廉租住房保障面积标准为被执行人及所扶养家属提供居住房屋，或者同意参照当地房屋租赁市场平均租金标准从该房屋的变价款中扣除五至八年租金的。

【典型案例】

1. 吕某刚与赵某、夏某俊等民间借贷纠纷案［裁判法院：最高人民法院；案号：（2016）最高法执监109号］

执行要旨：执行被扶养人的住房，并不以扶养义务人名下的住房将来有可能发生的变化以及扶养义务人及其共同居住人是否同意作为限定条件。

2. 珠海源晟股权投资合伙企业与上海杉数企业管理中心、李某执行案［裁判法院：上海市高级人民法院；案号：（2020）沪执复61号］

执行要旨：被执行人主张人民法院裁定拍卖的房产面积仅为60平方米，未超过被执行人与母亲维持最低生活标准所必需的住房面积要求。但是申请执行人已同意参照当地房屋租赁市场平均租金标准从房屋变价款中扣除5年至8年租金，故要求撤销拍卖的复议请求缺乏法律依据，不予支持。

（二）“对被执行人有扶养义务的人”的范围

【执行要点】

1. “对被执行人有扶养义务的人”的认定，应该根据以下扶养关系来确定：

（1）父母对未成年子女和不能独立生活的成年子女有抚养义务；

（2）夫妻之间有相互扶养的义务；

（3）成年子女对父母有赡养的义务；

（4）有负担能力的祖父母、外祖父母，对于父母已经死亡或者父母无力抚养的未成年孙子女、外孙子女，有抚养的义务；

（5）有负担能力的孙子女、外孙子女，对于子女已经死亡或者子女无力赡养的祖父母、外祖父母，有赡养的义务；

（6）有负担能力的兄、姐，对于父母已经死亡或者父母无力抚养的未成年弟、妹，有扶养的义务；

（7）由兄、姐扶养长大的有负担能力的弟、妹，对于缺乏劳动能力又缺乏生活来源的兄、姐，有扶养的义务。

2. 继父或者继母和受其抚养教育的继子女间的权利义务关系，适用于上述规定。养父母与养子女间的权利义务关系，适用于上述规定；养子女与养父母的近亲属间的权利义务关系，适用于上述规定。

【注意事项】

扶养，是广义的概念，既包括长辈对晚辈的抚养义务，也包括晚辈对长辈的赡养义务，还包括同辈之间（如夫妻之间、兄弟姐妹之间）的扶养义务。扶养还可以分为法定扶养、协议扶养和遗嘱扶养。法定扶养是指基于法律强制性规定的扶养；协议扶养是指基于合同而产生的扶养；遗嘱扶养是指基于遗嘱产生的扶养。本条中，主要涉及法定扶养。《民法典》中对法定扶养义务作了规定。

【规范指引】

《中华人民共和国民法典》

第一千零五十九条 夫妻有相互扶养的义务。

需要扶养的一方，在另一方不履行扶养义务时，有要求其给付扶养费的权利。

第一千零六十七条 父母不履行抚养义务的，未成年子女或者不能独立生活的成年子女，有要求父母给付抚养费的权利。

成年子女不履行赡养义务的，缺乏劳动能力或者生活困难的父母，有要求成年子女给付赡养费的权利。

第一千零七十一条 非婚生子女享有与婚生子女同等的权利，任何组织或者个人不得加以危害和歧视。

不直接抚养非婚生子女的生父或者生母，应当负担未成年子女或者不能独立生活的成年子女的抚养费。

第一千零七十二条 继父母与继子女间，不得虐待或者歧视。

继父或者继母和受其抚养教育的继子女间的权利义务关系，适用本法关于父母子女关系的规定。

第一千零七十四条 有负担能力的祖父母、外祖父母，对于父母已经死亡或者父母无力抚养的未成年孙子女、外孙子女，有抚养的义务。

有负担能力的孙子女、外孙子女，对于子女已经死亡或者子女无力赡养的祖父母、外祖父母，有赡养的义务。

第一千零七十五条 有负担能力的兄、姐，对于父母已经死亡或者父母无力抚养的未成年弟、妹，有扶养的义务。

由兄、姐扶养长大的有负担能力的弟、妹，对于缺乏劳动能力又缺乏生活来源的兄、姐，有扶养的义务。

第一千一百一十一条 自收养关系成立之日起，养父母与养子女间的权利义务关系，适用本法关于父母子女关系的规定；养子女与养父母的近亲属间的权利义务关系，适用本法关于子女与父母的近亲属关系的规定。

养子女与生父母以及其他近亲属间的权利义务关系，因收养关系的成立而消除。

（三）提供住房与预留租金的标准

【执行要点】

1. 提供住房

申请执行人按照当地廉租住房保障面积标准为被执行人及其所扶养家属提供居住房屋，应该满足如下条件。

（1）方案一：位置应该在拍卖房产同小区或者邻近小区；方案二：位置应该与所拍卖房产同城市的同区、县。

（2）提供住房的时间不得低于 5 年；

（3）居住面积应该保障人均居住面积不低于 10 平方米，居住面积按照如下方式确定。

独用成套的产权住房，按照《不动产权证书》等有效的房屋权属证明记载的建筑面积换算成居住面积，居住面积换算方式为：住房居住面积 = 住房建筑面积 ÷ 换算系数。上海市各类住宅的换算系数如表 1：

表 1　各类住宅的换算系数表

房屋类型	老式公寓	高层（成套）	多层（成套）	花园住宅	新里	旧里及非改居	简屋
换算系数	2.06	2.00	1.98	1.83	1.82	1.54	1.25

2. 预留租金

“参照当地房屋租赁市场平均租金标准从该房屋的变价款中扣除五至八年租金”的计算方法：租金（元）= 被执行人及所扶养家属的人数（人）× 当地廉租住房保障人均面积（平方米 / 人）× 当地房屋租赁市场的月平均租金（元 / 平方米 / 月）×12（月）× 租金年数（年）。

具体按照下列标准确定：

（1）被执行人及所扶养家属的人数：按照被执行人有扶养、赡养、抚育义务的同住人数计算。

（2）当地廉租住房保障人均面积：上海廉租住房人均居住面积为 10 平方米。但是，按照上海市廉租住房租金配租家庭租赁补贴标准，租金配租家庭的家庭最低保障面积为居住面积 15 平方米。据此，执行中确定的总居住面积应该不低于 15 平方米。如果按照建筑面积计算租金，应该先确定居住面积，然后需要按照表 1 换算建筑面积。

（3）当地房屋租赁市场的平均租金：租金标准，人民法院应当组成合议庭，参照当地房屋租赁管理部门提供的信息及市场行情并结合案件具体情况，进行充分评议，确定租金标准。方案一：当地租金标准的“当地”，是指拍卖房屋所在小区或者附近小区；方案二：当地租金标准的“当地”，是指被处分房屋所在的“区、县”（与提供租房的两个方案对应）。

（4）租金年数：应当组成合议庭，根据被执行人的配合态度、实际经济收入情况、申请执行人的意愿、所扶养家属的状况等情况，在5～8年之间，综合确定租金的年数。

【注意事项】

在保障被执行人居住权益中，涉及提供租房的位置和租金标准问题。在起草过程中，形成了两种意见。一种意见是邻近标准，即提供的租房和预留租金确定的标准，应该是所拍卖的房产同小区或者邻近小区。理由是尽量减少对被执行人工作和生活的影响，提高执行的便利性和操作性。存在的问题是，可能标准过高，对申请人权益保障不够。另一种意见是平均标准，即按照所处置房产所在行政区的平均标准来保障。理由是《上海市高级人民法院执行局、执行裁判庭联席会议纪要（二）》中明确："申请执行人同意参照当地房屋租赁市场平均租金标准从房屋变价款中扣除五至八年租金，房屋在上海的，其中的当地是指被处分房屋所在的各区。"存在的问题是，政府部门没有相关数据可供参照，标准难以落地，而且对被执行人的影响可能较大。综合来看，本指南的倾向性意见为方案一，即采取邻近标准。

如果采取方案二，当地房屋租赁市场平均租金标准，可以参照上海廉租房租金配租补贴标准适当调整，也可以参照当地房屋租赁管理部门提供的信息及市场行情并结合案件具体情况，进行充分评议，确定租金标准。

根据现行租金配租家庭租赁补贴标准，每月每平方米居住面积租金，黄浦、徐汇、长宁、静安、普陀、虹口、杨浦、浦东等8个区为160元，闵行、宝山、嘉定、松江、青浦等5个区为120元，金山、奉贤、崇明等3个区为75元。按照1人、2人确定租金的，每月每平方米居住面积租金补贴在前述基础上上浮20%。

如果拍卖被执行人在闵行区唯一住房，被执行人只有本人一人居住，没有其他具有抚养、赡养和抚育义务的同住人，在执行程序中积极配合法院工作，按照8年确定租金。同时，考虑到被执行人一人居住，市场上无法租赁面积为15平方米的住房，租金标准在租金补贴基础上再提高20%。那么总租金计算方法为：1人 ×15平方米 ×120元/月/平方米 ×（1+20%）（1+20%）×12个月 ×8年=248832元。

【规范指引】

《上海市高级人民法院执行局、执行裁判庭联席会议纪要（二）》

二、关于“一套房”的执行

6.“一套房”执行时，“扣除的五至八年租金”具体年限如何确定？

答：申请执行人同意参照当地房屋租赁市场平均租金标准从房屋变价款中扣除五至八年租金的，执行法院应当组成合议庭评议确定“五至八年”的具体年限。

7.“一套房”执行时，房屋在上海的，所参照的“当地房屋租赁市场”中的“当地”如何确定？

答：申请执行人同意参照当地房屋租赁市场平均租金标准从房屋变价款中扣除五至八年租金，房屋在上海的，其中的“当地”是指被处分房屋所在的各区。

8.“一套房”执行时，所参照的当地房屋租赁市场平均租金标准如何确定？

答：申请执行人同意参照当地房屋租赁市场平均租金标准从房屋变价款中扣除五至八年租金的，执行法院应当组成合议庭，参照当地房屋租赁管理部门提供的信息及市场行情并结合案件具体情况，进行充分评议，确定租金标准确定“当地房屋租赁市场平均租金标准”。

9.“一套房”执行时，“扣除的五至八年租金”具体如何计算？

答：申请执行人同意参照当地房屋租赁市场平均租金标准从房屋变价款中扣除五至八年租金的，计算租金时应当分别确定被执行人及所扶养家属的人数、当地廉租住房保障面积标准以及当地房屋租赁市场的平均租金标准，计算公式为：租金（元）＝被执行人及所扶养家属的人数（人）× 当地廉租住房保障人均面积（平方米/人）× 当地房屋租赁市场的平均租金（元/平方米）。

《廉租住房保障办法》

第五条 廉租住房保障方式实行货币补贴和实物配租等相结合。货币补贴是指县级以上地方人民政府向申请廉租住房保障的城市低收入住房困难家庭发放租赁住房补贴，由其自行承租住房。实物配租是指县级以上地方人民政府向申请廉租住房保障的城市低收入住房困难家庭提供住房，并按照规定标准收取租金。

实施廉租住房保障，主要通过发放租赁补贴，增强城市低收入住房困难家庭承租住房的能力。廉租住房紧缺的城市，应当通过新建和收购等方式，增加廉租住房实物配租的房源。

第六条 市、县人民政府应当根据当地家庭平均住房水平、财政承受能力以及城市低收入住房困难家庭的人口数量、结构等因素，以户为单位确定廉租住房保障面积标准。

第七条 采取货币补贴方式的，补贴额度按照城市低收入住房困难家庭现住房面积与保障面积标准的差额、每平方米租赁住房补贴标准确定。

每平方米租赁住房补贴标准由市、县人民政府根据当地经济发展水平、市场平均租金、城市低收入住房困难家庭的经济承受能力等因素确定。其中对城市居民最低生活保障家庭，可以按照当地市场平均租金确定租赁住房补贴标准；对其他城市低收入住房困难家庭，可以根据收入情况等分类确定租赁住房补贴标准。

第八条 采取实物配租方式的，配租面积为城市低收入住房困难家庭现住房面积与保障面积标准的差额。

实物配租的住房租金标准实行政府定价。实物配租住房的租金，按照配租面积和市、县人民政府规定的租金标准确定。有条件的地区，对城市居民最低生活保障家庭，可以免收实物配租住房中住房保障面积标准内的租金。

《上海市廉租住房申请对象住房面积核查办法》

四、住房的居住面积确定

（二）独用成套的产权住房，按照《不动产权证书》等有效的房屋权属证明记载的建筑面积换算成居住面积，居住面积换算方式为：住房居住面积 = 住房建筑面积 ÷ 换算系数。售后公房也可以按照原有《租用居住公房凭证》的记载和公有住房面积计算规定，直接确定居住面积。各类住宅的换算系数如下：

各类住宅的换算系数表

房屋类型	老式公寓	高层（成套）	多层（成套）	花园住宅	新里	旧里及非改居	简屋
换算系数	2.06	2.00	1.98	1.83	1.82	1.54	1.25

《上海市人民政府关于调整本市廉租住房相关政策标准的通知》

各区人民政府，市政府各委、办、局：

为进一步优化完善本市住房保障体系，加强廉租住房保障工作，经研究，市政府决定对本市廉租住房相关政策标准进行调整。现就有关事项通知如下：

一、申请条件

同时符合下列条件的本市城镇居民家庭，可以申请廉租住房保障：

（一）家庭成员之间具有法定的赡养、抚养或者扶养关系，且共同生活；

（二）家庭成员在本市实际居住，具有本市城镇常住户口连续满 3 年，且申请时在户口所在地连续满 1 年；

（三）家庭人均住房居住面积低于 7 平方米（含 7 平方米）；

（四）3 人及以上家庭人均年可支配收入低于 50400 元（含 50400 元）、人均财产低于 150000 元（含 150000 元），3 人以下或经认定的因病支出型贫困家庭人均年可支配收入低于 55440 元（含 55440 元）、人均财产低于 165000 元（含 165000 元）；

（五）家庭成员在申请前5年内，未发生过因出售或赠与住房而造成住房困难的行为。

同时符合上述条件，且具有完全民事行为能力、年满35周岁的单身人士（包括未婚、丧偶或者离婚满3年的），可以单独申请。

二、配租标准

（一）配租面积

廉租住房保障的配租面积为保障家庭（含单身人士，下同）已有住房面积与廉租住房保障面积的差额面积。廉租住房保障面积为人均居住面积10平方米。按照此方式计算后，租金配租家庭的配租面积不足居住面积15平方米的，按照居住面积15平方米确定；超过居住面积45平方米的，按照居住面积45平方米确定。

（二）租金配租补贴标准

人均年可支配收入低于33600元（含33600元）的3人及以上家庭，以及人均年可支配收入低于36960元（含36960元）的3人以下或经认定的因病支出型贫困家庭，每月每平方米居住面积租金补贴标准是：黄浦区、徐汇区、长宁区、静安区、普陀区、虹口区、杨浦区、浦东新区为160元，闵行区、宝山区、嘉定区、松江区、青浦区为120元，金山区、奉贤区、崇明区为75元。

人均年可支配收入在33600元（不含33600元）至42000元（含42000元）间的3人及以上家庭，以及人均年可支配收入在36960元（不含36960元）至46200元（含46200元）间的3人以下或经认定的因病支出型贫困家庭，每月每平方米居住面积租金补贴标准是：黄浦区、徐汇区、长宁区、静安区、普陀区、虹口区、杨浦区、浦东新区为110元，闵行区、宝山区、嘉定区、松江区、青浦区为85元，金山区、奉贤区、崇明区为55元。

人均年可支配收入在42000元（不含42000元）至50400元（含50400元）间的3人及以上家庭，以及人均年可支配收入在46200元（不含46200元）至55440元（含55440元）间的3人以下或经认定的因病支出型贫困家庭，每月每平方米居住面积租金补贴标准是：黄浦区、徐汇区、长宁区、静安区、普陀区、虹口区、杨浦区、浦东新区为65元，闵行区、宝山区、嘉定区、松江区、青浦区为50元，金山区、奉贤区、崇明区为35元。

1人、2人家庭的每月每平方米居住面积租金补贴在前述基础上，上浮20%。

上述申请条件和配租标准自2022年1月1日起实施。其他相关标准和事宜，仍按照有关规定执行。

二、共有不动产的处置

被执行人有个人所有财产时，一般先执行个人所有财产，再执行共有财产，但是该财产无益拍卖、不便于处置的除外。

（一）按份共有不动产处置

1. 共有份额处置的模式

【执行要点】

在执行共有财产前，共有人愿意支付被执行人应有份额部分对应的价款申请排除执行，债权人和债务人对此予以认可的，人民法院可以准许。如果案外人不同意或虽然同意但在合理期限内没有实际行动的，则可以对共有份额进行变价。共有份额变价的方案如下：

方案一：被执行人与他人按份共有不动产的，可以整体变价共有不动产，变价后执行被执行人份额所对应的变价款；但是申请人同意仅拍卖份额的除外。

方案二：被执行人与他人按份共有商业性不动产的，可以直接变价被执行人在共有财产中的份额。

被执行人与他人按份共有住宅性不动产的，直接拍卖被执行人在共有财产中的份额为原则，但是在下列情形下整体变价共有财产，并执行被执行人份额所对应的拍卖价款：

（1）被执行人在共有财产中所占份额为三分之二以上；

（2）仅处置共有份额影响成交价且影响申请执行人债权实现，且申请人要求整体处置；

（3）被执行人、案外共有人申请或者同意整体处置。

【注意事项】

被执行人与案外人共有不动产时，如何执行被执行人的财产，实践中有不同的执行模式。一是仅处置被执行人的共有份额；二是整体处置共有财产，然后执行被执行人份额所对应的价款。这两种模式各有优劣，尚无定论。在起草过程中，提出了两种方案，一种方案是整体拍卖为原则，拍卖共有份额为例外；另一种方案是拍卖共有份额为原则，整体拍卖为例外。

本指南的倾向性意见是方案一。理由是：第一，处置共有份额，通常成交价相对较低，不利于申请执行人和被执行人的权益保障。第二，新的竞买人与原来的共有人之间就共有物的利用产生纠纷，容易引发矛盾冲突，有损执行公信力。而且在纠纷难以解决的情况下，则会要求分割共有财产，分割共有财产就包括整体拍卖，最终会回到整体处置不动产的情况。第三，整体拍卖不动产，虽然对案外共有人的利益产生一定影响，但是这种影响是共有关系所决定的。根据实体法规则，共有人有分割请求权，可以请求分割共有财产，结束共有关系。

同时也要看到，共有财产执行的阻力较大，腾退工作的压力和阻力较大。在确定处置方案以前，要充分沟通，综合平衡以后，再确定具体的处置方案。

关于共有不动产处置问题，其他地区的司法意见有：第一，《江苏省高级人民法院关于执行疑难问题的解答》（苏高法〔2018〕86号）第四条规定：……对于共有财产，应当先行实物分割后执行，但不能实物分割或分割会导致财产价值明显减损的，执行法院可以整体处置。对于处置后变价款的执行，以被执行人在共有财产中所占份额为限。……在人民法院整体处置前，共有人愿意支付被执行人应有份额部分对应的价款申请排除执行，债权人和债务人对此予以认可的，人民法院可以准许。处置时鼓励共有人积极参与竞买，共有人竞买成交后仅需支付被执行人应有份额部分对应的价款即可。……

第二，《浙江省高级人民法院执行局关于执行共有财产若干疑难问题的解答》（浙高法执〔2016〕7号）中规定：在份额已经确定的情况下，共有财产可以分割，并且分割不会减损共有财产价值的，人民法院可以先行实物分割后再予变现。如不能进行实物分割，或分割后会导致共有财产价值明显减损的，应当整体变价后执行相应的价款。

第三，《江西省高级人民法院执行局民事执行实务疑难问题解答第（10）期》中明确：在份额已经确定的情况下，共有财产可以分割，并且分割不会减损共有财产价值的，人民法院可以先行实物分割后再予变现。如不能进行实物分割，或分割后会导致共有财产价值明显减损的，应当整体变价后执行相应的价款。共有人认为人民法院分割行为侵害其合法权益的，人民法院可以按照《民事诉讼法》第二百二十五条[①] 的规定进行审查。

【规范指引】

《中华人民共和国民法典》

第二百九十八条 按份共有人对共有的不动产或者动产按照其份额享有所有权。

第三百零一条 处分共有的不动产或者动产以及对共有的不动产或者动产作重大修缮、变更性质或者用途的，应当经占份额三分之二以上的按份共有人或者全体共同共有人同意，但是共有人之间另有约定的除外。

第三百零五条 按份共有人可以转让其享有的共有的不动产或者动产份额。其他共有人在同等条件下享有优先购买的权利。

【典型案例】

（1）支持整体拍卖的案例（较为普遍的做法）

①李某斌与张某东民间借贷纠纷执行异议案［裁判法院：上海市

① 现为2023年修正的《民事诉讼法》第二百三十六条。

闵行区人民法院；案号：（2020）沪 0112 执异 394 号］

执行要旨：案涉房产尚不存在物理分割性，其使用目的及范围也不可分，应当视为不可分割的共有财产，在被执行人不主动履行生效判决确定的付款义务，也无其他财产可供执行的情况下，依照《最高人民法院关于人民法院民事执行中查封、扣押、冻结财产的规定》第十四条以及《拍卖变卖规定》第一条之规定，从最大限度实现财产价值的角度出发，对不可分割的案涉房产实施强制执行措施，并无不当。但在执行中，对案涉房产进行处置后，对案外共有人在案涉房产中享有的 50% 财产份额予以保留，不会对案外共有人的合法权益造成损害。

②钟某云与叶某平借款合同纠纷执行异议案［裁判法院：上海市徐汇区人民法院；案号：（2021）沪 0104 执异 111 号］

执行要旨：案外人危某珍、叶某轩在系争房屋中享有三分之二产权份额，且并非本案被执行人，可以从系争房屋拍卖款中享有三分之二拍卖变价款，以保障其相关权益，整体变价共有财产并无不当。

③谢某珍、季某扬等与上海金都投资集团有限公司、季某峰案外人执行异议之诉案［裁判法院：上海市第二中级人民法院；案号：（2019）沪 02 民终 11150 号］

执行要旨：根据《中华人民共和国物权法》（以下简称《物权法》）的规定，共有物进行分割时，如可以分割并且不会因分割减损价值的，应当对实物予以分割；难以分割或者因分割会减损价值的，应当对折价或者拍卖、变卖取得的价款予以分割。按份共有人转让其不动产份额时，其他共有人在同等条件下享有优先购买的权利。考虑到系争房屋作为不动产的不可分割性，法院进行整体拍卖并无不当，案外共有人以此为由要求停止拍卖的主张不予支持，但应在拍卖时或者拍卖所得价款中保障其相应的权益。

④刘某、罗某穗民间借贷纠纷执行复议案［裁判法院：广东省高级人民法院；案号：（2020）粤执复 138 号］

执行要旨：执行程序中，对被执行人与他人共有、不能分割的不动产的处置，司法实践中存在按份额拍卖和整体拍卖后保留共有人相应份额的拍卖款这两种处置方式。执行法院可以根据案件及该不动产具体情况选择以何种方式拍卖。若执行法院认为按份额拍卖可能减损共有物的变现价值，从最大限度实现财产价值的角度出发，决定采取整体拍卖，并对共有人享有的优先购买权给予保护，且对其应享有的拍卖款予以保留，此时被执行人主张改为按份额拍卖的，不予支持。

⑤陈某玲、许某相民间借贷纠纷执行复议案［裁判法院：浙江省温州市中级人民法院；案号：（2017）浙 03 执复 4 号］

执行要旨：人民法院在执行程序中一般应当执行被执行人个人名下的财产。被执行人无个人名下财产或者该财产难以处置的，可以执行被执行人与他人共有的财产。房产和车位不能进行实物分割处置，故执行法院予以整体拍卖、变卖或抵债，符合法律规定。

⑥李某 1 与李某 2、项某年、李某军民间借贷纠纷执行复议案［裁判法院：江苏省苏州市中级人民法院；案号：（2019）苏 05 执复 110 号］

执行要旨：对于登记在被执行人和其未成年子女名下的房产，执行法院可以执行。对于共有财产，应当先行实物分割后执行，但不能实物分割或分割会导致财产价值明显减损的，执行法院可以整体处置。对于处置后变价款的执行，以被执行人在共有财产中所占份额为限。被执行人在共有财产中所占份额，以登记公示为准。在人民法院整体处置前，共有人愿意支付被执行人应有份额部分对应的价款申请排除执行，债权人和债务人对此予以认可的，人民法院可以准许。处置时鼓励共有人积极参与竞买，共有人竞买成交后仅需支付被执行人应有份额部分对应的价款即可。

（2）支持拍卖份额的案例

①上海龙头（集团）股份有限公司与陆某伟等其他侵权责任纠纷执行复议案［裁判法院：上海市第二中级人民法院；案号：（2021）沪 02 执复 275 号］

执行要旨：案涉房屋登记在陆某伟及其前妻姚某、女儿陆某阳名下，三人各占三分之一份额。如果为了确保申请执行人普通债权能够得到充分实现，而强制对案涉房屋整体拍卖，就会损害其他共有人的合法权益。处分共有的不动产或者动产以及对共有的不动产或者动产作重大修缮、变更性质或者用途的，应当经占份额三分之二以上按份共有人或者全体共同共有人同意。为了保护申请执行人的债权能够得到充分实现，强制整体拍卖案涉房屋，虽然可以仅对陆某伟所占的份额对应的拍卖款予以处分，保留其余共有人所占份额对应的拍卖款。但是，如果案涉房屋整体拍卖完成，陆某阳和姚某就必须离开她们长期居住、生活的地方，其二人享有的居住权属于生存权利，该权利足以对抗申请执行人的普通债权。据此，裁定拍卖属陆某伟名下案涉房屋三分之一产权份额。

②游某彬与游某红执行复议案［裁判法院：北京市第二中级人民法院；案号:（2019）京 01 执复 213 号］

执行要旨：民事执行中，人民法院可以对被执行人的责任财产采取强制执行措施，除法定情形外，不得对属于第三人的财产采取强制执行措施。本案中，被执行人对涉案房产享有 50% 的产权份额，第三人对涉案房产享有 50% 的份额，在第三人明确表示不同意人民法院对涉案房产进行整体处置的情形下，对第三人享有份额的处置缺乏法律依据。

（3）先拍卖份额、流拍后整体拍卖的案例

吴某与张某雄执行纠纷案［裁判法院：北京市朝阳区人民法院；案号:（2016）京 0105 执 20877 号］

执行要旨：执行中对被执行人与他人按份共有的不动产可以查封。在处置程序中可先拍卖被执行人持有共有物中的份额，若流拍再将共有物整体处置。

2. 共有份额处置的关联问题

【执行要点】

处置被执行人与案外人共有的按份共有不动产时，应该注意如下关联问题：

（1）充分保障共有人的优先购买权，具体内容见本指南第二部分。

（2）共有不动产拍卖过程中，如果承租人主张行使优先购买权，此时共有人的优先购买权优先于承租人的优先购买权。

（3）在拍卖公告、竞买须知等文本中做好信息披露，如果仅拍卖共有份额，应该在拍卖公告充分披露竞买以后，人民法院将不办理腾退交接手续；还需要披露优先购买权主体以及权利性质。

（4）案外共有人竞买成功的，可以仅支付扣除其份额所占比例后的价款，无需全额支付成交价款；但是该不动产整体设定了抵押权的除外。

【注意事项】

1. 如果仅是拍卖共有份额，成交以后可无需办理腾退、交接手续。竞买人与原共有人之间的关系，属于共有物权人之间关于物的利用的内部关系，应该由共有人按照共有关系处理。

2. 案外共有人竞买成功，只要求支付扣除其份额所占比例后的价款，一方面不损害执行当事人权益，另一方面减轻共有人参与竞买的资金压力，有利于案外共有人参与竞买。但是在该不动产设定了抵押权的时候，案外共有人也属于抵押人，共有人需要共同清偿抵押债务，拍卖价款供抵押权人优先清偿以后，剩余价款才按照共有比例确定案外共有人的数额。但是通常情况下，抵押权金额在拍卖时无法确定，难以事先确定案外共有人的责任范围，所以就需要案外共有人全额支付拍卖款，待结算清楚以后，再行退还剩余价款。

【规范指引】

《中华人民共和国民法典》

第三百零五条　按份共有人可以转让其享有的共有的不动产或者动产份额。其他共有人在同等条件下享有优先购买的权利。

第七百二十六条　出租人出卖租赁房屋的，应当在出卖之前的合理期限内通知承租人，承租人享有以同等条件优先购买的权利；但是，房屋按份共有人行使优先购买权或者出租人将房屋出卖给近亲属的除外。

出租人履行通知义务后，承租人在十五日内未明确表示购买的，视为承租人放弃优先购买权。

《最高人民法院关于人民法院网络司法拍卖若干问题的规定》

第十六条 网络司法拍卖的事项应当在拍卖公告发布三日前以书面或者其他能够确认收悉的合理方式，通知当事人、已知优先购买权人。权利人书面明确放弃权利的，可以不通知。无法通知的，应当在网络司法拍卖平台公示并说明无法通知的理由，公示满五日视为已经通知。

优先购买权人经通知未参与竞买的，视为放弃优先购买权。

第十九条 优先购买权人经人民法院确认后，取得优先竞买资格以及优先竞买代码、参拍密码，并以优先竞买代码参与竞买；未经确认的，不得以优先购买权人身份参与竞买。

顺序不同的优先购买权人申请参与竞买的，人民法院应当确认其顺序，赋予不同顺序的优先竞买代码。

第二十一条 优先购买权人参与竞买的，可以与其他竞买人以相同的价格出价，没有更高出价的，拍卖财产由优先购买权人竞得。

顺序不同的优先购买权人以相同价格出价的，拍卖财产由顺序在先的优先购买权人竞得。

顺序相同的优先购买权人以相同价格出价的，拍卖财产由出价在先的优先购买权人竞得。

《最高人民法院关于人民法院民事执行中拍卖、变卖财产的规定》

第十一条 人民法院应当在拍卖五日前以书面或者其他能够确认收悉的适当方式，通知当事人和已知的担保物权人、优先购买权人或者其他优先权人于拍卖日到场。

优先购买权人经通知未到场的，视为放弃优先购买权。

（二）继承、合伙等共同共有不动产处置

【执行要点】

1. 被执行人基于继承、合伙等关系而与案外人共同共有不动产时，

应该先确定各个共有人之间的份额，将共同共有关系转化为按份共有关系，具体方式包括：

（1）共有人协议分割共有财产，并经债权人认可的，人民法院可以认定有效。

（2）共有人提起析产诉讼或者申请执行人代位提起析产诉讼。

2. 协商分割或者析产以后，按照按份共有不动产的规则进行处置。

3. 析产诉讼由不动产所在地法院管辖。

【注意事项】

总的来说，共同共有不动产执行要经受比例原则和善意文明执行理念的检验。比例原则要求执行的手段和目的相称，不能为了较小目的而运用过于强烈的手段。善意文明理念则要求，在依法保障胜诉当事人合法权益同时，最大限度减少对被执行人等权益影响。共同共有财产执行，或多或少影响案外共有人的权益，因此，只有在必要的时候才执行共同共有不动产，以最大限度减少对案外人合法权益的影响。

具体来说，要从以下三个方面考量。第一，是否有其他更加便于执行的财产。被执行人有多项财产可供执行的，人民法院应选择对被执行人生产生活影响较小且方便执行的财产执行。在不影响执行效率和效果的前提下，被执行人请求人民法院先执行某项财产的，应当准许；未准许的，应当有合理正当理由。如果有银行存款、单独所有的财产，应先执行其他便于执行的财产。第二，是否存在无益拍卖的情况。禁止无益拍卖是执行的重要原则。在处置共同共有财产时，要查明该财产是否有抵押，是否有其他优先债权，并结合共有人的人数，先行预估被执行人可用于清偿的价值，判断是否存在无益拍卖的情况。如果属于无益拍卖，则不应该启动处置程序。第三，对相关人员居住权益的影响程度。虽然唯一住房本身不能对抗执行，可以用预留租金的方式来平衡双方当事人的利益。但是在共同共有的情况下，权益关系更为复杂，权衡因素更多。如果拍卖以后，严重损害相关人员的居住利益，则要慎重对待。

【规范指引】

《最高人民法院关于人民法院民事执行中查封、扣押、冻结财产的规定》

第十二条 对被执行人与其他人共有的财产，人民法院可以查封、扣押、冻结，并及时通知共有人。

共有人协议分割共有财产，并经债权人认可的，人民法院可以认定有效。查封、扣押、冻结的效力及于协议分割后被执行人享有份额内的财产；对其他共有人享有份额内的财产的查封、扣押、冻结，人民法院应当裁定予以解除。

共有人提起析产诉讼或者申请执行人代位提起析产诉讼的，人民法院应当准许。诉讼期间中止对该财产的执行。

（三）夫妻共同不动产处置

【执行要点】

1. 夫妻一方个人债务执行中，一般先执行被执行人个人财产，再执行夫妻共同财产。

2. 登记在被执行人一方名下，但是通过购买于夫妻关系存续期间等足以推定为夫妻共同共有的不动产或者登记在双方名下并登记为共同共有的不动产，人民法院可以直接处置，原则上执行处置款的二分之一；登记在双方名下并登记为按份共有的，按照登记份额执行处置款。如果被执行人配偶认为查封的不动产属于个人财产而要求排除执行的，可以通过案外人异议程序予以救济。

3. 登记在被执行人配偶名下的不动产，如果是夫妻关系存续期间取得，则推定为夫妻共同财产，可以查封；但应在执行裁定书中载明夫妻关系存续期间、取得财产的时间等说理性内容。如果被执行人配偶认为查封的不动产属于个人财产而要求排除执行的，可以通过案外人异议的程序予以救济。人民法院根据案外人异议的审理情况进行处置。如果配偶没有提出异议，人民法院可以直接处置，原则上执行处置款的二分之一。

【注意事项】

1. 对于夫妻共同不动产，一般执行二分之一份额的理由。现行法中虽未明确规定夫妻双方在共同财产中各自占一半份额，但离婚财产分割以及遗产继承中关于等额分割的规定间接体现着该规则。夫妻共同财产平均分割是共同财产制的内在要求，司法实践离婚诉讼中，均等分割也是法院对夫妻共同财产分割的首要原则。婚姻关系存续期间，夫妻一方死亡而导致的夫妻共同财产分割，《民法典》第一千一百五十三条规定，除非另有约定，共同所有财产的一半为配偶所有。因此，执行程序中对于登记在双方名下并登记为共同共有的夫妻共同不动产，可以直接执行二分之一份额。至于登记为按份共有的夫妻共同不动产，双方已经对共有不动产的比例作出了约定，而且进行了公示，则按照登记份额执行处置款。需要注意的是，如果查明登记在被执行人一人名下的不动产属于其个人财产，并非夫妻共同财产时，则无需为其配偶预留二分之一的份额。

2. 对于登记在被执行人配偶一方名下的不动产，申请执行人提供证据证明该财产是在被执行人婚姻关系存续期间所得的，人民法院可以采取查封、扣押或冻结等控制性措施，并应当同时通知被执行人配偶，告知其有权在合理期限内提出执行异议，逾期未提异议的，直接进行司法处置。被执行人配偶一方主张被执行人不享有案涉不动产份额或享有不到 50% 份额的，在异议审查诉讼程序终结前，暂缓对案涉不动产的处分。司法处置所得价款应保留被执行人配偶份额。

3. 对于登记在被执行人一人名下的不动产，实践中多推定为被执行人个人财产直接处置，不给配偶预留份额。这种做法有侵害配偶权益的嫌疑。执行过程中，如果被执行人或其配偶主张属于夫妻共有财产，经过调查也可以认定为夫妻共有财产的，处置以后可以直接保留被执行人二分之一的处置款，而非必须经过异议程序确认后才保留其份额。这种做法与直接处置被执行人配偶一人名下的夫妻共有不动产遵循同样的原则，是对等保护配偶权益的体现。

4. 整体处置夫妻共有不动产前，被执行人配偶愿意支付被执行人应有份额部分对应的价款申请排除执行，债权人和债务人对此予以认可的，人民法院可以准许。处置时鼓励被执行人配偶积极参与竞买，并保护其优先购买权，竞买成交后仅需支付被执行人应有份额部分对应的价款即可。

5. 关于夫妻共同所有的不动产处置问题，其他地区的司法意见有：第一，江苏省高院。《江苏省高级人民法院关于执行疑难问题的解答》（苏高法〔2018〕86 号）中明确，对于被执行人配偶单方名下以及被执行人与其配偶双方名下的夫妻共同财产，原则上以二分之一份额为限执行。第二，浙江省高院。《浙江省高级人民法院关于执行生效法律文书确定夫妻一方为债务人案件的相关法律问题解答》（浙高法〔2014〕38 号）中明确，经判断为夫妻个人债务的案件，应当执行属于被执行人所有或者其个人名下的财产。被执行人所有或者其名下的财产不足清偿的，可执行夫妻共同财产中的一半份额。如登记在夫妻另一方名下的财产系夫妻共同财产的，也可执行。执行机构可直接对上述共同财产采取相应的执行措施。夫妻另一方对被执行人个人名下的财产主张权利，或者对登记在其名下的财产是否系共同财产或者财产份额提出异议的，按照《民事诉讼法》第二百二十七条[①] 的规定处理。夫妻另一方就财产份额提出异议，或者对被执行人个人名下的财产主张权利，案外人执行异议之诉审理期间不停止执行。第三，北京市高院。《北京市高、中级法院执行局（庭）长座谈会（第二次会议）纪要——关于变更或追加执行当事人若干问题的意见》中明确，执行依据确定的债务人为夫妻一方的，根据现行法律和司法解释的规定，执行法院不能裁定追加其配偶为被执行人。执行此类案件按下列方式处理：对被执行人名下的财产或者夫妻共同名下的财产，可以查封、扣押、冻结。被执行人的配偶以被执行人名下的财产为夫妻共同财产为由提出

① 现为 2023 年修正的《民事诉讼法》第二百三十八条。

异议的，按照《民事诉讼法》第二百零四条[①]关于案外人异议的规定处理。被执行人的配偶对夫妻共同财产的性质无争议，仅以法院不得查封、扣押、冻结共同财产为由提出异议的，按照《民事诉讼法》第二百零二条[②]关于执行异议的规定处理。申请执行人以被执行人的配偶实际占有或登记在其名下的财产为夫妻共同财产为由，书面申请查封、扣押、冻结该共同财产的，执行法院可以查封、扣押、冻结。被执行人的配偶以该财产为其个人财产为由提出异议的，按照《民事诉讼法》第二百零四条关于案外人异议的规定处理。需要注意的是，对夫妻共同财产的执行，针对的是夫妻共同财产的整体，无需对夫妻共同财产中的单个财产逐一进行分割。可执行的被执行人在夫妻共同财产中的共有部分，不得超过夫妻共同财产价值总额的一半。

【规范指引】

《中华人民共和国民法典》

第一千零六十二条 夫妻在婚姻关系存续期间所得的下列财产，为夫妻的共同财产，归夫妻共同所有：

（一）工资、奖金、劳务报酬；

（二）生产、经营、投资的收益；

（三）知识产权的收益；

（四）继承或者受赠的财产，但是本法第一千零六十三条第三项规定的除外；

（五）其他应当归共同所有的财产。

夫妻对共同财产，有平等的处理权。

第一千零六十三条 下列财产为夫妻一方的个人财产：

（一）一方的婚前财产；

（二）一方因受到人身损害获得的赔偿或者补偿；

（三）遗嘱或者赠与合同中确定只归一方的财产；

① 现为 2023 年修正的《民事诉讼法》第二百三十八条。下同。

② 现为 2023 年修正的《民事诉讼法》第二百三十六条。

（四）一方专用的生活用品；

（五）其他应当归一方的财产。

第一千零六十六条 婚姻关系存续期间，有下列情形之一的，夫妻一方可以向人民法院请求分割共同财产：

（一）一方有隐藏、转移、变卖、毁损、挥霍夫妻共同财产或者伪造夫妻共同债务等严重损害夫妻共同财产利益的行为；

（二）一方负有法定扶养义务的人患重大疾病需要医治，另一方不同意支付相关医疗费用。

《最高人民法院关于适用〈中华人民共和国民法典〉婚姻家庭编的解释（一）》

第三十八条 婚姻关系存续期间，除民法典第一千零六十六条规定情形以外，夫妻一方请求分割共同财产的，人民法院不予支持。

《最高人民法院关于人民法院民事执行中查封、扣押、冻结财产的规定》

第十二条 对被执行人与其他人共有的财产，人民法院可以查封、扣押、冻结，并及时通知共有人。

共有人协议分割共有财产，并经债权人认可的，人民法院可以认定有效。查封、扣押、冻结的效力及于协议分割后被执行人享有份额内的财产；对其他共有人享有份额内的财产的查封、扣押、冻结，人民法院应当裁定予以解除。

共有人提起析产诉讼或者申请执行人代位提起析产诉讼的，人民法院应当准许。诉讼期间中止对该财产的执行。

《上海法院执行工作有关问题解答》（2019年）

10.执行中（原）夫妻一方为被执行人，登记在其（原）配偶名下的财产可否予以查封、冻结？

答：夫妻关系存续期间取得的财产推定为夫妻共同财产，可以查封、冻结登记在被执行人（原）配偶名下的财产，但应在执行裁定书中载明夫妻关系存续期间、取得财产的时间等。如果被执行人（原）

配偶认为查封、冻结的财产属于个人财产的，可以通过提出案外人异议的途径予以救济。

【典型案例】

章某真与陈某华、宁某田案外人执行异议之诉纠纷案［裁判法院：最高人民法院；案号：（2019）最高法民终 1868 号］

执行要旨：案涉房屋登记在债务人一人名下或者其配偶一人名下，且该房产系在债务人与配偶婚姻存续期间购买，依法应当属于夫妻共同财产，依法可以执行，并应当保留属于配偶的一半份额。在执行程序过程中，虽然当事人（债务人的配偶）没有在执行程序规定的期间内提出异议，但配偶的实体权利并未丧失，配偶依然享有夫妻共同财产的相应份额，故案涉第一套房屋在执行过程中依法应当保留属于配偶的一半份额，原审法院将该房屋的拍卖款全部支付给债权人（申请执行人），属于执行错误。

三、预查封不动产的处置

【执行要点】

1. 预查封房产处置的最佳方式是，待不动产登记在被执行人名下，预查封转为正式查封后，再对不动产进行处置。预查封的房产已经办理初始登记，被执行人配合执行且符合过户条件的，可以协调各方将房产登记到被执行人名下后处置。

2. 不便于办理过户手续的，可以向开发商确认被执行人是否已付清房款，是否符合拍卖条件，开发商确认无异议可拍卖的，人民法院可以对预查封房产进行处置。

3. 对被执行人购买的登记在开发商名下、办理了商品房预售合同登记备案手续的住房，如果被执行人符合《执行异议和复议规定》第二十八条、第二十九条规定的情形，此时被执行人对不动产享有的买受人物权期待权在一定程度上已经具有物权的排他效力，可以排除所有权人（开发商）的普通债权人的执行程序，必要时，人民法院也可以对该房屋进行评估、拍卖。

4. 动迁安置房因其系政府基于城市规划、土地开发等原因，进行城市道路建设和其他公共设施建设项目而安置给被拆迁人或承租人居住使用的房屋，权利主体特定，虽然尚未登记在被执行人名下，亦可司法处置，但需为被执行人保留必要的基本居住、生活费用。

5. 如果房屋因未办理初始登记等原因不具备办理过户的条件，且开发商同意对预售合同中的权利进行处置的，人民法院可以处置预售合同中的债权。拍卖公告等拍卖文件中应当特别提示无产权证书、未竣工验收等情况，人民法院在拍卖成交后仅办理网签更名、解除查封等手续，不动产后续过户登记、交付等由买受人在不动产符合登记条件后自行办理。

6. 预售房屋处置过程中，要充分保障预告登记的抵押权人的合法权益，拍卖价款优先清偿其抵押债权。预查封房产处置以后，房屋可以先办理登记到被执行人名下，再随即办理登记到竞买人名下；也可以两次过户并作一次办理。办理登记过程中产生的需要由被执行人承担的税费，可以作为执行费用，从变价款中优先清偿。

7. 被执行人已经支付部分或者全部价款并实际占有该不动产，虽未办理产权过户登记手续，但申请执行人已向第三人支付剩余价款或者第三人同意剩余价款从该财产变价款中优先支付的，人民法院可以直接办理查封手续，并处置该财产。

【注意事项】

第一，实践中需要处置的预查封不动产，主要是被执行人购买的登记在开发商名下、办理了商品房预售合同登记备案手续的房屋。对于这一问题，理论和实践有争议。《执行工作指导》2020 年第 3 辑（总第 75 辑）第 162 页“执行信箱”栏目进行了明确，意见如下：

对于被执行人购买的登记在开发商名下、办理了商品房预售合同登记备案手续的房屋，人民法院的查封系预查封。根据《最高人民法院、国土资源部、建设部关于依法规范人民法院执行和国土资源房地产管理部门协助执行若干问题的通知》第十六条规定："国土资源、房地产管理部门应当依据人民法院的协助执行通知书和所附的裁定书办理预查封登记。土地、房屋权属在预查封期间登记在被执行人名下的，预查封登记自动转为查封登记，预查封转为正式查封后，查封期限从预查封之日起开始计算。"因此，预查封不同于正式查封，预查封的被执行人对未登记在其名下的房屋仅享有所有权期待利益，对能否成为真正的权利主体，尚处于不确定状态。人民法院需要待房屋登记在被执行人名下，预查封转化为正式查封后，再对房屋进行处置。但同时也应该注意一种特殊情形，即被执行人作为买受人购买开发商的预售房屋，如果符合《执行异议和复议规定》第二十八条或者第二十九条的情形，那么此时被执行人对房屋享有的权利已经可以排除针对出卖人的执行程序。这种专属权利一定程度上已经具有物权的排他性效力，必要时，人民法院也可以对该房屋进行评估、拍卖。

其他地区法院对此的观点。《江苏省高级人民法院关于执行疑难问题的解答》（苏高法〔2018〕86号）中明确，被执行人购买的预售商品房，如何执行？被执行人已将房款全部支付给开发商（被执行人自付一部分，银行贷款一部分），银行办理了抵押预告登记（预抵押登记），开发商在预售房产办理抵押权登记之前对银行贷款承担阶段性连带担保责任的商品房预售情形下，预售的商品房被法院预查封后，开发商或被执行人以仲裁或诉讼方式解除合同的，不得对抗人民法院的执行，人民法院可以继续执行预售房产。人民法院在办理预售商品房预查封时，除向房产登记部门送达预查封有关法律文书之外，还应及时向开发商送达预查封裁定和协助执行通知书，告知预售商品房已被法院预查封，擅自向被执行人退款应承担法律责任。在人民法院办理预售商品房预查封后向开发商送达预查封裁定和协助执行通知书前，开发商已退还给被执行人的款项，在变价款中预先扣除支付给开发商。向开发商送达预查封裁定和协助执行通知书后，开发商擅自退还给被执行人的款项，由开发商自行追索。对于开发商已退还银行的相应款项，在变价款中预先扣除支付给开发商。开发商尚未退还银行相应款项的，在变价款中预先扣除银行贷款相应款项支付给银行，并通知开发商。

第二，如果预查封的房产办理预告登记，则具有了物权效力，能够对抗出卖人的其他权利主体，此时买受人的专属权利具有了物权性的排他效力，也可以进行处置。

第三，查封阶段应当注意的问题。人民法院在办理预售商品房预查封时，除向房产登记部门送达预查封有关法律文书之外，还应及时向开发商送达预查封裁定和协助执行通知书，告知预售商品房已被法院预查封，擅自向被执行人退款应承担法律责任。向开发商送达预查封裁定和协助执行通知书后，开发商擅自退还给被执行人的款项，由开发商自行追索。

第四，另案判决解除合同排除执行的注意问题。如果商品房屋买卖合同已经被人民法院生效裁判文书予以解除，该生效裁判对被执行人产生拘束力，被执行人丧失了取得房屋所有权的期待权，此种情况下房地产开发企业可以持解除合同的生效裁判主张排除执行，人民法院应当解除对房屋的预查封措施。但是，如果被执行人因解除合同而对房地产开发企业享有债权的，人民法院应当执行该债权后再解除预查封措施。这一问题在《全国法院民商事审判工作会议纪要》中作了进一步细化。第 124 条规定："……在金钱债权执行中，如果案外人提出执行异议之诉依据的生效裁判认定以转移所有权为目的的合同（如买卖合同）无效或应当解除，进而判令向案外人返还执行标的物的，此时案外人享有的是物权性质的返还请求权，本可排除金钱债权的执行，但在双务合同无效的情况下，双方互负返还义务，在案外人未返还价款的情况下，如果允许其排除金钱债权的执行，将会使申请执行人既执行不到被执行人名下的财产，又执行不到本应返还给被执行人的价款，显然有失公允。为平衡各方当事人的利益，只有在案外人已经返还价款的情况下，才能排除普通债权人的执行。反之，案外人未返还价款的，不能排除执行。"

第五，拍卖成交以后的过户和税费应当注意的问题。拍卖成交以后，在程序上，应该有两次过户，第一次过户到被执行人名下，然后再次过户到竞买人名下。如果合并过户，则可能存在逃避税费的嫌疑。在两次过户过程中产生的税费，要分别缴纳完成。初次过户所产生的税费，可以认定为拍卖过程中的必要费用，从变价款中优先清偿。

【规范指引】

《最高人民法院、国土资源部、建设部关于依法规范人民法院执行和国土资源房地产管理部门协助执行若干问题的通知》

十五、下列房屋虽未进行房屋所有权登记，人民法院也可以进行预查封：

（一）作为被执行人的房地产开发企业，已办理了商品房预售许可证且尚未出售的房屋；

（二）被执行人购买的已由房地产开发企业办理了房屋权属初始登记的房屋；

（三）被执行人购买的办理了商品房预售合同登记备案手续或者商品房预告登记的房屋。

十六、国土资源、房地产管理部门应当依据人民法院的协助执行通知书和所附的裁定书办理预查封登记。土地、房屋权属在预查封期间登记在被执行人名下的，预查封登记自动转为查封登记，预查封转为正式查封后，查封期限从预查封之日起开始计算。

《最高人民法院关于人民法院办理执行异议和复议案件若干问题的规定》

第二十八条　金钱债权执行中，买受人对登记在被执行人名下的不动产提出异议，符合下列情形且其权利能够排除执行的，人民法院应予支持：

（一）在人民法院查封之前已签订合法有效的书面买卖合同；

（二）在人民法院查封之前已合法占有该不动产；

（三）已支付全部价款，或者已按照合同约定支付部分价款且将剩余价款按照人民法院的要求交付执行；

（四）非因买受人自身原因未办理过户登记。

第二十九条 金钱债权执行中，买受人对登记在被执行的房地产开发企业名下的商品房提出异议，符合下列情形且其权利能够排除执行的，人民法院应予支持：

（一）在人民法院查封之前已签订合法有效的书面买卖合同；

（二）所购商品房系用于居住且买受人名下无其他用于居住的房屋；

（三）已支付的价款超过合同约定总价款的百分之五十。

《最高人民法院关于人民法院民事执行中查封、扣押、冻结财产的规定》

第十七条 被执行人购买需要办理过户登记的第三人的财产，已经支付部分或者全部价款并实际占有该财产，虽未办理产权过户登记手续，但申请执行人已向第三人支付剩余价款或者第三人同意剩余价款从该财产变价款中优先支付的，人民法院可以查封、扣押、冻结。

《最高人民法院关于适用〈中华人民共和国民法典〉有关担保制度的解释》

第五十二条 当事人办理抵押预告登记后，预告登记权利人请求就抵押财产优先受偿，经审查存在尚未办理建筑物所有权首次登记、预告登记的财产与办理建筑物所有权首次登记时的财产不一致、抵押预告登记已经失效等情形，导致不具备办理抵押登记条件的，人民法院不予支持；经审查已经办理建筑物所有权首次登记，且不存在预告登记失效等情形的，人民法院应予支持，并应当认定抵押权自预告登记之日起设立。

当事人办理了抵押预告登记，抵押人破产，经审查抵押财产属于破产财产，预告登记权利人主张就抵押财产优先受偿的，人民法院应当在受理破产申请时抵押财产的价值范围内予以支持，但是在人民法院受理破产申请前一年内，债务人对没有财产担保的债务设立抵押预告登记的除外。

【典型案例】

王某岩诉徐某君、北京市金陛房地产发展有限责任公司案外人执行异议之诉案（最高人民法院指导案例 156 号）

执行要旨:《执行异议和复议规定》第二十八条规定了不动产买受人排除金钱债权执行的权利，第二十九条规定了消费者购房人排除金钱债权执行的权利。案外人对登记在被执行的房地产开发企业名下的商品房请求排除强制执行的，可以选择适用第二十八条或者第二十九条规定；案外人主张适用第二十八条规定的，人民法院应予审查。

四、政策性住房的处置

（一）共有产权保障住房（经济适用住房）

【执行要点】

1. 共有产权保障住房处置，应该自购房人取得不动产权证满 5 年后方可启动。

2. 共有产权保障房处置前，应该通知房屋所在地的区住房保障实施机构，区住房保障实施机构或者区人民政府指定的机构在同等条件下享有优先购买权。

3. 区住房保障实施机构或者区人民政府指定的机构不行使优先购买权的，人民法院可以处置共有产权保障住房。拍卖成交以后，应当以拍卖价款，按照政府确定的价格购买政府产权份额，并将共有产权保障住房的性质变为商品房。此后，买受人方可办理不动产转移登记手续。

4. 取得不动产权证未满 5 年，因离婚析产、无法偿还购房贷款等原因确需退出共有产权保障住房的，全部购房人、同住人之间达成一致意见后，可以向相关区住房保障实施机构提出申请。由房屋所在地的区住房保障实施机构或者区人民政府指定的机构予以回购，人民法院执行相应回购款。

【注意事项】

共有产权保障住房，通过不动产登记簿备注栏的备注信息来识别。

【规范指引】

《上海市共有产权保障住房管理办法》

第三十二条 （使用规定）共有产权保障住房的购房人和同住人应当按照房屋管理有关规定和供后房屋使用管理协议的约定使用房屋，并且在取得完全产权前不得有下列行为：

（一）擅自转让、赠与共有产权保障住房；

（二）擅自出租、出借共有产权保障住房；

（三）设定除共有产权保障住房购房贷款担保以外的抵押权；

（四）违反其他法律、法规、规章的情形。

第三十三条 （回购）取得不动产权证未满5年，有下列情形之一的，应当腾退共有产权保障住房：

（一）购房人或者同住人购买商品住房，不再符合住房困难条件的；

（二）购房人和同住人的户口全部迁离本市或者全部出国定居的；

（三）非本市户籍购房人和同住人的居住证全部被注销，但因户口迁入本市导致的除外；

（四）购房人和同住人均死亡的；

（五）市人民政府规定的其他情形。

本市城镇户籍家庭或者个人腾退共有产权保障住房的，由房屋所在地的区住房保障实施机构或者区人民政府指定的机构予以回购。非本市户籍家庭腾退共有产权保障住房的，由分配供应地的区住房保障实施机构或者区人民政府指定的机构予以回购。

回购价款为原销售价款加按照中国人民银行同期存款基准利率计算的利息。

取得不动产权证未满5年，因离婚析产、无法偿还购房贷款等原因确需退出共有产权保障住房的，全部购房人、同住人之间应当达成一致意见，并向相关区住房保障实施机构提出申请。经审核同意后，按照第二款、第三款的规定予以回购。

第三十四条 （上市转让和购买政府产权份额）本市城镇户籍家庭或者个人购买共有产权保障住房，取得不动产权证满5年后，共有产权保障住房可以上市转让或者由购房人、同住人购买政府产权份额，但购房人、同住人拒不履行区住房保障行政管理部门作出的有关房屋管理的行政决定或者有违约行为未改正的除外。上市转让或者购买政府产权份额后，住房性质转变为商品住房。

本市城镇户籍家庭或者个人购买共有产权保障住房，取得不动产权证满5年后，购房人、同住人购买商品住房且住房不再困难的，应当在办理商品住房转移登记前，先行上市转让共有产权保障住房或者购买政府产权份额，但符合确有必要购买商品住房情形的除外。具体例外情形，由市住房保障行政管理部门规定。

非本市户籍家庭购买共有产权保障住房，取得不动产权证满5年后，其交易管理按照本市相关规定执行，但购房人的户口迁入本市的，按照第一款、第二款规定执行。

第三十五条 （上市转让和购买政府产权份额程序及价格）上市转让共有产权保障住房的，全部购房人、同住人应当达成一致意见，并向房屋所在地的区住房保障实施机构提出申请。区住房保障实施机构或者区人民政府指定的机构在同等条件下有优先购买权；放弃优先购买权的，方可向他人转让。共有产权保障住房被上市转让或者优先购买的，购房人按照其产权份额获得转让总价款的相应部分。

购买政府产权份额的，全部购房人、同住人应当就购买意愿、购房人等事项达成一致意见，并向房屋所在地的区住房保障实施机构提出申请。

政府行使优先购买权和购房人、同住人购买政府产权份额相关价格的确定办法，由市住房保障行政管理部门会同相关行政管理部门，按照符合市场价格的原则另行规定。

（二）动迁安置房（征收安置住房）

【执行要点】

1. 处置动迁安置房过程中，作出拍卖、变卖成交裁定或者抵债裁定时，应当满足征收安置住房取得不动产权属证书已满 3 年。

2. 3 年的时限认定标准如下：

（1）被动迁居民家庭取得不动产权属证书的，自不动产权属证书颁发日期起至作出拍卖、变卖成交裁定或者抵债裁定时满 3 年。

（2）被动迁居民家庭未取得不动产权属证书或者取得不动产权属证书未满 3 年，但该征收安置住房的房地产开发企业在作出拍卖、变卖成交裁定或者抵债裁定时取得不动产权属证书满 3 年，且被动迁居民家庭签订拆迁补偿安置协议满 3 年的，也属于已满 3 年。办理过户时，登记事务机构核验不动产权属证书、拆迁补偿安置协议。

【注意事项】

征收安置住房的认定，以不动产登记簿附记栏内的注记为准。

关于满 3 年的时间起始点，起点参照不动产登记技术规定的标准来认定。终点的时间节点，可供选择的有裁定拍卖变卖之时、竞价结束之时、拍卖成交裁定作出之时。从规定的本意出发，3 年的限制，是限制产权转移，产权转移的时间点，超过 3 年，则不违反制度的本意。这三个时间节点，第一个过于靠前，而竞价结束也并不一定意味着拍卖结束，还存在悔拍的可能。综合制度目的和执行工作的实际需要，以出具拍卖、变卖成交确认裁定或者抵债裁定时间作为终点较为合适。这也就意味着，执行实践中，可以在征收安置住房在取得不动产权证后不满 3 年的情况下启动处置程序，只要拍卖、变卖成交确认裁定或者抵债裁定作出之时，征收安置住房取得不动产权属证书已满 3 年即可。

【规范指引】

《上海市征收安置住房管理办法》

第二十二条 征收安置住房的预售许可证应当注记“征收安置住房”。不动产登记机构核准征收安置住房的土地使用权、房屋所有权首次登记和转移登记的，应当在相应不动产登记簿、不动产权证和预告登记证明的附记栏内，注记“征收安置住房”。

第二十四条 征收安置住房在取得不动产权证后的3年内，不得转让、抵押，但依法发生继承等非交易类行为、用房区有关部门购买征收安置住房后继续用于本区居民安置、以及市政府规定的其他情形除外。

第二十八条 本办法自发布之日起施行，有效期至2026年12月31日，原《上海市征收安置住房管理办法》(沪房规范〔2020〕6号)同时废止。

本办法施行前，以配套商品房、动迁安置房、征收安置住房立项的建设项目，参照本办法执行。

（三）公有房屋（租赁房）

【执行要点】

1. 公有房屋的产权属于国家或者单位，承租人仅享有居住权利，不享有所有权，执行程序中不能拍卖、变卖公有房屋。

2. 执行程序中，可以在公有住房所有人处办理查封公有住房承租权益手续。经公有房屋所有人同意，可以拍卖公有房屋承租权益。

3. 公有房屋被征收时，货币补偿款、产权调换房屋归公有房屋承租人及其共同居住人共有。人民法院可以执行属于被执行人所有的货币补偿款及产权调换房屋。

4. 公有房屋执行过程中，需要注意保障共同居住人权益。

【注意事项】

公有房屋，是国家机关、国有企业、国有事业单位、人民团体、宗教团体等所有，通过福利方式分配给职工，执行市人民政府批准租金标准的住房。公共租赁住房、廉租住房等保障性住房除外。公有住房的产权属于国家或者单位，不属于私人财产，因此不能直接处置公有房屋。公有房屋承租人，是指执行政府规定租金标准、与公有房屋产权人或者管理人建立租赁关系的个人和单位，以《租用公房凭证》

记载为准。共同居住人，是指作出房屋征收决定时，在被征收房屋处具有常住户口，并实际居住生活 1 年以上（特殊情况除外），且本市无其他住房或者虽有其他住房但居住困难的人。

征收房屋补偿安置方式分为货币补偿安置和产权房屋调换两种基本方式。货币补偿安置方式的安置利益金额明确，可以直接执行。但产权安置房屋处置周期较长：一方面，大多数安置房屋为期房，参照上海市高级人民法院《房屋征收补偿利益分割民事纠纷研讨会会议纪要》中的意见，一般来看，“在安置房屋尚未确定的情况下，当事人将来可能获得的房屋实际面积、位置等处于不确定状态，法院不宜进行确权和分割……安置房是否确定……原则上以不动产初始登记为判断标准。”如果安置房屋没有房屋初始登记，则不能处置，而这可能需要相当长的时间。另一方面，安置房屋多为被执行人与其他案外人共有安置利益，在未明确债务人份额时，人民法院无法直接处置。

如果涉及承租人和共同居住人之间对征收房屋以及补偿款分割争议的，应该参照共有财产执行的规则来处理。各共有人之间就征收补偿分割达成一致，并获得债权人确认的，人民法院可以认可；如果没有达成一致的，则应该通过析产诉讼予以解决。

【规范指引】

《上海市国有土地上房屋征收与补偿实施细则》

第二十三条 （征收补偿协议主体的确定）房屋征收补偿协议应当由房屋征收部门与被征收人、公有房屋承租人签订。

被征收人、公有房屋承租人以征收决定作出之日合法有效的房地产权证、租用公房凭证、公有非居住房屋租赁合同计户，按户进行补偿。

被征收人以房地产权证所载明的所有人为准，公有房屋承租人以租用公房凭证、公有非居住房屋租赁合同所载明的承租人为准。

第四十四条 （居住房屋征收补偿所得的归属和安置义务）征收居

住房屋的，被征收人取得货币补偿款、产权调换房屋后，应当负责安置房屋使用人；公有房屋承租人所得的货币补偿款、产权调换房屋归公有房屋承租人及其共同居住人共有。

第五十一条 （有关用语的含义）本细则中下列用语的含义：

（一）被征收人，是指被征收房屋的所有权人。

（二）公有房屋承租人，是指执行政府规定租金标准、与公有房屋产权人或者管理人建立租赁关系的个人和单位。

（三）共同居住人，是指作出房屋征收决定时，在被征收房屋处具有常住户口，并实际居住生活一年以上（特殊情况除外），且本市无其他住房或者虽有其他住房但居住困难的人。

（四）房屋使用人，是指实际占用房屋的单位和个人。

《上海市征收安置住房管理办法》

第二十四条 征收安置住房在取得不动产权证后的3年内，不得转让、抵押，但依法发生继承等非交易类行为、用房区有关部门购买征收安置住房后继续用于本区居民安置、以及市政府规定的其他情形除外。

【典型案例】

某投资咨询公司与某药材公司借款合同纠纷执行案［裁判法院：最高人民法院；案号：（2013）执他字第23号］

执行要旨：公有房屋使用权能否被强制执行，用于偿还使用权人所欠债务，目前存在法律空白。满足一定条件后人民法院可以执行公有房屋使用权；在没有全国性法律法规的情况下，可以参照地方性法规执行公有房屋使用权。

五、国有建设用地使用权（土地）的处置

国有建设用地使用权，俗称土地，是指尚未建造建筑物、构筑物时的不动产。处置涉国有建设用地使用权时，首先应该查明土地的取得方式，分清土地是出让取得还是划拨取得。

（一）出让土地使用权的处置

【执行要点】

国有建设用地使用权处置，要注重查明土地现状、政策现状以及负担情况，并在拍卖公告中进行充分公告。

1. 强制执行前的意见征询

人民法院在拟对土地使用权进行拍卖或者采取其他方式予以变现前，应当事先书面征询规划土地管理部门有关用地性质、容积率、开竣工日期、使用年限、出让金支付情况等规划和土地管理要求。相关规划土地管理部门（土地所在区规划和自然资源局）应当在收到人民法院的征询函后 15 日内予以书面回复，明确相关内容。土地使用权有不适于拍卖和采取其他变现措施情形的，应当在书面回复中一并明确相关意见。

出让合同明确的开竣工日期以及出让合同约定的其他条款需要调整的，规划土地管理部门应当根据项目实际情况在回复意见时予以明确。

拍卖地块系工业用地的，规划土地管理部门应当在回复意见中明确产业类型、投资强度、环境保护等要求。

2. 充分做好现场调查

在处置前，执行承办人应该到土地现场查明土地的现状，查明已经建造的建筑物、构筑物情况，查明与周边地块的界限、接壤情况。尤其注意建筑物的“骑墙”问题，即建筑物跨越了两个不同地块的情况。

3. 以调查情况作为评估基础

人民法院在委托评估土地使用权拍卖底价时，应当告知评估机构将人民法院所设定的拍卖条件、涉案地块的产业类型要求、土地闲置情况、地块拆迁情况、出让合同履行情况等作为评估依据。

4. 充分披露和公告

人民法院认为土地使用权适于拍卖的，应当参考规划土地管理部门的意见以及地块的具体情况设定竞买人资格、产业类型要求等拍卖条件。在拍卖公告附件中，对于土地规划和管理部门复函、土地出让合同、国有土地使用条件等相关文件，也一并公示。

5. 关于买受人的权利义务

土地使用权拍卖成交后，买受人应当根据原出让合同和规划土地管理部门明确需要调整的出让条款以及人民法院设定的拍卖条件，确定其所享有的权利和承担的义务。

【注意事项】

1. 上海市不动产登记簿中，对于土地来源，存在记载为“转让”字样的情况，这既不是出让的规范表达，也不是划拨的规范表达。此时，需要进一步结合相关文件，查明土地的取得方式。

2. 司法拍卖过程中，土地使用权规划用途调整（容积率变化、产业政策变化等）的处理问题。比如在拍卖某工业地产时，区规划和自然资源局提出产业政策发生变化，固定资产投资不低于 500 万元 / 亩，产出强度不低于 1200 万元 / 年，税收强度不低于 120 万元 / 亩 / 年，即对该地块的产业政策发生变化；比如拍卖毛地时，区规划和自然资源局提出该地块现为上海市老城乡历史文化风貌区，实行保护规划，容积率从 4 调整到 1.4，价值大为缩水。

首先，要明确处理此类问题的原则。土地被法院查封，只限制其处分权，当地政府有权作出行政行为变更其规划用途，拍卖过程中，执行土地规划用途改变，并非法院公告瑕疵，不影响强制拍卖的效力。法院查封土地使用权在性质上属于保全措施，实际上是通过对物的交换价值的控制，对查封物的处分权能予以限制。政府对于土地规划用途的变更，是其行使行政管理权能的具体行政行为。政府调整土地规划用途不意味着土地权属变更。土地原所有权人认为该具体行政行为违法，损害其合法权益，可通过包括提起行政、民事诉讼在内的各种途径维护其权益。但土地规划用途调整并非导致强制拍卖无效的法定情形，不影响强制拍卖的效力。

其次，应对的建议。（1）征询政府就案涉土地拍卖的规划和土地管理要求。对于出让土地，法院应当事先书面征询政府有关机关有关用地性质、容积率、使用年限、出让金支付情况等规划和土地管理要求。（2）拍卖公告、竞买须知和标的物介绍等拍卖文件中特别提示土地规划用途调整的具体情况。拍卖前，土地评估时引导评估公司适用新的土地规划用途调整文件进行评估，依法出具评估结论，确定合适的起拍参考价，在评估报告中须载明政府调整土地规划用途的文件，方便竞买人查阅、参考。法院应当根据具体情况设定产业类型要求等统一适用于所有竞买人的拍卖条件，不得限制竞买人参加竞买或者对享有同等权利的竞买人规定不同的竞买条件。（3）分类有据处理当事人及利害关系人提出的异议。对于被执行人等提出的政府调整土地规划用途导致案涉土地价值缩水的异议，释明政府的具体行政行为并非执行异议的对象，引导其通过民事、行政诉讼等寻求权利救济；对于被执行人等提出的土地规划用途改变导致拍卖无效的异议，告知执行土地规划用途改变并非法院公告瑕疵，不影响强制拍卖的效力，可通过提起执行异议以维护其权益。该异议是否影响拍卖？原则上，当事人提出此类执行异议不影响拍卖，无须等待异议结果，可以径行拍卖。实践中根据案件的具体情况可以灵活掌握。

【规范指引】

《上海市高级人民法院关于进一步规范不动产司法拍卖中有关事项的指导意见》

三、关于不动产变价前的征询及不动产所有权的转移登记

执行法院裁定拍卖、变卖不动产前，应当按照沪高法〔2014〕470号《上海市高级人民法院与上海市规划和国土资源管理局关于强制执行出让土地使用权座谈会纪要》的指引，事先书面征询规划土地管理部门有关用地性质、容积率、开竣工日期、使用年限、出让金支付情况等规划和土地管理要求，根据具体情况设定产业类型要求、环境保护要求等统一适用于所有竞买人的拍卖条件，在拍卖公告和特别提示

中予以说明。对于买受人的资格，除法律、行政法规和司法解释有特殊规定并在拍卖公告和特别提示中予以说明外，不得限制竞买人参加竞买或者对享有同等权利的竞买人规定不同的竞买条件。

对于拍卖、变卖的不动产涉及集体土地的，根据《最高人民法院、国土资源部、建设部关于依法规范人民法院执行和国土资源房地产管理部门协助执行若干问题的通知》第二十四条，执行法院应当与国土资源管理部门协商一致后再行处理。对于拍卖、变卖的不动产涉及国有划拨土地的，参照涉及集体土地的方式进行处理。

对于拍卖、变卖的不动产系未办理初始登记的房屋的，应当在裁定拍卖、变卖之后确定参考价之前向房屋登记机构征询能否办理不动产所有权登记，通过征询明确的意见应当作为确定参考价的依据之一，并根据法〔2012〕151号《最高人民法院关于转发住房和城乡建设部〈关于无证房产依据协助执行文书办理产权登记有关问题的函〉的通知》分别下列情况在拍卖公告和特别提示中予以说明：

（一）具备初始登记条件的，执行法院处置后可以依法向房屋登记机构发出《协助执行通知书》，办理不动产所有权登记；

（二）暂时不具备初始登记条件的，执行法院处置后可以向房屋登记机构发出《协助执行通知书》，并载明待房屋买受人或者承受人完善相关手续具备初始登记条件后，由房屋登记机构按照《协助执行通知书》予以登记；

（三）不具备初始登记条件的，执行法院应当进行“现状处置”，买受人或者承受人按照房屋的权利现状取得房屋，后续的不动产所有权登记由买受人或者承受人自行负责。

除依法或者因为买受人、承受人的原因无法办理不动产所有权转移登记之外，执行法院应当根据《中华人民共和国民事诉讼法》第二百五十一条①，在依法拍卖、变卖或者以物抵债后向不动产登记机构

① 现为2023年修正的《民事诉讼法》第二百六十二条。

发出协助执行通知书，将不动产所有权转移登记到买受人或者承受人名下。

（二）划拨土地使用权的处置

【执行要点】

1. 符合下列条件的，经市、县人民政府土地管理部门和房产管理部门批准，划拨土地使用权和地上建筑物、其他附着物所有权可以处置：

（1）土地使用者为公司、企业、其他经济组织和个人；

（2）领有国有土地使用证；

（3）具有地上建筑物、其他附着物合法的产权证明；

（4）依照《中华人民共和国城镇国有土地使用权出让和转让暂行条例》第二章的规定签订土地使用权出让合同，向当地市、县人民政府补交土地使用权出让金或者以处置所获收益抵交土地使用权出让金。

2. 如果上述不动产已经设定了抵押权，则无需办理审批手续。但是，应当从拍卖所得的价款中缴纳相当于应缴纳的土地使用权出让金的款额后，抵押权人方可优先受偿。

3. 其他注意事项和程序问题，同出让土地使用权的处置。

【注意事项】

1. 关于划拨土地使用权的处置问题，本指引参照了《中华人民共和国城镇国有土地使用权出让和转让暂行条例》中关于转让的规定。

2. 处置划拨土地使用权前，应查明过户时应缴纳的土地出让金数额或计算方法。

3. 土地出让金补缴的负担主体，法律并无明确规定。《浙江省高级人民法院执行局关于规范不动产网络司法拍卖、变卖工作指引》第十九条规定："处置国有划拨土地使用权需补缴的土地出让金，应当由被执行人依法负担。执行法院可在拍卖款中扣划后直接交付相关部门。执行法院不应在拍卖公告和特别提示中载明由买受人负担。"最高人民法院原执行工作办公室编辑出版的《强制执行参考与指导》中的案例则是买受人办理土地出让手续，并交纳土地使用权出让金。本指南认为，无论谁负担，都不会损害国家利益。只要金额明确，在拍卖公告中予以告知，也就不会影响财产变价和买受人权益。鉴于此，拍卖公告中明确由被执行人负担，并从拍卖款中直接交付相关部门的做法更为便利，也可以有效防止买受人竞买后不交纳土地使用权出让金的情况。

【规范指引】

《中华人民共和国城市房地产管理法》

第四十条 以划拨方式取得土地使用权的，转让房地产时，应当按照国务院规定，报有批准权的人民政府审批。有批准权的人民政府准予转让的，应当由受让方办理土地使用权出让手续，并依照国家有关规定缴纳土地使用权出让金。

以划拨方式取得土地使用权的，转让房地产报批时，有批准权的人民政府按照国务院规定决定可以不办理土地使用权出让手续的，转让方应当按照国务院规定将转让房地产所获收益中的土地收益上缴国家或者作其他处理。

第五十一条 设定房地产抵押权的土地使用权是以划拨方式取得的，依法拍卖该房地产后，应当从拍卖所得的价款中缴纳相当于应缴纳的土地使用权出让金的款额后，抵押权人方可优先受偿。

《中华人民共和国城镇国有土地使用权出让和转让暂行条例》

第四十四条 划拨土地使用权，除本条例第四十五条规定的情况外，不得转让、出租、抵押。

第四十五条 符合下列条件的，经市、县人民政府土地管理部门和房产管理部门批准，其划拨土地使用权和地上建筑物、其他附着物所有权可以转让、出租、抵押：

（一）土地使用者为公司、企业、其他经济组织和个人；

（二）领有国有土地使用证；

（三）具有地上建筑物、其他附着物合法的产权证明；

（四）依照本条例第二章的规定签订土地使用权出让合同，向当地市、县人民政府补交土地使用权出让金或者以转让、出租、抵押所获收益抵交土地使用权出让金。

转让、出租、抵押前款划拨土地使用权的，分别依照本条例第三章、第四章和第五章的规定办理。

《最高人民法院关于人民法院执行以划拨方式取得的土地使用权的请示的答复》

经审查，原则同意你院审判委员会倾向性意见。宿州市中级人民法院〔2003〕宿中法执字第130-1号民事裁定书所处置的财产虽然涉及国有划拨土地使用权，但事先已经双方当事人同意，事后砀山县土地主管部门又予以认可，符合《中华人民共和国城市房地产管理法》和《中华人民共和国城镇国有土地使用权出让和转让暂行条例》的相关规定及国家土地局〔1997〕国土函字第96号《对最高人民法院法经〔1997〕18号函的复函》精神。因此，宿州市中级人民法院上述民事裁定并无不当。但是在具体工作中应严格程序，注意及时同相关部门沟通协商。

【典型案例】

中国农业银行安徽省砀山县支行申请执行安徽省国营砀山葡萄酒罐头公司房地产案［裁判法院：安徽省宿州市中级人民法院；案号：（2003）宿中法执字第130号］

执行要旨：经政府主管部门批准，划拨土地的使用权可以转让。以划拨方式取得的土地使用权，转让房地产时，应报有批准权的人民政府审批，准予转让的，应当由受让方办理土地使用权出让手续，并依法缴纳土地使用权出让金。

（三）“毛地”的处置

【执行要点】

1. 执行程序中，人民法院可以对“毛地”进行处置。

2. 人民法院在对“毛地”等土地使用权进行拍卖或者采取其他方

式予以变现前，事先书面征询政府有关部门关于用地性质、容积率、使用年限、出让金支付情况等规划和土地管理要求，并在公告中予以充分披露。

3. 拍卖公告、竞买须知和标的物介绍等拍卖文件中特别提示土地规划用途调整的具体情况，并明确告知买受人需在拍卖成交后与政府签订房屋征收框架协议并支付先期征收费用后再行办理土地过户手续。拍卖前，引导评估公司将最新“毛地”规划用途调整文件作为评估依据，依法出具评估结论，确定合适起拍参考价，评估报告必须载明政府调整土地规划用途的文件，方便竞买人查阅、参考。

4. 拍卖成交后，买受人应当根据拍卖文件中告知的时间节点与政府签订房屋征收框架协议并支付先期征收费用，然后人民法院方才办理土地过户司法程序。

【注意事项】

“毛地”是指在城市旧区范围内，尚未经过拆迁安置补偿等土地开发过程、不具备基本建设条件的土地。在自然资源部、上海市政府出台有关规定明确土地出让须为“净地”之前，部分地块以“毛地”方式予以出让，此举发挥了推动旧区改造的历史作用，但个别地块因受让人资金不足、拆迁迟缓等因素导致开发停滞，形成历史遗留问题，强制执行处置难度较大。

对于被执行人等提出的政府调整土地规划用途导致案涉土地价值缩水的异议，释明政府的具体行政行为并非执行异议的对象，其可通过民事、行政诉讼等寻求权利救济；对于被执行人等提出的土地规划调整导致拍卖无效的异议，告知执行土地规划调整并非法院公告瑕疵，不影响强制拍卖的效力。当事人提出此类执行异议不影响拍卖，法院继续处置。

六、集体建设用地使用权的处置

【执行要点】

1. 执行集体建设用地使用权时，经与国土资源管理部门取得一致意见后，可以裁定予以处理，但应当告知权利受让人到国土资源管理部门办理土地征用和国有土地使用权出让手续，缴纳土地使用权出让金及有关税费。

2. 通过出让等方式取得的集体经营性建设用地使用权可以处置，但法律、行政法规另有规定或者土地所有权人、土地使用权人签订的书面合同另有约定的除外。

3. 相关注意事项，参照“国有建设用地使用权（土地）的处置”一节。

【注意事项】

关于集体建设用地使用权的概念，《民法典》和《中华人民共和国土地管理法》（以下简称《土地管理法》）之间有一定出入。根据《土地管理法》第四条规定，根据土地用途不同，“将土地分为农用地、建设用地与未利用地”。根据集体建设用地具体用途的不同，可再进一步细分为集体经营性建设用地、集体公益性建设用地和宅基地。在原《物权法》颁布之前，集体建设用地使用权包含了前述各类集体建设用地，村办企业用地、村民建房用地均属于集体土地建设用地使用权。原《物权法》和《民法典》将集体建设用地使用权、宅基地使用权作为两种用益物权类型分别进行调整，申言之，各类建设用地上法定的用益物权之权利类型有差别：为兴办乡镇企业、用于工商业等经营性建设用途，以及进行公共设施、公用事业等非农建设而使用集体土地所设立的用益物权为集体建设用地使用权；宅基地使用权则是村民为建造住宅及其附属设施而对集体土地享有的用益物权。

在2019年修正的《土地管理法》中，集体所有土地上的建设用地使用权，分为两大类：第一类是第五十九条规定的用于乡镇企业、乡

（镇）村公共设施、公益事业、农村村民住宅等乡（镇）村建设而设立的集体建设用地使用权；第二类是第六十三条创设的集体经营性建设用地使用权。第一种类型的集体建设用地使用权在目的及功能上限于乡镇企业、乡（镇）村公共设施、公益事业、农村村民住宅等乡（镇）村建设的需要，不得进入土地交易市场，即不得转让、互换、出资、赠与、抵押等交易。第二类集体经营性建设用地使用权可以进入土地交易市场，“其出让及其最高年限、转让、互换、出资、赠与、抵押等，参照同类用途的国有建设用地执行”（《土地管理法》第六十三条第四款）。本指南的集体建设用地使用权的概念，系指《民法典》中的集体建设用地使用权，宅基地另行单独说明。

在此之前，集体土地上的建设用地使用权制度有所不同，具有历史性和政策性，要根据具体情况具体分析、具体处理。

【规范指引】

《中华人民共和国土地管理法》

第六十三条 土地利用总体规划、城乡规划确定为工业、商业等经营性用途，并经依法登记的集体经营性建设用地，土地所有权人可以通过出让、出租等方式交由单位或者个人使用，并应当签订书面合同，载明土地界址、面积、动工期限、使用期限、土地用途、规划条件和双方其他权利义务。

前款规定的集体经营性建设用地出让、出租等，应当经本集体经济组织成员的村民会议三分之二以上成员或者三分之二以上村民代表的同意。

通过出让等方式取得的集体经营性建设用地使用权可以转让、互换、出资、赠与或者抵押，但法律、行政法规另有规定或者土地所有权人、土地使用权人签订的书面合同另有约定的除外。

集体经营性建设用地的出租，集体建设用地使用权的出让及其最高年限、转让、互换、出资、赠与、抵押等，参照同类用途的国有建设用地执行。具体办法由国务院制定。

《最高人民法院、国土资源部、建设部关于依法规范人民法院执行和国土资源房地产管理部门协助执行若干问题的通知》

二十四、人民法院执行集体土地使用权时，经与国土资源管理部门取得一致意见后，可以裁定予以处理，但应当告知权利受让人到国土资源管理部门办理土地征用和国有土地使用权出让手续，缴纳土地使用权出让金及有关税费。

对处理农村房屋涉及集体土地的，人民法院应当与国土资源管理部门协商一致后再行处理。

《中华人民共和国土地管理法实施条例》

第四十二条 集体经营性建设用地使用者应当按照约定及时支付集体经营性建设用地价款，并依法缴纳相关税费，对集体经营性建设用地使用权以及依法利用集体经营性建设用地建造的建筑物、构筑物及其附属设施的所有权，依法申请办理不动产登记。

第四十三条 通过出让等方式取得的集体经营性建设用地使用权依法转让、互换、出资、赠与或者抵押的，双方应当签订书面合同，并书面通知土地所有权人。

集体经营性建设用地的出租，集体建设用地使用权的出让及其最高年限、转让、互换、出资、赠与、抵押等，参照同类用途的国有建设用地执行，法律、行政法规另有规定的除外。

【典型案例】

北京恒顺隆印务有限公司、四平市城区农村信用合作联社金融借款合同纠纷执行监督案［裁判法院：最高人民法院；案号：(2017）最高法执监145号］

执行要旨：参照《土地管理法》第六十三条规定的精神，企业在不能清偿生效法律文书确定的债务时，其依法取得的集体建设用地使用权也应当作为可执行财产。国土资源局建议暂缓处置集体土地使用权，主要是考虑到集体土地流转尚没有明确法律法规和政策，对于法院处理集体土地后的有关手续也没有相关规定，但原则上并未否定对集体土地使用权进行司法处置。

七、农村宅基地上房屋的处置

【执行要点】

1. 处置宅基地使用权及房屋应当符合下列条件：

（1）拟处置的住房并非被执行人、该农户成员及其所扶养家属生活所必需的居住房屋；

（2）镇（乡）人民政府、宅基地所有权人同意宅基地及房屋权利转移；

（3）竞买人是符合宅基地使用权申请条件的本农村集体经济组织成员。

2. 如果拟处置的宅基地是闲置或者出租状态，处置不能或者不宜处置的，可以采取强制管理、提取租金等方式执行。

【注意事项】

宅基地制度是中国特色土地制度的重要组成部分，其核心是维护农村土地集体所有和保障农民基本居住权利。中华人民共和国成立以来，历经演变，我国农村宅基地制度框架已基本形成，其基本特征是：集体所有、成员使用，一户一宅、限定面积，无偿取得、长期占有，规划管控、内部流转。这一制度安排在保障农村“户有所居、民不失所”等方面发挥了极为重要的作用，促进了农村经济发展和社会稳定。如果需要进一步了解宅基地方面的法规政策问题，可以参阅农业农村部农村合作经济指导司在2020年3月编印的《农村宅基地管理法律政策问答》。

我国关于宅基地使用权及房屋的转让，原则上是禁止的态度，例外情况是有条件地允许宅基地使用权转让，因此，宅基地使用权及房屋转让，受到土地管理制度以及执行规范的双重限制。处置过程中，重点关注的问题如下。

第一，注意集体所有、成员使用原则。宅基地属于本农民集体成员集体所有，农户依法拥有的宅基地使用权，可以按照有关规定在本集体经济组织内部进行转让，严禁城市居民到农村购买宅基地。因此，处置宅基地的过程中，竞买人只能是该集体成员，而且要符合宅基地申请条件。

第二，注意“一户一宅”原则，即农村村民一户只能拥有一处宅基地。因此，宅基地及房屋并非登记主体一人名下的财产，而是其所代表的农户成员的共同财产。在处置过程中，不仅要保护被执行人的居住权益，还要保障该农户其他成员的居住权益。

第三，宅基地政策正在改革试点过程中，需要结合改革政策开展处置工作。2020 年 6 月，中央全面深化改革委员会第十四次会议审议通过了《深化农村宅基地制度改革试点方案》。2020 年 9 月，中央农办、农业农村部召开深化农村宅基地制度改革试点电视电话会议，在 104 个县（市、区）和 3 个地级市启动新一轮农村宅基地制度改革试点。新一轮改革试点重点围绕宅基地所有权、资格权、使用权“三权分置”，在宅基地使用权流转、抵押和退出等 9 个方面开展探索。

【规范指引】

《中华人民共和国民法典》

第三百六十二条 宅基地使用权人依法对集体所有的土地享有占有和使用的权利，有权依法利用该土地建造住宅及其附属设施。

第三百六十三条 宅基地使用权的取得、行使和转让，适用土地管理的法律和国家有关规定。

《中华人民共和国土地管理法》

第六十二条 农村村民一户只能拥有一处宅基地，其宅基地的面积不得超过省、自治区、直辖市规定的标准。

人均土地少、不能保障一户拥有一处宅基地的地区，县级人民政府在充分尊重农村村民意愿的基础上，可以采取措施，按照省、自治区、直辖市规定的标准保障农村村民实现户有所居。

农村村民建住宅，应当符合乡（镇）土地利用总体规划、村庄规划，不得占用永久基本农田，并尽量使用原有的宅基地和村内空闲地。编制乡（镇）土地利用总体规划、村庄规划应当统筹并合理安排宅基地用地，改善农村村民居住环境和条件。

农村村民住宅用地，由乡（镇）人民政府审核批准；其中，涉及占用农用地的，依照本法第四十四条的规定办理审批手续。

农村村民出卖、出租、赠与住宅后，再申请宅基地的，不予批准。

国家允许进城落户的农村村民依法自愿有偿退出宅基地，鼓励农村集体经济组织及其成员盘活利用闲置宅基地和闲置住宅。

国务院农业农村主管部门负责全国农村宅基地改革和管理有关工作。

八、房地分离不动产的处置

【执行要点】

1. 建设用地使用权与房产、建筑物所有权的权利主体不同时，基于“房地一体”原则，在处置程序中应当一并处分建设用地使用权和房产、建筑物。

2. 在评估过程中，应当分别评估建设用地使用权的价值和房产、建筑物的价值。建设用地使用权人和房产、建筑物所有权人，按照评估价的比例享有拍卖所得价款。如果房、地之上存在优先权的，拍卖款应当由建设工程款优先受偿权人以及土地使用权抵押权人分别优先受偿。

3. 拍卖过程中，建设用地使用权人或者房产、建筑物所有权人享有优先购买权。

4. 如果房地分离涉及历史遗留问题的，应与相关职能部门积极沟通协调，妥善处理好不动产登记的遗留问题后，再行处置。

【注意事项】

其他省市司法意见，可以参考《广东高院关于执行案件法律适用疑难问题的解答意见》（2016 年 3 月 3 日）。

【规范指引】

《最高人民法院、国土资源部、建设部关于依法规范人民法院执行和国土资源房地产管理部门协助执行若干问题的通知》

二十三、在变价处理土地使用权、房屋时，土地使用权、房屋所有权同时转移；土地使用权与房屋所有权归属不一致的，受让人继受原权利人的合法权利。

《最高人民法院关于土地使用权与房产所有权应当一并处置的复函》

你院《关于申请复议人长城资产管理公司济南办事处、杜广伟申请复议一案的请示》收悉。经研究，答复如下：

根据《中华人民共和国物权法》第一百四十七条、《中华人民共和国城市房地产管理法》第三十二条的相关规定，在执行被执行人所有的不动产时，应当遵循“房随地走、地随房走”的原则，土地使用权与房产所有权应当一并处置。本案中，青岛市中级人民法院（以下简称青岛中院）在未查明明案涉房屋占用范围内土地使用权的情况下，裁定将该房屋单独拍卖，不符合上述法律规定，故相关拍卖成交裁定依法应予撤销。

综上，经我院审判委员会讨论，原则同意你院审判委员会第二种处理意见。拍卖撤销后，青岛中院应当在进步查明案涉房屋土地使用权的情况下，重新拍卖。重新拍卖时应注意保护原买受人的合法权益，其作为实际占有人在同等条件下享有优先购买权。

《最高人民法院关于房屋与占用范围内的土地使用权欠缺一并处分条件时如何执行的问题的复函》

你院（2009）辽执一复字第3号《关于房屋与占用范围内的土地使用权欠缺一并处分条件的应否单独处分房屋问题的请示》收悉。经研究，现答复如下：

原则同意你院审判委员会多数人意见。根据房随地走，地随房走的原则及《物权法》第一百四十六条、第一百四十七条和我院《关于人民法院民事执行中查封、扣押、冻结财产的规定》第二十三条第一款的规定，人民法院在执行中需要处理房地产时亦应遵循上述原则和规定。本案中，兴城市市政管理处办公楼系1983年建造，由于当时管理不规范等原因致使权利人与房地产管理部门没有办理相应手续，造成土地权属不明。你院可责成执行法院与当地房地产管理部门协调处理，协调处理不成时，应按房地一致原则处置房产。

《自然资源部关于加快解决不动产登记若干历史遗留问题的通知》

一、关于用地手续不完善的问题。由政府主导的安置房、棚改房、经济适用房等项目，可按照划拨、协议出让等方式补办用地手续；国家机关、企事业单位利用自有土地建设房改房、集资房的，可按划拨方式补办用地手续。

对于其他建设项目，可以按照地方实际情况，分不同时间段、不同类型分别采取划拨、协议出让等方式按照项目建设时的政策规定补办用地手续。对于已经办理了房屋所有权登记的，经公告权属清晰无争议的，报经地方人民政府同意，直接按现状核发用地划拨决定书或者补办协议出让手续。

二、关于欠缴土地出让价款和相关税费的问题。房屋已销售且已入住的住宅项目，开发单位未按出让合同约定足额缴纳土地出让价款，以及将经济适用房等政策性住房按商品房对外出售但未补缴土地出让价款，或者开发单位欠缴税费的，可报经地方人民政府同意，按照“证缴分离”原则，在有关部门追缴土地出让价款和税费的同时，办理不动产登记手续。

房屋尚未入住的住宅项目，开发单位未按规定缴纳土地出让价款和相关税费的，以及划拨土地上自建房擅自对外出售，未补缴土地出让价款的，应当依法缴纳所欠价款和税费后，方可办理不动产登记。

三、关于未通过建设工程规划核实的问题。对于按规定能够补办规划验收等手续的，应当依法依规处理并补办相关核实手续后办理不动产登记。对确因建成时间较早等原因不具备补办条件的，在符合国土空间规划的前提下，报经地方人民政府同意后，自然资源主管部门按现状出具认定或核实意见。建设项目部分符合规划的，自然资源主管部门可以对符合规划的部分先行核实，并出具规划核实意见。

四、关于开发建设主体灭失的问题。因开发企业或有关单位灭失，有承继单位或上级主管部门的，由承继单位或上级主管部门办理；没有承继单位和上级主管部门的，可以由不动产所在地县级人民政府指定的机构或组织代为申请办理。开发企业或有关单位灭失的，首次登记与转移登记可一并办理，并在登记簿中对权利主体灭失情况予以记载。已办理首次登记，开发企业或有关单位已经灭失的，购房人可单方申请办理转移登记。

五、关于原分散登记的房屋、土地信息不一致，项目跨宗地建设问题。分散登记时，已经分别登记的房屋和土地用途不一致的不动产，继续分别按照原记载的房屋、土地用途进行登记，未经依法批准不得改变已登记的不动产用途；因房屋所有权多次转移、土地使用权未同步转移导致房屋、土地权利主体不一致的，经核实，权属关系变动清晰且无争议的，可以根据规定程序由房屋所有权人单方申请办理房地权利主体一致的不动产登记。

房屋和土地有合法权属来源文件、跨宗地建设未超出批准用地范围，无调整宗地需求的，可按照所在宗地分别办理不动产登记；有调整宗地需求的，经自然资源主管部门进行宗地边界调整或宗地合并、分割后，办理不动产登记。

……

国有土地上已经出售的商业、办公、工业等房屋涉及的历史遗留问题可参照本通知执行。

……

【典型案例】

杭州银行股份有限公司上海虹口支行、浙江宝业建设集团有限公司建设工程施工合同纠纷执行监督案［裁判法院：最高人民法院；案号:（2019）最高法执监 470 号］

执行要旨:《物权法》第一百四十六条、第一百四十七条规定，建设用地使用权转让的，附着于该土地上的建筑物、构筑物等一并处分，建筑物、构筑物等转让的，所占用范围内的建设用地使用权一并处分。因此，即便房地分属不同权利人，在处置程序中，也应遵循一并处分的原则，以使受让人取得完整的土地使用权。执行法院基于“房地一体”原则对涉案在建工程及占用范围内的土地使用权进行整体拍卖，符合法律规定。但根据《物权法》第二百条规定，“房地一体”应当理解为针对处置环节，而不能将建筑物与土地使用权理解为同一财产。因此，虽然对房地产一并处分，但应当对权利人分别进行保护。根据《中华人民共和国合同法》第二百八十六条规定精神，建设工程的价款就该工程折价或者拍卖的价款优先受偿。建设工程的价款是施工人投入或者物化到建设工程中的价值体现，法律保护建设工程价款优先受偿权的主要目的是优先保护建设工程劳动者的工资及其他劳动报酬，维护劳动者的合法权益，而劳动者投入到建设工程中的价值及材料成本并未转化到该工程占用范围内的土地使用权中。在对涉案房地产进行整体拍卖后，拍卖款应当由建设工程款优先受偿权人以及土地使用权抵押权人分别优先受偿。

九、无证不动产的处置

【执行要点】

1. 执行程序中，人民法院可以对无证建筑物按照现状予以处置。

2. 合法不动产上附着无证建筑物，二者在使用上不可分或者分别拍卖可能严重减损其价值的，应当合并拍卖。

3. 变价后，人民法院向房屋登记机构发出协助执行通知书，房屋登记机构认为不具备初始登记条件并作出书面说明的，执行法院应在30日内依照法律和有关规定参照行政规章对其说明理由进行审查。理由成立的，撤销或变更协助执行通知书并书面通知房屋登记机构；理由不成立的，书面通知房屋登记机构限期按协助执行通知书办理。

【注意事项】

第一，无证不动产处置的一般问题。

无证建筑物包括违法建筑和历史遗留问题导致的证件不全的建筑物。违法建筑主要指违反城乡规划法、土地管理法等相关法律法规，未依法取得规划、用地、建设审批，或者虽取得合法审批手续，但在规划核准面积外违规建造，或拆除原合法建筑后重建，且未到行政主管部门补办相关手续，致使无法办理不动产权属证书等建筑。被执行人虽然不能取得违法建筑所有权，但享有占有、使用、收益权利，违法建筑本身具有临时可用性，在被行政主管部门拆除、没收或支配人自行拆除前，从经济学角度看仍具有财产的用益属性，应视为被执行人的具有临时使用价值的可供执行财产，且符合司法拍卖合法性的判断标准:“不损害他人利益或社会公共利益”。历史遗留问题导致的证件不全的建筑物，行政机关征收土地和房屋时应给予补偿安置，亦具有价值属性。

第二，无证不动产拍卖的主要做法。

1. 人民法院应主动启动无证建筑物的占有和使用现状、权利负担、瑕疵等调查程序，事先书面征询自然资源确权登记机构可否办理产权登记意见，作为处置无证建筑物价值的参考。不具备产权登记条件的，原则上按“现状处置”。

2. 引导评估公司依据区分无证建筑物可否办理初始登记为标准依法评估。可通过罚款、补缴出让金等手续获得合法产证的无证建筑物，按照合法建筑价格予以评估，综合运用市场法、收益法等估价，扣除办理初始登记必要的手续费用等支出，形成最终评估价；无法办理初始登记的无证建筑物，最终将面临自行拆除或强制拆除的风险，故应采取成本法估价，体现临时使用价值。

3. 向竞买人全面如实履行瑕疵风险告知义务。一是告知被拍卖无证建筑物的权利及效用瑕疵，可特别制作并公告《拍品瑕疵告知书》，明确无证建筑物的实际情况；二是预警产证登记或将受阻，告知竞买人竞得无证建筑物后，对该建筑物可享有临时占有、使用、收益等权利，但在权属证书中无法体现，甚至合法部分也因非法部分累及被禁止颁证；三是提示持有无证建筑物的后果并给出合理性建议，阐明行政主管部门有权采取限期改正并处罚款、限期拆除、没收实物或违法收入等处罚措施，提醒竞买人正确处理历史遗留问题。

4. 司法处置成交后，未办理初始登记的无证建筑物，具备初始登记条件的，人民法院应当向自然资源确权登记机构发出协助执行通知书；暂时不具备初始登记条件的，协助执行通知书载明无证建筑物待买受人完善相关手续具备初始登记条件后，由自然资源确权登记机构按照协助执行通知书予以登记。

5. 人民法院在出具拍卖成交裁定时，为避免代替行政机关认定违法建筑和权属认定，可于主文中载明“某某未办理不动产登记的建筑物交付买受人”，不宜出现“某某无证建筑物的所有权归买受人所有”“违章建筑”“违法建筑”等字样。

6. 合法建筑物上添附违章搭建物、附属物、阳光棚等未登记部分的司法处置，一般应当按照主物与从物的处理原则，与有证建筑一并处置。对于因违章搭建物存有行政机关违章注记而导致合法建筑物无法过户的，可特别告知行政机关违章注记的具体情况，拍卖成交后，买受人需完成整改措施后方可办理过户手续。

需要说明的是，虽然《住房和城乡建设部关于无证房产依据协助执行文书办理产权登记有关问题的函》已被《住房和城乡建设部关于废止部分文件的决定》（建法〔2019〕58号）废止，但《最高人民法院关于转发住房和城乡建设部〈关于无证房产依据协助执行文书办理产权登记有关问题的函〉的通知》仍然有效，通知内容可继续适用。在最高人民法院执行局主编的《人民法院办理执行案件规范》中，仍然引用了《最高人民法院关于转发住房和城乡建设部〈关于无证房产依据协助执行文书办理产权登记有关问题的函〉的通知》内容。

第三，无证不动产要注意四至界限问题。

土地使用权“四至”界限就是指东南西北四个方向的边界。在司法处置中，要确定土地的大小和边界，防止因界限不明而造成纠纷。当跨越四至界限，是否导致其成为违法性建筑物时，应适用行政前置机制，因为根据《土地管理法》第十四条：土地所有权和使用权争议，由当事人协商解决，协商不成的，由人民政府处理。在土地所有权和使用权争议解决前，任何一方不得改变土地利用现状。因此，如在司法处置过程中，出现无证建筑物跨越四至界限时，应由行政机关先行认定是否为违章建筑或者合法建筑，作出相应的限期改正、没收、恢复现状等决定之后，再进行司法处置。并且在司法处置中，如无行政前置程序，法院将无从知晓无证建筑物的瑕疵、权利负担等，那么也就无从公示公告，竞买人或者权利义务承受人更无从知晓上述建筑物的风险，因此，行政前置程序有其必要性。

【规范指引】

《最高人民法院关于转发住房和城乡建设部〈关于无证房产依据协助执行文书办理产权登记有关问题的函〉的通知》

一、各级人民法院在执行程序中，既要依法履行强制执行职责，又要尊重房屋登记机构依法享有的行政权力；既要保证执行工作的顺利开展，也要防止“违法建筑”等不符合法律、行政法规规定的房屋通过协助执行行为合法化。

二、执行程序中处置未办理初始登记的房屋时，具备初始登记条件的，执行法院处置后可以依法向房屋登记机构发出《协助执行通知书》；暂时不具备初始登记条件的，执行法院处置后可以向房屋登记机构发出《协助执行通知书》，并载明待房屋买受人或承受人完善相关手续具备初始登记条件后，由房屋登记机构按照《协助执行通知书》予以登记；不具备初始登记条件的，原则上进行“现状处置”，即处置前披露房屋不具备初始登记条件的现状，买受人或承受人按照房屋的权利现状取得房屋，后续的产权登记事项由买受人或承受人自行负责。

三、执行法院向房屋登记机构发出《协助执行通知书》，房屋登记机构认为不具备初始登记条件并作出书面说明的，执行法院应在30日内依照法律和有关规定，参照行政规章，对其说明理由进行审查。理由成立的，撤销或变更《协助执行通知书》并书面通知房屋登记机构；理由不成立的，书面通知房屋登记机构限期按《协助执行通知书》办理。

《最高人民法院关于人民法院民事执行中拍卖、变卖财产的规定》

第十五条 拍卖的多项财产在使用上不可分，或者分别拍卖可能严重减损其价值的，应当合并拍卖。

《第八次全国法院民事商事审判工作会议（民事部分）纪要》

21. 对于未取得建设工程规划许可证或者未按照建设工程规划许可证规定内容建设的违法建筑的认定和处理，属于国家有关行政机关的职权范围，应避免通过民事审判变相为违法建筑确权。当事人请求确认违法建筑权利归属及内容的，人民法院不予受理；已经受理的，裁定驳回起诉。

【典型案例】

1. 福建金龙地产有限公司与中建海峡建设发展有限公司建设工程施工合同纠纷案［裁判法院：最高人民法院；案号:（2016）最高法执监161号］

执行要旨：对违法建筑的法定处理机关为县级以上地方人民政府规划主管部门；处理方式包括，停止建设、限期改正并处罚款、限期拆除、没收实物或违法收入等。而在违法建筑被相关部门行使公权力拆除或自行拆除前，违法建筑仍具有一定的使用价值，可以按建筑物现状进行处置。执行裁定只对违法建筑占有的事实状态进行变更，未涉及建筑物所有权的归属，不存在将违法建筑通过协助执行行为合法化的情形，不影响行政机关今后对违法建筑作出处理决定。

2. 翟某举申请执行赵某国、赵某民案［裁判法院：河南省巩义市人民法院；案号:（2011）执字第270号］

执行要旨：原则上，法院在执行中处置不动产后，不仅要将不动产实际交付买受人，还应协助办理变更登记手续。但是，如果被执行的不动产不具备初始登记条件的，进行“现状处置”是较为合理的方式。

3. 常州市润丰新材料科技有限公司与招商银行股份有限公司南京分行金融借款合同纠纷执行案［裁判法院：最高人民法院；案号：（2020）最高法执监170号］

执行要旨：案涉房地产既有设定抵押的有证房地产，又有在抵押土地使用权范围内的无证房产、构筑物等，根据“房随地走”及“房地一体”处分原则，为最大化实现房屋价值，也为免于分别拍卖可能严重减损其价值的不利后果，从最高、最佳使用考虑，执行法院根据申请执行人的申请，将被执行人的案涉厂房、土地整体评估、拍卖有事实和法律依据。

十、优秀历史建筑的处置

【执行要点】

1. 现场调查时，应该留意拟处置不动产是否悬挂优秀历史建筑标志，并通过官方途径确认是否属于优秀历史建筑。

2. 在处置优秀历史建筑时，应该在拍卖公告中对《上海市历史风貌区和优秀历史建筑保护条例》的规定以及竞买人的义务进行披露，将《优秀历史建筑保护要求告知书》《优秀历史建筑保护要求承诺书》作为拍卖公告的附件。

【注意事项】

优秀历史建筑名录及保护政策查询方法：直接访问网站“上海市房屋管理局”（网址 http://fgj.sh.gov.cn/），选择“城市更新”栏目点击优秀历史建筑即可查询。

【规范指引】

《上海市历史风貌区和优秀历史建筑保护条例》

第十二条 经批准确定的历史风貌区由市人民政府公布，并由市规划资源管理部门设立标志。

经批准确定的优秀历史建筑由市人民政府公布，并由市房屋管理部门设立标志

第二十五条 市规划资源管理部门应当会同市房屋管理部门提出优秀历史建筑的保护范围和周边建设控制范围，经征求有关专家和所在区人民政府的意见后，报市人民政府批准。

第二十九条 市、区房屋管理部门应当做好优秀历史建筑保护的指导和服务工作。区房屋管理部门应当将优秀历史建筑的具体保护要求书面告知建筑的所有人和有关的物业管理单位，明确其应当承担的保护义务。

优秀历史建筑转让、出租的，转让人、出租人应当将有关的保护要求书面告知受让人、承租人。受让人、承租人应当承担相应的保护义务。

第四部分 不动产查封、处置过程中的异议审查与处理

一、涉不动产查封、处置的执行行为异议

（一）执行行为异议审查程序的要点提示

1. 提出异议的主体

执行案件当事人以及利害关系人，认为涉不动产处置的执行行为违反法律规定，损害其合法权益的，可以提出执行行为异议。

当事人系案件的申请执行人与被执行人。

利害关系人系指当事人以外，对人民法院的执行行为提出程序性异议的公民、法人和其他组织，主要包括以下情形：

（1）不动产的竞买人认为法院的拍卖程序违法，妨碍其公平竞

价的；

（2）不动产的优先权人认为法院的拍卖、变卖或者以物抵债等不动产的处置措施违法，侵害其对执行标的的优先购买权的；

（3）不动产的同住人（共有人）认为法院对不动产的处置影响其合法居住权益的；

（4）被执行人的其他债权人认为法院就涉案不动产符合法定移送处置条件而不移送，影响其债权实现的；

（5）其他利害关系人认为其合法权益受到法院违法执行行为侵害的。

【规范指引】

《中华人民共和国民事诉讼法》

第二百三十六条 当事人、利害关系人认为执行行为违反法律规定的，可以向负责执行的人民法院提出书面异议。当事人、利害关系人提出书面异议的，人民法院应当自收到书面异议之日起十五日内审查，理由成立的，裁定撤销或者改正；理由不成立的，裁定驳回。当事人、利害关系人对裁定不服的，可以自裁定送达之日起十日内向上一级人民法院申请复议。

《最高人民法院关于人民法院办理执行异议和复议案件若干问题的规定》

第五条 有下列情形之一的，当事人以外的自然人、法人和非法人组织，可以作为利害关系人提出执行行为异议：

（一）认为人民法院的执行行为违法，妨碍其轮候查封、扣押、冻结的债权受偿的；

（二）认为人民法院的拍卖措施违法，妨碍其参与公平竞价的；

（三）认为人民法院的拍卖、变卖或者以物抵债措施违法，侵害其对执行标的的优先购买权的；

（四）认为人民法院要求协助执行的事项超出其协助范围或者违反法律规定的；

（五）认为其他合法权益受到人民法院违法执行行为侵害的。

2. 异议提出的时限

当事人或利害关系人应当于案件执行程序终结前提出执行行为异议，执行程序终结包括以下情形：

（1）执行完毕；

（2）法院裁定终结执行；

（3）法院裁定不予执行；

（4）法院裁定不予受理或驳回申请。

法院裁定终结本次执行程序或以和解并长期履行而终结执行结案的，不属于上述执行程序终结的情形。

超过异议提出时限的，当事人或利害关系人可以通过执行监督程序寻求救济。

【审查要点】

若终结执行措施与涉不动产的执行措施一并作出的，根据《最高人民法院关于对人民法院终结执行行为提出执行异议期限问题的批复》的意见，当事人或利害关系人应当自收到终结执行法律文书之日起60日内提出；未收到法律文书的，应当自知道或者应当知道法院终结执行之日起60日内提出。批复发布前终结执行的，自批复发布之日起60日内提出。

【典型案例】

河南神泉之源实业发展有限公司、赵某军民间借贷纠纷执行审查案［裁判法院：最高人民法院；案号（2018）最高法执监848号、847号、845号］

执行要旨：在以物抵债裁定送达之日即终结全案执行程序的特殊情形下，如因执行程序终结而不允许对以物抵债裁定提出异议，则几乎完全剥夺了当事人、利害关系人就以物抵债裁定提出异议的权利，将实质上剥夺当事人及利害关系人法定的异议权，与法律保护异议权利的精神不符。因此，在以物抵债裁定送达之日即终结全案执行程序的特殊情形下，在审查当事人、利害关系人对以物抵债裁定提出异议是否超过期限时，参照适用《最高人民法院关于对人民法院终结执行行为提出执行异议期限问题的批复》对终结执行行为提出异议的期限规定更为公正。

【规范指引】

《最高人民法院关于人民法院办理执行异议和复议案件若干问题的规定》

第六条　当事人、利害关系人依照民事诉讼法第二百二十五条[①]规定提出异议的，应当在执行程序终结之前提出，但对终结执行措施提出异议的除外。

案外人依照民事诉讼法第二百二十七条[②]规定提出异议的，应当在异议指向的执行标的执行终结之前提出；执行标的由当事人受让的，应当在执行程序终结之前提出。

《最高人民法院关于对人民法院终结执行行为提出执行异议期限问题的批复》

当事人、利害关系人依照民事诉讼法第二百二十五条规定对终结执行行为提出异议的，应当自收到终结执行法律文书之日起六十日内提出；未收到法律文书的，应当自知道或者应当知道人民法院终结执行之日起六十日内提出。批复发布前终结执行的，自批复发布之日起六十日内提出。超出该期限提出执行异议的，人民法院不予受理。

（二）具体提出执行行为异议的主要类型

1. 对确定财产处置参考价提出异议

（1）采取议价、定向询价的方式确定参考价

当事人、利害关系人对议价或者定向询价提出异议的，人民法院不予受理。

【规范指引】

《最高人民法院关于人民法院确定财产处置参考价若干问题的规定》

第二十四条　当事人、利害关系人未在本规定第二十二条、第

① 现为2023年修正的《民事诉讼法》第二百三十六条。下同。
② 现为2023年修正的《民事诉讼发》第二百三十八条。

二十三条规定的期限内提出异议或者对网络询价平台、评估机构、行业协会按照本规定第二十二条、第二十三条所作的补正说明、专业技术评审结论提出异议的，人民法院不予受理。

当事人、利害关系人对议价或者定向询价提出异议的，人民法院不予受理。

（2）采取网络询价的方式确定参考价

当事人、利害关系人对下列事项提出书面异议的，法院应当依照执行行为异议的程序予以审查：

①财产基本信息错误；

②超出财产范围或者遗漏财产；

③网络询价程序严重违法。

【规范指引】

《最高人民法院关于人民法院确定财产处置参考价若干问题的规定》

第二十二条 当事人、利害关系人认为网络询价报告或者评估报告具有下列情形之一的，可以在收到报告后五日内提出书面异议：

（一）财产基本信息错误；

（二）超出财产范围或者遗漏财产；

（三）评估机构或者评估人员不具备相应评估资质；

（四）评估程序严重违法。

对当事人、利害关系人依据前款规定提出的书面异议，人民法院应当参照民事诉讼法第二百二十五条[①] 的规定处理。

（3）采取评估的方式确定参考价

当事人、利害关系人对下列事项提出书面异议的，法院应当依照执行行为异议的程序予以审查：

①财产基本信息错误；

②超出财产范围或者遗漏财产；

① 现为2023年修正的《民事诉讼法》第二百三十六条。

③评估机构或者评估人员不具备相应评估资质；

④评估程序严重违法。

【规范指引】

《最高人民法院关于人民法院确定财产处置参考价若干问题的规定》

第二十二条　当事人、利害关系人认为网络询价报告或者评估报告具有下列情形之一的，可以在收到报告后五日内提出书面异议：

（一）财产基本信息错误；

（二）超出财产范围或者遗漏财产；

（三）评估机构或者评估人员不具备相应评估资质；

（四）评估程序严重违法。

对当事人、利害关系人依据前款规定提出的书面异议，人民法院应当参照民事诉讼法第二百二十五条[①]的规定处理。

【审查要点】

当事人、利害关系人于收到评估报告后5日内仅对评估报告的参照标准、计算方法或者评估结果等提出书面异议，或者在提出该异议的同时，提出评估财产基本信息错误、超出财产范围或者遗漏财产的，不适用执行行为异议的审查程序。法院应当在3日内交评估机构予以书面说明。评估机构在5日内未作说明或者当事人、利害关系人对作出的说明仍有异议的，法院应当交由相关行业协会在指定期限内组织专业技术评审，并根据专业技术评审出具的结论认定评估结果或者责令原评估机构予以补正。

当事人、利害关系人对评估报告的参照标准、计算方法或者评估结果提出异议的同时，提出评估机构或评估人员不具备评估资质、评估程序严重违法的，法院应按照执行行为异议程序对评估机构及人员的资质问题、评估程序合法性问题先行审查。异议成立的，应当通知评估机构3日内将人民法院委托评估时移交的材料退回，另行委托下

① 现为2023年修正的《民事诉讼法》第二百三十六条。

一顺序的评估机构重新进行评估；异议不成立的，再按上述程序交评估机构予以书面说明。

【规范指引】

《最高人民法院关于人民法院确定财产处置参考价若干问题的规定》

第二十三条 当事人、利害关系人收到评估报告后五日内对评估报告的参照标准、计算方法或者评估结果等提出书面异议的，人民法院应当在三日内交评估机构予以书面说明。评估机构在五日内未作说明或者当事人、利害关系人对作出的说明仍有异议的，人民法院应当交由相关行业协会在指定期限内组织专业技术评审，并根据专业技术评审出具的结论认定评估结果或者责令原评估机构予以补正。

当事人、利害关系人提出前款异议，同时涉及本规定第二十二条第一款第一、二项情形的，按照前款规定处理；同时涉及本规定第二十二条第一款第三、四项情形的，按照本规定第二十二条第二款先对第三、四项情形审查，异议成立的，应当通知评估机构三日内将人民法院委托评估时移交的材料退回，另行委托下一顺序的评估机构重新进行评估；异议不成立的，按照前款规定处理。

2. 对司法拍卖、变卖程序提出异议要求撤销

当事人、利害关系人向法院提出书面异议要求撤销对涉案不动产的司法拍卖，法院经审查符合下列情形之一的，应予支持：

（1）网络司法拍卖中，由于拍卖财产的文字说明、视频或者照片展示以及瑕疵说明严重失实，致使买受人产生重大误解，购买目的无法实现的，但拍卖时的技术水平不能发现或者已经就相关瑕疵以及责任承担予以公示说明的除外；

（2）网络司法拍卖中，由于系统故障、病毒入侵、黑客攻击、数据错误等原因致使拍卖结果错误，严重损害当事人或者其他竞买人利益的；

（3）竞买人之间，竞买人与网络司法拍卖服务提供者或拍卖机构之间恶意串通，损害当事人或者其他竞买人利益的；

（4）买受人不具备法律、行政法规和司法解释规定的竞买资格的；

（5）违法限制竞买人参加竞买或者对享有同等权利的竞买人规定不同竞买条件的；

（6）未按照法律、司法解释的规定对拍卖标的物进行公告的；

（7）其他严重违反司法拍卖程序且损害当事人或者竞买人利益的情形。

当事人、利害关系人针对司法变卖程序提出异议要求撤销变卖的，法院可以参照上述司法拍卖程序的审查标准予以裁判。

【注意事项】

上述所列情形之外，当事人、利害关系人对拍卖、变卖程序中其他执行行为提出异议并要求撤销拍卖、变卖的，如经审查所涉执行行为确实违反法律规定，应当在异议审查的裁定书中确认该事实，但对于要求撤销拍卖、变卖的请求，应当裁定驳回异议请求。

【规范指引】

《最高人民法院关于人民法院办理执行异议和复议案件若干问题的规定》

第二十一条 当事人、利害关系人提出异议请求撤销拍卖，符合下列情形之一的，人民法院应予支持：

（一）竞买人之间、竞买人与拍卖机构之间恶意串通，损害当事人或者其他竞买人利益的；

（二）买受人不具备法律规定的竞买资格的；

（三）违法限制竞买人参加竞买或者对不同的竞买人规定不同竞买条件的；

（四）未按照法律、司法解释的规定对拍卖标的物进行公告的；

（五）其他严重违反拍卖程序且损害当事人或者竞买人利益的情形。

当事人、利害关系人请求撤销变卖的，参照前款规定处理。

《最高人民法院关于人民法院网络司法拍卖若干问题的规定》

第三十一条 当事人、利害关系人提出异议请求撤销网络司法拍卖，符合下列情形之一的，人民法院应当支持：

（一）由于拍卖财产的文字说明、视频或者照片展示以及瑕疵说明严重失实，致使买受人产生重大误解，购买目的无法实现的，但拍卖时的技术水平不能发现或者已经就相关瑕疵以及责任承担予以公示说明的除外；

（二）由于系统故障、病毒入侵、黑客攻击、数据错误等原因致使拍卖结果错误，严重损害当事人或者其他竞买人利益的；

（三）竞买人之间，竞买人与网络司法拍卖服务提供者之间恶意串通，损害当事人或者其他竞买人利益的；

（四）买受人不具备法律、行政法规和司法解释规定的竞买资格的；

（五）违法限制竞买人参加竞买或者对享有同等权利的竞买人规定不同竞买条件的；

（六）其他严重违反网络司法拍卖程序且损害当事人或者竞买人利益的情形。

3. 对迟延处置不动产等消极执行行为的异议

当事人、利害关系人认为执行法院迟延处置不动产并对此提出执行异议的，对该种消极执行行为能否作为执行行为异议按《民事诉讼法》第二百三十六条进行审查，存在争议。

本指南认为，虽然上海市高级人民法院2016年颁布的《上海市高级人民法院关于金钱债权执行实施案件流程管理的规定（试行）》对不动产执行的相关流程节点有所规定，但该规定系法院内部管理考核规定，不应作为审查执行行为是否违法的适法依据。因此，对于此类情况的异议，应当以没有具体可供审查的执行行为裁定不予受理或驳回申请。

但如果法院执行部门正式作出书面执行决定，不予处置相关不动产的，当事人、利害关系人可以对该决定提出异议，法院应当按照执行行为异议的相应程序予以审查。

【规范指引】

《最高人民法院关于人民法院办理执行异议和复议案件若干问题的规定》

第二条　执行异议符合民事诉讼法第二百二十五条[①]或者第二百二十七条[②]规定条件的，人民法院应当在三日内立案，并在立案后三日内通知异议人和相关当事人。不符合受理条件的，裁定不予受理；立案后发现不符合受理条件的，裁定驳回申请。

执行异议申请材料不齐备的，人民法院应当一次性告知异议人在三日内补足，逾期未补足的，不予受理。

异议人对不予受理或者驳回申请裁定不服的，可以自裁定送达之日起十日内向上一级人民法院申请复议。上一级人民法院审查后认为符合受理条件的，应当裁定撤销原裁定，指令执行法院立案或者对执行异议进行审查。

《最高人民法院关于办理申请执行监督案件若干问题的意见》

第二条　申请执行人认为人民法院应当采取执行措施而未采取，向执行法院请求采取执行措施的，人民法院应当及时审查处理，一般不立执行异议案件。

执行法院在法定期限内未执行，申请执行人依照民事诉讼法第二百三十三条规定请求上一级人民法院提级执行、责令下级人民法院限期执行或者指令其他人民法院执行的，应当立案办理。

4. 对超标的查封、处置行为的异议

当事人、利害关系人在强制执行阶段对法院超标的查封、处置行为提出异议的，法院应当审查涉案不动产的价值是否明显超过被执行人应履行的义务，如是则应当支持其终止超标的额部分执行的异议请求。但涉案不动产系不可分物，且被执行人名下无其他可供执行的财产或其他财产不足以清偿债务，法院在确实保障被执行人及其所扶养

① 现为2023年修正的《民事诉讼法》第二百三十六条。

② 现为2023年修正的《民事诉讼法》第二百三十八条。

家属基本居住权的情况下，可以查封并处置该不动产。

当事人、利害关系人在诉讼保全阶段对法院超标的查封行为提出异议的，参照强制执行阶段的上述标准予以审查。但保全裁定已经确定查封该不动产的，当事人、利害关系人应按照《民事诉讼法》第一百一十一条直接申请复议，不属于执行行为异议审查的范围。

【规范指引】

《中华人民共和国民事诉讼法》

第一百一十一条 当事人对保全或者先予执行的裁定不服的，可以申请复议一次。复议期间不停止裁定的执行。

《最高人民法院关于人民法院民事执行中查封、扣押、冻结财产的规定》

第十九条 查封、扣押、冻结被执行人的财产，以其价额足以清偿法律文书确定的债权额及执行费用为限，不得明显超标的额查封、扣押、冻结。

发现超标的额查封、扣押、冻结的，人民法院应当根据被执行人的申请或者依职权，及时解除对超标的额部分财产的查封、扣押、冻结，但该财产为不可分物且被执行人无其他可供执行的财产或者其他财产不足以清偿债务的除外。

二、对处置的不动产主张实体权利要求排除执行的异议（案外人异议）

（一）案外人异议审查程序的要点提示

1. 异议主体

基于实体权利认为足以排除法院对涉案不动产执行的案外人，可以按照《民事诉讼法》第二百三十八条，向执行法院提出书面异议。

2. 异议提出的时限

案外人按照《民事诉讼法》第二百三十八条规定提出异议的，应当在异议指向的涉案不动产执行终结即该不动产协助办理过户登记的通知书送达之前。

涉案不动产由当事人受让的，案外人应当在执行案件的程序终结之前提出。若终结执行措施与涉案不动产的当事人受让措施一并作出的，根据《最高人民法院关于对人民法院终结执行行为提出执行异议期限问题的批复》的意见，案外人应当自收到终结执行法律文书之日起 60 日内提出；未收到法律文书的，应当自知道或者应当知道法院终结执行之日起 60 日内提出。批复发布前终结执行的，自批复发布之日起 60 日内提出。

【规范指引】

《最高人民法院关于人民法院办理执行异议和复议案件若干问题的规定》

第六条 当事人、利害关系人依照民事诉讼法第二百二十五条[①]规定提出异议的，应当在执行程序终结之前提出，但对终结执行措施提出异议的除外。

案外人依照民事诉讼法第二百二十七条[②]规定提出异议的，应当在异议指向的执行标的执行终结之前提出；执行标的由当事人受让的，应当在执行程序终结之前提出。

《最高人民法院关于对人民法院终结执行行为提出执行异议期限问题的批复》

当事人、利害关系人依照民事诉讼法第二百二十五条规定对终结执行行为提出异议的，应当自收到终结执行法律文书之日起六十日内提出；未收到法律文书的，应当自知道或者应当知道人民法院终结执行之日起六十日内提出。批复发布前终结执行的，自批复发布之日起六十日内提出。超出该期限提出执行异议的，人民法院不予受理。

3. 案外人以另案生效法律文书提出异议的审查与处理

在金钱债权执行中，案外人以在涉案不动产被查封前作出的另案

① 现为 2023 年修正的《民事诉讼法》第二百三十六条。下同。

② 现为 2023 年修正的《民事诉讼法》第二百三十八条。

生效法律文书提出排除执行异议，法院应当按照下列情形，分别处理：

（1）该法律文书系就案外人与被执行人之间的权属纠纷以及租赁、借用、保管等不以转移财产权属为目的的合同纠纷，判决、裁决执行标的归属于案外人或者向其返还执行标的且其权利能够排除执行的，应予支持；

（2）该法律文书系就案外人与被执行人之间除前项所列合同之外的债权纠纷，判决、裁决执行标的归属于案外人或者向其交付、返还执行标的的，不予支持；

（3）该法律文书系案外人受让执行标的的拍卖、变卖成交裁定或者以物抵债裁定且其权利能够排除执行的，应予支持。

案外人以在涉案不动产被查封后作出的另案生效法律文书提出排除执行异议的，法院不予支持。

非金钱债权执行中，案外人依据另案生效法律文书提出排除执行异议，该法律文书对涉案不动产的权属作出不同认定的，应当引导案外人依法申请再审或者通过其他程序解决。

【规范指引】

《最高人民法院关于人民法院办理执行异议和复议案件若干问题的规定》

第二十六条 金钱债权执行中，案外人依据执行标的被查封、扣押、冻结前作出的另案生效法律文书提出排除执行异议，人民法院应当按照下列情形，分别处理：

（一）该法律文书系就案外人与被执行人之间的权属纠纷以及租赁、借用、保管等不以转移财产权属为目的的合同纠纷，判决、裁决执行标的归属于案外人或者向其返还执行标的且其权利能够排除执行的，应予支持；

（二）该法律文书系就案外人与被执行人之间除前项所列合同之外的债权纠纷，判决、裁决执行标的归属于案外人或者向其交付、返还执行标的的，不予支持；

（三）该法律文书系案外人受让执行标的的拍卖、变卖成交裁定或者以物抵债裁定且其权利能够排除执行的，应予支持。

金钱债权执行中，案外人依据执行标的被查封、扣押、冻结后作出的另案生效法律文书提出排除执行异议的，人民法院不予支持。

非金钱债权执行中，案外人依据另案生效法律文书提出排除执行异议，该法律文书对执行标的权属作出不同认定的，人民法院应当告知案外人依法申请再审或者通过其他程序解决。

申请执行人或者案外人不服人民法院依照本条第一、二款规定作出的裁定，可以依照民事诉讼法第二百二十七条[①] 规定提起执行异议之诉。

（二）案外人异议的典型事由

1. 不动产买受人提出案外人异议

在金钱执行债权中，涉案不动产的买受人作为案外人对登记在被执行人名下的该不动产主张实体权利提出排除执行异议的，存在两种情况。

情况一：案外人是不动产的一般买受人，则根据《执行异议和复议规定》第二十八条，在符合以下四项条件的情况下，其异议可予以支持：

（1）在法院查封之前已签订合法有效的书面买卖合同；

（2）在法院查封之前已合法占有该不动产；

（3）已支付全部价款，或者已按照合同约定支付部分价款且将剩余价款按照人民法院的要求交付执行；

（4）非因买受人自身原因未办理过户登记。

情况二：案外人是房地产开发企业名下的商品房买受人，则根据《执行异议和复议规定》第二十九条，在符合以下三项条件的情况下，其异议可予以支持：

① 现为2023年修正的《民事诉讼法》第二百三十八条。

（1）在法院查封之前已签订合法有效的书面买卖合同；

（2）所购商品房系用于居住且买受人名下无其他用于居住的房屋；

（3）已支付的价款超过合同约定总价款的50%。

【审查要点】

案外人作为商品房买受人提出排除执行异议的情况下，法院针对《执行异议和复议规定》第二十九条的三项条件的审查，应当注意以下几点：

（1）对条件二“所购商品房系用于居住且买受人名下无其他用于居住的房屋”，可以理解为在涉案不动产同一设区的市或县级市范围内案外人名下没有用于居住的房屋，或者虽有一套房屋，但购买涉案不动产的面积仍然属于满足基本居住需要范围内，均可认定符合该条件。

（2）对条件三“已支付的价款超过合同约定总价款的百分之五十”，如果实践中案外人支付的价款已经接近50%，且也按照合同约定将剩余价款支付给申请执行人或执行法院，也可认定符合该条件。

（3）作为商品房买受人提出排除执行异议的案外人，其权利优先于涉案不动产的抵押权人，故抵押权人申请执行该涉案不动产要求实现抵押权，该类案外人提出排除执行异议的，法院应当优先保护案外人，支持该异议，但此仅限于符合《执行异议和复议规定》第二十九条的三项条件的商品房的买受人，不能扩大适用。

【注意事项】

另需注意的是，情况二中的案外人即商品房的买受人同时属于情况一中的一般买受人范畴，申言之，商品房的买受人可选择适用《执行异议和复议规定》第二十八条或第二十九条的相关条件提出异议，主张权利。

【规范指引】

《最高人民法院关于人民法院办理执行异议和复议案件若干问题的规定》

第二十八条 金钱债权执行中，买受人对登记在被执行人名下的不动产提出异议，符合下列情形且其权利能够排除执行的，人民法院应予支持：

（一）在人民法院查封之前已签订合法有效的书面买卖合同；

（二）在人民法院查封之前已合法占有该不动产；

（三）已支付全部价款，或者已按照合同约定支付部分价款且将剩余价款按照人民法院的要求交付执行；

（四）非因买受人自身原因未办理过户登记。

第二十九条 金钱债权执行中，买受人对登记在被执行的房地产开发企业名下的商品房提出异议，符合下列情形且其权利能够排除执行的，人民法院应予支持：

（一）在人民法院查封之前已签订合法有效的书面买卖合同；

（二）所购商品房系用于居住且买受人名下无其他用于居住的房屋；

（三）已支付的价款超过合同约定总价款的百分之五十。

2. 案外人主张其系借名买房的实际权利人提出排除执行异议

案外人借被执行人名义购买不动产，并登记在被执行人名下，但案外人为实际购买人，支付了全部购房款并实际占有使用系争不动产。此种情形下，案外人的对系争不动产的权利是否足以排除执行，实践中存在分歧。

一种观点认为，基于不动产物权登记取得原则和公示公信原则，不动产的物权以登记为取得要件，借名买房的法律关系只在案外人与被执行人之间发生法律效力，而不具有物权效力，故不能对抗申请执行人。

另一种观点认为，案外人在提供充分证据证明其为系争不动产的真实权利人时，享有对系争房屋事实上的所有权，应当优先于申请执行人的一般金钱债权。

本指南倾向于第一种观点。基于物权公示原则，物权的设立或变更应当以法律规定的方式进行，才以此拥有对抗不特定第三人的效力。借名买房的约定只在缔约双方之间产生约束力即内部效力，认定其对外仍能约束包括申请执行人在内的不特定第三人，缺乏正当性。故案外人在该种情形下，一般不能排除对系争不动产的执行。

3. 以物抵债的权利人提出排除执行异议

案外人作为以物抵债的权利人，主张其对被执行人有其他合法金钱债权（案外人以其他法院作出的业已生效的以物抵债裁定主张权利的情况不在此列），而就涉案不动产其已和被执行人达成协议充抵该债权，故提出排除执行的异议。实践中，该类异议的表面情形可能与不动产买卖关系近似。例如，案外人提交书面的房屋买卖合同以证明其系涉案不动产的买受人，但购房款已经通过其他债权折抵并视为支付。

针对该类异议，债权人与债务人合意以物抵债的目的是消灭旧债，是对金钱债权履行方式的约定，但其本质上仍然是金钱之债，在法律性质上属于旧债新偿而非债务更新。因此，不能将该类异议的案外人等同于房屋买卖合同的买受人而适用《执行异议和复议规定》第二十八条或第二十九条予以审查，案外人的债权也不应优先于申请执行人的权利，对案外人的异议一般不予支持。

4. 共有人提出排除执行异议

案外人作为涉案不动产登记的共有人主张实体权利提出排除执行异议，应当按照下列情况予以处理：

（1）案外人对法院查封涉案不动产提出异议，要求解除查封的，不予支持。

（2）案外人对法院处置涉案不动产提出异议，要求停止处置的，不予支持，但执行部门在处置过程中，应当依法保护案外人的优先购买权以及合法份额。

（3）案外人对法院处置涉案不动产提出异议，要求停止处置其享有部分份额，鉴于不动产的不可分性，可以征询该案外人的意见，是否同意通过共有物分割等法律途径取得涉案不动产的完整所有权并向其他共有人支付对价。如果案外人不同意或虽然同意但在合理期限内没有实际行动的，对其提出的异议不予支持，法院可以整套处置涉案不动产，但应依法保护案外人的优先购买权以及合法份额。

【典型案例】

张某与高某云、张某勋案外人执行异议之诉案［裁判法院：最高人民法院；案号（2017）最高法民申 2083 号］

执行要旨：针对处置被执行人与案外人共有的不动产，但彼此之间份额未明确的，析产是否是处置的前置条件的问题，最高人民法院认为，不论是共有人提起析产诉讼，还是申请执行人提起代位析产诉讼，均是当事人权利，而非法定义务，对涉案不动产的析产也并非处置的前置条件，共有人以不动产未析产不得执行为由提出异议的，不予支持，但是法院在依法处置完毕后，应当保护共有人的合法份额。

5. 案外人主张《民法典》居住权排除执行异议

居住权制度起源于罗马法，最早产生于古罗马的婚姻家庭关系中，作为人役权的一种形式，是物权中的用益物权，具有排他效力。

如果涉案不动产下已经登记了居住权，居住权人作为案外人主张实体权利提出排除执行异议，要求法院停止处置该不动产的，应予支持，但其要求解除查封的，因对不动产的查封行为并不影响案外人对居住权的行使，且对该不动产也未终局性地不再执行，故不予支持。

【规范指引】

《中华人民共和国民法典》

第三百六十八条　居住权无偿设立，但是当事人另有约定的除外。设立居住权的，应当向登记机构申请居住权登记。居住权自登记时设立。

三、刑事涉财产执行中对不动产处置提出异议的特殊审查程序

根据最高人民法院刑事涉财产执行的司法解释，该程序中对不动产的处置提出异议的，不论是执行行为异议还是案外人异议，均按照《民事诉讼法》第二百三十六条，通过异议、复议程序予以救济，但涉案外人异议的，法院应当进行听证。

刑事裁判对涉案不动产是否属于赃物或者是否用于退赔已经作出认定，异议人在执行过程中提出异议，其异议内容的实质是认为刑事裁判认定错误或者应予认定而未认定。上述情况下，如果刑事裁判确有错误，原刑事裁判可以通过裁定补正的，应当由法院刑事审判部门处理；无法通过裁定补正的，法院应当告知异议人通过审判监督程序处理，不属于执行异议受理范围。

【规范指引】

《最高人民法院关于刑事裁判涉财产部分执行的若干规定》

第十四条 执行过程中，当事人、利害关系人认为执行行为违反法律规定，或者案外人对执行标的主张足以阻止执行的实体权利，向执行法院提出书面异议的，执行法院应当依照民事诉讼法第二百二十五条[①] 的规定处理。

人民法院审查案外人异议、复议，应当公开听证。

第十五条 执行过程中，案外人或被害人认为刑事裁判中对涉案财物是否属于赃款赃物认定错误或者应予认定而未认定，向执行法院提出书面异议，可以通过裁定补正的，执行机构应当将异议材料移送刑事审判部门处理；无法通过裁定补正的，应当告知异议人通过审判监督程序处理。

---

① 现为2023年修正的《民事诉讼法》第二百三十六条。